思源致远

上海交通大学史

第七卷　综合性理工大学

（1978—1991）

主　　编　王宗光
本卷编著　孙　萍

上海交通大學出版社

内容提要

本书以恢宏的卷帙记录了上海交通大学百余年厚重历史。以历史研究的客观与责任感，以全方位视角和近距离直击结合，以学术的精神和细致的笔触，在深入、广泛挖掘档案史料和现有出版资料的基础上，全景展示了上海交通大学自1896年建校至2006年共110年的历程。这是上海交通大学这所百年名校首次对本校建校历史背景、发展过程、经费运转、系科建设与演变、教学与课程情况、各时期教职员与学生分析，以及校园传统、风格、特色的形成等，作深入、周详的梳理与总结，是一部立意严谨的校史研究著作。

《上海交通大学史》按学校发展不同阶段，分八卷编著，此为第七卷“综合性理工大学”。

图书在版编目(CIP)数据

上海交通大学史. 第7卷，综合性理工大学/王宗光主编. —上海：上海交通大学出版社，2016

ISBN 978-7-313-14428-7

Ⅰ.①上… Ⅱ.①王… Ⅲ.①上海交通大学—校史—1978—1991

Ⅳ.①G649.285.1

中国版本图书馆CIP数据核字(2016)第012573号

上海交通大学史

第七卷　综合性理工大学(1978—1991)

主　　编：王宗光

出版发行：上海交通大学出版社　　地　　址：上海市番禺路951号

邮政编码：200030　　电　　话：021-64071208

出 版 人：韩建民

印　　制：苏州市越洋印刷有限公司　　经　　销：全国新华书店

开　　本：787mm×1092mm　1/16　　印　　张：23.75

字　　数：436千字

版　　次：2016年3月第1版　　印　　次：2016年3月第1次印刷

书　　号：ISBN 978-7-313-14428-7/G

定　　价(共八册)：800.00元

《上海交通大学史》编纂委员会

（2016 年 1 月）

《上海交通大学史》编写组

（2016 年 1 月）

主编： 王宗光

成员：（按姓氏笔画）

毛杏云　叶敦平　孙　萍　朱积川　朱隆泉　陈　泓

陈鑫木　范祖德　欧七斤　秦慰祖　龚诞申　盛　懿

章玲苓　蔡西玲　缪克成　漆姚敏　潘　鋐

序　一

先哲有云："欲知大道，必先知史。"历史之于国家，是兴替之镜，正身之基，致远之源，起着"鉴往知来，资政育人"的重要作用。特别是在中华民族伟大复兴的"中国梦"磅礴行进的今天，越来越注重从本民族的历史和文化传统中汲取智慧，积聚能量，夯筑根基，越来越注重传承和创新优秀传统文化的"中国声音"。习近平总书记曾反复强调：历史是最好的教科书，也是最好的老师，更是"最好的清醒剂"。"不忘历史才能开辟未来，善于继承才能善于创新。只有坚持从历史走向未来，从延续民族文化血脉中开拓前进，我们才能做好今天的事业"。

一个民族、一个国家尚且要"知道自己是谁，从哪里来，要到哪里去"，一所大学又何尝不需要挖掘自身的历史，传承厚重的文脉？作为国史与地方史的一种延伸，校史是大学文化建设的重要组成部分，也是大学文化层次的鲜明体现，更是大学精神凝练的源泉所在。离开校史，大学文化建设与精神追求就会成为无源之水，无本之木。

泱泱南洋，巍巍学府。上海交通大学诞生于19世纪末期，伴随中国近代化过程，它经历了晚清、民国和新中国三个历史时期。它的历史既是我国近代高等教育曲折发展的缩影，又是近代社会推陈出新在一所高校的生动反映。120年来，栉风沐雨、弦歌不辍，百年交大的历史就如同一座富矿，每一个采矿人都可以有自己的"发掘"：人才培养的辉煌成就；各个时代师生风采和精神风貌；不同时期校长们的办学理念和治校方略；名师大家在学科建设、教学科研中的睿智灼见；绵延百年的校风特点和精神灵魂；学校发展与国家民族命运的关系，等等，都值得思考和探究。与此相关的建校背景，学科布局、专业设置、师资建设、教学传统、优良学风、筹款方式、隶属关系、对外交流、校园变化等，也都值得细细琢磨，好好品味。这是交大百年历史文化的主要构成,亦是交大人非凡创造力的丰硕成果。

进入21世纪以后,上海交大面临的内外环境已发生很大变化。5 000多亩地的多校区办学空间、近5万人的师生规模、大批海外教师的引进、与原上海第二医科大学的强强合并,使交大多元文化背景的特点更加凸显。在此背景下,一所百年名校如何传承自己优良的文化精髓?如何让全体交大人拥有共同的文化烙印和追求,并在此基础上有所创新?如何让历史的深厚和世界的宽广交相辉映,在交大的校园里形成符合时代发展的新的精神文化?……这些涉及交大文化内核与交大人精神基因的问题,在创建世界一流大学的征程中,越来越需要做出回应与解答。而编纂一部真实、生动、系统、厚重的《上海交通大学史》,无疑能够为解读交大人精神内核与文化软实力提供智力支撑,也为交大争创世界一流大学奠定人文基石。

"盛世修史,懿年纂志"是中华民族千年传承的优良传统,也是当今社会主义文化建设的重大系统工程。《上海交通大学史》虽仅仅为一校之史,但其间世变幅度之大、时间跨度之长、经历曲折之多、涉及范围之广,在全国高校中都罕有其匹。如何真实记录学校的发展轨迹,如何系统梳理教育制度的演变,如何精彩描绘师生的生活图景,如何客观正确评论校史人物的历史贡献,如何科学总结百年办学的成败得失,凡此种种,都是编纂《上海交通大学史》的重点与难点,亦是对校史编纂者的巨大考验。所幸,自2006年110周年校庆之后,在以学校原党委书记王宗光教授领衔的校史编纂委员会的坚强领导下,集校内老领导、老同志、中青年校史研究队伍、校外专家学者的共同努力,历经十年艰辛,数易其稿,终于推出这一部卷帙恢弘的《上海交通大学史》,可谓"厚积薄发,十年一剑"。

古人云:"盖文章者,经国之大业,不朽之盛事。"翻开这部跨越三个世纪的厚重校史,重温交大往昔波澜壮阔的历程,我顿感心潮澎湃,为之动容,不胜感慨。我本人亦是上海交大在"文革"后恢复高考的第一届即"77级"学生,1982年本科毕业后,继续在母校攻读研究生,毕业后留校工作,直到1994年调离交大。应该说,我先后以学生身份与管理者身份亲身经历了交大在改革开放之后的17年岁月,对于这一时期交大学生"惜时如金"的学习热潮、享誉全国的管理体制改革、闵行新校区建设、派遣"世行生"等重大事件,都历历在目。衡诸这部《上海交通大学史》对这些史实的记载,应该说恰如其分地给予了还原与评价,较好地做到了资料翔实,持论平实,文风朴实,编排得当,征引规范。我相信,它出版面世后定能够经受时间的考验,成为一部可信耐读的优秀校史。

是为序。

姜斯宪

2016年1月

序　二

公元 1896 年，在甲午战败、民族危难之际，盛宣怀以“自强首在储才，储才必先兴学”的理念，创办南洋公学。

交通大学以“南洋”之名立，以“交通”之名兴。“交通大学”的校名源自 1921 年交通部所属四所学校合并而成大学之时。当“交通”二字的实业意义在历史的演化中渐渐淡去之时，作为校名，“交通”就成为一种文化和精神的传承。在“交通”之名下，交通大学的“大学”之道承载了“储才兴邦”的建校理想，光耀了“当为第一等人才”的办学理念，“傲立世界之巅，为民族谋进步，为人类谋福祉”，育人不辍，英杰辈出，成就了交通大学跨越三个世纪的辉煌，也让这座学府拥有了“天地交而万物通”的胸怀、气度及其独有的风格。

如果追溯到更远，中国传统文化对“交通”的理解源自庄子所云“交通成和而物生焉”，阐释的是一种宇宙观和价值观，是对宇宙万物和谐共生的哲学认知，是对自然规律的独特感悟。而“大学”一词的英文发源于中世纪西方都市生活及城邦初现时的拉丁文词汇“Universitas”，意指授予学位的由学生、教师和学者组成的多学科高等教育及研究机构。因此作为一所中国最早的现代大学，交通大学正是延续着中国传统文化的感性和西方现代文明的理性。中国传统之“交通”、现代西方文明之“大学”铸就的“交通大学”是历史与文化的交汇，也是思想与实践的贯通，所以成就其卓越，成就其辉煌。

“交通”为名，“大学”为道。

“交通”是校名，更是一种办学之道，真正让交通大学卓尔不群的，正是这种“天地交而万物通”“交通成和而物生焉”的办学之道。

大学是称谓,更是传承和创造的所在,真正让交通大学戮力同心、思源致远的,正是这种对大学精神、大学存在之根本意义的不懈追求。

在这样的大学之道下,交通大学自建校至今,无论世易时移,都赫然屹立于中国第一等学府之列。即便是几经辗转迁移,历尽艰难困苦,我们仍能在“上下交而其志同”的传承中坚持自己永恒的追求。

如今,集校史研究者多年心血编纂而成的八卷本《上海交通大学史》付梓出版,正是向世人展示交大人独特的情怀和追求,百余年的交大历史证明了:

交大是一所有追求的大学,交大人一直把感恩和责任放在首位。人才培养、科学研究、服务社会之交汇贯通是我们无时或忘的职责、本分和事业。交大人以发现和传播真理为己任,即使前路漫漫,荆棘丛生,交大人上下求索,从不懈怠。

交大是一所有灵魂的大学,交大人一直在追求思想的深邃。正是因为这种深邃,让我们拥有了宁静和淡泊,远离了喧嚣和浮华。“脱心志于俗谛桎梏,真理因得以发扬”。勤、朴、忠、诚之交汇贯通是交大人行为之准则。

交大是一所有思想的大学,交大人一直在追求文化的引领。“交通”之名赋予我们的是天地自然、社会人文相交相通之所在,更是阔达天地的视界和理想。交通大学聚天下之英才,攀智慧和思想之高峰,引领民主、科学和文化之发展。

回顾历史,交大的前辈先贤创造了无数的光荣。他们以天下兴亡、匹夫有责的气概,将办学与救国紧密结合,将求真与务实融为一体,以“明知不可为而为之”的自信和勇气站在时代最前沿,引领国家发展和社会进步,创造了无数个中国乃至世界的“第一”。面向未来,我们的梦想是把交通大学建设为一所大师云集、人才辈出、科技成果和人文思想交相辉映,在国家富强、民族复兴和人类文明进步的进程中,贡献卓著的大学!

“交通”为名,“大学”为道。交通大学的理想与风格、价值与追求将会成为真正的永恒。

2011年2月第一稿

2016年1月修订

序　三

上海交通大学是我国创建最早的高等学府之一。一百多年来，上海交大几度坎坷，历经沧桑，凝练积淀了优良的办学传统和厚重的文化底蕴，为国家造就了一批又一批各类专门人才，其中包括许多为民族独立、国家富强和科技发展、经济建设做出重大贡献的政治家、科学家、实业家、工程技术专家，可谓"桃李满天下，英才遍五洲"。新中国成立后，特别是改革开放以来，在党和政府的关心支持下，经过全体交大师生医务员工的奋发努力，百年学府焕发出勃勃生机，学校面貌发生了巨大变化。当年诞生于黄浦江畔只有数十人的南洋公学，如今已发展成为一所"综合性、研究型、国际化"的国内一流、国际知名大学，并正在向世界一流大学稳步迈进。

盛世修史，继往开来。上海交大的辉煌办学历程，既是一部承载着百余年来全体交大人励精图治、薪火相承的奋斗史，又是一个不断激励当今全体交大师生追求卓越、勇攀高峰的智慧库。上海交大历来重视校史研究与宣传教育，注重记录保存学校的发展轨迹与办学经验，更注重从中吸取不竭的精神动力。

自21世纪初年，学校将校史研究纳入大学文化和校园精神文明建设的重要部分，成立了校史编纂委员会，组织专门力量开展工作，编纂出版了一系列校史研究专著，如《上海交通大学纪事》(上下卷 2006)、《三个世纪的跨越——从南洋公学到上海交通大学》(2006)、《老交大名师》(2008)，在教书育人、对外宣传、自身文化建设等方面发挥了不可或缺的重要作用。如今，这部记载交大办学历史足迹、约计300多万言的《上海交通大学史》出版面世，这是学校校史研究的重要成果,是文化建设的基础性工程,更是向建校 120 周年的一次献礼。

在创建世界一流大学的征程中,大家愈来愈深刻地认识到,一所著名的大学不仅要有一流的物质条件,更要有一流的大学文化,要有经过历史沉淀又独具特色的传统风格、文化内涵与人文精神,形成引导激励全校师生的内在动力,这是一所大学的精髓和灵魂。建设以创新文化为主导的交大文化一直是创建世界一流大学的重要组成部分。《上海交通大学史》所记录的办学轨迹、展现的教育成就、总结的经验成果,正是上海交大精神文化的载体和底蕴,也是创建交大文化的根本与源泉。这部校史必将成为建设一流大学文化的重要组成,必将为创办世界一流大学提供有力的文化支撑。

"大学之道,在明明德,在亲民,在止于至善"。大学最根本的任务是培育具有社会责任、创新精神、实践能力的人才。大学的精神与文化传统对人才培育影响至深。《上海交通大学史》在梳理交大的发展脉络过程中,发掘了大量鲜活的历史事件、见微知著的师生校友轶事,提炼出真实历史背后所蕴含的大学精神、大学文化,这些都将成为莘莘学子成长成才的生动教材,有利于学生提高对"饮水思源、爱国荣校"内涵的理解,真正让"责任"成为凝结在每一位学子血液中的精神,成为一代代交大人不变的信仰。

《上海交通大学史》的出版,为广大师生、校友、教育同行以及社会各界关心交大发展的人士,提供了一部了解学校悠久历史和精神文化的优秀著述,也为交大自身大学文化建设、人才培育等提供了一份有价值的精神载体。在新的历史阶段,在国家推进双"一流"建设进程中,期待全校师生医务员工以更高境界、更大情怀,求真务实,努力拼搏,敢为人先,与日俱进,为建设中国特色世界一流大学,为中华民族伟大复兴作出不可替代的贡献。

马德秀

2011 年 2 月第一稿

2016 年 1 月修订

序　四

巍巍学府，百年交大，历史是沧桑，也是明镜。上海交通大学一百多年来与中国近现代历史的百年兴衰相伴而行。交大“醒狮起、搏大地、壮哉吾校旗”，在中华民族救亡图存、跻身强国的历史进程中留下深深的印痕，积淀了众多精神财富。交大从艰难跋涉到奋力崛起的历史过程，一幕幕感人至深的历史场景，谱写了中国大学发展史上的辉煌篇章。对交大百余年校史的发掘与研究，并尽可能完整地编纂成书留存于世，既是一笔丰厚的历史遗产，也是一部用案例教育世人的哲学。总结和继承办学传统和经验，鉴往知新，启示后人。交大是谁、交大从哪里来、交大要往哪里去，这些问题的思考与解读，对于正在走向世界一流新征途的上海交通大学可以提供诸多有益的启迪。

峥嵘历程

上海交通大学校史编纂委员会自21世纪初开始，组织力量编写《上海交通大学史》，真实完整地记录学校从1896年至2006年共110年的办学历程和发展轨迹。经过十余年、十余位研究人员参与的编纂工作终于完成。110年的历史演变似行云流水，又波澜起伏，激发我们无限感奋，引发我们长久思索。

上海交通大学始建于1896年。其时，在清王朝的统治下，内忧外患，国难深重，一些有识之士认识到“教育救国”的重要性。中国近代实业家盛宣怀向光绪皇帝呈奏《请设学堂片》，拟于上海创办南洋公学，造就政、法、商等兴国人才，获得清政府批准。从此，交通大学的前身——南洋公学在上海徐家汇创建，招生办学；先后设立师范院、外院、中院、特班、政治班及译书院、东文学堂等，选派留学生出国深造，探索从初等、中等到高等教育的办学体系，成为中国近代学制之肇端。清末民初，国内实业扩充，工商方兴，迫切需要高级实业技术和工程管理人才。学校及时调整方向，兴办工科，先后设置的铁路科、电机科、航海科、铁路管理科等在当时均为同类大学中仅见。孙中山曾来校为学生演讲，表达他“强国强种”的勃勃雄心，提出了10年筑成10万英里铁路的宏伟计划。

1921年，学校正式定名交通大学。由于政局动荡，学校虽曾几度更名，但坚持培养交通实业人才的宗旨不变。1928年，学校划归铁道部后，办学经费充盈，校园规模扩大，办学成效显著。30年代，学校继续延聘名师，添建校舍，拓展学科，成为以工科为主，兼重管理、理科的全国著名理工科大学，有“东方MIT(美国麻省理工学院)”的美誉。抗日战争爆发，交大师生在上海、重庆两地坚持办学，历尽艰难险阻，恪守交大办学宗旨，培养了大批战时急需的工程技术人才，涌现出可歌可泣的抗日英勇斗士。抗战胜利后，交大复员上海徐家汇原址办学，迅速恢复和发展理、工、管相结合的院系建制。爱国师生为了追求民主权利与社会进步，先后开展反“甄审”“护校运动”“反饥饿、反内战、反迫害”“反美扶日”斗争等爱国民主运动，交大成为沪上的“民主堡垒”。

1949年5月，上海解放，交大的发展进入了新阶段。学校坚决贯彻新民主主义教育方针，积极参与新中国高等教育建设。师生们响应党和国家号召，纷纷投入到工业化建设的热潮之中。1952年，在高等学校“院系调整”中，交大许多学科及相关师生调往全国各地，为国家高等教育事业的布局和发展做出了贡献。1955年，国家决定交通大学西迁；1957年，在周恩来总理亲自指导下，决定交通大学分设两地，分别为交大(上海部分)、交大(西安部分)；1959年，中央决定交大(上海部分)和交大(西安部分)分别成为独立办学的上海交通大学和西安交通大学。

1961年，中央决定上海交大划归国防科委领导，成为一所国防工业高等学校。1966年，在“文革”的灾难中，学校工作全面中断，日常管理陷入混乱，知识分子成为批斗对象。校内外“造反组织”相勾结，批斗矛头直指广大师生和“老交大传统”。许多教师和科技人员忍辱负重，排除干扰，为国家教育、科技事业默默奉献，为国防科技事业做出贡献。1976年，“四人帮”被粉碎，交大师生在拨乱反正中率先批判“两个估计”，交大迎来了第二个春天。

20世纪70年代末，党的改革开放政策为社会主义现代化事业开创了新局面。上海交大在改革开放中抓住机遇和挑战，力求重振雄风，再现勃勃生机。交大党委带领全校师生积极探索并实践高校内部管理体制改革，为学校的重新崛起奠定了坚持改革开放、创新发展的思想基础。打开国门,走出校门,交大教授组团出访美国,成为新中国建立以后第一支访美的高校代表团。80 年代初,上海交大划归教育部直属,学校恢复理学科、管理学科,新建文科和新兴学科。1984 年,邓小平亲自接见上海交大干部和教师代表,热情鼓励学校的教育改革。在第六届全国人大第二次会议的《政府工作报告》中,肯定了上海交大的改革。90 年代开始,国家加大投入,加快建设闵行校区,改善办学条件,扩大办学规模,上海交大进入改革发展的快车道。

在全球科学技术迅猛发展的形势下,江泽民两次为母校题词,提出了建设世界一流大学的发展目标。教育部和上海市共建上海交大,批准实施国家旨在提升一流学科水平和创建世界一流大学的“211 工程”“985 工程”。随着综合实力增强,学校提出“综合性、研究型、国际化”的发展战略。跨入 21 世纪的上海交大发挥学科人才优势,利用大型企业的投资实力,得到闵行区政府的支持,实行大学、企业、政府三方战略联合,创建了由大学园区、研发基地、生态社会组成的“紫竹科学园区”合作新模式。交大借力及时拓展闵行校区,校园面积扩大至近 5 000 亩,顺势推进闵行校区二期建设,把世界一流大学的建设目标与新型校园的建设紧密结合,于“十一五”中期实现了闵行主校区的全面竣工和办学重心的顺利转移。1999 年,上海农学院并入交大;2005 年,上海交大与上海第二医科大学合并,成立新的上海交通大学。目前,上海交通大学已成为一所拥有理、工、农、医、文、法、管等学科,并拥有大批科学研究机构、众多附属医院的国内一流、国际知名大学,正在向世界一流大学稳步迈进。

纵观上海交通大学的发展历史,正是中国高等教育事业从无到有,由小到大,由弱到强,不断发展、创新的历史进程。

今天,我们以学校历史发展的纵向脉络为线索,编纂《上海交通大学史》,全书共 8 卷,依学校自身发展阶段划分为 8 个时期,每个时期 1 卷。其中,中华人民共和国成立之前分为 4 卷,之后分为 4 卷。全书共 300 余万字,约 1 000 帧照片。本着“以史为鉴”的精神,我们既注重历史真实性、可读性,更关注学术性、科学性,努力写成一部史料翔实、结构合理、观点鲜明、文风活泼的史学著作。

《上海交通大学史》记录办学历史,展示育人成果,总结经验得失,是学校建设一流大学文化的重要组成部分,必将为创办世界一流大学提供有力的文化支撑。校史研究是一项长期的工作,随着时代的发展与进步,对于一些历史事实的分析见解可能会有新的认识和结论。上海交大的校史研究工作还将继续坚持“以史鉴今、资政育人”宗旨,不断推陈出新,展示更多高水平的研究成果。

学人足迹

解读校史,值得自豪的是,百余年来,上海交大拥有一大批具有先进办学理念和大学精神的校长,拥有一大批学识卓越、众望所归的名师、学者,拥有一大批走出校门后为国家、民族和人类社会作出杰出贡献的莘莘学子。在不同历史时期,这些校长、教师和校友们留下许多精彩纷呈、可圈可点甚至可歌可泣的历史印迹,共同铸就了百年交大的历史丰碑。

第一,交大有一批志存高远、精于治学的校长。一代又一代掌校者为办好交大,为交大的建设与发展竭尽心智、巨擘鼎力,造就了学校的辉煌历史。

*他们始终坚持"兴学强国"的教育观。*一百多年前,盛宣怀创办南洋公学的目的,就是为了"强国",提出"自强首在储才,储才必先兴学",培养"经世济国"人才的思想。唐文治倡导培养"求实学、务实业"的救国人才,要造就"中国之奇材异能"。叶恭绰、黎照寰等是孙中山实业计划的忠实执行者,他们着力培养"实业计划的实行家""高深建设专才",以使中国摆脱贫弱,自立于世界民族之林。新中国成立以后,在社会主义工业化建设统一布局下,学校围绕培养多科性工科人才、国防工业人才的任务不懈努力。改革开放以来,学校顺应建设中国特色社会主义的发展要求,为实现中华民族之伟大复兴,以"继往开来,勇攀高峰"的精神,确立了创建世界一流大学的目标,制定并实践了"综合性、研究型、国际化"的发展战略,学科领域不断充实与拓展,逐步形成注重人的全面发展的创新型人才培养模式。交大人就是这样,以国家利益为己任,始终把自己的荣辱兴衰与国家的命运紧紧联系在一起。

*他们始终主张"第一等人才"的培养观。*唐文治提出了著名的"第一等人才"的培养观:"须知吾人欲成学问,当为第一等学问;欲成事业,当为第一等事业;欲成人才,当为第一等人才。而欲成第一等学问、事业、人才,必先砥砺第一等品行。""争第一"的思想成为交大百余年来人才培养的基本理念。交大的"第一等人才",明确以德育为前提和基础。唐文治曾说:"道德,基础也;科学,屋宇垣墉也。彼淹贯科学,当世宁无其人,然或忘身徇利,一旦名誉扫地,譬如基础未筑,则屋宇垣墉势必为风雨所飘摇而不能久固。"长期以来,学校除了专门学科的培养,还注重学生的人格养成。张铸、黎照寰都提出,"注重知识的获得,身体的锻炼,道德的修养,充分准备一切,务使成为一个完全的人。""完全之人,斯有不朽之事业,此教育之本旨也。"20 世纪 50 年代,彭康强调人才培养"要有明确的方向,这就是为社会主义服务";应该多培养几个像钱学森那样的人民科学家,才是最大的政治。进入 21 世纪以来,交大十分强调青年学生的科学精神与人文精神的紧密结合,为人的全面发展着力打造健康向上的精神家园。

他们始终坚持以世界先进的办学水准为追赶目标的发展观。唐文治的办学心愿是“冀与欧美各国颉颃争胜”；叶恭绰认为交通大学与欧美大学“未必无同趋一轨之日”；黎照寰力求把交大办成一所国际著名大学。进入20世纪80年代，江泽民为母校题词：“百年大计，教育为本，努力把上海交大办成第一流大学。”1995年12月，江泽民再次为母校百年校庆题词：“继往开来，勇攀高峰，把交通大学建设成世界一流大学。”恰似春雨甘霖，润物无声，“建设世界一流大学”已成为上海交大人的共同理想和奋斗目标。

他们始终践行锲而不舍、坚韧不拔的奋斗观。交大在一百多年办学过程中，一路坎坷，几度危难，曾多次面临中途夭折的困境。但是，掌校者一次又一次坚韧不拔的努力，擎大厦于将倾，挽学脉于临危。首任校长何嗣焜为学校的创建呕心沥血，伏案发病，溘然长逝。1902年底，袁世凯趁校内学潮之机，企图迫使学校停办，盛宣怀不甘校业就此夭折，千方百计筹措办学经费，维系学脉。民国初年，百废待兴，学校又面临经费无着的状况。唐文治带头减薪，师生同舟共济，终于渡过难关。20年代，军阀混战，时局不稳，凌鸿勋临危受命就任交通部南洋大学校长，竭力维持校基，终使学校得以承续。抗战爆发后，黎照寰、张廷金、徐名材、吴保丰等主校者，忍辱负重，历尽艰辛，坚持在上海和重庆两地办学，力保学业不被中断。新中国成立后，学校经历了院系调整、迁校等重大变动，学科、师资、设备等实力大为削弱；又经历“文化大革命”的摧残破坏，上海交通大学的规模、层次一度明显处于国内著名高校之后。“文革”结束，恰逢党的改革开放政策，交大领导班子遵循党的基本路线和方针政策，不失时机地抓住了科教兴国的发展机遇，坚持改革开放实践，在激烈竞争中迈开建设世界一流大学的步伐，获得社会认可和国家支持。

“穷且益坚，不坠青云之志。”面对复杂的局面能够做到独立思考、积极应对，在一次又一次的机遇和挑战中坚持拼搏，力争最好的结果，这正是交大掌校人的基本素养。

第二，交大有一批树人育才、众望所归的名师、学者。交通大学一贯重视教师队伍建设，以拥有高水平的师资为办学之本。20世纪二三十年代，有一批如胡明复、周铭、徐名材、裘维裕、胡敦复、唐庆诒等著名教授。40年代，交通大学在重庆期间，条件十分艰苦，仍然吸引了包括张钟俊、曹鹤荪、辛一心等在内的一批留学归国的青年英才来校执教。正是先贤们无怨无悔地躬耕于三尺讲台，才奠定了交大的百年基业。

他们具有心系国脉、底蕴深厚的爱国情怀。学校创办初期，所聘用的教师大多为中国现代第一、第二代知识分子。他们成长于中国传统文化土壤，又受到新思想的启蒙。在当时腐朽落后的社会现实和帝国主义列强的欺凌面前，他们抱有强烈的救国、报国之志，以“国家兴亡，匹夫有责”为座右铭；坚持独立人格和职业操守，视安贫乐道、坚守节操为人生追求。他们在风雨变幻的时局中,守望真理,矢志不移,决不以原则做交易,不辱教师之神圣使命。南洋公学特班总教习蔡元培曾向封建势力争取学生的民主权利,未果后愤然离校,另组"爱国学社"接纳辍学学生。抗战爆发,交大教师"仰天长啸,壮怀激烈",有的忍辱负重坚守教师岗位继续传道授业,有的宁可失业不向伪政权弯腰,有的历尽艰辛远赴重庆任教。上海解放前,为保护爱国学生躲避反动军警的追捕,吴保丰、王之卓都曾用校长汽车把学生送出校门到达安全地带。新中国建立后,交大教师以极大热情投入社会主义现代化建设高潮,为了响应党和国家号召,很多交大人告别大上海,毅然奔赴祖国各地艰苦创业,为新中国高等教育事业的蓬勃发展做出贡献。"文革"中,教职工不满"四人帮"的倒行逆施,欲教不能,欲罢不忍,大多仍旧坚守业务岗位,取得众多科研成果。党的十一届三中全会后,交大师生群情激昂、解放思想,率先提出否定"两个估计",重新恢复"老交大传统",焕发学术青春,抢回"文革"中失去的宝贵时间,积极开创教学、科研工作的新局面。

他们具有学贯中西、能文能武的真才实学。交大教师大都具有海外留学或工作的背景,同时,他们中的许多人还具有在工商业或政府实业部门的工作经历。他们不仅始终把握世界科技发展前沿动向,而且善于应用科学理论解决实际工程技术问题。交大教师为中国工程教育作出开创性的贡献,把广阔的国际视野和实际的应用能力融入教育与教学,用严格的学术精神开展大量丰富的实践教学以资验证,这些都是交大教师的显著特点。校友们回忆,交大的"实验教育这个过程教导你如何创新"。既有高深学问,又有实际才干和经验,学贯中西、真才实学成为交大教师的基本特征。因此,早在20世纪二三十年代,交大就成为知名高等学府,被誉为"中国工程师的摇篮"。

他们具有传道授业、德技双馨的人格魅力。交大教师融"传道、受业、解惑"于一身,不仅教书,而且言传身教如何做人,把中华文化传统的道德教化、修养情操一并传授给学生。在他们心里,爱国家就是爱交大、爱学生,就是兢兢业业地上好每一节课。授课时,逻辑缜密,析理清晰,出神入化,精美绝伦,讲解科学理论游刃有余,说明实际问题信手拈来。多年以后,学子忆此仍然津津乐道:"如痴如醉,大有孙猴子在听菩提祖师说法时的闻得大道那份喜悦。"邹韬奋回忆国文教员沈永癯"尤其受他的熏陶的是他的人格的可爱","是我一生做事所得力的模范。"钱学森在晚年把陈石英、钟兆琳两位老师视为对他"影响最大的老师",感悟"师恩永志于心"。众多学子在人生重大转折关头都得到交大教师真诚地呵护与无私的教诲。20世纪80年代后,交大的唐坤发、晏才宏、金正均等教师业务精湛,教学执着,深受学生爱戴,即使遭受病痛折磨,仍然坚持到生命的最后一刻,鞠躬尽瘁,死而后已。有学生怀念曾继铎教授,撰写对联,上联为"读万卷书,行万里路,桃李满天下",下联为"不谄不媚,傲骨铮然，浩气留人间”，横批“一代名师”，可谓对交大教师学识与人格的高度概括。

第三，交大有一批秉承校风、勇于担当的莘莘学子。古今中外，校友是学校的财富，是母校的骄傲，交大更甚。交大学生的心声是“今天我以交大为荣，明天交大以我为荣”，莘莘学子带着“饮水思源、爱国荣校”的母校情怀离开交大，走向社会。

*他们传承着优良的爱国传统。*叶恭绰校长回忆道：“交大学风，素称淳实”，“本校学生，潜心努力，有爱国不忘求学，求学不忘爱国之风。”“捐躯赴国难，视死忽如归。”辛亥革命前后，校友唐榕柄在广州、白毓昆在滦州，一南一北，响应革命，后均英勇就义。五四运动、五卅运动、“一二·九”运动中，交大学生都积极参与。在抗日战争及历次革命战争中，交大学生挺身而出，前赴后继，一些人因此献出了宝贵生命。侯绍裘、陈虞钦、邹韬奋、费巩、杨大雄、杨潮、曹炎等革命英烈长眠在上海龙华、南京雨花台、重庆歌乐山及各地烈士陵园之中。1945年后，交大的爱国进步学生战斗在第二条战线上，为争取民主进行顽强斗争，穆汉祥、史霄雯惨遭杀害，烈士安葬在交大徐汇校区的校园里，竖立纪念碑，成为永远的纪念。新中国成立后，交大毕业生满腔热情在祖国各地投身社会主义建设事业，涌现出无数优秀人物和先进事迹。黄志千、华怡等是他们的突出代表，成为交大人学习的楷模。

*他们发扬了勇于创新的科学精神。*探索科学、坚持真理是交大人的不懈追求。物理学教授裘维裕曾说：“大学的使命，是要养成一种健全的人格，训练一种相当的科学思想，有了这种训练，毕业之后，无论什么工作都可以担负，都可以胜任。”交大人把求真务实作为毕生的行为准则，处理问题喜欢“较真”，先要弄清道理再下结论。物理系1947年毕业生胡国定体会到，交大的学生“对复杂的新事件，总要先独立思考弄清楚问题，再下决心怎么去做。这就是交大的‘慢热’”。许多校友回忆说，交大培养了我们独立工作能力，交大教会了我们怎样去做研究；独立思考，遇到问题自己去解决已成为交大学生的习惯。这也是他们具有开拓创新能力的重要原因，为国家建功立业的素质基础。百余年来，在献身科技事业的交大校友中，有“人民科学家”钱学森，“国家最高科学技术奖”获得者吴文俊、徐光宪、王振义等；还有我国第一台中文打字机发明者周厚坤，第一台变压器的设计制造者周琦，第一台发动机的设计制造者支秉渊，第一架喷气式歼击机的设计制造者黄志千、“歼-7之父”屠基达、“歼-8之父”顾诵芬，第一枚液体燃料探空火箭的设计制造者王希季，第一艘万吨远洋货轮“东风号”的总设计师许学彦，第一艘核潜艇的设计者黄旭华，第一台自主设计与集成的作业型深海载人潜水器“蛟龙号”总设计师徐芑南，第一艘航空母舰“辽宁舰”总设计师朱英富，等等，他们的业绩在中国科学技术发展史上留下了浓墨重彩的一笔。

*他们展现了始终如一的实干风格。*求真务实是交大师生最鲜明的风格。学生在校经过

严格的科学培养和精准的实验训练,深植实事求是的思想根基。唐文治校长提出"实心实力求实学,实心实力务实业"的要求;学校逐渐形成了"务朴纳,汰浮华,好实践,恶空谈,学则中西并重,而以实用为归"的校风。百余年来,交大的学子遍布各行各业,上天入地下海,声光电化齐备,既是先锋队,逢山开路、过水搭桥;又是螺丝钉,不计名利、默默奉献。交大学生崇尚实干、不骛空谈,敏于行,讷于言,能摈弃浮躁,作风扎实,实践动手能力强,已成为社会口碑。

1926 年 10 月,在学校 30 周年校庆时,为感谢培养之恩,原师范班校友捐建的自流井取义"饮水思源"赠予母校;此后,"饮水思源"碑矗立在交大校园,成为交大标识,代代相传。改革开放以来,海内外校友纷纷回校,关心母校的建设与发展,许多人捐资助学,回馈母校,一幢又一幢由校友捐赠的建筑物出现在徐汇、闵行等校园中。地球虽大,"饮水思源"亦如磁石般吸引着天涯海角的交大人遥相呼应。"饮水思源,爱国荣校"是一种承诺,它把质朴的感恩与交大人扎实勤奋的事业心紧紧联系在一起;"饮水思源,爱国荣校"是一种情怀,它把道德、理想、情操与交大人崇尚的价值观紧紧联系在一起;"饮水思源,爱国荣校"是一种境界,它把学子与母校、个人与国家、民族与人类、历史与现实、科学与进步都紧紧地联系在一起,凝聚成交大人的世界观、人生观和价值观。

一代又一代交大学子,带着他们的智慧、学识和人生理想,走向大海,走向蓝天,走向祖国最需要的地方。无论是风雨如晦的年代,还是奋发图强的岁月,无论是工业现代化的召唤,还是改革开放奔小康的实践,无论立足国内,还是走出国门,他们都在人生的舞台上,显身手、展才华,以他们的聪明才智和热血青春回馈祖国、回馈社会、回馈全人类。在一百多年的办学历程中,黄炎培、邵力子、李叔同、蔡锷、王宠惠、蒋梦麟、邹韬奋、陆定一、汪道涵、钱学森、周建南、吴文俊、徐光宪、李天和、江泽民、葛守仁、王振义等都是交大学子的杰出代表。数十万交大人足迹遍及海内外,他们把交大的拼搏精神与实干作风带向四面八方。

思 源 致 远

2006 年,上海交大建校 110 周年之际,江泽民再次为母校题词:"思源致远"。这是对中华民族悠久的传统文化与交大百年传统精神相结合的高度概括。

"思源"最早见于北周庾信的《徵调曲》:"落其实者思其树,饮其流者怀其源。"表达了人们质朴的感恩情怀。"致远"在《周易》《论语》中均有表述,最著名的应为诸葛亮《诫子书》中"非澹泊无以明志,非宁静无以致远",成为一代又一代知识分子的座右铭。

交大人为"思源致远"赋予了更深刻的意义。"思源",凝聚着交大人对于自然、人文和社会的深厚浓重的历史观;“饮水思源,爱国荣校”被广大师生和校友们公认为交大校训。除此之外,交大人常思社会历史之源,常思人类认知之源,常思科学探究之源,寻求探索真理、开拓创新的力量源泉。“致远”,彰显出交大人刚毅淡定、高瞻远瞩的发展观。盛宣怀办学时就提出:“窃惟时事之艰大无穷,君子以致远为重。”黎照寰校长则教导学生:“才识丰,体力雄,志行高,具此三者,始能任重致远,为国效劳。”20 世纪初公布的《上海交通大学章程》提出了学校的使命:建设“综合性、研究型、国际化的世界一流大学”。“思源致远”,引领着交大人在学校建设、国家自强、民族复兴的伟大事业中树立应有的境界、胸怀和高尚追求,承担起作为一名交大人必须承载于肩的历史责任。

“无边落木萧萧下,不尽长江滚滚来。”回顾上海交通大学所走过的一百多年历史,怎不令人浮想联翩。历史长河,征途漫漫,交大人闯过了一次又一次艰难险阻;面向未来,交大人仍将不懈求索,勇于面对一次又一次机遇和挑战。历史已证明,交大人必须同舟共济、结伴前行;再铸前程更要求交大人别无旁骛、同心协力。

“建设世界一流大学”是一代又一代交大人共同的梦想。在此,我们谨以这部《上海交通大学史》奉献给每一位关心和热爱交大的师生和朋友,让《上海交通大学史》成为交大历史丰碑上的又一块基石,承百年薪火,续千秋伟业。

王宗光

2011 年 2 月第一稿

2015 年 12 月 31 日修订

目 录 | CONTENTS

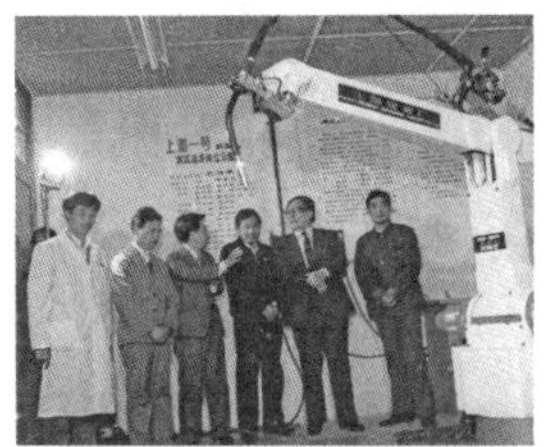

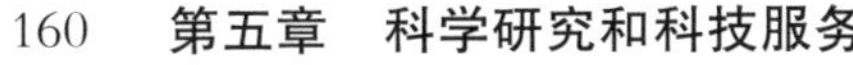

前　言

《上海交通大学史》第七卷记述了上海交通大学从 1978—1991 年共 14 年的发展历史。

1978 年 12 月召开的中国共产党十一届三中全会，开启了我国改革开放和社会主义现代化建设的历史新时期。在党的正确路线指引下，上海交大党政领导班子顺应民心，带领全体师生员工解放思想，锐意进取，坚持四项基本原则，坚持改革开放，克服了办学过程中遇到的种种困难，面对改革开放初期出现的诸多新问题、新挑战，进行了大量卓有成效的恢复、建设和改革工作，使学校事业重新获得了发展的动力，开创了学校各项工作的新局面。

上海交大的建设与发展得到了党中央、国务院和上海市委、市政府的重视与支持。“文革”结束后，学校被教育部继续列为全国重点高校，领导体制上归属第六机械工业部（简称“六机部”）主管。1978 年 5 月，上海交大第八届校务委员会成立，国务院副总理王震兼任主任，六机部部长柴树藩兼任副主任。1982 年 9 月，学校重新划归教育部主管。1984 年 4 月，学校被列为国家重点建设、重点投资的 10 所大学之一。这为学校发展以及建设闵行新校区创造了有利的条件。

全校师生工作学习热情高涨，都要“把文革损失了的时间补回来”，立志为交大重振雄风而奋发图强。学校党政领导遵循党的解放思想、实事求是的思想路线，立志高远，敢为天下先，带领师生员工投身改革开放。上海交大的改革，以校内管理制度为切入口，大胆突破，经过 5 年多的探索实践，初步克服了人浮于事和吃“大锅饭”的现象。1984 年初，邓小平、万里、王震等中央领导同志先后接见上海交大领导及师生代表，对学校改革取得的成绩表示满意。

同年5月,上海交大的改革经验被写进六届二次全国人民代表大会《政府工作报告》。上海交大的对外开放,从打破常规走出国门、联络海内外校友做起。1978年秋,在召开党的十一届三中全会和中美两国正式建交前夕,学校组建新中国成立后第一个高校访美代表团,出访美国,在教育界起到了对外开放的带头作用。此后学校对外教育交流的形式日益多样,内容渐趋丰富,水平不断提高。1980年学校与美国宾夕法尼亚大学合办双硕士学位研究生班,成为学校探索国际合作办学之路的开端;1981年接受香港环球航运集团主席包玉刚的捐赠,建造现代化图书馆,开创了新中国教育界利用海外捐款改善办学条件的先河;从1984年起,与香港中文大学、德国康斯坦茨大学等联合举办高层次的培训班,培养管理专业急需的高端人才,直接为上海和华东地区经济发展和对外开放服务。

面对改革开放的大好形势,学校按照邓小平提出的"重点大学既是办教育的中心,又是办科研的中心"、[①]"教育要面向现代化,面向世界,面向未来"[②]的指示精神,与国家和上海市的经济发展和社会进步紧密结合,与时俱进地提出更高的发展目标。1978年,学校制定了《上海交通大学发展规划》,提出建设"综合性理工科大学"的奋斗目标,翌年成功地将学校工作重点转移到教学、科研上来。经过几年的探索与实践,1983年学校制定新的发展规划,将发展目标调整为建设"综合性的高等研究大学",并对全校工作作出了全面设计,以更高的起点脚踏实地地奋勇推进。

学校坚持以教学、科研为中心,着力推进学科建设、教学和科研改革,使学校工作出现了可喜的变化。在学科建设方面,实施"理工结合、文理渗透,有重点、有选择地发展新兴学科、边缘学科,改造传统学科,努力促进新老学科结合"的建设方针,重点加强系科建设,积极调整学科布局,基本完成了由船、机、电学科为主的工科大学转向以理、工、管学科为主,兼有人文社会学科的综合性大学发展的战略调整。在师资队伍建设方面,重点开展师资培养和引进,健全教师晋升考核制度,建立起一支政治业务素质优良、学科面广、结构层次较为合理的师资队伍。在教学方面,围绕继承和发扬老交大传统,全面推进教学改革和教学建设,形成学科结构合理、指导力量雄厚、学位质量能够得到保证的学士、硕士和博士三级学位授予体系。在科研方面,贯彻"科学技术工作必须面向经济建设"的方针,积极组织重点研究课题和重大科技项目的攻关,加强直接产生经济效益的科技服务和技术开发工作,并取得显著成绩。

---

① 《邓小平文选》第2卷,人民出版社1994年第2版,第423页。

② 邓小平:《为景山学校题词》(1983年10月1日)。《邓小平文选》第3卷,人民出版社1993年版,第35页。

鉴于可持续发展的需要，上海交大必须开疆拓土，扩大办学空间。1983 年学校被批准建设闵行新校区，1984 年征地，1985 年破土动工。经过两年的建设，1987 年建成第一批校舍，如期迎来首批 2 600 名新生入学。与此同时，为满足电力部门对高端人才的紧迫需求，学校与水利电力部联办上海交大电力学院，被国家教委赞誉为“联合办学成功之范例”。1987 年 11 月，1947 届校友、上海市委书记、市长江泽民出席二部（即今闵行校区）开学典礼暨电力学院成立大会，为母校题词“百年大计，教育为本，努力把上海交大办成第一流大学”。经过 10 年建设，各类投资近 4 亿元、占地 1 576. 8 亩、总建筑面积 26. 8 万平方米的新校园呈现在世人面前。闵行校区的建立，极大地改善了办学条件，开拓了发展空间，是学校的“新起点、新希望”，成为上海交大发展史上一个新的里程碑。

在改革开放的新形势下，上海交大党委认真贯彻落实党的路线、方针、政策，切实加强和改进党的自身建设，认真做好统战工作和群众团体工作；为解决学生思想政治教育和业务学习相脱离的“两张皮”问题，创新学生工作体制，成立学生工作指导委员会（简称“学指委”），建立起专兼职相结合的学生工作队伍；深入开展形式多样、内容丰富的坚持四项基本原则和改革开放方针的思想政治教育，坚决维护校园稳定；加强大学生的思想教育和日常管理工作，重视实践教育，精心组织科技、文化、体育活动，营造健康向上的校园文化环境。

改革开放十多年来，上海交大获得了前所未有的发展，学校综合实力和整体办学水平明显上升，初步建成为一所在国际上有较高知名度的，以工科为主，理、工、文、管结合的综合性理工大学，为学校的发展打下了良好的基础。

本卷共 8 章，内容分为发展综述、管理改革、学科发展和师资队伍建设、教学、科研、对外交流与合作、闵行校区建设和办学保障体系、党建和思想政治工作等。

第一章
改革开放开创新局面

第一节　解放思想　实现工作重点转移

一、六机部继续主管交大

1976年10月粉碎“四人帮”之后，各条战线努力进行思想上、政治上、组织上的拨乱反正。1978年5月，在邓小平等一批老一辈革命家的引导和支持下，关于“实践是检验真理的唯一标准”的大讨论在全国范围内展开，形成了一股要求解放思想、实事求是的历史潮流，为实现党和国家的历史性转折奠定了思想基础。[①]

经过教育战线的拨乱反正，特别是否定“两个估计”[②]和恢复高考制度，[③]以及开展真理标准问题的大讨论之后，上海交通大学出现了许多新气象。广大教职员工扬眉吐气，被压抑

---

① 中共中央党史研究室：《中国共产党历史》第2卷（1949—1978）下册，中共党史出版社2011年版，第1009页。

② 所谓“两个估计”，即新中国成立后17年“毛主席的无产阶级教育路线基本上没有得到贯彻执行”，“资产阶级专了无产阶级的政”；大多数教师和新中国成立以后培养出来的高等学校学生的“世界观基本上是资产阶级的”。这“两个估计”，是1971年由张春桥、姚文元修改审定的《全国教育工作会议纪要》提出的，长时期成为广大教师乃至知识分子的沉重精神枷锁。1977年8月，邓小平在科学和教育工作座谈会上讲话，坚决否定“两个估计”，肯定了新中国成立后17年的教育战线“主导方面是红线”，17年中，“我国的知识分子绝大多数是自觉自愿地为社会主义服务的”。

③ 1977年10月，国务院批准教育部《关于一九七七年高等学校招生工作的意见》，决定从当年起，改变“文化大革命”期间高等学校招生不考试的做法，采取自愿报名、统一考试、择优录取的办法。

的工作热情得到解放,积极开展教学科研工作再度成为他们理直气壮的行动。学生们的精神面貌也发生显著变化,热爱学习、刻苦钻研、关心集体、尊敬师长、友爱同学、遵守纪律的新风气在全校逐步恢复。

自1970年以来,上海交大由第六机械工业部[①]主管,学校办学方向侧重于为国防工业服务,以造船为中心。1977年底,学校在教学科研秩序逐步恢复正常的基础上,多次向中央提出变更隶属关系的请求,以便为学校提供更大的发展空间。1977年11月12日,学校党委将《关于我校领导体制问题的报告》呈请国务院副总理王震并转呈中共中央副主席邓小平等中央领导。《报告》陈述了学校在实际工作中遇到的因领导体制而造成的长期难以解决的问题:"领导体制对学校的发展影响很大。1961年我校划归国防科委领导,学校的方向任务明确,各方面的渠道畅通,专业建设和教学科研各项工作进展较快。1970年划归为海军领导,由六机部代管后,因领导体制而产生的问题较多。"一方面,交大作为一所多科性的国防工业大学,由一个专业门类单一的工业部门领导,势必存在多科性与局限性的矛盾,束缚了学校许多通用性较大、服务面较广的专业学科的发展;另一方面,工业部门的工作侧重在当前生产上,对科学研究中探索性、长远性和基础性的研究任务难以考虑,导致学校开展基本理论与应用科学研究经费难以得到落实。有鉴于此,学校认为"多科性的工业大学属一个部领导,是不利于学校的提高与发展的",建议"上海交通大学直属国防工办[②]领导,作为国防工办的一个直属单位,以造船为主,并为工办所属各部服务,兼顾某些民用工业部门"。[③]

后经进一步调查和多方征求意见,考虑到学校专业设置与中国科学院基本对口,学校领导一度认为归属上海市委和中国科学院双重领导,以中国科学院为主的领导体制更为适宜。1977年12月9日,学校党委书记邓旭初、党委副书记张寿代表学校呈书邓小平,提出了把上海交大划归中国科学院领导的意见。12月14日,教育部部长刘西尧受邓小平委托接见上海交大代表,要求学校就归属问题先向上海市委汇报。12月19日,学校党委在向上海市委汇报并获得同意后,正式呈报教育部《关于建议我校划归中国科学院领导的请示报告》。

1977年12月,中央任命柴树藩为六机部部长、党组书记。经过十年动乱,我国造船工业同世界水平的差距愈拉愈大。12月6日,邓小平在召见几位国防工业部门部长时明确指出,"船舶工业要遵循'军民结合,以军为主,发展民用,以民养军'的原则,尽快整顿,把生产搞上

① 第六机械工业部,简称六机部,是主管船舶工业的国防工业部门。

② 国防工办,国务院国防工业办公室的简称,是国务院管理国防工业的办事机构,六机部的业务工作由国防工办归口管理。

③《关于我校领导体制问题的报告》(1977年11月12日)。上交档:永久581。

去”,“中国的船舶要出口,要打进国际市场”。[①] 柴树藩认识到人才培养和技术创新对船舶工业现代化、国际化的重要性。1978 年 1 月 5 日,他上任后首次主持召开六机部机关全体职工大会,就提出要加强教育工作的领导。他说:“上海交大是培养现代化人才的高等学府,又是科研方面的一支生力军,是驰名中外的理工大学。现在国外的上海交大毕业生有一千多人,在美国、加拿大就有很多是科学家和著名的学者。”又说:“上海交大的教学和研究领域超过六机部主管工业范围,但我们的眼光不能仅限于六机部,应把它作为国家的教育事业来办,从多方面给予支持帮助。”[②]

当日,柴树藩接见了上海交大邓旭初等同志。柴树藩说:“交通大学有东方 MIT(即美国麻省理工学院)之称,应保持过去的办学特点,吸取世界各国办学的好经验,把上海交大办好。上海交大虽然归六机部管理,但它是全国性的。上海交大不是造船学院,而是我国一所综合性的理工科院校。国家把上海交大交给六机部管理,今后我们会把上海交大的问题解决好。造船是上海交大的主要专业,当然上海交大首先必须把它办好,但其他专业,只要国家需要,我们也会积极支持。专业名称不必都戴上‘造船’的帽子,大学不应搞得专业面太窄。应发扬上海交大的特点:基础要打厚,适应性要增大。要恢复理工结合。”[③]他还说,自己刚来当部长,情况还没有搞清楚。但他明确表态,不同意上海交大脱离六机部。

几天后,柴树藩接见来京参加国防工业工作会议的上海交大副校长夏平和哈尔滨船舶工程学院、第七研究院的同志时,又对学校工作作了具体指示:“这次国防工业检查团院校分团工作组到上海,重点是检查上海交大。我们要把上海交大搞上去,要花点力量,交通大学在国内外影响比较大。上海交大已 82 岁了,应当有贡献。”[④]他指出,上海交大要培养工业企业管理人才,要成立一个系;要发展大规模集成电路,引进技术资料是一条重要途径。

柴树藩的这几次讲话精神传达到学校,使广大师生员工真切感受到新部长对学校的重视和期许,增强了团结一致、攻坚克难的信心和勇气。

1978 年 2 月,国务院转批教育部《关于恢复和办好全国重点高等学校的报告》,恢复并新增全国重点高等学校共 88 所。上海交通大学属恢复的全国重点高等学校之一,由“六机部和上海市双重领导,以六机部为主”。[⑤]

---

① 宋平:《怀念树藩同志》。王宗光主编:《怀念柴树藩同志》,上海交通大学出版社 2000 年版,序第 3 页。

② 苏智:《忠于人民　鞠躬尽瘁》。《怀念柴树藩同志》,第 335 页。

③ 邓旭初:《忆上海交大重振雄风》,东方出版社 1995 年版,第 38 页。

④《党委扩大会会议记录:夏平传达北京开会有关问题》(1978 年 1 月 11 日)。上交档:永久 595。

⑤《国务院转发教育部关于恢复和办好全国重点高等学校的报告》(1978 年 2 月 17 日)。上交档:长期 2142。

1978年3月8日—4月30日,国防工业检查团院校分团驻交大检查组来校进行大检查,并在听取学校汇报后指出:“交大受‘四人帮’的干扰破坏是严重的,通过清查绝大多数问题搞清了,领导班子团结,群众积极性高涨,教学、科研、后勤等工作取得一定成绩。”[①]3月14日,六机部向国防工办和王震副总理等中央领导提交了《关于上海交通大学有关问题的报告》,表示“同意学校提出的办学方针,即上海交大应办成一所以造船和军工为重点的全国性的综合性理工科大学”。[②]《报告》还就制订上海交大教学科研长期规划、解决基建投资、支持开展对外交流等提出意见。

直到上海交大回归教育部主管,在1978—1982年这5年内,六机部有关部门和领导,特别是柴树藩部长,经常来学校了解情况、指导工作,对学校改革和发展的措施,从政策及财力、物力上给予大力支持。柴树藩支持学校成立校务委员会,力邀当时主管国防工业的中共中央政治局委员、国务院副总理王震兼任主任,自己兼任副主任,扩大上海交大在国内外的影响,成为学校改革开放的坚强后盾。他支持并指导上海交大组团访美活动,在国家外汇紧张、六机部生产任务短缺的情况下,从六机部外汇额度中调剂下拨8万美元的支票,交代表团携带,用来自主购买急需的实验设备。他鼓励学校解放思想,在全国高校中率先进行管理改革,他表示“只要有利于改革与发展,尽管放开手脚去干,我全力支持”。[③]他亲自向香港环球航运集团主席包玉刚提议,向上海交大捐助1 000万美元,建造现代化图书馆,首开新中国教育界利用境外赠款改善办学条件之先河。

1980年1月,六机部部长兼校务委员会副主任柴树藩(右2)来校视察工作并参观实验室(左2为党委书记邓旭初,右1为邵士斌教授)

柴树藩还十分关心上海交大学科建设,除大力支持与造船相关专业建设外,从国家全局和上海交大长远发展考虑,支持学校重建理科、恢复管理学科、新建

① 上海交通大学校史编纂委员会编:《上海交通大学纪事(1896—2005)》(下卷),上海交通大学出版社2006年版,第688页。

② 《关于上海交通大学有关问题的报告》(1978年3月14日)。上交档:永久581。

③ 上海交通大学:《饮水思源忆故人》。《怀念柴树藩同志》,第269页。

人文学科的举措，为创建计算机、光纤通信、图像识别、系统工程等新兴理工科专业，在其职权可能范围内尽力提供资金支持。1979 年，学校为筹建图像识别新学科，迫切需要购进一套价值 30 万美元的设备。经研究，他倾力支持，予以拨款，使学校较早地建立起图像处理和模式识别研究室。1980 年，学校提出要筹建一个面向全校的计算中心，花 200 万美元引进一个适应学校需求的计算机系统。他从计算机行业的发展前景和战略地位出发，批准动用六机部出口船舶留存的外汇额度。虽然后来由教育部批准，从世界银行贷款中解决了这笔外汇，没有动用六机部的外汇额度，但仍可看出柴树藩的远见和对上海交大的支持。

二、王震兼任校务委员会主任

1978 年 3 月 14 日，六机部将《关于上海交通大学有关问题的报告》呈报国防工办和国务院副总理王震、中央军委秘书长罗瑞卿、中国人民解放军副总参谋长张爱萍等领导。《报告》提议王震副总理兼任交大校领导。不久六机部部长柴树藩通知上海交大，上级批准王震兼任上海交大校务委员会主任。

5 月 30 日下午，上海交大举行第八届校务委员会成立大会。王震兼任主任，柴树藩兼任副主任，邓旭初任副主任，委员为周志宏、朱物华、杨槱、金悫、罗祖道、王公衡、朱麟五、李铭慰、程福秀、王端骧、孙璧媃（女）、楼鸿棣、程守洙、张钟俊、贝季瑶、孙增光、凌渭民。王震和柴树藩专程来校出席会议，国防科工委主任洪学智、五机部部长张珍、八机部常务副部长刘秉彦和上海市革委会副主任杨恺等也参加了会议。

王震就校务委员会的性质、功能、与党委关系以及当前工作，发表了重要讲话。他说："科学是老老实实的，这是毛主席说过的。外国好的都要学起来，这是个任务。我们在学校党委的一元化领导下开展联系工作，我们这个校务委员会就管这个事。也要听党委意见，要更好地听取你们教师、同学们的意见，也可以同学生、教师座谈，与教师、学生深入一些联系，我们也可以解决一些问题。……教育要整顿，要正确地、完整地领会毛主席的教育革命思想，要进一步发展科学。现在科学技术发展很快，学校要办好。邓副主席亲自在抓这个工作。在这个整顿时期，像教学、招生，我们可以起一点承上启下的作用。我们成立交大校务委员会，罗秘书长同意了，军委同意这样组织。……我们愿意与老教授们一道办好学校，听取你们好的意见，把你们好的意见集中起来，把这个学校办好。"他还勉励学生要尊敬教师，奋发图强，做到"学习要有成就，做事要有成就"。[①]

① 《王震副总理、洪学智主任、柴树藩部长在上海交通大学校务委员会成立会议上的讲话》（1978 年 5 月 30 日）。上交档：永久 597。

国务院副总理兼校务委员会主任王震(中)来校视察(右为上海市委书记王一平)

以王震为主任、柴树藩等为副主任的校务委员会的建立,体现了中央领导及老一代革命家对中国教育事业的重视和支持以及党对知识分子的关心和爱护,也表达了他们对高等教育领域改革开放的步伐能迈得快一些的殷切希望。在1978年12月召开的国防工业高等院校教授座谈会上,王震再次提到:“上海交大设校务委员会,我去当主任,是什么意思呢?想整顿好这个学校。”[①]自此,推进学校建设和改革开放被提上了这位国务院副总理繁忙工作的议事日程。据不完全统计,王震兼任校务委员会主任期间,7次来到学校视察工作,3次亲自主持召开校务委员会会议,还数次在北京接见上海交大同志,听取学校工作汇报。他支持并肯定学校改革的一系列措施,对改革所取得的成效表示满意,鼓励学校改革“要按自己的路走下去”。[②] 他重视高校教育、科研两个中心的建设,指示学校拓展学科门类,扩大研究生招生规模,要求广大师生专心钻研专业,继承老交大传统,把学校越办越好。1979年7月2日,他专门为学校题词:“为中华人民共和国实现社会主义四个现代化培育科学技术人才,在教学科学研究中创造新成果。祝交大师生团结向前迈进。”[③]

王震关心青年大学生的成长,他说:“大学生在校的主要任务,是要集中精力学习知识,学好自己所学的专业,认真完成党和人民交给的学习任务。”[④]他多次对思想政治工作提出要求:高校思想政治工作的阵地一刻也不能放松,学生思想政治工作必须发动全体教师去做。1983年4月29日,正在上海视察工作的王震抽出时间,来校参加第24届田径运动会开幕式。他还听了校音乐研

---

① 《王震同志在国防工业高等院校教授座谈会闭幕时的讲话》(1978年12月21日)。上交档:短期537。

② 《上海交通大学纪事(1896—2005)》(下卷),第847页。

③ 《上海交通大学纪事(1896—2005)》(下卷),第722页。

④ 《全国大学生夏令营期间王震副总理亲切接见我校和分校学生代表》,《交大简报》1980年9月6日。上交档:长期2326。

究室主任瞿维教授谱曲、诗人于之作词的《上海交通大学校歌》录音，表示“听后十分感动”。当晚他写信给学校党政领导，号召全校同学学唱校歌。信中写道：“读了交大歌词，我不懂曲调，但认为校歌词很好。上海交大校歌请全体同学练习唱熟，并组织乐器演奏、合唱，活跃学生娱乐，歌声奋勉学生学习。美国校友请你们寄去留念。”[①]他积极提倡“师道尊严”，关心教师的工作生活情况，勉励老教授要老骥伏枥，志在千里，要在教导青年教师方面发挥作用；广大中青年教师要尊重老教授。1983 年和 1985 年，学校两次向长期献身于教育事业、执教逾 40 年的 53 位老教师颁发荣誉证书，王震签发证书并发来贺电。1985 年 9 月 10 日，学校集会庆祝首届教师节，王震再次发来贺电，向全校教师致以节日问候。

读了交大歌词，我不懂曲调，但认为校歌词很好。上海交大校歌请全体同学练习唱熟，并组织乐器演奏、合唱，活跃学生娱乐，歌声奋勉学生学习。美国校友请你们寄去留念。此致

校长党委书记各同志

校务委员会各同志 阅办。

王震

一九八三年四月廿九日

上海交大校歌和王震的批语

校务委员会成立以后，在开展对外交流、争取大批海外华人学者为祖国贡献力量方面做了大量工作，为学校的对外开放提供了有力的领导。1978 年秋，在邓小平的直接关怀和指示下，上海交大组团访美。王震和柴树藩就代表团出访任务、行程安排、考察计划、与旅美校友建立联系等事宜一一作了批示，还在代表团临行前接见了全体成员。上海交大代表团访美后，一批卓有成就、享有国际声誉的海外校友、华裔学者，如王安、顾毓琇、葛守仁、赵曾珏、钱学榘、朱传榘等相继回国访问。王震和柴树藩会见了这些知名人士，欢迎他们为祖国建设、为交大的发展多做贡献。

① 《上海交大校歌及王震同志批语》(1983 年 4 月 29 日)。上交档：永久 894。

1979年,学校迎来了建校83周年校庆。此次校庆活动以开展学术交流为主题,广泛邀请国外校友、学者回国参观、讲学。15位来自美国、分属12个学科的校友和学者,先后举行了17次学术报告会和专题座谈会,交大师生和来自国内300多个单位的校友、学者、科技工作者5 000多人到会。6月15日下午,即校庆大会的前一天,王震在上海锦江饭店接见了来校参加校庆活动的美籍校友和华裔学者29人及其家属。他热情致词,希望校友们常回来讲学访问。他说:"你们年轻的时候在交大上学,你们的母校今年已建校83周年了。你们的祖宗是在中国。你们到中国来走亲戚,看望自己出生的地方,会见同学、亲友,特别是来看望已建校83周年的母校。我欢迎你们回来讲学、访问。中美两国人民要友好。各位校友和学者对美国的文化科学、经济发展作出了贡献。你们的讲学、访问,对我国实现四个现代化是有意义的。我们欢迎你们提出意见、建议和批评,可以敞开思想,讲错了也不要紧。你们有些亲属在'文化大革命'中受到冲击,有什么要改正的可以提出来,我们愿意听取朋友们的意见,只要符合我们的政策,就可以改。"①当王震风趣地说到"不要有顾虑,现在不会抓辫子、打棍子"时,群情雀跃,一片笑声。会见结束后,王震应校友们的要求和大家一一合影留念;还与校长朱物华、副校长周志宏及其子、美国里海大学周以苍教授合影留念。晚上,王震在锦江饭店14楼宴会厅宴请美籍学者和交大师生代表共计100余人,他在祝酒辞中说:"中华民族以自己的勤劳、勇敢和智慧而著称于世,她养育的子女遍布世界各地。"②全场一片欢腾。美国托莱多大学教授喻诚正表示:"我愿做一个美国的好公民,更愿做一个中国的好儿女。"③美国密西根大学④教授刘维政夫妇说:"我们在国外三十多年,没有为祖国做一点事。这次回来,看到祖国建设得如此好,我们内心深感惭愧。"⑤年逾古稀的老校友刘轩吾教授说:"我年纪大了,不能为祖国做多大的事情,但我有三个孩子,一个是普林斯顿大学教授刘必治,现已在交大讲学;另外一儿一女,都是博士,今后也要回来讲学。"⑥庆祝大会前后,王震还亲切会见国内外校友和兄弟院校代表,就进一步把大学办成教育、科研两个中心和发展我国教育事业,广泛听取意见和建议。学校也在新上院召开茶话会,听取美籍交大校友会代表和来校讲

---

① 《上海交通大学纪事(1896—2005)》(下卷),第719页。

② 《上海交通大学纪事(1896—2005)》(下卷),第719页。

③ 《上海交通大学举行建校八十三周年校庆,邀请国外校友、学者来华讲学效果显著》,《国防工业简报》增刊《高等院校专辑》(4),1979年9月21日。上交档:长期2245。

④ 密西根大学:英文名为University of Michigan,亦可译为密歇根大学、密执安大学。

⑤ 《上海交通大学举行建校八十三周年校庆,邀请国外校友、学者来华讲学效果显著》,《国防工业简报》增刊《高等院校专辑》(4),1979年9月21日。上交档:长期2245。

⑥ 《上海交通大学举行建校八十三周年校庆,邀请国外校友、学者来华讲学效果显著》,《国防工业简报》增刊《高等院校专辑》(4),1979年9月21日。上交档:长期2245。

国务院副总理兼校务委员会主任王震(前排左11)接见出席学校83周年校庆的海外校友

学学者对办好交大的意见和建议。

1985年3月中旬，王震以上海交通大学校务委员会主任的名义赴美国访问，随同出访的有学校外事处处长张光曜、党办主任朱荣林和船舶及海洋工程系教授郑学祥。在美期间，王震参观了美国最大的医药公司麦克森公司(McKesson Corporation)、王安电脑公司，会见了美国前国务卿基辛格、前总统卡特的夫人，亲切接见交大知名校友赵曾珏、顾毓琇等。3月23日晚，交大美洲校友会华盛顿D.C分会在燕京宫饭店举行宴会，欢迎王震和夫人一行。王震对交大校友的热情款待表示感谢，并欢迎校友回国讲学、参观访问。

广大海外校友及友好人士从上海交大深切感受到祖国改革开放的崭新面貌，更加放心地回来，热切地推动中美交流。他们或讲学交流，或出资捐赠，或牵线搭桥，或出谋划策，对学校的建设与发展发挥了积极作用。从1980年起，上海交大对热心学校教育事业的海外企业家、科学家、政界要人授予校务委员会名誉委员或名誉顾问称号，以表彰其对学校所作的贡献。学校相继于1980年4月授予美国王安电脑公司总裁、交通大学美洲校友总会会长、1940届校友王安名誉委员称号；1980年10月授予计算机科学家、美国宾夕法尼亚大学董事朱传榘名誉委员称号；1985年9月授予德国巴登—符腾堡州州长、联邦参议院议长洛塔尔·施佩特名誉委员称号；1991年4月授予新加坡环美家具有限公司董事长、1948届校友莫若愚名誉委员称号。1988年10月，学校授予日中教育协会会长宫家愈校务委员会名誉顾问称号。

除对外开放外,上海交大还根据王震的指示,充分发挥学科优势,积极发展国内区域合作,尤其是在教学、科研上全力支持新疆维吾尔自治区和江西红星农场的建设项目,取得重大成果。

党中央从全国经济发展的长远战略和整体布局出发,十分重视新疆和大西北的开发。王震非常关心学校的援疆工作,多次作了具体指示。从 1982 年 8 月起,上海交大把援疆建设作为学校一项重要工作来落实,从人才培养、工业生产、发展规划、资源勘探等方面承接了 10 项任务。据 1987 年统计,学校为支援新疆教育事业,5 年里共招收新疆本科生 216 名,其中少数民族学生 125 名;接受新疆进修教师 65 名,派出 9 位教师赴疆短期讲学,并与中科院新疆分院、新疆大学、新疆工学院建立科研协作关系,帮助新疆建立一所在职干部培训中心,培养工业管理干部。学校向新疆高校无偿援助一批教学仪器、设备,共计 296 件,约合人民币 86 万元;还向新疆工学院赠送 1 000 多册科技图书,将 4 台图书磁性检测系统赠送给新疆 4 所高校。学校先后派出 3 批专家工作组,包括焊接、锻压、热处理、铸造、机械制造与工艺、图像处理、输配电、遥感、热工、化工和环境工程等 11 门学科的专业教师和专职科研人员,赴疆考察洽谈,承接了支援新疆经济建设的 19 个项目。其中,系统工程研究所完成的"新疆经济及社会发展长远规划的咨询研究报告""新疆经济计划工作模型",图像处理和模式识别研究室完成的"新疆塔里木河自然资源航空照片图像处理"课题,为新疆经济建设和社会发展做出了贡献。[①] 新疆维吾尔自治区党委和人民政府于 1986 年向学校赠送"主动支援、真诚帮助"锦旗一面;还三次致函学校,对学校援疆建设,特别是系统工程研究所的工作给予高度评价。

江西红星农场是"文革"期间王震下放劳动的地方,他在农场 3 年,与全场职工同甘共苦,艰难创业,结下了深厚情谊。王震回到北京工作后,经常关心农场建设。1983 年 3 月,他指示学校支援红星农场建设。4 月,学校派出科研处、教务处、生产物资处及有关专业教师共 10 人,到红星农场进行实地考察,商谈援助事宜。根据农场生产发展和教育需要,学校无偿支援仪器设备 242 件,价值 61.23 万元;上海交大附中无偿支援红星中学教学仪器设备 400 余件,价值 2.2 万元。学校为农场定向培养大学生 5 名,接受农场科技人员进修和技术工人培训;上海交大附中接受红星中学高中教师的培训。学校生物技术研究室将"畜牧场大型沼气工程""光合细菌处理有机污水试验"等科研项目与农场实际生产相结合,解决其饲料技术、有机污水处理、沼气利用等问题;材料科学及工程系协助红星机械厂解决软氮化工艺,

① 《发挥学科优势,在教学、科研上全力支持边疆社会主义四化建设》(1987 年 6 月 11 日)。上交档:长期 3660。

改进渗氮炉设备和饲料粉碎机锤片的热处理工艺等。[①]

以王震为主任，柴树藩、邓旭初为副主任的上海交大第八届校务委员会的工作，提高了学校在国内外的影响和声望，推动了学校的建设与发展，使上海交大在改革开放方面的探索与实践走在了全国高校的前列。

三、中央批准上海交大组团访美

上海交通大学的对外开放，从打破常规走出国门、联络校友做起。1978 年 9—11 月，在党的十一届三中全会召开和中美两国正式建交的前夕，上海交大在中央领导的亲切指导和直接关怀下，组成上海交大赴美访问团，通过在美交大校友会的联系安排，顺利出访美国。这是新中国成立后"第一个高校访美代表团"。[②]

新中国成立后，上海交大的对外交流以苏联和东欧国家为主。1972 年，美国总统尼克松访华，中美两国关系开始走向正常化。自此，不少美籍华人和华侨带着浓浓的思乡情怀，踏上回国寻亲访友之旅。1973—1976 年，10 余位旅居海外的校友陆续来校参观访问。1973 年 9 月，旅美的 1937 届机械系校友吴德楞托人转达书籍目录 3 本及向母校赠书的意愿，并表示美国的交大校友 600 余人组成了交大同学会，希望与母校取得联系。吴德楞又两次主动寄来科技书籍共 10 本，学校回信表示感谢。

粉碎"四人帮"后，虽然人们思想获得了很大解放，但对于如何面向世界打开"闭关自守"的国门，中国的大学如何与西方教育科技界进行交流，还没有明晰的思路。

1978 年 3 月，全国科学大会在北京召开，邓小平作重要讲话，强调必须加速发展我国的科学技术工作，"积极开展国际学术交流活动，加强同世界各国科学界的友好往来和合作关系"。[③] 据此，上海交大向六机部提出成立对外科学技术联络处，并以上海交大的名义组团赴美考察。在六机部部长、上海交大校务委员会副主任柴树藩的支持下，国防工办于 6 月 14 日向中央上报《关于上海交通大学设立对外科学技术联络处的请示报告》。报告说："上海交通大学是我国历史悠久的重点理工科大学，有许多知名的校友遍布欧美等世界各国，他们通过各种渠道关心母校情况，希望建立学术方面的联系。因此，上海交通大学是开展国际学术

---

① 《我校决定从多方面支援江西红星综合垦殖场建设》，《交大简报》1983 年 4 月 21 日；《江西红星垦殖场党委书记徐文甫等来校落实支援协议》，《交大简报》1983 年 6 月 13 日。上交档：长期 2720。

② 中共上海市教育卫生工作委员会党史资料征集委员会办公室编：《中共上海市教育卫生体育系统党史大事记（1949—1989）》，上海交通大学出版社 1993 年版，第 348 页。

③ 邓小平：《在全国科学大会开幕式上的讲话》（1978 年 3 月 18 日）。《邓小平文选》第 2 卷，第 91 页。

交流、吸收国际先进科学技术成果的一个很好的渠道,建议批准上海交通大学建立对外科学技术联络处,该机构为处级单位。”[①]兼任上海交大校务委员会主任的国务院副总理王震批示同意,中共中央副主席邓小平、中央军委秘书长罗瑞卿等圈阅。6月27日,国防工办又就派交大代表团去美国一事呈报王震、罗瑞卿:“建议先由上海交大组织一个有名望老教授参加的十人小组……前去美国,和那里的‘校友会’以及对我友好的校友进行接触,了解一些情况,相机邀请他们来华讲学、旅游、交流技术资料,同时参观几个美国理工科大学,为今后进一步开展工作创造条件。”[②]7月1日,柴树藩电话通知邓旭初,学校“出国的报告、和美国同学会联系事,邓副主席已批了”,[③]要求学校马上报名单。

代表团在林肯纪念堂前合影

在六机部领导下,学校随即开展组团出访准备工作。经上级批准,赴美访问团由校务委员会副主任、党委书记邓旭初带队,副校长、副教授张寿,教授金悫、张钟俊、王端骧、陈铁云、李铭慰,副教授程极泰、高忠华,对外科学技术联络处处长张光曜,访问团秘书、中国对外友协理事邢绛(女),访问团翻译王元兆(女)等12人组成。5位老教授中有4位分别于20世纪20—40年代留学美国并工作过,在美国有仍相识的教授和工程师。出访半年前,他们与美洲校友会负责人、美国各地校友及华裔教授通信往来,建立联系,为代表团出访作准备。正式出访前,学校先后收到来自美国的邀请电报和信函10余封。美国加利福尼亚大学伯克利分校工学院院长、交大1945级校友葛守仁来信,代表校方正式邀请上海交通大学赴美访

① 《上海交通大学纪事(1896—2005)》(下卷),第695页。
② 《本校关于交大赴美访问团的请示报告、计划及上级批复》。上交档:永久618。
③ 《党委办公会记录》(1978年7月1日)。上交档:永久595。

问;该校副校长艾勒米亥尔·赫曼(Ilamihael·Heyman)和美国麻省理工学院董事会主席霍华德·约翰逊(Howard·Johnson)此前来校访问时,也向学校发出口头邀请。在此基础上,代表团制订出详细周密的考察计划,精心安排访美日程,拟定了在美国参观访问的单位和活动方式。代表团临行前,王震、柴树藩和上海市的领导分别接见了全体成员,并给予亲切的指导。

代表团访问密西根大学

1978年9月29日,代表团离开北京,经巴黎到达华盛顿,在美国进行访问,于11月19日返回北京,共计52天。代表团广泛接触美国社会,访问了20个城市、27所高等院校、14个科研和生产单位,与200多位美国朋友以及400多位美籍华人、校友、台湾和香港在美友人等进行了交流。代表团初步考察美国高等教育事业,介绍国内情况,增进了中美教育界的友谊,凝聚了交大海外学子对祖国和母校的拳拳之心。

此次访美是解放思想的一次成功实践,打开了学校与美国大学界交流合作的大门,在中国高教界起到了对外开放的带头作用。上海交大组团访美,是在1978年12月党的十一届三中全会召开前夕,也是在1979年1月1日中美正式建交之前。当时中国政府虽在美国设有联络处,但两国的教育交流活动较少。如果没有邓小平、王震、柴树藩等中央领导的支持,就不可能有这次出访活动。访美期间,代表团作为中美两国民间的友好使者,向美国各界和广大校友如实而又详尽地介绍了"文革"结束后中国的真实情况和国内教育事业的形势,向美国和国际社会传达了中国政府已决心进行改革和开放的信息。

代表团的访问活动在美国教育界和在美华人圈内反响强烈。《匹兹堡大学时报》和《罗格斯大学通讯》等美国大学的报纸都对上海交大代表团到校访问作了报道。《金斯维尔报》刊登了代表团访问德克萨斯大学的消息和赠送青铜镜、参观计算中心的照片。《密西根日报》在题为《中外交流》的报道中称:上海交大代表团来美国考察,"是为了在中美两国的大学间建立起一种交流的程

中国驻美联络处柴泽民主任、韩叙副主任接见代表团全体成员

序来。……这是在跨越半个地球和数十年的相互隔离之后,两国和两国人民间朝着建立一种正常的工作关系,又向前迈进了一步”。[①]《华侨日报》也对代表团在美国的文化交流和参观访问活动进行了报道。中国驻美联络处柴泽民主任、韩叙副主任接见了代表团全体成员。韩叙说:“有条件的学校通过校友,以民间形式出访,是一种好经验。”[②]中国常驻联合国代表团于10月11日晚,在纽约驻地设宴招待代表团全体成员。中国常驻联合国首席代表陈楚大使,代表赖亚力大使,参赞朱贵玉、卜绍敏、洪兰等出席招待会,应邀参加的还有纽约及新泽西州的交通大学校友代表、大学和研究所负责人及专家学者等120多人。上海交大组团访美,也在国内引起了极大的反响,《人民日报》《解放日报》《文汇报》等都作了专题报道。

通过这次访美,上海交大与美国一些著名大学建立了友谊,并与美国密西根大学、加利福尼亚大学伯克利分校、加利福尼亚大学圣地亚哥分校、华盛顿大学圣路易斯分校4校签订了缔结“姐妹学校”的协议书。代表团还被批准携带六机部特拨的8万美元,在美购买急需的先进仪器设备和教学资料。访美以后,上海交大争取了全球校友和朋友的关心和支持,加强了与世界各国的大学、研究所、企业的往来,为学校改革开放创造了良好的外部条件。仅1979年一年,学校接待来自24个国家与地区的来访人员共193批765人,其中有海外教育界、科技界代表团11个,包括上海交大赴美访问团到访的加利福尼亚大学伯克利分校、加利福尼亚大学圣地亚哥分校、加利福尼亚大学洛杉矶分校、匹兹堡大学、宾夕法尼亚大学等大学代表团的回访;聘请葛守仁、顾毓琇、林家翘

---

① 《中外交流》,《密西根日报》1978年10月29日第4版。上交档:长期2175。

② 《上海交通大学赴美访问情况汇报》(1978年12月4日)。上交档:永久619。

等华裔学者为名誉教授，聘请顾问教授 11 人；派出公费留学生 59 人。学校每天都要收到几起来自美国的函件和各种资料，访美后仅半年收到书籍资料共 1 200余册。

访美时，交大美洲校友总会会长王安曾在一次座谈会上主动提议：为鼓励校友回国到交大讲学，设立奖助金补助旅费。1979 年 3 月，学校收到美洲校友总会来函，称：应邀到中华人民共和国 4 所交通大学（指上海交大、西安交大、北方交大、西南交大）讲学 3 个月以上的校友，可向交大美洲校友会申请讲学奖助金，校友一人来华资助旅费 1 200 美元，一对夫妇来华资助 1 800 美元。这充分体现了海外交大校友们对祖国建设和母校发展的深厚情谊。1980 年 8 月，邓旭初再次率团访美，参加在美国波士顿举行的第四届交大美洲校友联谊会。这是上海交大、西安交大、北方交大、西南交大和台湾新竹交大代表首次聚会于美国，实现了两岸 5 所交大的大团圆。

此次访美还为学校以后的改革开放作了一次生动而深刻的思想动员。代表团回国后，学校即向国务院副总理王震、六机部和上海市领导汇报了访美情况，王震听取汇报后一连说了 3 个“好”！1978 年 12 月，国防工业高等院校教授座谈会在京召开，代表团成员、副校长张寿到会作了访美介绍，引起与会教授们的强烈共鸣和热烈讨论。多位代表团成员连续给社会各界作报告，讲述访美见闻。同时，代表团在全校范围召开各个层次报告会，在校刊《上海交大》上连续登载《访美报告》，全面介绍访美情况。学校党委书记、代表团团长邓旭初总结访美体会：一是“美国大学办事效率高”，“在管理方面有不少值得借鉴之处”，增强了我们的改革意识；二是美国教育界和科技界“敢于使用真才实学的人”，充满竞争力，教学制度上有许多可取之处，如“学分制”“导师制”“选修制”，教学方法不满堂灌等，为我们开拓了思路；三是美国大学“许多新学科、边缘学科、高技术等”蓬勃发展，“许多老学科也由于新学科的崛起而开了新花”，这给了我们学科建设以很大启发；四是美国大学“科研实力雄厚，实验设备先

代表团向师生员工作访美报告

进,计算机的使用很普遍",增强了我们改变面貌的愿望;五是美国大学"财源广阔,财力殷实",其中校产是重要的财源,启示我们要开辟财源。[①]

访美见闻,使交大干部教师看到美国大学在学科建设、人才培养、学校管理等方面的先进经验,了解了世界教育、科技的发展水平和未来趋势,产生强烈的时代紧迫感:必须把"文革"中损失的时光夺回来,急起直追;必须打开国门,学习西方先进科学技术和管理经验。这次访美,为上海交大1979年起动的管理改革作了思想和舆论准备,为学校建设综合性理工大学注入了强大的动力。

四、办学重点向教学科研转移

1978年12月18—22日,中国共产党第十一届中央委员会第三次全体会议在北京召开。大会确定了解放思想、开动脑筋、实事求是、团结一致向前看的指导方针,作出了把党和国家工作中心转移到经济建设上来、实行改革开放的历史性决策。

上海交大党委和全体师生认真学习会议公报和《人民日报》社论,倍感振奋,深受鼓舞。"能够为祖国的社会主义建设尽自己的力量是最大的幸福"[②]成为交大师生员工共同的心声。老教授张钟俊、杨槱、罗祖道等纷纷表示"要以主人翁态度为四化作贡献"。他们说:要认真带好研究生,多为国家培养合格人才;努力担负起培养青年教师的任务,使他们尽快掌握先进技术,做好传、帮、带工作;积极开展科学研究,使相关学科领域能够进入我国先进行列,并尽快赶上国际先进水平。

与此同时,交大干部教师分析了学校发展的历史、现状及面临的困难。上海市教卫办原负责人舒文评论这段交大历史时说道:"上海交通大学是我国具有百年历史、对国家作出重大贡献的著名大学。中华人民共和国成立以后,党和政府对上海交大在国家建设中的作用是十分重视的,在五十年代的院系调整和西迁中,上海交大对全国,特别是对建设西北作出了重大的贡献。但不容讳言,上海部分的交大削弱了,院、系、专业减少了,教师力量减弱了,加上'文革'十年的严重破坏,上海交大确实是到了困难重重的地步。面对这种情况,上海交大的有志之士都在考虑如何重振雄风?如何腾飞?"[③]党委书记邓旭初等学校领导带领广大师生解放思想,统一认识,提出:"十一届三中全会号召的方向,是我们前进的方向,它指导我们教育战线像其他战线一样,要进行改革开放,才能前进。""应在(新中国成立后)17年

---

① 《上海交通大学赴美访问团汇报》(1979年1月15日)。上交档:永久619;《忆上海交大重振雄风》,第51页。

② 李介谷:《我一定要努力工作 尽快地把失去的时间追回来》。《交大情况》1978年11月6日。

③ 舒文:《〈忆上海交大重振雄风〉序言》。《忆上海交大重振雄风》,序言第1页。

的基础上，学习世界各国对我有用的经验，继续前进。”[①]学校的首要任务是贯彻党的十一届三中全会精神，尽快实现工作重点转移到教学、科研上来，带动学校教育事业的全面振兴。

早在1977年8月，邓小平主持召开科学和教育工作座谈会，提出：“高等院校，特别是重点高等院校，应当是科研的一个重要方面军。”他认为，“重点大学既是办教育的中心，又是办科研的中心”。[②] 1978年4月4日，学校召开向科学技术现代化进军誓师大会，邓旭初作动员报告，向全校师生发出号召：“要把上海交大办成既是教育中心，又是科研中心；既出人才，又出成果，为提高国家的科学技术水平作出贡献。……在本世纪内把学校建成为具有世界一流水平的理工科大学。”[③]4月11日，学校制定《上海交通大学发展规划》，提出到20世纪末的奋斗目标是“三年整顿，八年提高，廿三年实现赶超，到本世纪末使我校在教学、科研、实验室等方面赶上国际先进水平，成为世界上第一流的综合性理工科大学”。[④]

该《发展规划》着重围绕建设教育、科研两个中心，提出了一系列除旧布新的措施，旨在大力整顿教学科研工作，急起直追，尽快赶上世界发达国家高等教育水平和科学技术水平。一是调整和改进现有的专业。加强基础，筹建应用数学、应用物理和工程力学3个理科专业。根据按学科或工程应用设置专业的原则，调整专业设置，扩大专业范围。二是努力实现教育过程现代化，使全部基础课、技术基础课和部分专业课实现视听化；狠抓教材建设，完成有关全国统编教材任务。三是大力开展科学研究，以“加强基础理论，发展技术科学，突出新兴技术”为指导思想，8年内将重点发展深潜、舰船动力、电子计算机及自动化、激光、材料科学、冲击振动噪声等6个技术领域。通过对现有教学、科研体制的改革，逐步实行理工结合，系、所一体，至1980年全校建立9个研究所和39个研究室。四是积极开展图书、情报资料和学术交流活动。建立对外联络处，密切国际联系。恢复校学术委员会工作，大力开展学术活动。五是加速实验室和校办工厂的建设和改造，至1985年建立起现代化的实验基地和测试中心。六是加强师资队伍建设，帮助拔尖教师和重点教师的提高。到20世纪末，正副教授应占全校教师总数的60%至70%。七是在基本建设方面，当务之急要有一个较大占地面

---

① 《忆上海交大重振雄风》，第31、29页。

② 邓小平：《关于科学和教育工作的几点意见》（1977年8月8日）。《邓小平文选》第2卷，第53、423页。

③ 《上海交通大学纪事（1896—2005）》（下卷），第690页。

④ 《上海交通大学发展规划》（1978年4月11日）。上交档：永久612。

积的分部。至1985年,主要基建项目有教学大楼和图书馆等8项,总面积14.4万平方米。[①]《发展规划》的制订与实施,是学校工作实现拨乱反正的一项重要内容,反映了交大师生加快建设步伐、把"四人帮"耽误的时间和造成的损失夺回来的强烈愿望。

该《发展规划》还提出要建设"世界上第一流的综合性理工科大学"的目标。回顾交通大学的发展历史,学校自20世纪30年代起即形成融理、工、管于一体的学科布局。经过50年代的院系调整和西迁,上海交大学科结构发生了很大变化,成为一所多科性工业大学。1961年归属国防科委领导以来,学校性质又演变为以机电为基础、以造船为中心的重点国防工业大学。然而,许多交大干部、教师都认为,工程技术离不开科学之源,而科学的发展又需遵循"分则深,深则通,通则合"之路。主管学校的六机部部长柴树藩,主张把上海交大建成为综合性理工科大学,要造就一批有创造性、主动性的全面发展的人才。因此,《发展规划》提出建设综合性理工科大学的目标,与20世纪30年代以来老交大的办学目标一脉相承。在经过5年的实践后,学校又制订《上海交通大学一九八三至一九九〇年发展规划》,对发展目标作了新的调整,提出要把学校建成为"综合性的高等研究大学"。[②]

1979年1月上旬—2月上旬,上海交大党委在全校召开各个层次会议,就贯彻三中全会精神、转移学校工作重点进行了热烈的学习和讨论。全体干部、教师进一步统一思想,明确"高等学校主要任务是为四个现代化出人才、出成果。因此,学校要以提高教育质量,加快科研进度为中心,学校一切工作都要服从于、服务于这个中心任务"。"要解放思想,坚持以实践是检验真理唯一标准的观点去认识问题,解决问题"。[③] 高等学校的工作重点要转移到教学、科研上来,成为交大师生的强烈愿望。许多老教授激动地说:"作为教育和科研工作者,能把自己的主要精力用在教学和科学研究上,为实现四个现代化贡献力量,是我们期待已久的。"[④]

1979年3月1日,学校党委正式下达《把工作着重点转移到教学、科研上来的措施》。这是学校在党的十一届三中全会后体现重点转移,展示新的办学思路的一份正式文件,也是具体落实1978年《发展规划》提出的近期任务的一个实施方案。《措施》提出了学校办成"两个中心","切实提高教学质量和科学水平"的6方面工作举措:

---

① 《上海交通大学发展规划》(1978年4月11日)。上交档:永久612。

② 《上海交通大学一九八三至一九九〇年发展规划》(1983年9月)。上交档:永久910。

③ 《把工作着重点转移到教学和科研上来》(1979年2月10日)。上交档:永久624。

④ 《怎样才能把高校工作的重点转到教学和科研上来——上海交通大学五位教授座谈纪要》。《光明日报》1979年1月5日第1版。

1. 搞好教学，争取五年左右时间使大学本科的教学水平达到或赶上世界先进水平。各系、教研室（研究室）要结合实行学分制，对照国内外同类先进学校的教学计划，全面列出大学本科和研究生的必修（包括实验）与选修课程，落实备课和业余进修。要狠抓教材建设，注重引进、分析、消化国外先进教材，经过选择、编译后尽快采用高起点的教材。

2. 积极开展科学研究和学术活动。各系、各专业要根据各自的基础和特点，明确方向，形成特色。要采取请进来、派出去、拿过来等多种形式，学习国外先进科学技术，积极开展国际学术交流。

3. 加快理科建设步伐。理科的专业方向要相对集中，要按照学校基础和与工科专业相配套的原则，明确目标，形成特色。筹办理科专业的研究生班，指导教师来源不限于校内，可以从国内外聘请兼职教授。积极筹建应用化学系、科技外语系、工业管理系。

4. 实验室建设要有重点。基础课和基础技术课实验室的重建、革新与改造是当务之急，应放在首位。原有基础好而又是国家急需的实验室，要在较短时间内尽快更新、改造，努力接近、赶上世界先进水平。从国外引进的先进实验设备，要努力掌握好，重点抓好计算机的建设和应用，使它在教学、科研上充分发挥作用。全校要建立几个实验中心。

5. 逐步建立各系的图书资料室，以便于教师及时掌握国内外最新的科技图书资料。

6. 逐步调整各级教学行政与教学组织的职能。教研室要加强对教学（包括实验）与科研的组织和领导，逐步减少它的行政管理事务。①

为保证重点转移的顺利进行，《措施》还特别强调要加强思想政治教育、教职工队伍建设、后勤工作、领导作风建设等4方面的工作：

1. 围绕把学校办成“两个中心”，加强思想政治工作。坚持实践是检验真理的唯一标准的观点，破除迷信，解放思想，尊重科学，实事求是地解决历史遗留问题和前进过程中出现的新问题。政治思想教育要提高质量，讲究实效，反对形式主义。加强对党员的教育，健全党内民主生活。充分发挥团委、学生会的作用，让学生自己管理自己。政治、教务、校务机关部门都要面向学生，搞好职责范围内的工作。

---

①《把工作着重点转移到教学、科研上来的措施（试行稿）》（1979年3月1日）。上交档：永久624。

实行奖励制度，对在工作中作出突出贡献的教职工要给予荣誉和物质奖励。

2. 按照“两个中心”的要求，建设好教职工队伍。要提高教师业务水平，结合教学和科研实践开展教师进修，搞好青工业余文化学习，建立干部考核制度，提升教师职务，允许教师在校内合理流动。

3. 后勤工作要为教学、科研，为广大师生服务。

4. 改进作风，加强领导。校领导要把主要精力用到抓教学、科研上来，各级干部都要上教学、科研第一线，贯彻党委集体领导下的校长分工负责制，进一步调整配备好各级领导班子，精简会议，改进对外接待办法。[①]

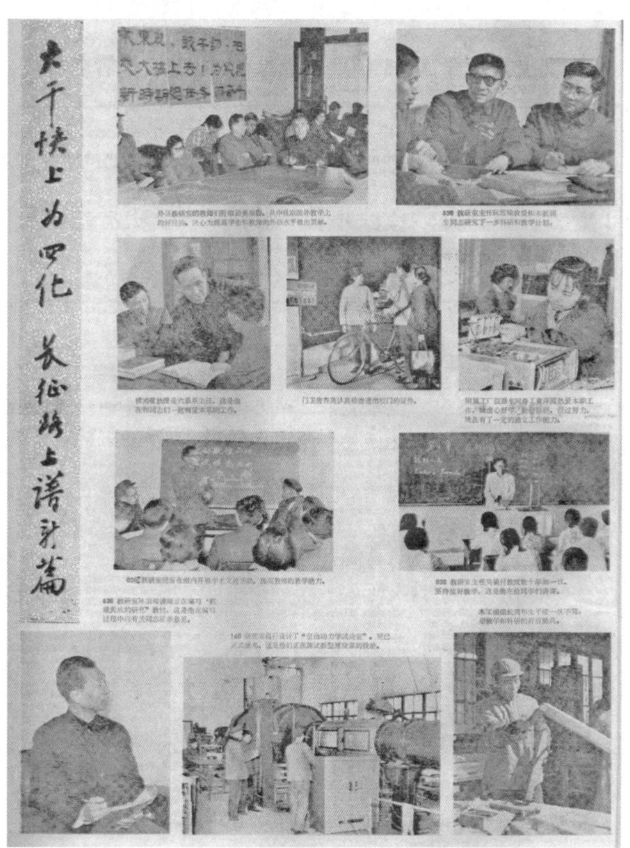

大干快上为四化　长征路上谱新篇

1979年1月16日《上海交大》上的图片新闻：学校转移工作重点，教学科研工作勃发生机

为落实《措施》，学校各级干部转变思想作风，深入教学、科研第一线。著名电子学家、当年已77岁的朱物华校长主动开设“水声工程原理”新课，亲自为研究生授课。党委书记邓旭初、副书记刘克带领机关干部，来到基层开展以教学、科研为中心的全面调研工作。系级干部一般有2/3时间参加教学科研第一线的工作。全校各级干部自觉学技术、钻业务蔚然成风。从1979年1月起，学校恢复校刊《上海交大》，[②]综合报道学校新闻、发展动态、人才培养和科学研究的成果。

学校着重围绕恢复、继承和发扬老交大“起点高、基础厚、要求严”的教学传统，按照教育自身规律进行调整与改革，重新建立起教学工作的中心

① 《把工作着重点转移到教学、科研上来的措施（试行稿）》（1979年3月1日）。上交档：永久624。

② 1990年5月，《上海交大》更名为《上海交大报》。

地位。1979 年 10、11 月间，学校组织力量开展期中教学质量调查。据调查，1977 级大部分课程和 1978、1979 级全部课程采用了"文革"前的教材或 1978 年后新编教材，还新增了反映近代科技成就的内容，更新了部分教学实验；全校 359 名主讲教师，其中 268 名教师教学效果良好，占主讲教师总数的 74.7%；教学法文件建设与教学辅助环节得到加强；学生学习负担基本正常。[①] 恢复高考后入学的大学生们，带着知识改变命运的希冀，以全部的热情和精力投入学习之中。1979 年底，学校还对研究生教学情况进行了全面调查。全校有 1978、1979 级研究生 377 名，共开设课程 92 门，其中 85 门课程教学效果良好。许多任课教师工作负责，治学严谨，深受研究生欢迎。全校 153 名研究生指导教师，绝大多数是工作的热心人，他们关心研究生的思想、学习和生活。林栋梁、李介谷、范祖尧、方俊鑫、罗祖道、江可宗等导师，在重视学生基础理论学习的同时，指导学生开展课外阅读、参加学术交流，使他们尽早得到科研能力的训练。[②]

与此同时，学校加快建设科研中心的步伐，科学研究事业出现刻苦攻关的可喜局面。1979 年 6 月，举行建校 83 周年校庆活动，全校写出各种学术论文 200 多篇，展出科研项目 111 项，完成了 19 个实验室的改建任务。[③] 同年暑期，约 400 名教职工冒着高温酷暑，齐心协力开展 60 项科研攻关。10—11 月，学校在校、系两级进行科研期中调查，其结果显示：不少教研室和研究室提高了管理水平，研究方向和任务明确，科研进展加快，当年的科研任务完成情况好于往年；大多数教师搞科研时，主张学习国外先进经验要密切结合本国实际情况，坚持少花钱，多办事，自力更生发展和充实试验手段。

学校后勤职工也积极行动起来，树立全心全意为教学、科研服务的思想，认真做好各项后勤保障工作，努力办好食堂、幼儿园、托儿所，为教职工解决后顾之忧；搞好以校容整顿为中心的爱国卫生和绿化工作，为全校师生创造良好的工作学习环境；大力开展技术革新，提高科学管理水平，做好设备管理、物资供应等服务工作。

五、改革从校内管理制度切入

在学校工作重点转移的同时，上海交大广大干部教师感到，在长期计划经济体制下形成的现行高等教育管理体制，束缚了高校办学的积极性，人心思改。1979 年 12 月 6 日，《人民日报》刊登一组总标题为《上海四位大学负责人呼吁：给高等学校一点自主权》的文章。其

---

① 《期中教学调查硕果累累——对培养高质量人才充满信心》。《上海交大》1980 年 1 月 18 日第 2 版。

② 《研究生教学调查圆满结束——研究生教学工作成绩显著》。《上海交大》1979 年 12 月 24 日第 3 版。

③ 《上海交通大学志(1896—1996)》，第 725 页。

中,上海交通大学党委书记邓旭初在《该统的没有统,不该统的统得太死》一文中谈道:

要想把大学办好,得给大学以适当的自主权。……现在的情况是,该统的没有统,不该统的反而统得死死的。……

我主张,对大学的规模、专业设置、教职工编制、学生质量的最低要求等,应由国家统一规定。根据学校规模,拨给学校相应经费指标(包括外汇),交给学校包干使用。领导机构可监督检查。学校还可以根据本校实际,同国外直接取得联系,如参加国际学术会议,开辟国际学术交流,并可接受国外的设计、科研、实验等任务。

现在大家都公认,教师比同工龄的工人实际工资低两级以上。如果给大学适当的自主权,就能在不增加国家负担,不减少国家收入的前提下,利用大学现有设备、人力、技术,实行奖金奖励制度。但是,目前有些制度象紧箍咒一样把学校限制得死死的。①

上海4位大学负责人呼吁扩大高校办学自主权,成为高等学校面向社会、自主办学的先声。《人民日报》特加上编者按语:"学校(包括大专院校和中小学校)应不应该有点自主权,应该有哪些自主权,教育体制如何改革才能更好地适应工作重点的转移?这是很值得探讨的问题,希望大家积极提出建设性的意见。"②一石激起千层浪,从教育主管部门到高等学校,都热烈讨论这个问题。

扩大高校办学自主权,涉及政府及教育主管部门同学校之间的关系,和学校管理部门同广大师生员工之间的关系。这两个问题处理得当,高等教育就能办得充满生机和活力。由于改革牵涉面广,制约因素多,特别要触动政府计划、财政、投资、物资供应等原有体制,因此扩大高校办学自主权,实践起来十分艰难。

上海交通大学以敢于"第一个吃螃蟹"的精神,大胆向上级部门"要权",同时决心从学校内部管理改革入手,寻找突破口。学校对比和研究了国内外高等学校的历史和现状,认识到长期以来计划经济体制造成的僵化的人事制度、管理制度,还在束缚着人们的手脚,无法解决苦乐不均问题,平均主义的习惯势力使人们手端"铁饭碗",口吃"大锅饭",缺少积极进取的精神。经过一系列细致的调查研究和思想工作后,学校开展了以下几方面的工作:一是报经六机部和上海市政府同意,试行教职工综合奖金,根据社会主义按劳分配原则,多劳多得,奖勤罚懒;二是在上海市人事局等部门的支持下,先后实行人才流动达500余人,调整和确立教职工合理的结构比例;三是严格定编,制订并实施《教师工作规范》和《机关岗位责任

① 《上海四位大学负责人呼吁:给高等学校一点自主权》。《人民日报》1979年12月6日第3版。

② 《上海四位大学负责人呼吁:给高等学校一点自主权》。《人民日报》1979年12月6日第3版。

制》，试发岗位津贴，明确教职工的劳动标准和进取目标；四是经国家劳动人事部批准，进行工资制度自费改革，打破“大锅饭”；五是将人事、财务、教学、科研管理权力适当下放给基层单位，扩大系(所)自主权。

1979—1984年，上海交大冲破落后的传统观念和保守思想的束缚，在校内管理改革上取得了成效，调动了广大教职工的积极性，推动了学校教学和科研的全面改革。为此，国务院副总理万里、中共中央政治局委员王震等领导同志多次听取校领导的汇报，对上海交大的改革开放表示支持并加以指导。1984年2月16日，邓小平在上海亲切接见了学校的党政领导成员、校务委员会委员和师生代表53人，对上海交大探索高等教育管理改革取得的显著成绩表示满意。4月13日，中共上海市委专题发文介绍上海交大管理改革的经验，认为其“具有普遍的意义，对各条战线都有启迪”。5月15日，在全国人大六届二次会议上，国务院的《政府工作报告》中提到：“上海交通大学等院校改革管理制度，层层扩大自主权，实行定编定员，人员流动，挖掘学校科研潜力，承担经济建设研究课题，制订教师工作规范，明确干部岗位责任，试发岗位津贴和职务工资，提高了教学质量，出现了科研新局面。”[①]上海交大率先探索管理改革的事迹，还通过各种新闻媒介传播至全国，近千所学校、科研和企事业单位来校访问，

1984年2月16日，邓小平(前排左6)接见上海交大领导和师生代表

① 《政府工作报告》，《人民日报》1984年6月2日第1版。上交档：永久1002。

考察了解情况。

1985 年 5 月,在全国教育工作会议和《中共中央关于教育体制改革的决定》推动下,上海交大成为招生和分配改革的两所试点大学之一,同时与其他重点高校一起在扩大办学自主权等 8 个方面得到支持,使学校在教学、科研、师资队伍建设等方面获得了全面发展的机会。这一轮改革,为上海交大 20 世纪 80 年代后期和 90 年代初的改革,打下了良好的基础,开辟了持续发展的前景。

六、接受包玉刚捐建现代化图书馆

进入 20 世纪 80 年代,随着我国对外开放的逐步扩大,学校对外交往的形式日益多样,内容渐趋丰富。其中令人瞩目的是,由六机部部长柴树藩牵线引资,香港环球航运集团主席包玉刚捐赠 1 000 万美元,在交大校园内建起了新中国第一个以个人命名的现代化图书馆。

改革开放之初,六机部部长柴树藩为了振兴中国船舶工业,以香港为切入口,致力于开拓国际船舶市场。这其间,他与爱国实业家、有"世界船王"之誉的香港环球航运集团主席包玉刚结下了友谊。1980 年 10 月下旬,应包玉刚邀请,柴树藩偕夫人陈欣前往日本大阪,参加大阪造船厂为包玉刚建造的一艘 27 000 吨散装货轮"世欣号"的下水命名典礼。柴树藩临行前曾征求学校意见:如果包玉刚愿意捐助上海交大的建设,学校希望建什么?学校领导班子研究后提出,急需建一座现代化的大型图书馆。柴树藩采纳了学校的意见。在货轮下水典礼结束后,他向包玉刚提出了捐资助学的建议。据陈欣回忆:

在"世欣号"货轮下水典礼后,树藩和我随同包玉刚先生入坐后舱,出席一个冷餐会。利用这个机会,树藩向包先生提出为国捐资之事。树藩说:"……邓小平同志搞改革开放以来,国家经济建设发展很快,但教育还很滞后。你包先生这么热爱祖国,为什么不给国家教育事业捐点钱?"包玉刚先生敬仰树藩的为人,很乐意接受他的动议,立即表示:"你柴部长一句话,你要我捐什么就捐什么,你讲捐多少就捐多少。"树藩说:"上海交通大学是我们六机部的直属院校,你给上海交大捐一座图书馆或一座科研楼吧。"包先生问:"你讲捐多少?"树藩说:"1 000 万美金。"包先生当即说:"我捐。但我有三点希望:第一,这座图书馆要用我父包兆龙的名字命名;第二,捐资之事不要宣传,以免应接不暇,力不从心;第三,请柴部长赐墨宝一幅,以圆收藏夙愿。"树藩说:"前两条都能办到,只是我的字写得不好。"包玉刚先生笑着说:"柴部长不要过谦了,你第一次写给我的毛笔字书信,至今我还像珍藏情书那样保存着,请不要推辞了。"树藩推脱不了只好应允。于 1981 年元旦书写了苏轼的

《赤壁怀古》，赠送给包玉刚先生。[①]

上海交大于第一时间获悉包玉刚的捐赠义举，全校上下万分高兴。1981年1月，柴树藩、邓旭初和包玉刚在广州进一步商谈了捐建图书馆的具体事项。4月，学校初步拟定图书馆的建造实施方案。7月6日，包玉刚在北京正式向中共中央副主席邓小平递交了向上海交大捐建图书馆的信函。信函全文如下：

包玉刚给邓小平的信

敬爱邓副主席：

今年一月在广州曾与柴树藩副主任当面洽妥，为支持祖国四化建设及发展教育事业，培养下一代专业人才，由家父包兆龙及我本人全体家属自愿捐赠美金一千万元，作为上海交通大学新建图书馆建筑费之用。自一九八二年开始，每年六月份及十二月份各付美金五十万元，十年无息付清。该图书馆将命名“包兆龙图书馆”。恳请予以同意接受，并嘱有关部门不作公开发表为盼。此致

最崇高敬礼！

包玉刚手上

一九八一年七月六日北京[②]

邓小平愉快地接受了这笔惠赠，由此，开创了新中国教育界利用捐款改善办学条件和以个人名字命名图书馆的先河。

包玉刚对此项捐赠十分重视。在向邓小平递交捐赠信函的第三天，包玉刚及其父亲包兆龙一行专程来校察看了馆址，听取校方对图书馆建造方案的介绍。起初，包玉刚提出1 000万美元分10年赠付。学校希望提前一点，包玉刚同意改为8年，每年2次，每次62.5万美元。从1982年起，他每年按时将赠

---

① 陈欣：《永远的怀念》。《怀念柴树藩同志》，第219页。

②《包玉刚先生给邓小平副主席的信》(1981年7月6日)。上交档：永久833。

包兆龙图书馆奠基典礼,包玉刚先生(右2)和菲律宾共和国马科斯总统的夫人(左2)在剪彩(中为柴树藩)

款寄至柴树藩办公室,从不脱期。

1981年9月,国家计划委员会(简称“国家计委”)、国家机械委员会正式立项发文,批准上海交通大学利用香港环球航运集团主席包玉刚赠款1 000万美元建设图书馆的计划任务书,力争1982—1985年基本建成。1982年6月10日,包兆龙图书馆奠基典礼隆重举行。柴树藩和包玉刚亲临学校,菲律宾共和国总统夫人伊梅尔达·罗穆亚尔德斯·马科斯、上海市市长汪道涵、外交部顾问韩念龙、中国船舶工业总公司总经理冯直和来自瑞典、日本、挪威、香港等国家和地区的知名人士、交大校友、中外记者以及上海交大师生员工共4 300多人,参加了奠基仪式。

包兆龙图书馆的筹建工作,得到了党和国家领导人及上海市委市政府的关心和支持。兼任上海交大校务委员会主任的国务院副总理王震,多次听取图书馆筹建情况的汇报,对如何保证工程质量、加快施工进度等问题作了一系列的指示。1982年5月5日,他专门写信给上海市委陈国栋、胡立教、汪道涵同志,请他们支持图书馆建造工作。信中写道:

去年我陪邓小平同志接见包玉刚先生时,将包玉刚先生捐赠的一千万美元在北京建一座饭店、一千万美元(每年百万元)为上海交大建一所现代化图书馆的信函接收下来。

建这所图书馆,是一项争取爱国侨胞工作的活动,中央很重视。邓副主席嘱咐我们,交通船舶是上海出口最有好前景的企业,图书馆的建设,造价要低,质量要高。并为做爱国侨胞的工作,同意这所图书馆以包玉刚先生的父亲包兆龙先生的名字命名,叶帅也已答应愿为“包兆龙图书馆”书名。

最近,邓旭初同志到京开会,我找他和柴树藩同志又一次商谈过此事。我谨托邓旭初同志向市委领导陈述上述意见,必能得到市委、市政府的优遇、支持。[①]

---

① 《王震同志给国栋、立教、道涵的信》(1982年5月5日)。上交档:永久833。

1982年10月,全国人大常委会委员长、中共中央军委副主席叶剑英应王震之请,亲笔题写了“包兆龙图书馆”馆名。

在图书馆建造过程中,柴树藩多次听取关于工程进度的汇报,忙中抽暇审看图书馆的模型,并亲临施工现场视察情况。他有着多年抓国家基本建设的经验,深知基建中超标超支是司空见惯的事,因此他再三强调:“整个工程要严格遵循经济、实用、条件允许的情况下尽可能美观的原则;支出不得超过预算,不得追加经费……;3年时间完成。”[①]为使建成的图书馆具备现代化功能和现代管理水平,他还指示学校要派员考察世界发达国家最新的图书馆及国内有代表性的图书馆,研究建筑设计构思和管理模式,一定要把包兆龙图书馆建造好。

包兆龙图书馆由中国船舶工业总公司所属第九设计院设计,上海第四建筑工程公司承建。遵照中央领导指示精神,学校、设计院和施工单位三方协作,通力配合,保质保量地抓好图书馆建设工作。与此同时,图书馆的建造还得到了有关部门和单位的鼎力支持。由于包玉刚赠款是分8年到位,而3年内就要建成图书馆,为确保工程进度,学校向六机部提出向银行贷款的要求。经国家计委审批同意,由建设银行向学校提供低息贷款500万元人民币。当时,美元的外汇官方牌价是1∶2.8,而贸易外汇是1∶5.6,两者相差一倍。经与上海外汇管理局协商,同意将赠款按1∶5.6结汇。

包兆龙图书馆落成典礼(左起:柴树藩、包玉刚、王震、包玉刚夫人)

1985年10月27日,包兆龙图书馆如期竣工落成。王震、柴树藩、包玉刚夫妇和全国政协副主席刘靖基、国家教委委员黄辛白、国家体改委副主任童大林、上海市委书记芮杏文、上海市市长江泽民、上海市政府顾问汪道涵,各兄弟院校领导以及来自英国、美国、日本等国和香港地区的来宾出席落成典礼。为感谢包玉刚对学校教育事业做出的重大贡献以

① 上海交通大学:《饮水思源忆故人》。《怀念柴树藩同志》,第275页。

及在航运事业中取得的成就,经国务院学位委员会批准,学校特授予他名誉博士称号。在随后举行的学位授予仪式上,柴树藩致辞说:“包玉刚博士热爱中国,关心四化建设,关心教育事业。他是一个企业家。他的事业的成功,从实践上证明了他精通国际经济,精通国际金融,精通科学的经营管理知识。对于名誉博士这一光荣称号,他是当之无愧的。”①

新落成的包兆龙图书馆是当时国内最大的新型大学图书馆。它坐落于徐汇校园大草坪西北侧,占地 5 700 平方米,建筑面积 2.6 万平方米,由 18 层、5 层、3 层和 2 层 4 个建筑物组成,主体建筑高度为 73 米,当时在上海仅次于上海邮电大楼、上海宾馆、国际饭店,高度居第 4 位。图书馆拥有大小阅览室 82 个、座位 2 400 个,可容藏书 220 万册,设有各种现代设施。1986 年 6 月庆祝建校 90 周年之际,包兆龙图书馆正式全面开放。自此,学校图书馆进入了一个新的发展阶段,从传统图书馆模式向现代化管理和建设文献情报中心过渡。

在建造包兆龙图书馆的过程中,由于建设银行人民币贷款的支持,外汇结算的优惠,学校、设计院和施工单位坚持用国产建材,包玉刚的赠款有所结余。除留下 100 万美元作为图书馆维修基金外,学校将其他余款于 1992 年在闵行校区思源湖畔建成一座总面积为 1.4 万平方米的包玉刚图书馆,造价为 1 092 万人民币。该馆有 9 个阅览室、1 600 个座位,可藏书 100 万册。学校精打细算、用好捐款的行动,体现了对包玉刚及其家属捐赠的珍惜和尊重。对此,包玉刚家属表示满意。

包兆龙图书馆外景

包玉刚图书馆外景

① 《上海交通大学校务委员会副主任柴树藩在授予包玉刚名誉博士学位仪式上的致词》(1985 年 10 月 27 日)。上交档:永久 1119。

第二节　改革开放推动学校发展

一、范绪箕任校长和第五次党代会召开

1978 年教育部颁布《全国重点高等学校暂行工作条例(试行草案)》(简称“高教 60 条”),规定:“高等学校的领导体制,是党委领导下的校长分工负责制。高等学校的校长,是国家任命的学校行政负责人,对外代表学校,对内主持学校的经常工作。高等学校设副校长若干人,协助校长分工领导教学、科学研究、后勤等方面的工作。……高等学校的党委员会,是中国共产党在高等学校中的基层组织,是学校工作的领导核心,对学校工作实行统一领导。”[①]1978 年 7 月 12 日,中共上海市委对上海交大领导班子进行调整和充实:朱物华任校长、党委委员,邓旭初任党委书记,夏平、张寿任党委副书记、副校长,刘克任党委副书记兼任政治部主任,周志宏任副校长,王守仁、孟树模任党委委员、副校长,林栋梁任副校长。[②] 学校实行党委领导下的校长分工负责制。

1979 年,中央提出了各级领导班子在德才兼备的基础上实现年轻化的要求,并在此后逐渐形成了“革命化、年轻化、知识化、专业化”领导班子和干部队伍建设的方针。1980 年春,年届 78 岁高龄的朱物华校长和 84 岁高龄的周志宏副校长多次向上级领导提出让贤的请求。学校党委从有利于充分发挥老专家治学专长和培养年富力强接班人角度考虑,经反复酝酿和认真考核、遴选,于 1980 年 2 月向六机部党组和上海市委呈报《关于调整领导班子的请示》。4 月 19 日,经中央书记处第 14 次会议批准,中共中央组织部任命范绪箕为上海交通大学校长,张寿任第一副校长,朱雅轩任副校长;朱物华、周志宏任顾问,免去其

朱物华校长给学生讲课

---

① 《全国重点高等学校暂行工作条例(试行草案)》(1978 年 10 月 4 日)。上交档:长期 2142。

② 《中共上海市委关于苏步青等五十九位同志任职的通知》(1978 年 7 月 12 日)。上交档:永久 598。

校长、副校长职务。[1] 5月24日,学校在新上院700号召开大会,隆重宣布新任命的校领导班子成员。调整后的领导班子,平均年龄从原来的59岁,下降到52岁。5月25日《解放日报》《文汇报》和5月28日《人民日报》分别报道上海交大老校长让贤,新班子年富力强、勇挑重担的消息。6月3日,香港《文汇报》发表题为《为让贤叫好》的社论。此后,学校党委、行政领导重新进行分工,健全了校长办公会议、校长书记联席会议、校务委员会会议等制度,认真贯彻党委领导下的校长分工负责制,充分发挥行政领导的作用。

范绪箕校长(左2)在实验室工作

范绪箕(1914—2015),江苏江宁人,一级教授,是我国著名力学家和航空教育家。1935年毕业于哈尔滨工业大学机械系,是年冬赴美国加州理工学院留学,在国际力学权威冯·卡门的直接指导下进行科学研究。1938年获加州理工学院航空工程硕士学位。1940年通过航空工程博士学位的全部课程考试,在母亲的催促下仓促回国。他的论文在国内工程师学会举行的1942年年会上被评为最优奖。归国后一直致力于航空专业的教学、科研和管理工作,1945年创建浙江大学航空系并任系主任,1949年担任浙江大学总务长。1952年起历任华东航空学院院务委员会主任、副院长,1956年任南京航空学院副院长,是华东航空学院和南京航空学院的创建人和主要领导人之一。1956年1月加入中国共产党。1979年3月,经国防工办、三机部、六机部和上海市委同意,从南京航空学院调入上海交通大学工作。同年9月任上海交大党委委员、副校长,1980年4月—1984年2月任上海交大校长。

范绪箕在力学学科和航空学科方面享有盛誉,曾主持建成高低速风洞,研制我国第一架无人驾驶靶机,并从20世纪60年代起在国内率先开展高速飞行器热结构实验及热防护设计理论研究。1984退居二线后,他继续从事科学研究并指导培养研究生,通过航空飞行器结构设计的热应力研究,完成我国若干战略性歼击机、导弹型号部件热应力测量研究任务;进行飞行器整体防热程序

[1] 《中共中央组织部1980年4月19日(80)干任字163号通知》。上交档:永久758。

的设计研究，为我国若干导弹型号的自主设计和通用计算程序的研制做出了贡献；开创高超声速飞行器及航天飞行器热防护系统研究，在先进热防护材料的研究中成功应用非灰体理论。他曾当选为全国第三届人大代表、中国力学学会理事、江苏省力学学会副会长、全国航空学会理事、江苏省航空学会理事长。

为加强党对学校的领导和党的自身建设，1981 年 2 月 26—28 日，中国共产党上海交通大学第五次代表大会召开，出席大会的正式代表有 387 人。党委书记邓旭初代表上届党委作了工作报告，党委副书记夏平代表中共上海交通大学纪律检查委员会作了关于执行《关于党内政治生活若干准则》的报告。六机部发来贺电，上海市委书记夏征农、副市长兼教卫办主任杨恺莅会并讲话。会议的中心议题是回顾总结 1973 年 7 月中共上海交通大学第四届党员大会以来的工作，明确今后的任务，选举新的党委会和纪律检查委员会。6 月 25 日，经中共上海市委批复同意，上海交大第五届党委会由王守仁、王宗光、王诚豪、邓旭初、石汉鼎、卢积才、朱雅轩、刘克、吴健中、张寿、张定海、陆中庸、陈章亮、范祖德、范绪箕、岳清林、孟树模、赵灵芝、俞宗琦、施福升、奚心雄、盛振邦、梁光璧等 23 名委员组成，王守仁、邓旭初、朱雅轩、刘克、陆中庸、范绪箕、岳清林、孟树模、奚心雄等 9 人为党委常委，邓旭初任党委书记，刘克、陆中庸任党委副书记。纪律检查委员会由丁云阶、于邦卿、戴鳌前、马昌泰、冯正进、杜年玲、陈海涛、徐凤云、王霭、王宏禄、任肇鉴、朱荣林、陆中庸、陈林、徐柏泉等 15 名委员组成，陆中庸兼任纪委书记，于邦卿任纪委副书记。

1981 年 2 月，学校召开第五次党代会

这次大会的胜利召开具有重大意义。会议一致同意撤销“文革”期间召开的第四届党员大会的工作报告和决议，指出这些文件“是在当时的历史条件下，根据错误的‘两个估计’所作出的，错误地全盘否定了‘文革’前交大十七年间教育工作所取得的重大成绩，错误地批评了交大广大党员干部和师生员工为

反对和抵制'四人帮'所作的坚决斗争"。[①] 会议回顾总结了粉碎"四人帮"以来学校贯彻执行党的十一届三中全会路线、方针、政策所取得的成绩:拨乱反正取得成效,党的知识分子政策得到落实,教学质量接近和达到"文革"前水平,科研工作有较大进展,党的建设在逐步加强;同时,也指出了学校工作存在的一些问题和经验教训。会议明确了今后的任务是"坚持以教学为中心,切实加强和改善党的领导,认真抓好思想政治工作,努力贯彻八字方针,[②]逐步改革学校领导体制和管理体制,充分调动广大师生员工的社会主义积极性,尽快提高我校的教学水平、学术水平和管理水平,使交大向理、工、管理方向发展,为祖国四化建设作出应有的贡献"。[③]

二、回归教育部主管

"文革"后,特别是改革开放以来,六机部领导及有关部门高度重视教育,在人员、经费、基建、物资、外汇等多方面支持办学,使上海交大教学、科研等项工作有了较快的恢复、发展和提高,学校安定团结,出现一派兴旺景象。1977 年学校被评为"上海市教育战线先进单位",1978 年又被六机部授予"教育红旗单位"称号。上海交大归属六机部领导,也从人才培养和科学研究两方面,为新中国造船事业做出了很大贡献。

随着学校改革的深入和教育事业的振兴,尽管六机部对学校建设尽了极大的努力,却难以适应交大发展的迫切需要。1980 年,国家财政下拨给学校的教育事业费按每个学生每年 1 791 元计算,在上海市 20 所大学中排名第 18 位;[④]1981 年,学校得到的六机部基建投资是 200 万元,[⑤]比教育部所属院校少一半左右。并且,上海交大是一所综合性的理工科大学,除了造船类专业以外,还包括机械制造、电机、电力、电子技术、计算机科学、材料科学、动力工程、精密仪器、工业管理以及应用数学、应用物理、应用化学、工程力学等专业。上海交大继续由主管船舶工业的六机部领导,显然已经不合适了,学校隶属关系又被提了出来。1981 年 2 月,学校党委领导邓旭初等赴京向六机部、国家计委有关领导请示学校归属问题。3 月 10 日,学校党委向六机部党组呈送《关于上海交大的归属问题的报告》,提出"归属国家计委与六机部共同领导的方案(日常工作仍由六机部领导)"。[⑥] 9 月,邓旭初再次赴京,向六机部

---

① 邓旭初:《在中共上海交通大学第五次代表大会上的工作报告》(1981 年 2 月 28 日通过)。上交档:永久 761。

② 1979 年 4 月,中共中央召开工作会,决定对整个国民经济实行"调整、改革、整顿、提高"的八字方针。1980 年 1 月,教育部召开教育工作会议,提出教育领域贯彻"调整、改革、整顿、提高"方针的工作任务。

③ 邓旭初:《在中共上海交通大学第五次代表大会上的工作报告》(1981 年 2 月 28 日通过)。上交档:永久 761。

④《关于交大发展规划的报告》(1981 年 8 月 28 日)。上交档:永久 757。

⑤《上海交通大学 1981 年度基本建设财务决算报告》。上交档:永久 794;《关于交大发展规划的报告》(1981 年 8 月 28 日)。上交档:永久 757。

⑥《关于上海交大的归属问题的报告》(1981 年 3 月 10 日)。上交档:永久 757。

部长、同时任国家计委副主任的柴树藩请示学校的归属，柴树藩主动提出“交大仍回到教育部为好”。[①] 邓旭初又向六机部副部长安志文、国家机械委员会副主任范慕韩请示，均一致同意上海交大归属教育部。紧接着，邓旭初向教育部部长蒋南翔报告有关情况，蒋南翔代表教育部正式表示欢迎上海交大回归教育部主管。为此学校于 1981 年 10 月 20 日向中共中央政治局委员、上海交大校务委员会主任王震报告，征求他的意见。

在上海交大归属问题还在中央有关部门协调期间，1982 年，六机部改制为中国船舶工业总公司，柴树藩出任第一任董事长和党组书记。4 月，王震就学校归属问题指示：“归教育部领导，但与船舶总公司保持一种特殊的关系。”[②]7 月 30 日，教育部、中国船舶工业总公司正式向国务院上报《关于改变上海交通大学领导关系的请示》。经国务院批准后，9 月 17 日双方联合下达《关于改变上海交通大学领导关系的通知》：

> 为了加强统一领导，进一步发挥上海交通大学的作用，为国家培养更多合格的科技人才，国务院已正式批准，将中国船舶工业总公司所属上海交通大学移交给教育部领导。实行教育部与上海市双重领导，以教育部领导为主。
>
> 考虑到今年已过半年，办理交接手续尚需一段时间，一九八二年原六机部安排的上海交通大学的教育事业、科研、劳动、经费、基建、物资(包括进口外汇指标)等计划，由中国船舶工业总公司继续负责到年底。从一九八三年开始，学校的教育事业、劳动、经费、基建、物资等计划均由教育部负责编制下达；一九八二年原六机部安排的经费指标、基建投资指标、年底教职工数及物资计划均作为基数划拨给教育部。国家计委今年已补助该校三百万元，今后年度请国家计委继续酌情补助。
>
> 上海交通大学领导关系改变后，仍为全国重点高等学校，现有专业要继续办好，并应继续与中国船舶工业总公司保持密切联系。今后，上海交通大学仍应积极承担中国船舶工业总公司安排的科研任务，纳入中国船舶工业总公司科学技术研究的长远规划和年度计划的项目，由船舶总公司继续按计划项目及进度拨给研究经费。中国船舶工业总公司将在国内外学术交流等方面继续给学校以支持和帮助。学校对在职职工培训和毕业生分配方面也将尽量照顾中国船舶工业总公司的需要。[③]

1982 年 11 月 27—30 日，改变学校领导关系的交接工作会议在上海交大召开。中国船舶工业总公司副董事长程望、教育部副部长黄辛白、上海市高教局副局长韩中岳、上海交大

---

① 《就我校归属问题给王震的信》(1981 年 10 月 20 日)。上交档：永久 757。

② 《对交大归属问题的建议》(1982 年 4 月 26 日)。上交档：永久 801。

③ 《关于改变上海交通大学领导关系的通知》(1982 年 9 月 17 日)。上交档：永久 801。

党委书记邓旭初在交接协议书上签字。会议还就具体交接事宜进行了协商落实。12月3日,学校向教育部、中国船舶工业总公司、国家计委、上海市教卫办、上海市高教局上报《关于改变上海交通大学领导关系的交接工作会议纪要》。至此,交接工作正式完成。

此次领导关系的顺利变更,使上海交大及时列入教育部主管的国家重点建设学校。1984年4月2日,经国家计委、教育部研究论证,国务院批准,上海交大被列为重点建设、重点投资的10所大学之一,[①]当时高教界称之为"重中之重"。这为学校日后的发展创造了极为有利的条件。

1985年5月27日,《中共中央关于教育体制改革的决定》提出成立国家教育委员会,负责掌握教育的大政方针,统筹整个教育事业的发展,协调各部门有关教育的工作,统一部署和指导教育体制的改革。六届人大常委会第十一次会议决定,成立国家教育委员会(简称"国家教委"),撤销教育部。上海交大即由国家教委领导。

三、翁史烈任校长和贯彻《发展规划》

1983年3月20日,中共中央宣传部、中共教育部党组联合发出《关于高等学校领导班子调整工作的几点意见》,要求从20世纪50年代和60年代初期大学毕业的骨干中选拔德才兼备的干部担任高校领导职务,强调高校领导班子主要应立足本校,必要时进行院校之间交流调整。《意见》规定:调整后的学校领导班子成员中,具有大学文化程度的应占80%以上;平均年龄55岁左右,50岁以下的应占1/3;党政正副职总数,万人院校不超过9人,3千人院校不超过5人,必要时可设顾问,不超过3人。处(部)、系(所)领导班子的调整整顿,可参照上述精神进行;系党总支从领导本单位工作,改为起保证监督作用。[②] 6—7月,上海市委党风调查组来校传达该意见精神,并对学校党委工作进行了调研检查,认为:"交大党委的工作很有成效,领导班子精干,效率很高,是一个团结战斗的集体。党委贯彻三中全会以来党的路线、方针、政策是积极、认真、自觉的,政治上与党中央保持一致,在拨乱反正、落实知识分子政策以及实行管理改革等方面做了大量工作,成绩是很大的。"[③]市委党风调查组还协助学校党委开展了选拔中青年干部、调整校领导班子的工作。

1983年5月,教育部召开全国高等教育工作会议,教育部部长何东昌作《关于调整改革和加速发展高等教育的若干问题》的报告。12月26日,教育部印发报国务院的《全国高等教

---

① 《国务院关于教育部、国家计委将十所高等院校列入国家重点建设项目请示报告的批复》(1984年4月2日)。上交档:永久1001。

② 金铁宽主编:《中华人民共和国教育大事记》第3卷,山东教育出版社1995年版,第1427页。

③ 《上海交通大学纪事(1896—2005)》(下卷),第810页。

育工作会议情况的报告》及《关于调整改革和加速发展高等教育若干问题的意见》。《意见》规定:“根据党章第三十三条规定的原则,高等学校应实行党委领导下的校(院)长负责制。党的工作和行政工作必须适当分工,学校党委的主要任务是贯彻执行党的路线、方针、政策,实行思想政治领导,加强对党内外干部和群众的思想政治工作,管理一定范围的党政干部。有关教学、科研、人事、后勤等项工作均由校(院)长负责。”[①]据此,上海交大校内领导体制由党委领导下的校长分工负责制转变为党委领导下的校长负责制。

1984年2月23日,经报请中央主管部门审批,教育部党组下发《关于上海交通大学领导班子调整意见的通知》,邓旭初留任党委书记,刘克、陆中庸留任党委副书记,王宗光(女)任党委副书记;翁史烈任校长,盛振邦任副校长,林栋梁、王守仁留任副校长;范绪箕任顾问,免去校长职务,朱物华、周志宏留任顾问;免去朱雅轩、孟树模、奚心雄、夏平的副校长职务。[②] 3月12日,中共上海市委通知:增补翁史烈为上海交大党委委员、常委;刘克兼任纪委书记。[③] 3月21日,上海市教卫党委书记陈铁迪、顾问舒文来校宣布了上海交大党政领导新班子的名单。

校长翁史烈

翁史烈,1932年出生,浙江宁波人,中共党员,热力涡轮机专家。1952年毕业于交通大学造船系,后留校任教。1958—1962年留学苏联,获列宁格勒造船学院科学技术副博士学位。历任上海交大动力机械工程系副系主任、系主任和热力涡轮机学科博士生导师。1981年被评为上海市劳动模范。1984年2月—1997年6月,任上海交通大学校长。

翁史烈是我国新一代热力涡轮机的开拓者之一,先后主持近10项国家重大科研项目,解决了多项燃气轮机关键技术,获国家、部委奖励10余项。他主持承担了我国大型航空涡轮风扇发动机的多用途改型研制;把信息科学和计

① 《关于调整改革和加速发展高等教育若干问题的意见》(1983年)。上交档:短期964。

② 《关于你院领导班子调整意见的通知》(1984年2月23日)。上交档:永久987。

③ 《关于上海交通大学领导班子配备的通知》(1984年3月12日)。上交档:永久987。

算机技术引入热力发动机,建立了数字模拟实时仿真和并行计算机仿真工作站;研制成我国第一台陶瓷绝热涡轮增压复合柴油机,完成了我国第一批陶瓷涡轮转子设计试验;组织建立了我国首批热力涡轮机博士点和重点学科,并为建设气动力学实验室、仿真实验室、博士后流动站和培养一支高水平的热力涡轮机学科梯队做出了贡献。1985 年,当选为中国共产党全国代表会议代表。1992 年当选为中共十四大代表。1995 年当选为中国工程院院士。获日本横滨国立大学、日本昭和女子大学、日本拓殖大学、俄罗斯圣彼得堡国家海洋技术大学名誉博士学位,获柏林工业大学学术委员会名誉委员、乌克兰工程控制科学院院士称号,获美洲中国工程师协会"杰出贡献奖"。曾任教育部科学技术委员会主任、第四届国务院学位委员会委员、中欧国际工商学院首任董事长、中国动力工程学会理事长、上海市第四届科学技术协会主席、上海工程热物理学会理事长等职。

翁史烈在接任上海交大校长前一年,已调至校部协助范绪箕校长主持学校日常工作,主持规划设计了《上海交通大学一九八三至一九九〇年发展规划》。他上任伊始接受《解放日报》记者采访,当记者问及其"施政纲领"时,他扬起这份蓝色封面的《发展规划》,笑笑说:"都在里面了。"

1982 年上海交大回归教育部主管后,立即对 1978 年制定的《上海交通大学发展规划》的实施情况和改革实践进行了总结。学校在调查研究、综合分析的基础上,本着既要赶上国际先进水平、又要勤俭办学的原则,于 1983 年 9 月制定了《上海交通大学一九八三至一九九〇年发展规划》,明确提出"把交大建设成为以技术科学为基础,以工科为主干,站在若干新兴学科、边缘学科前沿的具有理、工、管理、文学、艺术、社会科学等多门类的综合性的高等研究大学"。分类建设目标是:

1. 进入世界著名大学的行列。要在 10 个学科领域具有世界第一流的专门人才、学术水平和研究成果。在这些学科领域要能够接受并吸收外国研究生和访问学者。

2. 要争取有 37 个学科领域的学术水平居于国内前列。通过大学教育,把学生培养成为基础扎实、思维活跃、富于创造性的高质量的科学技术人才。

3. 大力开展科学研究,为发展国民经济和提高国家科学技术水平作出贡献。特别是要在已经接近世界先进水平的船舶流体力学等 22 个研究方向上提供高水平的研究成果。

4. 学生规模 12 000 人,其中本科生 8 000 人、研究生 3 000 人,进修教师、培训及留学生 1 000 人,把研究生的培养工作放在主要地位。1990 年要在 10 个学科领域成批地培养出与国际水平大体相当的博士研究生,在 37 个学科中培养出具有国内第一流水平的硕士研究生。

5. 培养与造就一支学术水平高、学术思想活跃、学风严谨、团结合作的师资队伍。要创造条件,使10个学科领域的学科带头人到1990年时能在国际学术舞台上占有重要位置;要注重选留教师,立足点放在中青年身上。

6. 建设32个(其中4个为新建)具有先进装备、富于研究活力的实验室和实验中心。

7. 整顿本部,建设、开发闵行二部,尽全力搞好基本建设,扭转多年来存在的土地奇缺、用房紧张的被动局面。适当改善学生居住条件,到1990年时做到大学本科生宿舍4人一间、研究生2人一间。

8. 实现图书、情报、资料的检索与管理的现代化。包玉刚先生捐建的交大图书馆1985年竣工后即可实现开架阅览和计算机管理。现在我校图书馆已和美国DIALOG情报中心建立了直接检索情报资料的联系通道。今后准备进一步要为上海市高校馆际互借、资料共享提供先进的研究成果。

9. 继续进行各方面的改革试点工作,为发展中国式的高等教育作出贡献。同时用3年的时间,实现在教学、科研、行政、物资、财务等方面的计算机现代化管理。①

1984年上海交大被国务院列为重点建设的高校后,学校又对1983年《发展规划》进行了修订。修订后的《发展规划》根据社会主义建设战略重点的要求和我国国民经济发展需要,参照世界先进科学技术发展的趋势,较科学、务实地提出学校的建设目标,并对全校工作作出全面设计,体现了学校"三个面向"、全面发展的总体办学思路,在以后几年内对学校实际工作的运行,诸如学科建设、人才培养、科学研究、师资培养、闵行新校区建设等,起到了较好的指导作用。

四、何友声任党委书记和总结学校改革

到20世纪80年代中期,上海交大改革取得了重大成绩,获得党中央和国务院的充分肯定。但在1985年底,学校党政领导班子内部对干部的使用问题和党内民主作风问题产生不同意见。上级领导十分重视和关心,12月16日,国家教委副主任、党组副书记杨海波,上海市委副书记吴邦国,上海市委常委、教卫党委书记陈铁迪,国家教委干部司代司长毕风等来到学校,多次参加书记校长会议和常委扩大会议。与会同志着重围绕交大改革、领导班子正确贯彻民主集中制原则、用人标准等几个重要问题坦诚地交换了意见,开展批评与自我批评。国家教委和上海市委有关

---

①《上海交通大学一九八三至一九九〇年发展规划》(1983年9月)。上交档:永久910。

负责同志分别与143名校级和中层干部、部分教授、民主党派负责人个别交谈了159人次,听取他们对现有班子的评价和对班子调整充实的意见。

经中央组织部、国家教委和上海市委决定,1986年2月3日,杨海波在上海交大干部会议上宣布了新领导班子名单:王震不再兼任上海交大校务委员会主任;同意邓旭初退居二线的要求,不再任党委书记,不再兼任校务委员会副主任。调整后的新班子由何友声任党委书记,陆中庸、王宗光留任党委副书记,翁史烈留任校长,盛振邦留任副校长,朱雅轩、白同朔、张定海任副校长,陆中庸兼任纪委书记。原党委副书记、纪委书记刘克另有任用。原副校长王守仁、林栋梁因任期将到,改任其他领导工作。新的党委常委会由何友声、陆中庸、王宗光、翁史烈、盛振邦、王守仁、龚民煜7人组成。[①] 4月12日,国家教委党组正式书面下达《关于何友声、邓旭初等同志职务任免的通知》。1986年2月1日,上海市委通知:刘克任上海师范大学党委书记。[②] 1990年2月,刘克调任上海市教卫党委书记。1986年3月18日,邓旭初在上海市第五次党代会上被选为市顾问委员会委员。

1986年4月,学校还对校务委员会组成人员进行了调整,由党委书记何友声任执行主任,委员有周志宏、朱物华、杨槱、罗祖道、王公衡、李铭慰、程福秀、王端骧、孙璧媃(女)、楼鸿棣、程守洙、张钟俊、贝季瑶、孙增光、凌渭民15人。

党委书记何友声

何友声,1931年出生,浙江宁波人,中共党员,水动力学和船舶流体力学专家。1952年毕业于同济大学造船系,同年任教于大连工学院,1955年起任教于交通大学。1957—1958年在清华大学力学研究班进修并兼任辅导教师和党总支书记。历任上海交通大学船舶制造系副系主任和工程力学系副系主任、系主任、博士生导师。1986年4月—1992年5月任上海交大党委书记。当选为中共上海市第五届市委委员。

① 《杨海波同志在上海交通大学干部会议上讲话提要》(1986年2月3日)、《关于何友声、邓旭初等同志职务任免的通知》(1986年4月12日)。上交档:永久1171。

② 《关于刘克等同志职务任免的通知》(1986年2月1日)。上交档:永久1171。

何友声长期从事船舶流体力学和水动力学教学和研究工作。他在造船界首次提出“辛氏法端点修正”的方法，被收录在船舶设计手册和教科书中；在水翼理论及水动力学设计、气垫船原理等方面取得了重要研究成果；开拓了螺旋桨激振力研究领域，使我国船舶的减振水平跃上新台阶。20世纪80年代以来，在高速水动力学、空泡流和水中兵器出入水的研究中取得了重要成果，有力地支持了有关型号的开发。同时为适应长江口水资源利用、堤岸保护、航道建设的需要，建立了河口水动力学研究基地，积极为推动地区经济服务。曾10余次获国家和省部级科技奖，发表科技论文百余篇，专著《螺旋桨激振力》获国家教委专著奖。1995年当选为中国工程院院士。2001年被评为全国模范教师。2002年入选为欧洲科学院院士。曾任国家教委科学技术委员会委员、国际理论与应用力学联合会理事、中国力学学会副理事长、中国宇航学会常务理事、上海力学学会理事长等职和全国多种一级专业刊物的编委。

上海交大从1979年起，在高等学校管理改革方面做了许多突破性工作，也克服了不少困难和曲折，因此学校认为有必要对改革历程进行回顾总结。1986年4—5月，学校党委在作了大量深入调查研究的基础上，提出“对改革历程的回顾”“教学、科研、开发三者关系的位置怎么摆”等12个问题，发动全校教职工开展认真讨论。经过一个半月的大讨论，全体干部教师对改革历程、成绩及不足形成较为一致的认识，并对今后的改革与发展提出了许多建设性意见。在此基础上，5月30日学校党委召开全校教职工大会，党委书记何友声作《我校改革的回顾总结报告》。

《报告》指出：学校改革由管理改革、教学改革和科研面向经济、面向生产的改革3个部分组成。经过改革探索，学校教育事业有了长足的发展。广大教职工普遍认为学校党委带领全体教职工敢于冲出去，“进行一系列的改革是很不容易的。在全国高校改革中起了先锋作用”，“改革的指导思想明确，改革方向对头”，“成绩是大的，显著的，对外争得了声誉，进入了重中之重，对内增强了活力、实力”，“使学校的建设进入了一个蒸蒸日上的发展时期”。但是，学校改革还存在一些不足，主要是“某些改革设想、措施、方案多半自上而下实施”，“对于如何动员群众，让群众成为改革的主人做得不够”；“由于教学和科研任务猛增，横向培训任务和短平快的科研项目越接越多，加上筹建某些新专业的需要，全校在人力、财力、物力上显得全面紧张，战线拉得过长”，导致教师特别是中年教师和骨干教师“负荷过重”，“某些课程的教学质量和课程建设受到忽视”；行政机构“越来越庞大，职能部门为基层服务的思想不够明确，权力过分集中，管得过多过死”；“部分学科组的作用不明显，上马时仓促，一刀切，成立后出现的一些弊端有待于妥善解决”。[①]《报告》提出7个方面完善改革的措施，主要内容有：①教学方面，建

① 《我校改革的回顾总结报告》(1986年5月30日)。上交档：永久1169。

立合理的教学评估制度、评定职称条件、提成分配制度,加强课程投资建设,每年举行一次全校性教学法研讨会。②科研方面,集中力量争取和做好"七五"攻关项目、国家或地区的重大科研项目、重大的基础理论项目和经济效益特大的项目,做好高技术研究的准备,重视基础理论和应用基础理论的研究,研究制订科研工作评价指标与体系,鼓励优秀青年人才脱颖而出。③开发方面,建立南洋教育基金集团管理委员会,整顿公司建制,探索建立科学公园。④后勤工作,进行后勤体制改革,加强后勤部门的领导,开展学生参与食堂管理的试点,闵行二部进行后勤社会化的改革试点工作。⑤体制改革方面,制订机构设置和机关人员定编条例,加强系的直线领导,妥善处理学科组建制中反映出来的问题。⑥队伍建设方面,继续引进优秀人才,重视中青年教师队伍建设,加强党政干部队伍建设,选拔业务拔尖、政治强的留校生充实政工队伍。⑦思想政治工作,建立学生工作指导委员会,实行专兼职政治辅导员制和班主任全面负责制,整顿教风和学风,部署开展教育思想的全校性讨论。[1]

通过此次对改革的回顾总结,全体干部教师进一步统一思想,增强共识,沿着深化改革的道路继续前进,推动学校教学、科研、管理更上一层楼。

五、教育部和上海市批准建设闵行校区

位于上海徐家汇的上海交通大学校园,自 1896 年南洋公学创办之初置地建屋,延续使用已近百年,是中国最老的近代大学校园之一。但是,由于地处上海市徐家汇闹市区,校园面积太小,使用率已超负荷,又无处拓展,严重制约了学校的继续发展。据 1981 年学校统计数据显示,全校占地 633.1 亩,其中徐汇校园面积仅为 396.9 亩;校舍面积 26.06 万平方米。[2] 1981 年 8 月 28 日,学校在呈报上海市委市政府《关于解决交大基建用地问题的报告》中,详细列举了教学科研用房紧张、体育场地短缺的现状:

> 1. 教学用房高度紧张。全校 219 个班级(其中本科班 147 个,硕士研究生班 39 个,博士研究生班 6 个,自费走读班 6 个,各类培训班 12 个,夜大、业余中学等 9 个班),但教室只有 140 个,矛盾十分尖锐;
>
> 2. 实验室用房不敷使用。自粉碎"四人帮"以来,先后重建了理科系和管理系,新建了一些学科,教学、科研恢复发展较快,但由于用房紧张,无法开出全部试验。有些单位为了满足教学、科研的需要,甚至连走廊、厕所也占用了;

---

① 《我校改革的回顾总结报告》(1986 年 5 月 30 日)。上交档:永久 1169。

② 《1981 至 1982 学年初报表及各种报表》。上交档:永久 775;《关于解决交大基建用地问题的报告》(1981 年 8 月 28 日)。上交档:长期 2444。

> 3. 图书馆远远不能适应需要。交大图书馆建于1918年，建筑面积仅2 663平方米，藏书不到10万册。现在，藏书量猛增至百万余册，师生员工增加了十倍以上，以致有许多书籍无法上架，师生阅览室拥挤不堪。……
>
> 4. 体育运动场地越来越小。“文革”前，全校有运动场地39 522平方米，其中足球场2个，篮球场24个，排球场15个。随着学校基建的逐步发展，目前现有运动场地仅22 322平方米(按教育部规定应有5万平方米左右，还不到一半)，其中足球场1个，篮球场10个，排球场14个。由于运动场地被房屋“蚕食”，妨碍了学生德智体全面发展。①

学校教职工住房也十分紧张，1980—1981年，新建教工住宅面积仅为上海市同类学校的30%，而全校住房困难户、无房户和申请结婚户的人数约占教职工总数的60%。学生宿舍同样极度拥挤，研究生6人一间宿舍，大学生8人一间宿舍，卫生状况得不到改善，影响学生的学习和健康。1982年学校回归教育部领导后，教育部有关方面负责人来校全面视察，临走前部领导指出：“上海交大校舍这样挤，如不解决，招研究生不具备条件。”②在此前后，上海市几位副市长都表示：他分管的系统内分不到上海交大的毕业生。学校各专业毕业生“供不应求”，难以满足社会需求。显然，校园狭小已成为制约学校发展的瓶颈，严重限制了学校培养人才的规模；扩展校园是学校实现既定战略目标的迫切需求，更是社会发展到一定历史时期对学校的必然要求，急待决策，刻不容缓。

针对这种情况，学校党政领导多方谋划，积极寻求解决校园扩建用地的有效途径。首先考虑在徐汇校园周边征地动迁，加以扩建。徐汇校园东面是华山路，西面是番禺路，北面是淮海西路，唯一的发展方向是南面的市民村。该区域系上海市尚存的棚户区之一，居民密集，动迁代价极高。需先在市郊征地动迁农民，然后在所征地上建动迁房，建成后把棚户区居民迁过去，学校才能拿到土地扩建校舍。据1982年调查测算，学校征用一块约70亩的相邻土地，需动迁居民1 000户，投资近1 500万元。对于全年基建拨款仅500万元③的学校财力而言，显然是难以承受的。况且，即便交大校园拓展70亩，依旧解决不了学校发展的需要。

于是，学校领导层逐步将意见统一到在郊区选址建新校区的方案上，曾先后去梅陇、莘庄、青浦等地调查，并多次向上海市政府提出设想和请示。市政府从全市总体规划出发，明

① 《关于解决交大基建用地问题的报告》(1981年8月28日)。上交档：长期2444。

② 范祖德：《上海交大希望所在——建设闵行新校区的回忆》。王宗光主编：《上海交大二十年》，上海交通大学出版社1998年版，第90页。

③ 《上海交通大学1982年度基本建设财务决算报告》。上交档：永久851。

确表示:交大如要建新校区应建在闵行,因为国务院已批准将闵行地区确定为上海的对外经济技术开发区。而且从20世纪50年代开始,闵行兴建了一批大中型骨干企业,包括电机厂、汽轮机厂、锅炉厂、发电厂、重型机器厂、化工厂等重工业企业。上海市总体规划中闵行有一片"科学教育区",市政府不仅希望交大去,也希望其他高校去办分校或搬迁过去。

根据市领导的指示和市规划主管部门的指导,学校党政领导经过反复讨论,于1983年4月16日向上海市政府上报《关于建立上海交通大学闵行分部的请示报告》;6月20日,又向教育部上报《关于建立上海交通大学闵行二部的报告》。7月2日,教育部下达《关于上海交通大学发展规划报告的批复》,称"鉴于你校现有校园太小,就地扩展又有困难,同意在上海市闵行地区建立上海交通大学二分部","根据你校现有土地情况,同意二分部规划用地一千五百亩左右。请即与上海市城建规划部门及有关单位联系,落实规划用地,并编制二分部建设总体方案报部审核"。[①] 9月2日,上海市市长汪道涵主持召开市长办公会议,专题研究在闵行建立上海交通大学二部问题。上海市副市长阮崇武、朱宗葆、李肇基、刘振元、倪天增和市政府顾问杨恺出席,有关委、办、局的负责同志参加了会议。在听取交大的情况汇报后,市长办公会议认为:"上海交通大学是一所历史悠久、师资力量雄厚、国内外学术交流渠道较广的重点高等学校。为了适应四化建设的需要,为全国和本市培养更多的人才,上海交通大学在充分发挥现有潜力的基础上,选择适当地点建立分部是必要的。"[②]会议原则同意上海交通大学在闵行建立二部。12月6日教育部《关于审定部属普通高等学校日校部分的发展规模的通知》和1984年1月21日上海市政府办公厅《关于上海交通大学闵行分部专科部规模的通知》,审定上海交大闵行二部到1990年前后的建设规模为本专科学生8 000至9 000人,其中包括为上海市培养的大专生3 000人。

1984年,中央决定首先对几所重点高等学校加强领导,重点投资,把它们真正办成教育、科研两个中心,进而推动我国高等教育的发展。4月2日,国务院批复同意教育部、国家计委《关于将十所高等院校列入国家重点建设项目的请示报告》,指出:"重点建设北京大学等十所高等院校是贯彻中央关于把教育列为国民经济发展战略重点的一项重要措施。要把建设这十所高等院校作为国家重点项目,严格按基建程序办事,编好设计任务书,做好前期准备工作。各有关部门和所在省、直辖市人民政府要把这十所高等院校的建设当做一件大事来抓,对他们的扩建用地、规划、设计、施工力量、物资供应等,要按国家重点建设项目和加

---

① 《关于上海交通大学发展规划报告的批复》(1983年7月2日)。上交档:永久911。

② 《关于在闵行建立上海交通大学分部问题》,《市府会议纪要》(1983年9月7日)。上交档:永久911。

速建设的要求，给以认真支持和妥善安排。这十所高等院校的设计任务书，按基建程序批准后，投资要纳入年度计划和‘七五’计划。”[①]根据国家财力，国家安排“专项补助投资五年内共为五亿”，“作为北京大学、清华大学、复旦大学、西安交通大学、上海交通大学、中国科技大学、北京医学院等七所院校加速建设之用”。[②]

贯彻国务院重点建设的批文精神，1985 年 7 月 11 日国家教委转发国家计委《关于上海交通大学基建总体设计任务书的批复》，就学校规模、扩建校舍建筑面积和总投资、建设工期等作出了明确规定：

一、学校规模：在校学生为 12 000 人（不含为上海市委托培养的 3 000 人），其中本科生 8 800 人，研究生 2 200 人；

教职工人员总数先按 6 000 人进行规划设计。其中校本部教职工和学生比例为 1∶3.6，教师和学生比例为 1∶8。对新增加的编制要按有关规定办理。

二、扩建校舍建筑面积和总投资：自一九八六年起扩建校舍总建筑面积 38.67 万平方米，其中校本部 11.44 万平方米（教学、科研及行政用房 2.45 万平方米，生活及附属用房 8.99 万平方米），闵行二部 27.23 万平方米（教学、科研及行政用房 9.38 万平方米，生活福利及附属用房 17.85 万平方米）。

总投资 15 700 万元。资金来源是：国家预算内“拨改贷”投资 13 500 万元，其中国家专项补助 8 000 万元，你部（国家教委）安排 5 500 万元；学校自筹和其他资金 2 200 万元（不能用银行贷款作为自筹和其他资金来源）。按照规定，国家预算内“拨改贷”投资不计利息，免于归还全部本金。

扩建工程实行投资包干经济责任制。在规定工期内若出现投资不足，可适当延长建设年限，由学校增加自筹资金解决。

三、建设工期：起止年限为一九八五年至一九九〇年。具体工程项目的施工进度要注意与年度招生计划相衔接。

四、扩建用地：同意学校新征 841 亩土地。为上海市委托培养的 3 000 人所需建设用地，请上海市另行安排。[③]

至此，建设闵行新校区正式被列为上海交大国家重点建设项目的建设重点，这为新校区建设提供了最主要、最关键的资金支持，也为顺利推进工程建设在建设申照、征地动迁、勘察

① 《国务院关于教育部、国家计委将十所高等院校列入国家重点建设项目请示报告的批复》（1984 年 4 月 2 日）。上交档：永久 1001。

② 教育部、国家计委：《关于将十所高等校院校列入国家重点建设项目的请示报告》（1984 年 1 月 20 日）。上交档：永久 1001。

③ 《关于上海交通大学基建总体设计任务书的批复》（1985 年 5 月 29 日）。上交档：长期 3203。

设计、材料供应、施工力量组织等方面给予了重点保障。

上海交大的建设始终得到上海市政府的重视和支持。1983年市长办公会议后,市政府各部门便对交大筹建闵行新校区一路开"绿灯"。1984年国家重点建设项目一下达,上海市副市长倪天增和市政府顾问杨恺于6月2日召集有关委、办、局的负责同志,就交大重点建设的总体规划、扩建用地、实施步骤等具体问题进行了讨论和安排。在建设初期,上海市政府向学校下拨建设投资483万元,还批准投资3 320万元用于校区周边的上下水、电力、煤气、电话、道路、桥梁、泵站等市政配套工程,并将有些配套工程列入上海市政府实事重点工程。

1984年,学校开始选址、征用土地,并委托上海市民用建筑设计院设计闵行二部总体规划方案。1985年7月,二部建设工程正式开工。经过两年的紧张施工,1987年9月新校区按期顺利开学,接纳了首批2 600名本科新生。与此同时,在水利电力部部长钱正英的主持下,为适应电力部门对高端人才的紧迫需求,决定开展部校联合办学,水利电力部把与交大闵行校区相邻的上海电力学院扩建项目——9 700万元投资计划(含451亩已征土地)交给上海交大,组建上海交大电力学院;至1993年,又向上海交大电力学院追加二期投资5 000万元。1987年11月,学校举行庆祝上海交通大学二部按时开学、交大二部第一期工程竣工、水利电力部与交大联合办学——上海交通大学电力学院成立大会。上海市委书记、市长江泽民出席大会,会后题词"百年大计,教育为本,努力把上海交大办成第一流大学"。闵行新校区的创建及启用,成为上海交大发展史上一个新的里程碑。

1978—1991年,上海交通大学在党的"一个中心、两个基本点"的基本路线指引下,在国家重点建设方针的支持下,围绕着建设综合性理工大学的目标,与国家和上海市的经济发展和社会进步紧密联系,解放思想,抓住机遇,率先改革,再次创业。经过14年的建设,校园规模成倍扩大,教育、科研两个中心建设成绩斐然,学校综合实力和整体办学水平明显上升。

1978年3月,全校设有船舶制造系、船舶动力系、电力电机系、无线电系、热加工系、机械制造系、精密仪器系、电子计算机系8个系和基础部,设有25个专业、7个研究室、43个实验室。经过14年的努力,至1991年底,学校设有研究生院和管理学院、电子信息学院、电力学院3个学院,27个系,45个专业,8个全国重点学科,5个博士后科研流动站,32个博士学位授权学科专业点,70个硕士学位授权学科专业点,41个研究所和10个直属研究室,90个实验室。1991年与1978年相比,校园面积从639.9亩扩大到2 199.0亩,校舍建筑面积从24.86万平方米增加至59.06万平方米;教育事业费从730万元上升为4 407.2万元,固定资产总值从1981年的8 120.8万元上升为31 906.9万元;全日制在校学生从3 824人(本科生3 667人、研究生157人)发展为11 740人(本专科生10 561人、研究生1 179人),教职员工从 4 518 人增加至 6 136 人，专任教师从 1 745 人(其中教授 43 人、副教授 71 人)增加至 2 155 人(其中教授 216 人、副教授 728 人)；科研任务从 256 项上升至 1 541 项，科研经费从 783. 3 万元上升至 4 143. 4 万元，14 年里累计获国家和省市部委重大科技成果奖 519 项。①

1991 年 4—5 月，上海交大召开二届三次教职工代表大会，讨论审查《上海交通大学一九九一至一九九五年发展计划》。会议认为："过去的八年，我校在党中央、国务院及上海市委、市府的正确领导和亲切关怀下，坚决执行了党的十一届三中全会以来的路线、方针、政策，坚持改革开放，依靠全校教职工共同努力，比较好地实现了 1983 年至 1990 年学校发展规划。这期间学校规模成倍扩大，办学水平明显提高，事业发展令人瞩目。这就为我校在'八五'期间把工作重点由发展规模为主转向以提高水平为主奠定了坚实的基础。"②会议审议通过了新的《发展计划》，明确今后 10 年学校发展战略目标是"坚持社会主义办学方向，全面贯彻党的教育方针，狠抓水平确保质量，努力把交大建设成一所具有理、工、管理、社会科学、文学艺术等多门类的，传统学科与新兴学科并举的第一流大学"，③并从教育工作、科研工作、学科建设、实验室建设、图书馆建设、师资队伍建设、基建工作、后勤保障、国际合作交流、校办产业、深化管理改革等方面提出了学校教育事业的"八五"发展计划。新《发展计划》在指导思想上突出两点：一是狠抓水平、确保质量；二是深化改革，以改革精神促事业发展。

1994 年 12 月，学校在《上海交通大学"211 工程"部门预审主报告》中提出："十一届三中全会以来，在党中央、国家教委以及上海市的关心和领导下，学校率先在高教系统进行改革，使古老的学府焕发出青春的活力。经过'七五'和'八五'期间的国家重点建设以及实施与电力部联合办学等重大步骤，学校获得了前所未有的发展。目前，上海交大已成为一所在国际上有较高知名度的，以工科为主，理、工、文、管结合的多科性理工大学。"④该结论获得以清华大学校长王大中教授为组长、由 15 位大学校长和党委书记组成的专家组成员的一致认可。专家组评审意见认为"上海交通大学已成为我国一所教育质量和学术水平较高、师资力量较强、办学条件较好、特色鲜明、综合实力雄厚，居于国内一流水平，并有较大国际影响的社会主义大学"。⑤ 这表明，上海交大经过改革开放 10 余年的发展，经历"六五""七五"和"八五"

---

① 资料来源：1978 年、1981 年、1991 年《普通高等学校基层报表》。上交档：永久 607、永久 775、永久 1623；上海交通大学志编纂委员会编：《上海交通大学志(1896—1996)》，上海交通大学出版社 1996 年版，第 257、368、603、604 页；科技成果获奖数详见第五章第一节表 5 - 5。

② 《上海交通大学二届三次教职工代表大会关于〈上海交通大学 1991 至 1995 年发展计划〉及有关报告的决议》(1991 年 5 月 17 日)。上交档：长期 5047。

③ 《上海交通大学一九九一至一九九五年发展计划》(1991 年 5 月)。上交档：永久 1625。

④ 《上海交通大学"211 工程"部门预审主报告》(1994 年 12 月 22 日)。上海交通大学党史、校史工作委员会：《上海交通大学改革与发展(1992—1998)》，上海交通大学出版社 1998 年版，第 379 页。

⑤ 《上海交通大学"211 工程"部门预审专家组评审意见》(1994 年 12 月 24 日)。《上海交通大学改革与发展(1992—1998)》，第 408 页。

三个五年计划[①]的建设发展,基本建成综合性、研究型的理工大学,实现了新的历史条件下新的崛起和振兴,为此后瞄准一流大学目标全面推进科学发展奠定了扎实基础。

六、维护校园和社会稳定

1986年11月15日,中国科技大学副校长方励之来校作报告。演讲中,方励之发表煽动学潮的政治性言论,他说:"东风吹,战鼓擂,现在谁也不怕谁。"[②]12月9日深夜,交大校园布告栏上出现了一张抄自中国科技大学鼓动学潮的小字报。至15日,校园内陆续贴出近百张大小字报,有人提出要"上街游行"。校园很不平静。为维护校园稳定,保持正常教学秩序,学校各级党政领导和教师十分重视,及时开展工作。校长3次发布《公告》,表明"学校反对张贴大小字报(大标语)、外出串联和游行等做法",要求"全体学生要遵纪守法",[③]并就学生提出的要求作了答复和解释。党委六次召开由党委中心组成员和分管学生工作的总支副书记参加的会议,就如何贯彻上海市委对学生要求上街游行的处理意见进行讨论;并召开全校党员大会,要求全体共产党员做好学生们的疏导工作,劝阻学生上街游行,同时要求共产党员遵守党纪,不要写大字报,不要上街游行。朱物华、杨槱、张煦等32名知名教授发表《告全校同学书》,规劝学生"改革只能在安定团结的环境中才能进行","希望同学们顾全大局,以促进安定团结的实际行动来推动改革,振兴祖国"。[④] 系级党政领导及广大思政教师、班主任纷纷与学生们进行面对面的沟通交流,耐心细致地开展思想疏导和教育工作。

1986年12月18日下午1时许,时任上海市市长的交通大学1947届电机系校友江泽民来校,就我国的民主政治建设和上海市当前工作在大礼堂听取学生的意见并发表讲话。

主持会议的翁史烈校长请江泽民市长讲话。江泽民说:"我今天来不是作为一个市长来对你们讲话,我是作为交大的一个老校友。"可是,会场声音嘈杂,根本听不清谁在说什么,更无法回答任何问题。面对这一局面,江泽民把话题转向大多数学生最关心的民主问题,他说:"你们不是要求'民主'吗? 究竟什么叫民主? 我看到你们有一份刊物,上面讲了一些民主政治。我看了以后,总感觉到我们现在的知识还是贫乏的。我在中学时代背诵的美国总统林肯的《葛底斯堡演说》,现在已经四十几年了,我至今不要拿稿子还能背出来。现在,我背诵一段原文给你们听一听。"[⑤]

---

① 1981—1985年国家实施第六个五年计划,简称"六五";1986—1990年国家实施第七个五年计划,简称"七五";1991—1995年国家实施第八个五年计划,简称"八五"。

② 《知识分子与中国社会——方励之在上海交通大学的讲话摘要》(1986年11月15日),收录于《方励之言论摘编》。上交档:短期1274。

③ 《校长第一号公告》(1986年12月17日)。上交档:长期3501。

④ 《告全校同学书》(1986年12月16日)。上交档:长期3265。

⑤ 《江市长来校与学生对话会上讲话》(根据录音整理)(1986年12月18日)。上交档:永久1545。

会场开始安静下来，江泽民用英语背诵了该演说的头尾两段：

Fourscore and seven years ago our fathers brought forth upon this continent a new nation, conceived in liberty and dedicated to the proposition that all men are created equal.（87年前，我们的先辈们在这座大陆上建立了一个崭新的国家，她以自由为立国之本，并致力于这样的奋斗目标，即人人生来都具有平等的权利。）

That government of the people, by the people, and for the people, shall not perish from the earth.（要使我们这个民有、民治、民享的政府永世长存。）①

1986年12月18日，上海市市长江泽民（上图左）来上海交大与学生见面

话音刚落，学生们报以热烈的掌声，会场情绪发生了微妙的变化，大多数学生开始平静下来。江泽民接着说："但是，同学们，这个是多少年前林肯的演说，他的时代背景就是当时要废除美国的农奴制。今天到了什么时代？我们战斗了多少年，就是为了要争取民主。而我们的六中全会（党的十二届六中全会）决议里面还特别地指出来，加强精神文明，进一步地来加强民主制度。"同时，江泽民批评说："你们学会了'嘘'这个本事，也会交头接耳地高声说话。"会场出现沉思。在局面有所扭转的情况下，江泽民提出："我已经来了，就听你们的意见，我洗耳恭听。"②接着，有10多位学生和青年教师相继上台发言。

会议已经开了3个多小时，翁史烈请江泽民继续讲话。江泽民说："我们交大的同学关心我们国家的民主生活，关心我们的建设，关心我们交大的教育改革，关心我们交大的民主建设，我认为这个主流是非常好的。但是，我希望这个民主还是要符合宪法的要求，我们宪法里

① 《葛底斯堡演说》中译文参考上海交通大学编著：《江泽民和他的母校上海交通大学》，上海人民出版社2006年版，第112页。

② 《江市长来校与学生对话会上讲话》（根据录音整理）（1986年12月18日）。上交档：永久1545。

面讲了四项基本原则,我们必须在四项基本原则的前提下面来讨论问题。”①

江泽民特别指出,为什么充分理解同学们的民主愿望和要求,但不赞成贴大小字报,不赞成上街游行。因为这种形式不是真正地发扬民主,也根本不能解决问题,“文化大革命”的教训已经够深刻的了。这样做只会破坏真正的民主建设,甚至断送来之不易的改革开放的大好局面。接着,江泽民将话题转到上海市改革与发展中所面临的许多问题、新碰到的各种困难,特别是市委市政府与全市人民改变面貌的迫切心情,强调上海要发展,必须加紧建设,多做利国利民的实事;踏踏实实地搞建设,必须保持稳定的社会局势。他说:“你们在这里有一个良好的环境念书,我很希望将来你们成为国家栋梁。曾经有一个同学写信给我,说请我谈一点经验,我是怎样从一个交大电机系的学生成为一个市长。……我的经验只有一条,就是干哪一行就学哪一行,好好地学,好好地干。”②最后,江泽民希望同学们:要顾全大局,眼光看远一点,好好读书,将来把我们的国家建设好,包括把我们国家的民主政治建设好,使自己成为对人民有用的人。

大礼堂的会历时近5个小时,江泽民沉着坚定,以诚相待,既坚持原则,又苦口婆心。大礼堂里的气氛,从开始时的起哄到平静到安静。最后,江泽民在全场掌声中离开会场。

12月18日,一小部分交大学生原已准备好的上街游行活动就这样被化解了。但19日和20日,交大还是有一部分学生不顾学校各级领导和老师们的教育劝阻而上街,给上海社会安定团结带来负面影响。但是这两天中,全校2/3以上学生仍坚持上课。从21日起,校园内未再出现大小字报,也没有学生上街游行,学校开始恢复正常秩序。22日,市政府发言人就部分高校一些学生上街集会游行一事发表“答记者问”。23日,《人民日报》发表题为《珍惜和发展安定团结的政治局面》的社论,指出:“安定团结的政治局面,是我国社会主义现代化建设成败的关键,也是坚持改革、开放最重要的保证。”③1986年12月出现的学潮,至此结束。

上海交大从1987年起,按照中央的指示精神,深入开展形式多样的坚持四项基本原则和改革开放方针的思想教育,旗帜鲜明地反对资产阶级自由化。学校召开党委扩大会、干部教师大会、教职工党员和学生党员大会,要求全校师生员工真正做到在政治上、思想上、行动上与党中央的路线、方针、政策保持一致;开辟民主对话的多种渠道,加强学校党政领导与学生干部的交流对话,组织机关部处领导和社会科学及工程系教师下系、下班级参加学生班级

---

① 《江市长来校与学生对话会上讲话》(根据录音整理)(1986年12月18日)。上交档:永久1545。

② 《江市长来校与学生对话会上讲话》(根据录音整理)(1986年12月18日)。上交档:永久1545。

③ 《珍惜和发展安定团结的政治局面》。《人民日报》1986年12月23日第1版。

活动并形成制度，沟通思想，加深理解，消除隔阂，面对面地做好学生的思想教育工作；学校党委专门成立理论学习研究小组，开展正面专题学习，提高思政干部和班主任教师的理论水平，解决学生中有一定理论深度的思想认识问题；抓好对学生党员的教育工作，增强党性，强化党员意识，促使他们在学生中发挥党员的先锋模范作用，带动广大学生认真进行反思和总结，提高思想认识；耐心细致地做好参与学潮学生的思想教育工作，促使他们在思想认识和情绪上朝着正确的方向转变。

针对大学生脱离实践、对国情和民情了解不够、容易接受错误思潮影响的弱点，学校根据国家教委和团中央《关于广泛组织高等学校学生参加社会实践活动的意见》要求，于1987年暑期首次组织2 000名学生参加大规模的社会实践活动，引导大学生更多地了解社会主义建设和改革开放的实际，增强对祖国、对人民的社会责任感，明确今后努力奋斗的方向。根据中央6部委《关于高等院校高级中学进行军事训练试点问题的通知》精神，将军训和军事理论课列入教学计划，组织1 987级新生2 600人开赴江苏宜兴解放军83 016部队驻地，进行历时5个星期的军训，帮助大学生树立国防观念，增强组织纪律性，锻炼吃苦耐劳的意志品质，收到了很好的效果。

学校还根据1987年5月中共中央《关于改进和加强高等学校思想政治工作的决定》精神，采取一系列措施，进一步端正办学指导思想，加强对学生思想政治工作的领导和思政队伍建设；发动全校教职工，特别是发挥教师的作用，加强教书育人工作；狠抓教学管理和校风校纪建设，对刊物、影视、舞会等思想文化宣传教育阵地进行整顿；以“交大之春”“体育节”“交大科技活动周”等方式，开展校园文化建设，活跃学生的业余文体活动。学校在立足建设校内健康小环境的基础上，重视对学生思想政治倾向的预见和对突发事件必要的防范，于1988年11月制订《关于处置突发事件的预案》，把稳定学校工作视为首要任务。

1989年4月，北京出现学潮，很快波及上海。上海交大党政领导和广大干部、教师出于维护校园稳定和爱护青年学生的共同愿望，通力合作，深入细致地开展教育、引导和防范工作，控制校内煽动性大、小字报的蔓延，劝阻学生上街游行，维护好正常的教学秩序。4日18日凌晨，上海外校学生1 000多人闯进徐汇校区，鼓动交大学生外出游行未成。5月2日深夜，闵行校区1 000余名学生想走出校门，到市区游行。校长翁史烈、党委副书记王宗光等校领导闻讯后，赶往闵行校区，和已在闵行校区的干部教师一起做工作，说服学生返回宿舍。次日，任课教师按时上课。5月4日，上海高校部分学生上街游行。晚上，数千名外校学生来到康平路上海市委办公厅(简称“康办”)门前静坐。当天，在学校党政领导集体的积极引导下,交大组织师生开展“爱国、荣校、求知、发展”为主题的纪念“五四”系列活动,没有学生拉出队伍去校外参加游行和围坐活动,这对于维护校园内外的正常秩序起到了积极作用。5月10日,上海市委、市政府、市人大领导吴邦国、王力平、谢丽娟、陈铁迪等受市委书记江泽民委托,来上海交大闵行校区看望师生员工,对交大师生为维护大局、为上海的经济发展、为社会的稳定做出的贡献表示慰问和感谢。5月15日,上海市委书记江泽民开会遇见翁史烈校长时,也对交大的稳定工作给予了肯定,他说:“5月4日晚上几千人围在康办,交大离康办只几百公尺,你校学生巍然不动,不简单,要总结总结。”[①]

5月13—19日,北京高校有部分学生到天安门广场和新华门前“绝食请愿”。交大校园内大字报增多,外校学生来校煽动。学校干部教师从维护大局出发,坚定地守护学校、爱护学生,尽最大可能努力做好学生工作,但还是劝阻不住。5月17日,近3 000名交大学生走上街头。5月18—19日,有几十名交大学生也到外滩上海市政府前参加“绝食”。学校多次派出干部、教师,到游行和“绝食”学生当中,提供食品并以情规劝,叮嘱学生“注意身体,尽快回校”。

5月20日凌晨,国务院决定北京市部分地区实行戒严。中国境内外非法组织四处煽动,到全国各地串联。5月28日以后,交大非法的“学生自治会”搞所谓的“空校运动”。学校公开张贴通告,点名批评破坏学校教学秩序的行为;并写信给学生家长,要求家长配合学校做好学生的思想工作。任课教师本着教室里仅有一个学生也要坚持上课的态度,坚守教学岗位。院系领导跑遍学生宿舍,动员学生前去上课,还有的坐在教室里陪着学生们听课。

6月初,交大非法的“学生自治会”参与在上海设置路障、堵塞交通等活动。面对复杂形势,学校党委和广大党员、干部、教师坚持做劝说引导工作。6月9日,邓小平在接见北京戒严部队军以上领导干部时发表重要讲话。他指出:“这场风波迟早要来。这是国际的大气候和中国自己的小气候所决定了的,是一定要来的,是不以人们的意志为转移的,只不过是迟早的问题,大小的问题。”[②]他说:“如果说有错误的话,就是坚持四项基本原则还不够一贯,没有把它作为基本思想来教育人民,教育学生,教育全体干部和共产党员。……十年最大的失误是教育,这里我主要是讲思想政治教育,不单纯是对学校、青年学生,是泛指对人民的教育。对于艰苦创业,对于中国是个什么样的国家,将要变成一个什么样的国家,这种教育都

---

① 王宗光主编:《中共上海交通大学党史大事记(1949—1994)》,上海交通大学出版社1996年版,第320页。

② 邓小平:《在接见首都戒严部队军以上干部时的讲话》(1989年6月9日)。《邓小平文选》第3卷,第302页。

很少，这是我们很大的失误。”[①]6 月 10 日晚，交大非法的“学生自治会”解体。6 月 11 日，学校全面清理校园环境，恢复正常秩序。

6 月 23—24 日，中共十三届四中全会召开，确立了以江泽民为核心的第三代中央领导集体，重申了全面坚持十一届三中全会以来党的路线、方针、政策，提出了改革、发展、稳定的大政方针。按照国家教委的统一部署，上海交大组织学习邓小平讲话和十三届四中全会精神，对这场政治风波进行深刻的反思。学校党政领导班子带头学习，集中 3 天时间开民主生活会，对党委在这场政治风波中的工作进行回顾反思，肯定成绩，总结经验教训，并开展批评与自我批评。

1989 年 9 月 29 日，中共中央总书记江泽民在庆祝中华人民共和国成立 40 周年大会上发表重要讲话，提出“各级各类学校不仅要建立完备的文化知识传授体系，而且要把德育放在首位，确立正确的政治方向”[②]的要求。围绕学习贯彻江泽民讲话精神，学校两次召开“学讲话、谈育人”座谈会，总结交流近年来教师队伍、管理部门、后勤部门教书育人、管理育人、服务育人，加强对学生的德育教育的经验。1989 年底，学校组织开展把德育放在首位的教育思想大讨论，充分认识到社会主义高等学校必须坚持正确的办学方向，坚持用马列主义、毛泽东思想、邓小平理论教育学生，坚持把坚定正确的政治方向放在第一位，坚持把培养社会主义事业的建设者和接班人作为学校工作的根本任务。

学校结合不同阶段的思想热点，针对当时大学生受西方思潮影响，对党和社会主义制度认识不深等问题，从政治上、理论上、实践上进行补课，大力开展以国情、人生、爱国为基础的社会主义教育，开展民主、法制和纪律教育。从 1989 年 9 月开始，为全校学生开设形势与政策课，以课堂正面讲述为主，讲授内容既旗帜鲜明，又紧密联系实际，不回避大学生的思想热点，学生们普遍感到有收获。学期结束时，万余名本科生共同走进考场参加形势与政策课程统考。学校还进一步组织校内外实践教育，开展科技文化体育活动，积极做好学生思想疏导工作，营造健康向上的校园环境。

---

① 邓小平：《在接见首都戒严部队军以上干部时的讲话》(1989 年 6 月 9 日)。《邓小平文选》第 3 卷，第 305、306 页。

② 江泽民：《发展教育和科学是百年大计》。中华人民共和国教育部、中共中央文献研究室编：《毛泽东邓小平江泽民论教育》，中央文献出版社、人民教育出版社、北京师范大学出版社 2002 年版，第 203 页。

第二章
管理改革的探索与实践

第一节　率先实行校内管理改革

一、试发教职工综合奖金

党的十一届三中全会以后，学校党委认为："在领导体制上权力过分集中，管得过多过死，基层缺乏必要的自主权，使基层难以从自己的实际情况出发，创造性地开展工作；在人事制度上，由于单位、部门所有制，使人员难以流动，人才大量积压，工作量不足，英雄无用武之地；在干部制度上，能上不能下，能'官'不能'民'，使队伍老化，新生力量不能迅速成长；在分配制度上，拿'铁饭碗'，吃'大锅饭'，干多干少、干好干坏一个样，搞平均主义，使挑重担的中青年骨干待遇普遍偏低；在工作制度上，缺乏一套完整的法规，以致职责不清，赏罚不明，互相扯皮，工作效率难以提高。"[①]不克服这些弊端，学校难以开创新的局面。于是，交大以改革校内管理制度为切入口，将人事制度、劳动制度和分配制度结合起来，实施突破。[②]

学校决定从1979年下半年起，先试行发放教职工综合奖金，为打破"大锅饭"进行初步

---

① 中共上海交通大学委员会：《回顾我校在管理改革中的初步探索》。上海交通大学党委办公室编：《上海交通大学管理改革初探》，上海交通大学出版社1983年版，第1页。

② 上海交大管理改革的缘起，第一章第一节已有交待，本章不再赘述。本节就管理改革过程、内容、成效等情况作一介绍。

的改革尝试。随着学校工作重点转移到教学科研上来，上海交大许多骨干教师在教学、科研第一线争挑重担，勤奋工作。但是，这些教师大多工资较低，生活困难，家务繁重。为了逐步改善教师的工作和生活条件，学校决定在制订各类人员岗位责任制、加强工作考核的基础上，试行奖金奖励制度。当时，全国只有工厂的一线工人才能每月拿奖金。上海交大要打破事业单位不发奖金的惯例，用奖金来增加一些收入，调动教职工的积极性，实属打破常规、破旧革新之举，可真的做起来难度很大。学校向上级领导部门多次报告，测算所需费用，请示奖金的分配评议方法等。终于，学校的改革设想获得了六机部和上海市政府的支持。1979 年 9 月 19 日，六机部对《上海交通大学关于试行奖金奖励制度的报告》作出批复："同意你校从本学期起试行奖金奖励制度。你校校办工厂、实验室通过加强经济管理增产、增收、节约等措施的收入中，可提取百分之二十作为奖励基金。要鼓励先进，多劳多得，防止平均主义的倾向。"[①]10 月 30 日，上海市教育卫生办公室作出答复："市委领导同志同意在高等院校实行增收节支、综合奖励先行试点的意见。经我办研究，同意先在交大、师大（华东师范大学）、复旦三校进行试点。全年奖金水平平均每人不超过七十二元，由各校根据具体情况掌握使用。"[②]

1979 年 9 月 19 日，六机部关于上海交大试行奖金奖励制度的批复

收　文　562 号
79 年 10 月 20 日

2

中华人民共和国第六机械工业部

上海交通大学：

你校沪交(79)字第356号报告收到，同意你校从本学期起试行奖金奖励制度。你校校办工厂、实验室通过加强经济管理增产、增收、节约等措施的收入中，可提取百分之二十作为奖励基金。要鼓励先进，多劳多得，防止平均主义的倾向。具体实施办法注意上海市各校之间的平衡，请你校多向上海市革委会教卫办请示。此复。

一九七九年九月十九日

抄：上海市教卫办，本部部领导(2)、教育局、值班室。

(79)六机函字第30号

获上级部门批准同意后，上海交大于 11 月 2 日出台了《上海交通大学教职工综合奖试行办法》。奖励基金来源是在确保完成国家下达的教学、科研任务前提下，通过挖掘潜力，加强经营管理和对外服务，从增产增收、节约开支中提取

① 《六机部关于上海交通大学试行奖金奖励制度的批复》(1979 年 9 月 19 日)。上交档：长期 2240。

② 《关于交大、师大、复旦三校进行增收节支综合奖励试点的报告》(1979 年 10 月 30 日)。上交档：长期 2240。

其中一部分作为奖励基金。奖金总额以每人每年72元计算,但分配不搞平均主义,按照"各尽所能,按劳分配"原则,奖金分为3等,一等8元,二等6元,三等4元,以各人工作态度、贡献大小来评定,按月发放。一等奖比例,以党总支为单位,不超过评奖人数的10%;三等奖从实际出发,不规定比例。完成任务好、贡献突出的单位,一等奖比例可高于10%;完成任务差的单位,少发或不发奖金。全校首次参加奖金发放的教职工有4 382人,3个月实发奖金75 835.05元,每人每月平均5.77元。① 在当时交大教职工人均工资每月仅64元②的情况下,这些奖金对于适当改善广大教职工尤其是中青年知识分子生活待遇起到了积极作用。它打破了长期以来高等院校只发固定工资的制度,提出了一种新的激励分配机制,具有特别的意义。奖金的分配由于拉开了差距,改变了以往干与不干、干多干少、干好干坏一个样的局面,起到了鼓励先进的积极作用,一定程度上给学校工作带来了活力。很多教师反映,这次拿到的奖金虽然不算多,但却是一种思想上的激励和精神上的振奋。

教职工综合奖金制度成功试行,使交大干部教师尝到了改革的甜头,更坚定了走改革之路的决心和信心。

二、实行人才流动

1979年,上海交大教职工总数为4 461人,教职工与学生的比例接近1∶1;教师有1 899人,教师与学生的比例是1∶2.58。③ 教职工队伍庞大,人浮于事,年龄老化,结构也不合理。近2 000名教师中有一半工作任务不足,专业教师平均每周上课1.5节,有的一门课分由3位教师上,"讲师少讲,教授不教"的情况相当普遍。水平高的教师上不足课,既影响了学有专长者发挥才能,也不利于提高教学质量。有些教研室"三代同堂""近亲繁殖",妨碍了博采众长,不利于活跃学术思想。由于人员超编,师资队伍更新困难,新建学科师资得不到引进。职工队伍特别是青年工人太多,吃"大锅饭",不能很好地发挥教学辅助作用。机关和后勤部门同样人浮于事,工作效率不高。交大教职工中,许多人认为不改不行,有人甚至说"我们系的人调走一半,工作可以比现在干得更好","交大人才积压,一个交大可以办两个交大"。④ 这种情况的出现,也反映了十年"文革"七年不招生,搞"斗、批、改"积累下的消极面。

---

① 《上海交通大学教职工综合奖试行办法》(1979年11月2日)。上交档:长期2240;《在教职工中试行奖励制度的初步情况》(1979年11月29日)。上交档:长期2240。

② 1978年《普通高等学校基层报表》。上交档:永久607。

③ 1979年《普通高等学校基层报表》。上交档:永久630。

④ 陈海涛:《人才流动带来活力,改革带来生机》。《上海交大二十年》,第69页。

面对这些状况，学校着手开展人才流动，以调整和确立教职工合理的结构比例。经过半年多的酝酿，在上海市人事局等部门的支持下，学校从1980年起开始实行人才流动。首先，结合重建理科系、增设一批新兴学科之机，采取自愿报名、组织推荐的办法，调动了200多名专业教师到新建系科去工作。这样既解决了一部分人的专业对口问题，也发挥了一些专业教师的特长，效果较好。在此基础上，学校进一步面向社会实行人才流动。长期以来，人们习惯于人员的"单位所有制""部门所有制"，把岗位视为"铁饭碗"。一旦真的实行人才流动时，系和科室负责人普遍感到工作难做，容易得罪人。教职工中也有人认为交大名气响、条件好，离开交大"丢面子"等。学校反复动员，强调人才流动绝不是"踢皮球""丢包袱"，而是为了把长期积压的人员用到更能发挥作用的岗位上去。社会上听说上海交大要向外流动人才，上百个单位都来学校要人。这对即将调离的教师和职工无疑也是一种鼓励。校人事处处长陈海涛等还到接收单位访问调查，弄清每一个新岗位的专业需求、工作性质和福利待遇等，回校后如实向被调动人员讲明情况。经过学校妥善周到的联系安排和细致耐心的思想工作，许多同志消除了顾虑，大都愉快地走上了新的工作岗位。

至1983年11月，学校先后调出教职工501人，其中教师317人，干部30人，工人154人；教师和干部调到教育单位的163人，调到工业部门的110人，调到科研单位的39人，调到外省市的35人。[①] 以后的实践表明，绝大部分调出人员在新的单位都发挥了更大的作用。如，一批中老年教师和干部调到新建的上海交大机电分校[②]后，挑起教学及行政领导工作的重任；原来在交大轮不到上讲台的青年教师，调到新单位后，有的成为教学和科研的骨干，有的成为工业部门负责人。由于调出了一批教职工，交大的编制松动了，学校根据发展的需要，先后遴选了360名优秀本科生和研究生留校工作，还从外单位引进了177名学科带头人和紧缺人才，[③]起到了调整师资队伍结构的积极作用。有进有出，"活水长流"，给学校带来了蓬勃生机。

如此大规模的人才流动，在当时国内高校中具有首创性，体现了管理改革的意义。1984年1月21日，国务院副总理万里在接见上海交大领导时说："你们交大流动出去500多人，这是不容易的。交大能办到的，为什么其他学校办不到。"[④]此后几年，人员流动成为学校的一项经常性工作，每年约有2%的人员正常调动，约有2%的人退休、离休。在这基础上，每

---

① 《我校管理改革阶段情况总结》(1983年11月)。上交档：永久959。

② 上海交大机电分校创办于1978年10月，1985年初与华东纺织工学院分院联合成立上海工程技术大学，1991年底通过国家合格评估鉴定，成为一所全日制普通工科大学。

③ 《我校管理改革阶段情况总结》(1983年11月)。上交档：永久959。

④ 《万里副总理在听取上海交通大学汇报管理改革情况时的谈话》(1984年1月21日)。上交档：永久983。

年调进5%的新人,交大的人才队伍源源不断得到补充和更新。[①]

三、推行定编定岗和职务补贴

通过人才流动,上海交大教职工队伍结构不合理的现象有所改善。但是,各单位人员忙闲不均的状况尚未从根本上改变,有些部门仍然人员偏多,岗位职责不清。自1981年下半年起,学校反复讨论人员定编工作,并在动力机械工程系、工程力学系进行人员定编的改革试点。至1982年,在继续实行人才流动的基础上,学校酝酿推行人员定编、实施教师干部岗位责任制和发放岗位职务补贴相结合的改革方案。学校多次召开各类会议,听取各方面意见后提出定编原则与方法、教师干部岗位责任制要求和发放岗位职务补贴的办法。同时,学校多次向上海市政府教卫办和六机部报告管理改革方案,听取上级部门的意见。经反复修改,1982年5—8月先后形成《定编工作实施办法(试行)》《教学、科研、教学辅助人员定编计算办法及分配方案》《教师工作规范(试行)》《教师工作量试行办法》《机关岗位责任制》《关于岗位职务补贴的实施办法》《关于执行教师工作规范和岗位职务补贴的补充说明》等文件,并颁发执行。

学校根据教育部有关规定,制订《定编工作实施办法(试行)》和《教学、科研、教学辅助人员定编计算办法及分配方案》。全校教职工与学生的比例按1∶2.6计算,教师与学生(本科)比例按1∶6计算,先确定学校编制总数,然后根据各单位任务等情况,核定机关和各系、所、室的编制数。每个单位定编不定人,超出编制的人数即为超编数。定编的步骤是先机关后基层。校部机关定编过程中,撤销了1个机关党总支和12个科室,压缩精简1/6的人员。通过教师的定编,建立起合理的学术梯队,同时抓紧办理到龄教职工的离休、退休工作,逐步缓解队伍老化程度。至1982年底,有400余人办理了离退休手续。[②]

1982—1983学年,学校按承担的教学、科研任务计算定编总数为3 785人,实际为4 515人,超编730人,其中教师超编294人。[③] 为了把教师中的力量组织起来,学校决定成立技术服务部,鼓励教师在确保完成国家下达的教学、科研任务的前提下,积极开展对外科技服务,包括举办培训班、专修班,参加校外的委托科研、成果推广应用、技术咨询、实验测试、合作研究、建立联合体等。通过技术服务,增强了科研活力,提高了学术水平和教学质量,还增加了校内财政收入。

学校参考教育部有关规定,制订《教师工作规范(试行)》和《教师工作量试行办法》。属于

---

① 陈海涛:《人才流动带来活力,改革带来生机》。《上海交大二十年》,第71页。

② 《上海交通大学人事管理改革的初步实践》(1982年12月)。《上海交通大学管理改革初探》,第300页。

③ 《上海交通大学人事管理改革的初步实践》(1982年12月)。《上海交通大学管理改革初探》,第300页。

教学编制的教师，每人每年工作量不少于1 680小时，其中教学工作量一般不少于1 120小时，因工作需要不承担科研任务的讲师和正副教授，每年至少要完成1 400小时的教学工作量；属于科研编制的教师，采用考核计分法确定工作量，满分为17分，1分相当于教学编制教师的100小时工作量，根据年度科研计划执行情况、技术成果、专著论文、经济效益、教学情况等进行全面考核；从事实验室工作的教师，一般每年必须完成1 120小时的教学实验工作量，包括开设实验课、指导教学实验和批改实验报告等，连同其他工作量如实验准备和实验室科学管理等，总时数不得少于1 680小时。[①] 教师全年工作量定为1 680小时是否合理？学校采取不争论、先试行的办法。《规范》实施后，教师之间工作忙闲不均情况确有改善，副教授就要干副教授的活，讲师就要干讲师的活，完不成《规范》规定的任务和相应的工作量，就是不合格。大家都抢着承担教学、科研任务，出现了多少年来少见的新气象。1983年11月，学校召开首届教职工代表大会，一致认为制订《教师工作规范》和试行工作量计算办法，“对学校事业发展起到了积极作用，成绩是肯定的”，[②]但也存在“方法较繁琐，有待简化；科研工作的量化不尽准确，需要合理计量；教学工作的‘质’如何得到有效的规定，也需补充完善等”[③]问题。因此大会作出《关于修改教师工作量的决议》，强调具体实施办法要在实践中不断改进和完善。

学校对校系党政机关也相应地制订《机关岗位责任制》，明确各部门职责范围和各类人员的具体责任及考核办法。不久，学校对校系机关岗位责任制执行情况进行了全面检查。机关工作在“精简、效能、主动为基层服务”等方面发生了很大的变化，《上海交大》报作了如下描述：“过去‘等人上门’、‘遇事踢皮球’的事少了，现在主动为基层服务。过去‘无事时谈山海经’，现在主动找工作做，效率提高了。过去工作‘松松垮垮’，现在月月有考核，期末有总结，紧迫感强了。”[④]

实行定编和岗位责任制后，通过调动教职工积极性，全校科研任务翻了一番，教师工作量大幅增加。此时的上海交大和全国高校一样，多年来工资未提，教师待遇偏低，劳酬脱节。据1981年底调查，全校230名副教授中有205人职级不符，工资最低的每月只有72.5元。1 044名讲师中有961人职级不符，工资最低的每月只有60元。[⑤] 由于“文化大革命”中不少

---

① 《上海交通大学管理改革初探》，第4、337页。

② 《上海交通大学首届一次教职工代表大会关于修改教师工作量的决议》(1983年11月23日)。上交档：永久959。

③ 《我校管理改革阶段情况总结》(1983年11月)。上交档：永久959。

④ 《岗位责任制实行一年，机关工作发生五大变化》。《上海交大》1983年10月15日第1版。

⑤ 《贯彻落实中央(82)10号文件精神的情况和改进措施》(1982年6月15日)。上交档：长期2627。

知识分子身心受到摧残,如今又是工作、家务两副重担双肩挑,休息少,营养不佳。1980 年学校病逝 12 人,其中中年教师和干部 10 人;1981 年病逝 23 人,其中中年教师和干部 12 人。① 学校认为要设法改善知识分子的生活待遇,提出把试行岗位职务补贴和定编、落实干部教师岗位责任制结合起来,对达到《教师工作规范》《机关岗位责任制》要求的人员发放岗位职务补贴。经测算,全校约 70%的教师和 67%的干部可享受补贴;教师平均每人每月补贴 9.63 元,干部每人每月为 6.40 元。② 拟定的发放办法是,每月先发 70%,年终经考核全部完成规范要求者再发 30%。学校在向上级的请示报告中提出,岗位职务补贴的发放严格遵守 3 个原则:一是经费从学校创收中提成,不增加国家财政支出;二是补贴水平不超过上海市工人奖金的平均水平;三是重点增加中年知识分子收入,不搞平均主义,凡工资偏低、贡献大的多发,贡献小、工资较高的少发或不发。

事业单位要发放岗位职务补贴,又是打破"大锅饭"的一项突破。1981 年 7 月—1982 年 6 月,学校多次向上级部门提交报告,详细陈述管理改革方案。1981 年 10 月,上海市教卫办会同上海市委组织部、财政局、科学技术委员会、劳动局和银行等有关部门负责人,专题讨论上海交大管理改革方案,给予原则支持。1982 年 2 月 1 日,六机部常务副部长张有萱签署意见:"我们支持这一改革,请上海交大请示上海市委审查批准。"③5 月 25 日—6 月 3 日,上海市劳动工资委员会副主任王克 3 次邀请市教卫办、高教局、人事局、劳动局、财政局等有关方面同志,对学校岗位职务补贴方案进行了详细研究。7 月起,学校先在 3 个系开展发放补贴的改革试点。9 月 6 日,上海市政府在全面了解学校情况后,正式下发《关于上海交通大学部分教学人员试行岗位职务补贴的批复》:"市人民政府原则同意你校目前在教师中试行岗位职务补贴。据悉,国务院已决定今年给国家机关和事业单位工作人员调整工资,你校试行岗位职务补贴,可与调整工资工作结合进行,一旦调整工资方案下达,岗位职务补贴即予停止,统一按调整工资方案办理。"④国务院劳动人事部听取学校汇报后,也对这项改革给予了肯定。就这样,上海交大开始发放岗位职务补贴,使广大教师和干部得到了实惠。一位中年教师说:"钱虽然不多,但心情比什么都高兴。"⑤也有一些没有拿到补贴的老教师,他们对这项

---

① 《贯彻落实中央(82)10 号文件精神的情况和改进措施》(1982 年 6 月 15 日)。上交档:长期 2627。

② 中共上海交通大学委员会:《回顾我校在管理改革中的初步探索》。《上海交通大学管理改革初探》,第 7 页。

③ 《张有萱在〈关于贯彻"八字"方针实行管理改革的再次请示报告〉上的批语》(1982 年 2 月 1 日)。上交档:永久 811。

④ 《上海市人民政府关于上海交通大学部分教学人员试行岗位职务补贴的批复》(1982 年 9 月 6 日)。上交档:永久 811。

⑤ 中共上海交通大学委员会:《回顾我校在管理改革中的初步探索》。《上海交通大学管理改革初探》,第 8 页。

改革也很支持。一位老教授说："我们30多岁时已拿200多元工资，现在40多岁的中年人还只拿几十元，补贴一点完全应该。"[①]

四、试行工资制度自费改革

试发岗位职务补贴是分配制度改革的开始，但并没有改变当时工资制度的弊端，如教职工的工资水平和工资等级不能反映他们的业务能力和贡献大小；工资种类繁多，级差混乱，也没有建立正常的升级制度。因此，只有把人事制度、劳动制度和工资改革结合起来，才能巩固、发展和扩大已经取得的改革成果。

从1982年5月下旬开始，上海交大在上海市劳动工资委员会、人事局、劳动局、财政局、教卫办、高教局的指导下探索工资改革。学校先后召开大小会议研究讨论10余次，反复修改工资改革方案，并于1983年2月22日正式向上海市政府、教育部和劳动人事部上报《上海交通大学工资制度自费改革试行方案》。教育部和劳动人事部收到报告后，召开专门会议进行研究，认为上海交大经过人事制度和劳动制度改革，人们的积极性调动起来了，试行自费工资改革的条件已成熟，对改革方案表示同意，并提出了修改意见和建议。3月12日，教育部副部长黄辛白通知上海交大："你们的工资改革方案，劳动人事部很重视，教育部也认真做了研究。现在你们已经被批准进行工资改革的试点。"[②]3月16日，劳动人事部工资局张维屏致电上海市劳动工资委员会办公室："同意交通大

2

沪交收文235号
83年4月15日

上海市人民政府（批复）

沪府〔1983〕33号

市人民政府关于上海交通大学
实行工资制度自费改革试点的批复

上海交通大学：

沪交人刘83字第89号、沪交人陆83字第150号文均悉。

市人民政府同意你校结合劳动制度、人事制度的改革进行工资制度自费改革试点。望加强领导，切实做好思想政治工作，及时总结经验，务使这项改革取得良好的效果。改革的实施方案由市劳动工资委员会审定，并报劳动人事部备案。

特此批复。

～1～

1983年4月5日，上海市人民政府关于上海交大实行工资制度自费改革试点的批复

① 《上海交通大学人事管理改革的初步实践》。《上海交通大学管理改革初探》，第308页。

② 《上海交通大学纪事（1896—2005）》（下卷），第798页。

学结合劳动制度、人事制度的改革进行工资制度自费改革的试点，暂不在其他学校推广。”[①]4月5日，上海市政府发文批准上海交大工资制度自费改革试点。

此时，1982年国家统一部署的工资调整工作已开始启动，上海交大的工资改革方案与之结合进行，超过国家工资调整规定的增资金额从学校增收节支结余经费中自费解决。改革的指导思想是，进一步贯彻按劳分配原则，把教职工的工作(劳动制度)、职称(人事制度)、分配(工资制度)直接挂钩，按水平高低、贡献大小、工作好坏，与升职晋级联系起来，改变论资排辈、轮流升级，只比待遇、不比贡献的情况，逐步纠正工资制度上的平均主义，使中青年知识分子尽快实现职级相称。

上海交大工资改革的主要内容有：一是统一全校教职工的工资标准。把原来实行的11大类工资标准和100多个工资等级统一为教师干部和工人两个工资标准。教师干部工资分10级21等，高限维持原一级教授的工资标准，低限与国家现行工资标准相衔接；工人工资分8级22等，高限与低限也同国家现行工资标准相衔接。二是建立正常的升级制度。经过严格考核，能全部完成《教师工作规范》和《机关岗位责任制》的人员，工资级别在4级以下的每2年升1等，3级以上的每3至4年升1等，少数完成任务出色、贡献突出的可越等升级。考核不合格的，当年只发折扣工资，即按标准工资打9折计算。三是逐步实行职务职称工资。全部完成任务并考核合格、但职级不符的各类人员，力争使其二三年内达到职务、职称的最低工资等级；已经达到本职务工资最高等级线的，原则上不再升级。四是调资升级以考核为主要依据，听取有关方面意见，由主管部门审核后报相应组织审批，不搞群众评议。

工资制度自费改革分两步进行。第一步是“调、靠、定”，即先按国务院国发(82)140号文件规定调整工资，再靠到学校改革后的工资等级上，然后按照考核结果定到与本人职务或职称相接近的工资标准上去。教职工增资金额一般都不低于国家规定的工资调整数。第二步是对近年来在教学、科研、实验室建设及其他方面做出显著成绩和有重大贡献的人员，贯彻按劳分配原则，大胆破格升等晋级。如何搞好第二轮升级是学校试行工资制度自费改革的重要一环。学校在多方听取意见后，于1983年4月18日制订下发《关于教师、干部工资改革第二轮中升等条件的意见》(简称“22条”)。“22条”的特点是体现了以教学、科研为主，即把在教学、科研第一线上取得显著成绩的教师、科研人员作为升等重点对象，同时兼顾班

---

① 《劳动人事部工资局张维屏同志来电(电话记录)》(1983年3月16日)。上交档：永久935。

主任、政治辅导员等；对教师、干部的考核论贡献、讲水平、看工作成效。[①]

经过近两个月工作，工资改革于 1983 年 5 月中旬顺利结束。全校 3 188 名教师、干部参加调资定级的有 2 747 人，每月增加工资 55 698. 58 元，平均每人每月增加工资 20. 28 元，其中教学人员平均 22. 51 元，党政干部平均 14. 59 元。全校除按国发(82)140 号文件规定应增工资外，每月自费增加工资 17 455. 90 元，按教师、干部总人数 3 188 人计算，平均每人每月自费增加工资 5. 48 元；按实际定级人数 2 747 人计算，平均每人每月自费增加工资 6. 35 元。[②] 5 月 13 日，除校级干部外，全校教师和干部都拿到了工资改革后的工资。

上海交大工资制度自费改革的试点工作取得了预期的积极成效，知识分子特别是中年知识分子的工资待遇有较大提高。与国家工资调整规定相比，挑重担的中年知识分子受益最多，中年教授平均每月多增工资 20. 9 元，副教授多增工资 13. 25 元，讲师多增工资 7. 15 元。[③] 全校原来工资额为 133 元的正副教授共有 54 人，自费工资改革后最低的调到 160 元，最高的调到 208 元，[④]拉开了差距。在第二轮升级中，全校有 450 人再升 1 等，占教师、干部总人数 3 188 人的 14. 1%；有突出贡献的 14 人再升 2 等，占总人数的 0. 44%。[⑤] 学校制订的“22 条”，坚持了赏罚分明的原则，教师们反映“这是革命性的措施”，“有利于鼓励大家多作贡献”。[⑥] 有些年近半百的中年知识分子没想到工资能超过百元，高兴地表示一定要加倍努力工作。许多老年教师看到工资改革的结果后说：我们很高兴看到中年教师生活在改善。

上海交大工资制度自费改革是在国务院劳动人事部的首肯和具体指导下进行的，当时全国高校只有上海交大一家试点。1984 年 1 月 25 日，劳动人事部顾问王榕会见上海交大党委书记邓旭初及有关同志时说：“现在我国国家工作人员的工资与职务相脱节，这是一个问题。你们交大工资改革对这个问题解决得很好。交大工资改革的试点，是劳动人事部在全国高校中的‘独生子’，只此一家，暂不推广。有的学校来找过我们多次，希望也搞工资改革，我们没有同意，原因是他们的改革基础工作没有你们扎实，有的干脆根本没有搞，眼睛光盯着‘钱’，一进入改革就想搞工改，这是不行的。……我很欣赏你们这一条，即：扎扎实实地进

---

① 《工资与贡献相结合党委制定破格升级条件 22 条》，《交大简报》1983 年 5 月 26 日。上交档：永久 935。

② 《关于我校工资制度自费改革的实施情况的报告》(1983 年 5 月 26 日)。上交档：永久 935；陈海涛：《人才流动带来活力，改革带来生机》。王宗光主编：《上海交大二十年》。上海交通大学出版社 1998 年版，第 75 页。

③ 《我校工资制度改革以后的收获和变化》，《交大简报》1983 年 5 月 28 日。上交档：永久 935。

④ 《关于我校工资制度自费改革的实施情况的报告》(1983 年 5 月 26 日)。上交档：永久 935。

⑤ 《我校工资制度改革以后的收获和变化》，《交大简报》1983 年 5 月 28 日。上交档：永久 935。

⑥ 《我校工资制度改革以后的收获和变化》，《交大简报》1983 年 5 月 28 日。上交档：永久 935。

行改革的基础工作,然后进入工资改革,通过工资改革,反过来又巩固和发展改革的基础工作。"[①]

1984年、1986年和1988年,经上级部门批准,上海交大又开展了校内第二、三、四次工资改革。1986年第三次工资改革后,学校教师的工资水平(不包括新升职称的人员)是:教授人均工资每月225.25元,副教授151.50元,讲师120.17元,助教79.79元。[②]

1990年2月,国家教委下达《关于上海交通大学一九九〇年度工资改革的批复》:"考虑到国家工资制度已日趋完善……经与有关部门研究,并经上海市人事局同意,你校可将现行工资制度在国家这次调整工资时纳入国家工资制度序列。"[③]据此,上海交大按《国务院批转人事部、国家计委、财政部一九八九年调整国家机关、事业单位工作人员工资实施方案的通知》和上海市具体实施办法,又一次开展工资调整工作。全校6 918人加9元就近靠入国家工资标准等级,3 001人在此基础上再向上调了一级,约占总人数的43%。[④] 经过此次工资调整,学校实现由上级批准的校内自费工资标准向国家统一工资标准的并轨转化。

五、实行责任制和扩大系所自主权

通过人事、劳动、分配制度相结合的改革,教师的积极性提高了,但束缚基层办学活力的绳索还没有完全解除,主要是领导体制权力过分集中,对基层管得过多。系所一级基层组织对教学、科研负有直接责任,却缺少应有的办学自主权。人、财、物都集中在校一级"大锅"里,基层为解决一个问题,只得层层报批,公文旅行。这在很大程度上抑制了基层教师和科研人员的创造精神,阻碍了学校工作的效率。

为了进一步调动教职工的积极性和主动性,1983年2月18日学校在全校干部会议上提出了实行管理责任制,扩大基层自主权的设想,发动全体教职工广泛讨论,献计献策。经过三四个月的充分酝酿,6月学校制订并下发《上海交通大学关于实行责任制、扩大系(所)自主权的暂行规定》,决定在现行管理改革的基础上,将原属校一级的人事、财务、教学、科研管理权力适当下放给基层单位,扩大系(所)自主权,实行系主任(所长)负责制,使系主任(所长)职责与权利相结合,真正有职、有权、有责。

实行责任制,扩大自主权,首先要选好系主任(所长)。1981年,学校按照中央关于干部

---

① 《八四年一月廿五日下午劳动人事部顾问王榕同志会见交大邓旭初、朱荣林同志时的谈话摘要》。上交档:永久935。

② 上海交通大学志编纂委员会编:《上海交通大学志(1896—1996)》,上海交通大学出版社1996年版,第209页。

③ 《关于上海交通大学一九九〇年度工资改革的批复》(1990年2月20日)。上交档:长期4654。

④ 《上海交通大学一九九〇年工资调整工作总结》(1990年8月29日)。上交档:长期4653。

队伍建设“四化”的要求，在动力机械工程系和工程力学系进行民主选举系主任的改革试点。系正副主任先由系内民主选举，然后报校部批准任命，并由无任期改为任期制。改革后，动力机械工程系班子成员平均年龄从53.8岁降为49.25岁，主任年龄从65岁降为49岁；工程力学系班子成员平均年龄从57.4岁降为51.5岁，主任年龄从81岁降为50岁；两个系的正副主任人数从5至6人降为4人。[①] 至1983年，探索实行责任制、扩大自主权的改革，改为采取“民意测验”遴选系主任，副系主任由系主任提名，学校任命的方法。学校新任命了一批中年骨干教师担任材料科学及工程系、应用数学系、精密仪器系、应用物理系、工程力学系、应用化学系的正副系主任和教研室（研究室）主任。

根据《规定》，系主任（所长）具有一定的人事权、领导教学科研的权力和财权。人事工作方面，系主任（所长）有权在编制范围内向校内外聘请人员；向学校推荐教授、副教授、讲师、研究员、副研究员、助理研究员、高级工程师和工程师等技术职称的授予名单；为本单位成绩优异、贡献突出的教职工申请晋级和增加工资，决定本单位收益提成的分配方案；根据毕业生分配方案，对优秀毕业生的分配去向提出建议。教学工作方面，系主任有权组织制订教学大纲，编写或选用教材，制订本科生教学实施计划和研究生培养方案；在系内新设学科小组，提出设置、撤销、合并有关专业的建议；协调本系教师的教学、科研和进修任务的安排等。科研工作方面，系主任（所长）有权提出本单位优先发展领域、重点学科和实验基地等建设规划和实施计划；根据本单位力量和条件，承接科研、顾问、咨询、测试、加工等任务；在科研项目或实验室建设的实施过程中，对人员、计划进度进行调整；根据发展实际提出设置、撤销、合并有关研究室或实验室的建议。财务工作方面，各系实行年度事业费包干制度，年终积余不必上交，可跨年度使用。学校从实际出发核发年度教学行政经费、科研经费、科研及实验室发展基金、教学设备经费、实验室经费，系主任负责制订预决算，报学校备案，并根据各项工作需要统一安排使用这些经费。[②]

学校在下放权力的过程中，要划分好校、系两级职权范围，既分工，又分权，形成一个有效运转的系统，难度很大。为此，学校对校部机关反复进行宣传教育和思想工作，防止出现“权力放放、收收”或是“权未下放，事务先下放”等现象。同时，通过建立教职工代表大会制和健全党总支（支部）对系（所）、室行政工作的监督保证作用，处理好发扬民主和系主任（所长）个人负责的关系问题。

---

① 《上海交通大学纪事（1896—2005）》（下卷），第766页。

② 《上海交通大学关于实行责任制、扩大系（所）自主权的暂行规定》（1983年6月）。《上海交通大学管理改革初探》，第36页。

此项改革实施之初,有人担心基层有了自主权后会自行其是,也有人担心系主任一个人说了算,教师的正当权利会遭到侵害。在以后的改革实践过程中,这些顾虑基本上没有发生。改革确实使基层积极性、主动性有了进一步地提高,更好地推动教学、科研工作的开展。有位系主任说:“过去学校权力过分集中,管得太死,往往弄得下面干部无所适从,束缚了我们的手脚,如今学校领导开明了,将部分权力下放,上面放手让我们基层干部自己去干,工作起来顺手多了。”①由于系内教工的利益与系的工作好坏结合在一起,许多教工主动向系主任献计献策。校部机关也把更多的精力放在服务、督办和开展调查研究上。过去教务处年年为教师排课花费大量精力,实行主讲教师由系主任协调安排后,教务处提高了工作效率。国家拨给学校的科研经费原先由科研处统一管理,1979—1982 年年年超支,最多一年超支 79%。实行责任制后,科研经费由系包干,系主任当家理财,年年都有结余,同时科研任务也大幅度增加。各系、各专业还加强了对学生培养的全面负责,从新生入学起,各系就委派得力教师担任班主任,把学生工作全面管理起来,有利于学生德智体全面发展。

1983 年 2 月,上海交大在校内扩大基层自主权的同时,也向教育部提出希望扩大学校人事权、财政权和办学权等 12 项要求,并向教育部郑重承诺:保证学校教学质量名列全国重点大学前列,按合同完成国家下达的科研任务,办事效率与经济效益有明显提高。② 3 月,学校党委书记邓旭初、党委副书记刘克赴京向教育部汇报工作时,教育部领导就 12 项自主权要求逐条进行了答复:同意学校申报筹建管理学院和研究生院,可以自筹基金创办新专业;有权审批教授、副教授职称;在完成国家招生培养计划的前提下,可以开展多层次、多形式的合同办学;在完成国家下达的研究生培养计划的基础上,可与有关单位订立扩招研究生合同,扩招数不得超过招生计划的 5%;研究生在不影响学业的前提下可以兼任助教;在完成国家规定的教学科研任务前提下,可以为社会开展技术服务,纯收入用作学校基金,60%用于改善学校条件,40%用于工资改革和教职工福利事业;实行经费包干制,包括学校自己创收取得的外汇归学校使用。③

1983 年 5 月,教育部召开全国高等教育工作会议。会后教育部印发《关于调整改革和加速发展高等教育若干问题的意见》,提出要“扩大高等学校的管理权限”。具体内容有:

> 高等学校在遵守国家政策、法令和制度,保证完成国家下达的培养人才、科研任务,并在国家核定的人员编制、基建投资和经费预算的范围内,可以行使下列权

① 蒋涵箴、肖关根、刘军:《上海交大管理改革见闻》。《上海交大的教育改革》,人民出版社 1985 年版,第 45 页。

② 《我校提出实行责任制,扩大基层自主权的设想》,《交大简报》(第 12 期)1983 年 2 月 22 日。上交档:长期 2720。

③ 《党委扩大会会议记录:传达向教育部汇报的情况》(1983 年 3 月 10 日)。上交档:永久 887。

力：(1)接受委托培养学生，自行承担科学研究任务和业务服务；(2)根据国家制定的培养目标，制订本校各专业的教学计划、教学大纲和处理其他教学业务问题；(3)包干使用教育经费，自行安排使用本校各项资金，结余不上缴；(4)选任教师，录用职工，进行奖惩。领导班子健全的学校可以任免系、部、处级及以下的干部；(5)在完成国家安排的对外活动任务外，经有关部门统筹安排，开展国际教育、科研交流活动，使用所得的外汇。此外，经过批准，有条件的学校可以试行教师聘任制，少数有条件的重点学校和学科可以审批教授、副教授职称。①

根据教育部会议精神，上海交大和其他重点高校一样在扩大办学自主权等方面得到支持，有利于学校把改革进一步推向深入。

第二节　党中央、国务院肯定上海交大管理改革

一、邓小平接见交大师生代表

上海交通大学在管理改革方面的探索，初步改变了人浮于事和吃“大锅饭”现象，广大教职工工作积极性高涨，推动了教学、科研改革和学科建设，学校发生了可喜变化。上海交大改革成绩的取得，归功于党的十一届三中全会以来路线、方针、政策的指引，得益于党中央、国务院开创的全国改革开放大好形势，更离不开中央和上级部门领导的全力支持。

1984年1月21日，国务院副总理万里在中南海办公室接见了上海交大邓旭初、刘克、朱雅轩、林栋梁等党政负责人。接见时在座的有国家计委副主任张寿、电子计算机和大规模集成电路领导小组办公室主任李兆吉。万里听取了学校管理改革情况汇报后说：

我看过你们交大管理改革的材料，你们的改革搞得是不错的。去年，我对教育部领导同志说过，上海交大改革的路子是对的，应当支持。

我国的知识分子并不多，可是有的又使用不当，他们的潜力没有充分发挥出来。现在的管理办法，不利于人才流动，有些有本事的人没有被使用，压在那里，你不用，又不让人家走，使他们无用武之地。学校师资近亲繁殖、四代同堂，又不流动，是不利于学校发展的。现在三四十岁的年轻人很想干一番事业，打打天下，但往往被老年人所压抑。尤其是搞什么几代同堂，论资排辈，这是最坏的。你们交大

① 《关于调整改革和加速发展高等教育若干问题的意见》(1983年)。上交档：短期964。

流动出去500多人,这是不容易的。交大能办到的,为什么其他学校办不到,这个问题至今没有人回答我。

改革不会是一帆风顺的……我们准许改革不成功,但不准许不改革。三十多年的历史证明,不改革是没有出路的。我们的改革是探索性的,改革会有成功,也有可能失败。你们交大的改革要继续坚持下去,教育、生产、引进各方面工作大学都要介入。你们就从现在开始,在抓教育、生产、引进上做出成绩来,树立个榜样。……

教育的改革要坚持下去,对于国外的办学经验,要取其精华、弃其糟粕。我们进行改革根本目的,是要多出、快出、出好人才,就是坚持"多""快""好"三条。你们的改革就按这个方向办。所谓"好人才",就是能为四化建设服务的有用之人。教育也要讲效益,讲社会实践,讲对社会的贡献。你们注意了高等教育与经济建设密切结合,为四化建设服务,这是对的。如果学校培养出对两个文明建设没有用的人,那就是出废品;如果培养出对社会进行捣乱的人,那更糟糕。

今天,我之所以抽时间见见你们,就是表示对你们管理改革的支持。[①]

1984年2月16日,邓小平(左2)接见上海交大领导和师生代表(右1为邓旭初,右2为范绪箕,右3为翁史烈,右4为刘克,左1为张煦)

1984年2月16日上午,中共中央政治局常委、中央军委主席、中央顾问委员会主任邓小平在中共中央政治局委员、上海交大校务委员会主任王震和上海市委第一书记陈国栋等陪同下,在上海西郊宾馆接见大厅,接见上海交大党政领导、校务委员会委员和师生代表。邓小平精神饱满,步履稳健,向等候在大厅的交大代表频频招手,并与校领导及前排站立的13位同志一一握手,和交大代表一起合影留念。陪同接见的还有上海市委第二书记胡立教,书记杨堤、阮崇武等。上海交大参加接见的同志有邓旭初、刘克、范绪箕、翁史烈、陆中庸、王宗光、盛振邦、林栋梁、王守仁、朱雅轩、夏平、朱物华、周志宏、张钟俊、张煦、

① 《万里副总理在听取上海交通大学汇报管理改革情况时的谈话》(1984年1月21日)。上交档:永久983。

范祖德、张定海、杜年玲、朱荣林、杨秉哲、陈海涛、王宏禄、王欣芝、朱立三、张炳钰、陈林、李东裕、周天宝、张光曜、翁双洲、吴善勤、徐海阔、高国富、曹子真、汪祥迪、朱士逖、李渤仲、吴健中、陈楚、黄彭龄、张益杰、张鄂、陈益新、何友声、罗祖道、徐祥铭、刘祖慰、杨锡山、姜焕中、阮雪榆、戴海波（学生）、陆盈（学生）等。①

解放日报
JIEFANG RIBAO
第12658号　今日四版
1984年2月
17
星期五

在会见主要领导干部和部分教授时
邓小平对上海交大教育改革表示满意
王震专门到交大看望了师生员工

邓小平、王震视察宝山钢铁总厂
鼓励职工迅速掌握新技术　要求指挥部抓紧二期工程准备

掌握新技术，
要善于学习，
更要善于创新。
邓小平

《解放日报》有关邓小平接见交大师生代表的报道

接见时，邓小平没有讲话。当天下午，王震专程来校，在校务委员和各部门负责人出席的会议上转达邓小平的慰问："邓小平同志对你们的管理改革工作非常关心，非常支持。对你们在改革中取得的成效表示满意。他对你们在当前的改革中认真贯彻执行中央、国务院的精神很高兴。"②王震说：

> 社会主义并不是就一定要吃"大锅饭"的，而是在社会主义制度下更可以改变吃"大锅饭"。你们在校党委领导下，不是就做到了吗？在社会主义社会更可以发挥每个人的聪明才智，更可以发挥集体智慧，这都是社会主义的优越性、特长和特点。我们的改革，范围是很广的，旧的、落后的东西要改革，先进的东西要学。你们在改革中还要注意改造思想，加强思想政治工作。
>
> 我们要改革，也不能还同过去那样搞关门建设，关门建设妨碍发展，不会有生气。改革要坚持，在这个问题上退却是没有出路的。③

会上，王震询问了老教授的工作和健康情况，希望老教授们在指导青年教师、带教研究生方面发挥作用，要求广大中青年教师尊重老教授，各级领导都要关心老教授。王震还勉励交大师生"在市委、市政府，在中央、国务院的领导下，在改革中争取更大成绩"。邓小平对交大改革的肯定和王震的讲话，激起了与会同志的阵阵掌声。党委书记邓旭初代表全体教职工表示，决不辜负中

---

① 《邓小平、王震同志亲切接见我校党政领导和部分教授》，《交大简报》1984年2月16日。上交档：长期2919。

② 《王震同志在上海交大校务委员及有关部门负责人会议上的讲话》（1984年2月16日）。上交档：永久983。

③ 《王震同志在上海交大校务委员及有关部门负责人会议上的讲话》（1984年2月16日）。上交档：永久983。

1984 年 2 月 16 日,王震来校视察时勉励师生员工在改革中多作贡献(左起:刘克、邓旭初、王震、范绪箕)

央领导的期望,一定要把中央领导的鼓励化为动力,谦虚谨慎,戒骄戒躁,同心同德,做出更大贡献。

邓小平、万里、王震等党和国家领导人先后接见交大代表和对交大改革的肯定,成为激励广大师生员工不断奋进的动力。

1984 年 2 月 18、19 日,学校党委分别召开常委扩大会和党委扩大会,围绕"在这样的大好形势面前,我校该怎么办"的问题进行专题讨论。2 月 23 日,学校召开全校讲师、科级干部和党支委以上 1 000 多人的教师、干部会议,党委提出:"交大师生员工团结起来,在党的十一届三中全会路线的指引下,发愤图强,卧薪尝胆,苦战四年,誓争教学、科研水平达到全国最前列。"[①]会后,全校教职工纷纷出主意、想办法,制订和落实各单位的规划措施。3 月 15、16、20 日,学校党委和行政领导分别听取了 13 个系关于开创新局面的汇报。4 月,学校提出了进一步完善管理改革的具体意见和若干设想:进一步完善劳动制度、人事(干部)制度、分配制度三者结合的改革,完善机关干部岗位责任制检查制度,实行干部聘任制;改革学校领导体制,着手筹建电子电工学院;改革科研体制,发展研究开发企业;改革科研编制的管理办法,根据全校承担的科研任务,确定全校科研编制总数;改革后勤工作,通过扩大综合服务公司的经营范围,使后勤工作逐步向社会化过渡;改革学生思想政治工作等。[②]

二、改革经验写入《政府工作报告》

在上海交大探索管理改革期间,新华社、《人民日报》《光明日报》《解放日报》《文汇报》等国内主要新闻媒体,一直对学校改革做了及时的跟踪报道。据不完全统计,仅仅从 1983 年 12 月至 1984 年 9 月的 10 个多月内,各媒体发表

① 《上海交通大学纪事(1896—2005)》(下卷),第 826 页。

② 《我校党委认真研究解决进一步完善管理改革中的一些重大问题》,《交大简报》1984 年 4 月 20 日。上交档:长期 2919。

有关新闻报道70多篇。1984年2月17日,《人民日报》《光明日报》《解放日报》《文汇报》均以《邓小平对上海交大教育改革表示满意》为题进行专题报道。《解放日报》《文汇报》还刊登了邓小平接见的照片。这在社会上引发巨大反响。

上海交大改革获得中央领导肯定后,1984年2月13日,中共中央书记处研究室编印的《情况简报》刊登了《上海交通大学党委关于改革高等理工科学校管理的建议》。文中提出3项建议:一是高校人才集中,潜力较大,充分开发这种潜力的重要措施是进行管理改革,而改革的核心是把劳动制度、人事制度和分配制度联系起来;二是高等学校必须面向社会、面向经济建设,真正发挥全国科学研究五大方面军之一的作用;三是要充分重视和发挥历史悠久的著名大学在引进技术和智力上的作用。[①] 3月10日,上海市人民政府办公厅编印的《参阅材料》刊登了《坚持改革、不断探索,努力建立中国式社会主义高等教育管理制度——上海交大管理改革情况介绍》。

4月5日,上海市委第一书记陈国栋、第二书记胡立教、市委书记兼市长汪道涵、市委常委陈铁迪、副市长刘振元和市教卫办主任毛经权等领导来校视察,详细了解交大管理改革的进展情况,肯定交大改革的方向是对的,希望不断加以完善和提高。他们指出:交大在管理改革中制订《教师工作规范》,实行岗位责任制,明确了教师、干部的质和量的具体要求,克服了吃"大锅饭"现象,促进了教学、科研水平的提高,将来政府机关、企业也要实行责任制。他们还谈道:"中央领导同志要求上海在四化建设中发挥重要基地和开路先锋的作用,这是十分艰巨的任务,交大在这方面要走在前头。你们改革以后上下劲头很足,势头很好,尤其是你们提出的建立教学、科研、发展联合体和研究开发企业的设想,

1984年4月5日,上海市委第一书记陈国栋(左3)、第二书记胡立教(左2)、市委书记兼市长汪道涵(左1)等领导来校视察时参观上海交大科研成果展览会

① 《上海交通大学党委关于改革高等理工科学校管理的建议》,中共中央书记处研究室编:《情况简报》(1007)1984年2月13日。上交档:永久983。

也符合上海的发展方向。希望交大充分发挥自己的优势,一要多出人才,二要多出成果,三要加速科研成果的推广应用。”[①]

4月13日,中共上海市委批转了市委研究室的调查报告《上海交通大学管理改革初见成效》。调查报告分改革的由来、改革的措施、改革的成果3个部分,总结了上海交大实行管理改革取得的经验。上海市委在批示中肯定了“交大管理改革的基本经验具有普遍的意义,对各条战线都有启迪”,要求各级党组织学习上海交大的好经验。批示全文如下:

各区、县、局党委或党组,各部、委、办:

现将市委研究室的调查报告《上海交通大学管理改革初见成效》转发给你们,请结合各自的实际,认真研究,参照执行。

上海交通大学从一九七九年开始进行管理改革,已取得显著成效。邓小平、万里、王震等中央领导同志都肯定了他们的改革工作。交大管理改革的基本经验具有普遍的意义,对各条战线都有启迪。

各级党组织要学习交大为开创新局面,坚持改革、不断探索的精神,学习他们的好经验,要结合自己的实际,研究、推动本系统、本地区、本单位的改革工作,努力实现党的总任务、总目标。

中共上海市委员会

一九八四年四月十三日[②]

随后,市委常委、市教卫党委书记陈铁迪带领教卫党委、教卫办机关60多人来校听取管理改革的汇报。在全市教卫系统干部大会上,学校党委副书记刘克应邀代表交大党委介绍管理改革经验。1984年6月,上海市政府批准实施《上海市高等学校试行岗位津贴办法》,决定在上海有条件的高等学校中试行浮动的岗位津贴制度。

上海交大改革探索的成功经验,还被写进《政府工作报告》加以充分肯定。1984年5月15日,在第六届全国人民代表大会第二次会议上,国务院总理赵紫阳作《政府工作报告》,在“关于国内建设”一节中提到:“上海交通大学等院校改革管理制度,层层扩大自主权,实行定编定员,人员流动,挖掘学校科研潜力,承担经济建设研究课题,制订教师工作

① 《上海市委充分肯定交大改革,陈国栋、胡立教、汪道涵等领导来校视察》,《交大简报》1984年4月7日。上交档:长期2919。

② 《批转市委研究室〈上海交通大学管理改革初见成效〉的调查报告》(1984年4月13日)。上交档:永久983。

规范，明确干部岗位责任，试发岗位津贴和职务工资，提高了教学质量，出现了科研新局面。”①

1985年5月，中共中央颁布《关于教育体制改革的决定》，作出了全面探索和实行高等教育改革的决策。《决定》提出：“当前高等教育体制改革的关键，就是改变政府对高等学校统得过多的管理体制，在国家统一的教育方针和计划的指导下，扩大高等学校的办学自主权，加强高等学校同生产、科研和社会其他各方面的联系，使高等学校具有主动适应经济和社会发展需要的积极性和能力。”②上海交大率先冲破高度集权的教育体制，主动争取办学自主权，取得管理改革的许多实际成绩，为全国高等教育改革提供了有价值的鲜活经验，对兄弟院校和其他战线的改革开放起到一定的推动作用。

政府工作报告　421

善他们的物质待遇，并且十分认真地关心中年知识分子的健康状况，尽现有可能改善对他们的医疗条件和其他条件。对于为社会主义现代化建设作出突出贡献的知识分子，要大力表彰、奖励，破格提拔、任用。

适应经济建设的需要，各级政府应当把教育体制和科研体制的改革，列入重要议事日程，作为一项战略任务来抓。近年来在教育、科研战线已进行了一些有益的探索和试验。上海交通大学等院校改革管理制度，层层扩大自主权，实行定编定员，人员流动，挖掘学校科研潜力，承担经济建设研究课题，制订教师工作规范，明确干部岗位责任，试发岗位津贴和职务工资，提高了教学质量，出现了科研新局面。株洲电子研究所等一百多个科研单位，面向社会，对外实行有偿合同制，对内实行课题承包制，由国家事业费开支经费改为经济自立。这一改革抓住了关键，使科研工作长期存在的许多问题迎刃而解。一是有力地推动科研单位面向经济建设，急国家建设之所急；二是有利于打破部门和地区的界限，促进科研人员的合理流动，使有才干的人能够展其所长；三是大大调动了科技人员的积极性、创造性，使科研单位本身有了活力，获得了迅速发展的条件，同时对经济建设作出贡献的科技人员也能较多地增加收入。这是科研体制改革的方向。尤其是从事技术开发和推广应用的科研单位，要按照这一方向，结合本身的特点，积极进行改革。有关部门要注意发现、总结、推广这方面的经验，并在实践中不断完善。

1984年5月15日《政府工作报告》提及上海交通大学管理改革的内容

全国各地高校、科研和企事业单位纷纷来校参观交流和索取改革材料，当时交大校园内出现了来访者络绎不绝的现象。学校党委办公室主任朱荣林等热情接待，介绍交大改革情况。1984年3月，应有关省市之邀，党委派人先后赴合肥、北京、西安、兰州、广州等地介绍学校管理改革的情况，有一百多所高校数万人听取介绍。4月2日，中国高教学会和北京市高教学会联合举行报告会，党委副书记刘克在会上向首都教育界1 000多人介绍了交大管理改革的情况。6月7—16日，中共中央宣传部、教育部、共青团中央、全国教育工会在北京联合召开全国高等学校思想政治工作会议，党委副书记王宗光向大会介绍了交大管理改革的情况。6月21—28日，教育部和劳动人事部在上海延安饭店召开高等学校管理改革讨论会，党委书记邓旭初、校长翁史烈代表学校发言。

① 《政府工作报告》(1984年5月15日)。中共中央文献研究室编:《十二大以来重要文献选编(上)》，中央文献出版社2011年版，第421页。

② 《中共中央关于教育体制改革的决定》(1985年5月27日)。何东昌主编:《中华人民共和国重要教育文献(1976—1990)》，海南出版社1998年版，第2288页。

会议期间,全体与会代表还来校参观座谈。教育部部长何东昌、副部长黄辛白来校视察,对学校进一步完善和发展管理改革做出指示;劳动人事部部长焦善民和顾问刘子久、康永和来校召开座谈会并参观,希望学校就劳动、人事、工资制度改革进行新的探索。

1984 年 6 月,教育部、劳动人事部联合召开高等学校管理改革讨论会(前排左 23 为邓旭初,左 12 为翁史烈)

但是,当时社会上和高校界对上海交大的管理改革也有一些不同看法。1984 年 6 月 24 日,翁史烈校长在教育部和劳动人事部召开的高等学校管理改革讨论会上作了题为《教育改革与管理体制的改革》的发言,他说:“教育改革就其内容来看是极其丰富的,那么教育改革的关键是什么呢?我们认为不从管理体制——人事、分配、劳动制度上进行改革,就不能调动广大群众的社会主义积极性,就不能保质保量地完成党和国家交给我们的任务。在进行了人事、分配、劳动制度改革,初步解决吃大锅饭这个最大的弊端之后,群众中间蕴藏的能量,极大地释放出来,为祖国的教育事业、科学事业奋发进取的积极性空前高涨,从而在业务改革方面做出显著成绩。当然这不是说业务改革必须等管理体制的改革大功告成之后才能开始,事实上,我们从来没有把教学、科研停顿下来去搞管理改革,而是利用管理改革的成果不失时机地、不断地促进教学、科研的发展。”[①]

1984 年 9 月 26 日,中共中央政治局委员王震、国务院副总理万里又先后接见上海交大邓旭初等人。王震说:“上海交大改革是中央支持的,要按自己的路走下去,不要受影响,不要听风言风语;……要适应新技术革命挑战,不要错过机会。”[②]万里说:“我国高等教育非改革不可,这是确定无疑的。要允许大

① 翁史烈:《教育改革与管理体制的改革》(1984 年 6 月 24 日)。上交档:永久 984。

② 《上海交通大学纪事(1896—2005)》(下卷),第 847 页。

胆探索、大胆试验、大胆改革，这个方向不能改变。你们交大要按自己的设想和计划改革下去，不必理睬社会上的风言风语。……改革的核心，就是要充分发挥每个单位和每个人的社会主义积极性和创造性。凡是阻碍改革的，我们都不允许，这是个原则问题。上海交大的改革是党中央、国务院肯定的，要放心大胆地干下去。……我国十分需要人才、需要知识。因此，你们高等学校要面向经济建设，为经济建设服务。我们固然也需要一部分人从事基础理论研究，但其最终目的还是应该为经济建设服务，为人民服务，决不是为研究而研究，而是要发展生产力。"①

三、改革的继续探索

1985年，上海交大在管理改革取得成效的基础上，开展了教学、科研体制的改革，撤销教研室，建立学科组。

教研室作为组织教师进行教学、科研的基层组织形式，是20世纪50年代全面学习苏联、进行教学改革的产物。其主要职能是"教师管理和教学管理"，"举凡教学计划的贯彻，教学大纲的拟定与执行，教材的编写，教学方法的改进，学生学习方法的指导以及教师政治思想与业务水平的提高，新师资的培养，科学研究工作的组织与领导等"，②都通过教研室工作来进行。到了80年代，随着高校建设"两个中心"和"三个面向"的新要求，上海交大领导认为原先按专业或课程设置组建的教研室体制存在着局限性，"束缚了学科的发展和边缘杂交，抑制了教师的积极性，不利于教师业务水平的提高和人才的培养，也不利于打破人才部门所有制，不适应建设'两个中心'和'三个面向'的需要"，③改革教研室体制、建立学科组是发展趋势。

1984年9月下旬，学校提出撤销教研室、建立学科组的改革设想。校系领导召开座谈会，反复听取广大教师意见，并在电子电工学院先行试点。1985年年初，党委书记邓旭初、校长翁史烈在整党对照检查时，分别谈了关于建立学科组的若干意见。此后，全校各系建立学科组的工作相继进行。5月，学校在分别听取各系汇报的基础上，下发了《关于学科组建立的原则和学科组审批意见》的通知，就建立学科组的指导思想，学科组的权力，学科组的横向联系，学科组和研究室、课题组的关系，成立学科组以后实验室的归属等问题作了若干规

---

① 《万里同志在听取上海交大党委书记邓旭初同志汇报人才引进情况时的谈话》(1984年9月26日)。上交档：永久983。

② 郝维谦、龙正中主编：《高等教育史》，海南出版社2000年版，第107页。

③ 翁史烈：《建立学科组，实行教师聘任制的探索》(1985年高等学校师资管理研究讨论会论文)(1985年10月)。上交档：长期3139。

定。至此,改革教研室体制、建立学科组的工作全面展开。5 月 21 日,校长办公会议公布,全校原有的教研室撤销 62 个,保留负责基础课教学的教研室 7 个,新建学科组 135 个。

新成立的学科组是学校教学、科研的基本单位,它是学术组织,而非行政机构。它必须完成系下达的教学任务,同时又是科学研究工作中非常活跃、相对独立的一个集体。学科组由志同道合的成员组成,有自己的学科带头人和学科梯队(一般不少于 6 人),有明确的科研方向,有独立从事教学与科研的能力和合理的知识结构,并且与博士点的建设和为学有专长的成员创造工作条件结合起来。学科组成立后,把精力集中在学科建设上,把研究工作推向本学科的最前沿;重视师资培养,定期进行学术交流,加强实验室的建设。按照学校有关规定,学科组拥有一定的梯队组成、科研工作和经费使用的自主权。学科组的组长由系主任聘任,重点学科组组长要经学校批准。学科组的教学编制由各系按教学任务的工作量定编;科研编制由各学科组根据任务需要和负担能力向学校申请,按批准的编制数在校内招聘人员并报系审定。随着教学科研的发展和任务的变化,学科组也不断地加以调整。

学科组和研究室都是学校的基本单位,前者“既承担大量的教学任务,也从事科学研究”;后者则“以科研任务为主”。为集中精力确保重点项目的攻坚,可建立课题组。课题组是“随研究任务而形成的阶段性集体”,[①]随课题的结束而相应变动,其成员的编制分别属于各自的学科组或研究室。建立学科组后,还引起实验室管理体制的变化。以教学为主、通用性较强的实验室(大多属专业基础课和公共课实验室),由主管系统一管理;专业性较强、覆盖几个学科组的实验室,也归系领导,由系主任任命实验室主任,配备相应的实验室工作专职人员。

在学科组体制下,系的职能也有相应的变化,切实承担起全系教学、科研和科技服务等各项行政管理,协调学科组之间、学科组和实验室之间的横向联系,特别在硕士点、博士点的建设和申请上进行统筹安排。

教研室体制改为学科组体制,在实践之初,对于增强基层单位的活力,进一步打破“大锅饭”,释放教师工作积极性,促进学科发展、人才培养和科学研究,都起到了一定的推动作用,但是,也存在部分学科组在教学系统中作用不明确、学科组相互间不够协调、有些管理配套措施跟不上等问题。之后几年,学校对学科组进行了多次总结、调整和完善。

80 年代后期,学校在改革发展中遇到了教育经费严重不足的困难。一是,国家下拨的

---

① 《关于学科组建立的原则》(1985 年 5 月 13 日)。上交档:永久 1113。

教育事业费跟不上物价上涨，如 1987 年拨到学校的教育事业费为 2 406.65 万元，实际支出则为 3 264.00 万元，缺口的 857.35 万元要由学校自筹资金进行填补。[①] 二是，闵行新校区自 1987 年按期顺利开学后，为确保 1988 年秋季接纳第二批本科新生入学，基本建设继续紧锣密鼓地进行着；可是，国家重点投资是以每年 2 000 万元的等速度下达，投资速度无法跟上新校区基建发展的要求。[②] 学校想方设法自筹资金抵补国家拨款的不足，校领导经常在捉襟见肘的状态下协调各部门之间的财政矛盾。此外，原有的财政管理制度不利于遏制吃"大锅饭"的现象，管理不善的陋习依旧存在，浪费严重，例如水电耗费惊人、设备利用率低等。因此，必须要强化管理，厉行节约，管好用好学校每一分钱，切实提高资金使用效率。

1988 年 2 月，学校党政领导班子经过反复讨论并广泛征求意见，决定从改革中找出路、求生存发展，提出试行系（所）"三包一评"责任制的改革思路。"三包一评"即系（所）向学校实行任务包干、编制包干和经费包干；学校对系（所）办学水平定期进行考核评估。学校把一定的人事权、财权、办学权下放给系（所），实行校、系（所）两级理财，改变吃"大锅饭"的状况；鼓励开展各种形式的有偿服务，开辟财源，努力改善办学条件和教职工生活待遇。同时，校机关各部处也进行管理改革，以适应学校由过程管理向目标管理的过渡，提高办学效率和效益。

1988 年 3 月，学校印发《上海交通大学关于院、系（所）实行"三包一评"责任制的编制定编及经费分配原则的说明》。到 5 月底，全校除个别系有特殊原因外，各基层单位都与学校草签了"三包一评"责任制的合同。6 月，学校党委召开干部教师会议，进行改革部署并作动员报告。学校还印发《上海交通大学试行系（所）"三包一评"责任制的意见》，提出"三包一评"责任制的基本精神和具体做法。

经过 1988 年的实践，"三包一评"责任制给学校各方面工作带来明显变化：院系向学校承包经费、任务、编制以后形成了两级理财体制，使各系（所）的责任、风险、利益结合在一起，调动了教职工当家理财、开源节流的积极性，缓解了学校教育经费短缺的压力。科研开发稳中有升，科研经费从 1987 年的 2 488.5 万元上升到 1988 年的 3 085.9 万元。人员编制精打细算，闵行二部原计划增加教工 120 人，后减为增加 20 人。全校教工人年均奖金也增加了 20%—30%。[③]

---

① 《上海交通大学知识分子的工资、职称、生活条件和工作条件的困难情况及改善方案建议》（1990 年 11 月 3 日）。上交档：长期 4587。

② 《翁史烈校长给何东昌、朱开轩同志的信》（1988 年 8 月 2 日）。上交档：长期 3858。

③ 王宗光主编：《中共上海交通大学党史大事记（1949—1994）》，上海交通大学出版社 1996 年版，第 316 页；《上海交通大学志（1896—1996）》，第 369 页。

根据“三包一评”的基本目标要求,学校委托校高教研究室进行评估指标体系的设计,经过五易其稿,形成了一个较为合理的、可操作的《系级办学水平评估指标体系》。该评估体系以教学、科研为核心指标,采取综合评估与10个单项评估相结合的方法,总分反映各系办学的总体水平,单项评分反映各系的强项和弱点,体现学校对各系工作的评价和导向。系级办学水平综合评估每两年进行一次。1990年,学校对23个系的办学水平进行了首次评估。这次评估同时将“三包一评”更名为“三定一评”,即定任务、定编制、定经费。改名使表述更为确切,具体内容和实施方法则不变。经过评估,学校对系级办学水平比较优秀的电子工程系、动力机械工程系、机械工程系、计算机科学及工程系、自动控制系、船舶及海洋工程系、应用物理系7个系和10项一级评估指标得分最高的前3名予以表彰。

学科组体制和“三定一评”责任制的实施,出现了一些不可忽视的问题和倾向。有的单位重科研轻教学,不重视学科的长远建设,放松基础研究和重大科研项目的团队研究,追求“短平快”,形成了许多小打小闹的科研“个体户”;有的实验室几近解体,影响了学校整体优势的发挥和综合实力的提高。[①] 因此,如何优化教学科研管理体制、正确处理好教育长期建设和短期行为的关系,成为学校深化管理改革必须思考和探索的新的课题。

① 参考王宗光:《真情岁月——任上海交大党委书记的体验》,上海交通大学出版社2009年版,第21、62页。

第三章
学科发展和师资队伍建设

第一节　构建理工管结合的学科综合布局

一、改造传统学科和增设新兴学科

改革开放以来，上海交通大学围绕建设综合性理工大学，重点加强系科建设，积极调整学科布局。《上海交通大学一九九一至一九九五年发展计划》对1978—1991年学科发展情况进行了总结：通过实施"理工结合、文理渗透，有重点、有选择地发展新兴学科、边缘学科，改造传统学科，努力促进新老学科结合"①的方针，基本完成了由船、机、电学科为主的工科大学转向以理、工、管学科为主，兼有人文社会学科的综合性大学发展的战略调整。

1977年全国恢复高校统一招生考试制度时，上海交大设有25个工科类专业和7个研究室。大部分专业仍是传统的老专业，虽然历史悠久、基础雄厚，但基本上沿袭了20世纪50年代学习苏联后形成的专业体系，以产品（或工艺）为对象来设置专业，学科面较窄，教学内容陈旧，难以适应当代科学技术的发展，亟待调整。

1978年，教育部、国家计委发出《关于进行高等学校专业调查和调整工作的通知》。上

---

①《上海交通大学一九九一至一九九五年发展计划》(1991年5月)。上交档：永久1625。

海交大在调查研究的基础上，结合制订《上海交通大学发展规划》，围绕“为国家培养高级工程和科学技术人才”的目标，本着“基础要厚，专业面要宽，适应性要强”的要求，提出“以学科为基础办大专业”[①]的调整方案。10月31日，学校向教育部、国家计委、国防工办、六机部、上海市教卫办、上海市教育局6个部委上报专业调整方案，提出：“今后我校除了逐步增加研究生的招生比例外，在本科的专业设置上，拟抛弃过去以产品(设计与制造或工艺及设备)为对象的专业设置框框。在继续办好传统而具有特色专业的同时，尽量以新技术、新学科来设置专业。在培养目标上，着重培养设计和科研人才，今后不再培养一般的制造、工艺方面的人才；而保留的某些工艺性专业，也要以当前先进的科学技术为起点，加以调整与改造。”[②]

经国防工办、六机部、教育部、国家计委等部门批准，上海交大从1979年起采用“积极慎重，逐步过渡”的办法，对原有专业设置进行了调整：以相同或相近学科的工程大类为基础，将原设置的25个专业合并为12个大专业，船舶消磁专业调整为研究室，撤销炼钢专业；继1978年新增应用数学、应用物理、工程力学3个专业后，又新增应用化学、科技外语、工业管理工程3个专业。调整后，学校共设18个专业，具体情况如表3-1所示。

表3-1 1979年上海交大专业调整情况一览表[③]

原专业名称	调整或新增专业名称	专业方向	调整方式	调整理由
舰船制造	船舶工程	以船体原理与结构设计及科研为主，兼顾船体建造的需要	扩大范围	扩大专业范围，加强适应性
船舶燃气轮机 船舶内燃机 船舶动力装置	船舶动力机械	船舶动力机械及装置的设计与研究，包括柴油机、燃气轮机与动力装置3个方面	合并	扩大专业范围，加强适应性
制冷装置与空气调节系统	制冷工程	制冷技术与空气调节系统的研究与设计	扩大范围	加强理论基础，适当加宽专业面
核反应堆工程	核动力工程	核反应堆及一回路、动力装置的设计与研究	扩大范围	扩大专业范围，满足核动力发展的需要

① 《报送我校专业调整方案与有关表格》(1978年10月31日)。上交档：永久611。
② 《报送我校专业调整方案与有关表格》(1978年10月31日)。上交档：永久611。
③ 资料来源于第六机械工业部：《关于我部高等学校专业设置调整意见的报告》(1979年8月8日)。上交档：永久638。

（续表）

原专业名称	调整或新增专业名称	专业方向	调整方式	调整理由
电机 发电厂及电力系统 高电压技术	电力工程	包括电机、发电、高压3个专门化。在加强共同基础的同时，分别侧重电机及其控制、电力系统运行的计算机控制、超高压输电及设备制造中高电压技术问题	合并	加强共同基础，适当扩大专业面
电子计算机 计算机软件设备	计算机科学技术	专业方向为计算机科学技术，在学习方面以硬件、软件相结合，加强软件基础作为专业主要内容	合并	加宽专业面，增强适应性
自动控制 船舶及船厂电气化自动化	自动控制	本专业为按自动控制学科设置的技术科学专业，要求学生着重掌握自动控制带共性的原理与理论，学习侧重于电的控制系统，而不明确针对某一行业或部门。本专业要求对计算机控制技术有初步了解，以适应科学技术发展的需要	合并	加强共同基础，适当扩大专业面
船舶消磁			调整为研究室	因需要人才较少，而专业基础要求较高，今后改招研究生
无线电通讯 雷达工程	电子工程	侧重信息与辐射方面问题的研究	合并	扩大专业面，按学科设置专业
金属材料科学	材料科学及工程	以金属材料为主，兼及复合材料，逐步兼及非金属材料。另根据生产需要，在加强材料科学理论基础的同时，部分保留一定的热处理工艺内容	扩大范围	扩大专业面，以适应材料科学发展的需要
锻压工艺及设备 铸造工艺及设备 焊接工艺及设备	热加工工艺	在加强共同基础的同时，分设锻压、铸造、焊接3个专门化，侧重研究工艺过程的基本理论与探索新工艺、新技术	合并	适当扩大专业面，提高、更新专业内容

(续表)

原专业名称	调整或新增专业名称	专业方向	调整方式	调整理由
机械制造工艺及设备 液压传动 起重输送机械	机械工程	在加强共同基础的同时,分设机械制造、机械电液控制、机械设计3个专门化,分别侧重现代制造工程基础理论研究和新工艺探索及新工艺装备的设计,液压传动和电气——液压控制系统,以及机械工程强度、振动、优化设计、起重运输技术等学科领域内容	合并	适当扩大专业面,提高、更新专业内容
陀螺仪及导航仪器 精密仪器	精密仪器	加强机电基础及精密测试技术	合并	加强共同基础,适当加宽专业面
应用数学	应用数学	按工程技术发展对数学的要求,以控制理论、振动理论和最优化方法的数学理论为主要方向	不变	加强理科专业
应用物理	应用物理	侧重固体物理与激光物理,以固体光学为主导方向	不变	加强理科专业
工程力学	工程力学	包括固体力学、流体力学与一般力学	不变	加强理科专业
电气绝缘	应用化学	侧重于高分子科学、电化学与光化学,今后创造条件兼顾"三废"处理	调整后新建	为基础学科,科研、生产上有需要,学校也有一定基础
	科技外语	举办英语、日语两语种,培养懂得一定科学技术、又懂得外语的科技翻译人员	新建	国际学术交流日趋频繁,需培养一批科技翻译人员
	工业管理工程	近代工业管理工程要求技术与经济相结合,以数学为基础,电子计算机为手段,对工业生产有关的各因素综合分析研究,达到优化,以提高经济效益。专业方向为系统工程、运筹学、质量管理	新建	四化建设需要大量的科技管理人才

（续表）

原专业名称	调整或新增专业名称	专业方向	调整方式	调整理由
炼钢			撤销	该专业原对口上海市，现从全国和上海市了解，不需要在上海交大再设点。教师原则上转其他相近专业

接着，上海交大对传统工程学科从拓展学术领域、结合新兴技术两个方面进行更新，推进学科的综合、渗透、交叉，在改造传统学科方面迈出新的步伐。机械、电机、造船专业是交大有基础的老学科，1981 年和 1984 年全校先后获准设立 15 个博士点，有 11 个集中在这些学科中。[①] 学校积极采取措施，将造船工程扩大为船舶及海洋工程；把计算机辅助设计(CAD)、计算机辅助加工(CAM)、柔性加工系统(FMS)等引入到机械制造工艺及设备专业，建立机器人学科，推动机械与电子一体化发展；把传统力学和声学结合起来，发展成一门与工业生产密切联系的振动冲击噪声新兴学科；将电工、电子类专业的重点，逐步转移到信息电子上去，大力发展原有的光纤技术、导波光学、计算机科学等学科。1985 年，学校又以电工及计算机科学系和电子工程系为基础，经过调整充实，成立电子电工学院。这些措施使原本拥有优势的传统学科在新时期焕发生机，老树开新花。

学校还根据国民经济的需要和国际上高新科技迅猛发展的趋势，增设新专业，例如生物技术、大规模集成电路、电子计算机、图像处理与模式识别、光纤通信、新型材料等。[②] 学校计算机专业自 1958 年成立以后，由于受隶属体制变化的影响，几度易名；1978 年访美后，该专业明确了发展方向，迅速发展壮大。在美国匹兹堡大学教授、交大 1941 届校友施增玮的帮助下，1978 年学校新建图像处理与模式识别专业。以电工及计算机科学和电子工程为基础，发展信息与通信学科。为适应全国基本建设迅速发展和对土木建筑人才的急需，恢复土木建筑工程系。与上海第一医学院联合办学，在精密仪器系建立医工结合、以工为主的生物医学工程及仪器专业。将分子遗传和生物工程研究室从应用化学系分出，于 1985 年新建生物科学与技术系，翌年将精密仪器系下属的生物技术研究室改为研究所，归属生物科学与技

① 翁史烈：《教育改革与管理体制的改革》(1984 年 6 月 24 日)。上交档：永久 984。

② 董育常、钱道中：《教学改革出现新局面》。《上海交大二十年》，第 102 页。

术系领导,加强生物学科专业建设,在生物学、医学和工程学结合上形成优势和特色。

抓好学科建设,顺应科学技术的快速发展,是上海交大提升办学水平的关键所在。1982年,学校成立了海洋工程、能源工程、热科学、系统工程、生物医学工程、环境工程6个跨系学科委员会,从组织机构上推进学科的交叉和综合。

1983年9月,学校制定《上海交通大学重点学科发展规划》,在信息技术、材料科学及工程、能源工程、生物技术、船舶及海洋工程、机械工程、应用科学、管理科学8个领域内,确定37个重点发展学科,其中新建立的学科达1/3,从师资队伍、实验室建设、科研经费等方面重点投资、重点扶持、重点建设。《规划》要求这些学科在"七五"期间达到国内先进水平,并有10个以上学科达到国际先进水平。同年,选择船舶与海洋工程流体力学、微机系统及网络、光纤通信、微细加工、复合材料等8个重点学科为主攻方向,完善规划,物色学科带头人,建设梯队,制订实施计划,落实提高教学、学术水平的措施。

1985年全校召开"完善学分制"研讨会,明确了要培养"知识面宽广、基础扎实,具有一定研究开发能力的宽厚型或复合型人才"。[①] 据此,学校进一步拓宽专业口径,至1991年又调整、增设了一批本科专业,包括材料科学、工业与民用建筑工程、生物化学、旅馆管理、电厂热能动力工程、应用电子技术、检测技术及仪器、工业造型设计、宾馆管理、继电保护与自动远动技术、生产过程自动化等。

1988年,在国家教委组织的全国首次高等学校重点学科评选中,上海交大的振动冲击噪声、金属材料及热处理、热力涡轮机械、通信与电子系统、自动控制理论及应用、模式识别与智能控制、船舶与海洋工程结构力学、船舶与海洋工程流体力学8个学科,被列入高等学校重点学科点。

1991年学校成立了学科建设领导小组,1991年、1992年先后组织了重点学科基金的申报评审,确定自动控制、复合材料、机械制造、通信与电子系统、热力叶轮机械5个学科为1991年学校重点投资学科;确定计算机软件、工业造型设计、生态工程、固体力学、电力系统及自动化、系统工程、内燃机7个学科为1992年学校重点投资学科,两年共投资400万元。

二、工科发展

(一) 船舶及海洋工程系

1978年,为了适应海洋开发的需要,船舶制造系的专业范围从原来的造船工程扩展到

① 《上海交通大学关于完善学分制的若干规定(试行)》。上海交通大学党委办公室编:《上海交大的教育改革(续编)》,上海交通大学出版社1988年版,第121页。

学部委员杨槱

船舶及海洋工程，系的名称改为船舶及海洋工程系（一系），同时建立了系所合一体制的船舶及海洋工程研究所。1978—1991 年，历任系主任是吴善勤、李润培、楼连根，历任党总支书记是王诚豪、杜年玲、汪祥迪、龚民煜、王笃其（代）。[①] 据不完全统计，1978—1991 年在该系任教的教授（研究员、教授级高级工程师）有杨槱、罗德涛、杨仁杰、陈铁云、郑学祥、王公衡、盛振邦、林杰人、戴宗信、吴善勤、汪希龄、朱继懋、陆鑫森、刘应中、黄祥鹿、桑国光、秦士元、王国强、金德贤、马志良、潘伟文、陈伯真、朱超、钱晓南、缪国平、张圣坤、李润培、陶尧森等。[②] 1991 年，全系有教职工 175 人，其中教授 16 人、副教授 40 人。

全系教师根据各自的专长和研究方向，在海洋平台设计制造、平台和管道系统的结构可靠性和强度计算、结构动力响应与流固耦合分析、海洋工程结构物水动力性能试验研究、石油平台波浪载荷及其运动响应、水下工程科学技术等方面做出成绩。1981 年，船舶设计制造、船舶结构力学、船舶流体力学 3 个专业成为全国造船类学科中首批被批准的硕士和博士学位授予点。1988 年，船舶与海洋工程结构力学、船舶与海洋工程流体力学两学科被评为全国重点学科。1989 年，批准设立船舶及海洋工程博士后科研流动站。1978—1991 年，共培养本科生 1 218 名、硕士生 224 名、博士生 27 名。实验室建设取得很大进展，试验设备不断得以扩充。1979 年建立了深潜技术及系统、操纵与控制 2 个实验室。1985 年，经国家计委、国家教委批准筹建海洋工程国家重点实验室，1992 年通过国家验收并向国内外开放。研究领域以船舶和海洋工程为重点，

---

① 各院系党政负责人名单来源于：上海交通大学人事任免档案；中共上海交通大学委员会办公室、中共上海交通大学委员会组织部、中共上海交通大学委员会党史研究室编：《中国共产党上海交通大学组织史资料（1949.5—1995.12）》，1996 年 10 月。

② 各院系教授（研究员、教授级高级工程师）名单来源于历年《教职工名册》。上交档：永久 586、永久 728、永久 771、永久 815、永久 939、永久 1025、永久 1134、永久 1305、永久 1359、永久 1423、永久 1481、永久 1594、永久 1643。

并进一步扩展到建筑、机械、电力、汽车、港口、水利、航运等领域。试验研究与理论研究并重,注重计算机软件的开发,同时直接参与重大产品的开发研制工作,取得了很大的成绩。1980—1991年,有24项科研成果获得省部级科技进步二等奖以上的奖励,其中"船舶取消首支架纵向下水新工艺""7103深潜救生艇"获国家科技进步一等奖。

(二) 动力机械工程系

1978年,为拓宽服务和研究对象,船舶动力系更名为动力机械工程系(二系),并成立动力机械工程研究所。1978—1991年,历任系主任是李铭慰、翁史烈、顾宏中、徐济鋆,历任党总支书记是张定海、朱士逖、徐大中,先后任教的教授(研究员、教授级高级工程师)有朱物华、范绪箕、王兆华、李渤仲、李铭慰、夏安世、朱麟五、骆振黄、范正钊、翁史烈、顾宏中、钟芳源、张重超、严济宽、徐敏、傅志方、陈大荣、尉迟斌、张连方、杨世铭、朱孟华、毕浩然、吴铭岚、石家泰、赵国光、杨强生、徐济鋆、刘炽棠、屠仁湧、陈芝久、陈之炎、陈全福等。1991年,全系有教职工248人,其中教授21人、副教授73人。

1979年,动力机械工程系将热能动力机械类的3个专业合并成1个专业,拓宽动力机械的专业面,提高适应性。1987年成立工程热物理与能源研究所。1988年经国家教委批准,振动冲击噪声和热力涡轮机械两学科成为首批重点学科。同年,振动冲击噪声研究所获准建设国家重点实验室,于1995年建成并通过国家验收。至1991年,全系设有热能动力机械与装置、制冷及低温工程、核反应堆工程3个本科专业,热力涡轮机械、内燃机、船舶动力装置、热能工程、工程热物理、低温工程、振动冲击噪声、反应堆工程和反应堆安全、流体机械及流体动力工程9个硕士点,热力涡轮机械、内燃机、振动冲击噪声、低温工程、工程热物理5个博士点,以及动力工程及工程热物理博士后科研流动站。1977—1990年,共培养本科生2 827名、硕士生351名、博士生37名。至1995年,共完成科研项目146项,其中"阿依-24发动机振动故障研究""潜艇噪声振动控制研究设计与33艇改装应用"获国家科技进步一等奖,还获国家科技进步二等奖2项、三等奖3项,获各部委和省市科技进步一等奖5项、二等奖12项、三等奖31项,获国家发明专利2项。

(三) 电子信息学院

1978年,电力电机系和电子计算机系合并为电工及计算机科学系(三系),下设电力工程、自动控制、计算机科学技术3个专业。1978—1984年,历任系主任是张钟俊、程福秀、吴健中,历任党总支书记是梁光璧、陆中庸、卢积才,先后任教的教授(研究员、教授级高级工程师)有张钟俊、程福秀、罗致睿、程文鑫、单基乾、徐开源、李惠亭、蒋公惠、裘益钟、赵元良、邵士斌、史洤森、王蔼等。

1981年，无线电系更名为电子工程系（四系）。1978—1984年，历任系主任是张煦、郑志航，历任党总支书记是卢积才、陈蕴、张道富（代），先后任教的教授（研究员、教授级高级工程师）有张煦、孟侃、归绍升、王端骧等。

学部委员张钟俊（中）与中年教师讨论计算程序

1984年12月，学校以电工及计算机科学系和电子工程系为基础，筹建电子电工学院，并建立电子电工学院（筹）党委。1985年7月20日，电子电工学院正式成立，电子工业部副总工程师童志鹏兼任院长。1989年，更名为电子信息学院。1985年建院时，设有自动控制、计算机科学及工程、电子工程、电力工程4个系。不久，电力工程系改称电机工程系，历任系主任是白同朔、潘祖善，党总支书记是徐克钦，教授（研究员、教授级高级工程师）有李惠亭、蒋公惠、史滏森、罗致睿、程福秀、程文鑫、单基乾、赵元良、王蔼、唐耀宗、吴际舜、孙文辉、黄家裕、廖培鸿等。1987年，学校与水利电力部联建电力学院，电机工程系全部划归电力学院领导。

学部委员张煦

1985—1991年，电子信息学院历任副院长是白同朔（常务）、宋文涛（常务）、陈敏逊、施鹏飞、席裕庚，历任分党委书记是杜年玲、刘洪福，历任分党委副书记是刘洪福、顾云云。学院下设3个系，即自动控制系，历任系主任是陈敏逊、华兆麟、朱仲英，历任党总支书记是顾云云、张慧君；计算机科学及工程系，历任系主任是谢志良、盛焕烨、尤晋元（代），历任党总支书记是曹国梁、浦虹；电子工程系，历任系主任是宋文涛、沈志广、郑志航，党总支书记是张道富。学院还设有光纤技术、图像处理与模式识别、大规模集成电路、计算机网络4个研究所。1991年，全院有教职工449人，其中教授33人、副教授78人。据不完全统计，1985—1991年在该院任教的教授（研究员、教授级高级工程师）有张钟俊、吴智铭、席裕庚、施颂椒、陈敏逊、范懋基、翁行泰、邵惠鹤、朱仲英、许晓鸣、孙永强、谢志良、燕存正、盛焕烨、白英彩、尤晋元、潘锦平、唐长钧、张煦、归绍升、陈鸿彬、沈志广、邱源享、吴兆熊、郑志航、宋文涛、李征帆、孙诗英、陈健、诸鸿文、薛平、王端骧、林宗琦、张美敦、屠世桢、李介谷、吴维聪、顾福年、蔡国廉、施鹏飞、林争辉、戎蒙恬、杨传厚等。

全院共设自动控制理论及应用、工业自动化、计算机软件、计算机组织与系统结构、计算机应用、计算机科学理论、通信与电子系统、信号电路与系统、电磁场与微波技术、半导体物理与器件、信号与信息处理、模式识别与智能控制 12 个硕士点,自动控制理论及应用、计算机软件、通信与电子系统、信号电路与系统、电磁场与微波技术、模式识别与智能控制 6 个博士点。1978—1991 年,共培养本科生 4 993 名、硕士生 656 名、博士生 28 名。学院还设有自动控制博士后科研流动站,与北京大学联合建立区域光纤通信网与新型光通信系统国家重点实验室。充分应用信息学科的技术基础和条件,发挥各专业交叉与结合的优势,在光纤区域通信网、远程协作与多媒体技术、集成安全信息处理体系、图像处理与模式识别、大系统仿真新型计算机系统结构及语言、异构并行计算技术等方面开展研究。1985—1994 年,承接各类科研项目千余项,获得省市部委以上科技奖 58 项,其中"中、大规模集成电路计算机辅助解剖分析系统"获国家科技进步一等奖,还获国家级二等奖 1 项、三等奖 4 项,部委级一等奖 2 项、二等奖 26 项、三等奖 2 项,省市级二等奖 6 项、三等奖 16 项。

（四）电力学院

1987 年,上海交大与水利电力部联合办学,成立上海交通大学电力学院,[①]下设电力工程系、电机工程系、能源工程系、信息与控制工程系。

（五）材料科学系

1978 年,热加工系更名为材料科学及工程系(五系)。随即在全校专业调整中,原金属学及热加工专业改称金属材料及热处理专业,并成立材料科学及工程研究所;撤销炼钢专业,原炼钢教研室改称复合材料研究室,后于 1985 年升格为复合材料研究所。1983 年,压力加工专业与上海第二轻工业局联合建立上海模具技术研究所;1985 年,以焊接教研室和焊接实验室为基础,与中国轻工业机械总公司、上海市第一轻工业局、上海市第二轻工业局联合建立轻工业上海焊接技术研究所。这两个研究所,都是跨系统、跨部门、横向联合,教学科

① 上海交大电力学院的建设发展情况,详见第七章第二节。

研生产相结合的研究开发实体。1978—1987年，材料科学及工程系历任系主任是徐祖耀、陈楚、吕忆城(代)，历任党总支书记是王宏禄、袁济(代)、周本兴(代)、朱荣林(兼)，先后任教的教授(研究员、教授级高级工程师)有周志宏、梁伯高、阮雪榆、沈嘉猷、徐祖耀、吴人洁、李鹏兴、俞德刚、胡庚祥、曾宪章、黄良余、王务猷、陈楚、林栋梁、俞尚知、杨正瑞、王锬、朱纯熙、夏萼辉、王学文等。

学部委员周志宏

1988年，材料科学及工程系分为材料科学系和材料工程系。

材料科学系(五一系)成立后，系主任是张国定，党总支书记是李新坤。1991年，全系有教职工190人，其中教授8人、副教授36人。先后任教的教授(研究员、教授级高级工程师)有李鹏兴、林栋梁、杨正瑞、胡庚祥、曾宪章、杨静安、周善佐、张国定、吴人洁、吴建生、李贤淦等。该系设有材料科学及工程研究所、复合材料研究所。设有金属材料及热处理学科、复合材料学科本科专业和硕士、博士学位点。1978—1991年，共培养本科生1 012名、硕士生153名、博士生9名。1989年，获准设立材料科学与工程博士后科研流动站。同年，批准建立金属基复合材料国家重点实验室，于1991年建成并通过国家验收。至1995年，共完成科研成果112项，有24项成果获省部级以上奖励。

(六) 材料工程系

材料工程系(五二系)成立于1988年，系主任是邹忠桂，党总支书记是朱贤博。1991年，全系有教职工144人，其中教授10人、副教授31人。先后任教的教授(研究员、教授级高级工程师)有王锬、陈楚、阮雪榆、黄良余、俞尚知、朱纯熙、夏萼辉、王务猷、邹忠桂、朱正行、王学文、肖文斌、张申生等。该系下设压力加工、铸造、焊接3个本科专业和3个硕士点，以及压力加工专业[①] 1

① 1994年，压力加工专业从材料工程系分离出去，另行成立塑性成形工程系。

个博士点。1978—1991 年,共培养本科生 1 611 名、硕士生 206 名、博士生 4 名。联建有上海模具技术研究所、轻工业上海焊接技术研究所。各专业根据国家和企业需要,广泛开展科学研究,至 1995 年获国家发明奖 3 项、国家科技进步奖 3 项、省市部级科研成果奖和科技进步奖 55 项。

(七) 机械工程系

机械工程系(六系)原名机械制造系,1978—1991 年,历任系主任是楼鸿棣、董勋、陈兆能,历任党总支书记是陈永如(代)、范祖德、董勋、王诚豪、黄彭龄,先后任教的教授(研究员、教授级高级工程师)有贝季瑶、赵介文、蔡有常、范元弼、周修齐、楼鸿棣、黄步玉、陆元章、黄明慎、范祖尧、莫善祥、辛一行、薛秉源、陈湛清、张惠侨、孙鸿范、董勋、蒋厚宗、奚绍申、钱文翰、胡宗武、汪一麟、钟廷修、蔡建国、林益耀、花家寿、黄宇中、蒋锡藩、陈兆能、陈建元、周国梁、邹慧君、任锦堂、赵冬初、严隽琪、张永杲、翁世修、洪迈生、王成焘等。1991 年,全系有教职工 292 人,其中教授 22 人、副教授 73 人。

改革开放以来,机械工程学科朝着机电一体化和先进制造的方向,取得了新的发展。1985 年,机械工程系成立机械工程研究所和机器人研究所。1986 年,我国开始实施 863 计划(国家高技术研究发展计划),其中"计算机集成制造(CIM)"和"智能机器人"体现了信息技术、系统方法与机械工程的集成,以及机械电子一体化的发展趋势。机械工程系抓住机遇,成为这 2 个主题的主要参加单位,并在国家科委的资助下,分别建成"国家 863/CIMS 工艺设计自动化工程实验室"和"国家高技术机器人装配系统网点开放实验室",为培养富有创新能力的高层次专业人才和开展前沿性重大科学研究提供了重要的实验基地,为学科教学内容的革新增强了活力,获得了一批高技术前沿的科研成果。同年,机械工程系重建汽车工程专业。1989 年,"坚持教学改革,高质量培养机制专业(即机械制造工艺及设备专业)人才"的经验,荣获国家优秀教学成果特等奖。至 1991 年,全系设有机械制造工艺及设备、汽车工程、流体传动及控制、起重运输与工程机械 4 个本科专业,机械学、机械制造、液压传动及气动、工程机械、机电控制及自动化 5 个硕士点,机械学、机械制造、液压传动及气动、工程机械 4 个博士点,以及机械工程博士后科研流动站。1976—1990 年,共培养本科生 2 692 名、硕士生 200 名、博士生 28 名。至 1994 年,共承担各类科研课题 530 项,获奖项目有 88 项,其中获国家科技进步二等奖 3 项、三等奖 5 项,全国科学大会奖 5 项,省市科技进步一等奖 3 项、二等奖 5 项、三等奖 5 项,上海市优秀发明二等奖 1 项。

(八) 精密仪器系

精密仪器系(八系)成立于 1975 年,由校内与仪器仪表有关的专业组建而成。1978—

1991年，历任系主任或主持工作的副系主任是吴健中（副主任）、高忠华（副主任）、张鄂，历任党总支书记是沈志尧（代）、杨秉哲、徐凤云、袁廷亮，先后任教的教授（研究员、教授级高级工程师）有吴金堤、徐俊荣、王鸿樟、高忠华、陆恺、张鄂、林明邦、庄天戈、林良明等。1991年，全系有教职工121人，其中教授7人、副教授32人。

1978年，精密仪器系将陀螺仪及导航仪器、精密仪器2个专业合并为精密仪器专业，并恢复招生；同年，在声全息研究室基础上，与上海第一医学院联合办学，建立医工结合、以工为主的生物医学工程及仪器专业；1988年，在以电子技术专业基础教学为主的仪器仪表智能化学科组基础上，组建测试计量技术及仪器专业。至1991年，全系设有精密仪器、生物医学工程及仪器、测试计量技术及仪器3个本科专业，精密仪器、生物医学工程及仪器、陀螺导航设备、测试计量技术及仪器4个硕士点，生物医学工程及仪器、陀螺导航设备2个博士点；培养本科生1 081名、硕士研究生114名、博士研究生3名。至1994年，承接各类科研项目68项，获省市部委以上奖励20项，其中获国家科技进步三等奖1项，上海市科技进步二等奖1项、三等奖5项，部委科技进步二等奖6项、三等奖6项。

（九）土木建筑工程系

1985年，为适应全国基本建设的迅速发展和对土木建筑人才的急需，学校恢复建立土木建筑工程系（十六系），系主任是黄金枝，党总支书记是朱湘赓。1991年，全系有教职工61人，其中教授2人，副教授9人。1985—1991年，先后任教的教授（研究员、教授级高级工程师）有戴宗信、林少培、黄金枝等。

上海市人大常委会副主任赵祖康校友（左）回母校庆贺土木建筑工程系成立，系主任黄金枝（右）和戴宗信教授（后）陪同

1986年，土木建筑工程系建立工业与民用建筑工程专业，招收本科生和两年制的专科班。1987年底，工业造型设计专业从文学艺术系调至土木建筑工程系，招收本科生和两年制的大专生。1989年开始招收研究生，1991年设立结构工程硕士点。至1991年，共培养硕士

研究生9名、本科生117名、专科生240名;承担各类科研项目28项,在国内外杂志及会议上发表论文212篇。

(十)生物科学与技术系

1982年,鉴于生物科学及生物工程作为前沿学科在全球引起的重视,上海交大决定建立生物科学学科。在范绪箕校长的全力支持下,聘请中国科学院上海植物生理研究所沈善炯院士领衔指导,由应用化学系徐祥铭组织筹建班子,在该系设立分子遗传和生物工程研究室,并从校内外逐步引进了一批中青年骨干教师。同年,学校批准在精密仪器系设立由朱章玉负责的生物技术研究室,开展生物学中模拟生物圈综合应用的研究。1985年,翁史烈主持召开校长办公会议,决定将分子遗传和生物工程研究室从应用化学系中分出,正式成立生物科学与技术系(十七系)。为了加强生物学科专业建设和集中领导,1986年将原精密仪器系下属的生物技术研究室提升为生物技术研究所,归属生物科学与技术系领导。1985—1991年,历任系主任或主持工作的副系主任是熊澄(副主任)、伍登熙、胥高信、朱章玉(常务副主任),历任党总支书记是朱淑英、江凤记、朱章玉(代),教授(研究员、教授级高级工程师)有朱章玉、夏诚意等。1991年,全系有教职工52人,其中教授2人,副教授3人。

生物科学与技术系是以生物技术为主体、理工结合的新兴系科,设生物化工本科专业和分子生物学硕士点。1985—1991年,共培养本科生58名、硕士生9名。研究领域涉及生态工程、分子生物学和生物化学工程等方面,先后承担科研任务52项,至1995年获上海市科技进步二等奖1项、三等奖2项和国家"七五"科技攻关优秀成果奖1项。

(十一)直属科研机构和直属单位任职的教授(研究员)

据不完全统计,1978—1991年,在信息存储研究中心(121研究中心)、微电子技术研究所、信息与传感器研究所(8 703所)、高等教育研究室等直属科研机构任职的教授(研究员)有沈天慧、高明、陈铁年、陈益新、蔡炳初、张琛、沈志广、汪师俊、吴维聪、蒋建飞、潘惠宝、宓洽群等,在计算中心、图书馆、出版社等直属单位任职的教授(研究员)有邵士斌、杨传厚、朱毅、王永成、戴宗信、吴善勤、张志竟、华国璋等。

三、恢复理科

交通大学的理科有着悠久的历史。南洋公学时期即开设数学、物理、化学课程。1928年,校长蔡元培实行改科设系,数学、物理、化学基础课程单独设系。1930年,数、理、化3个系组成科学学院,侧重应用科学,促进工科发展。1937年,科学学院改称理学院。新中国成立后,学校保持着理、工、管相结合的学科特色。1952年的全国院系调整,交通大学理学院被撤销，仅留下一部分教师、设备，组建数学教研室、物理教研室和化学教研室，主要为工科专业开设相应的基础课。

对于取消理科，学校管理层和教授在多年的办学实践中一直有不同的看法。“文革”结束后的1978年4月，学校制定《上海交通大学发展规划》，提出要“加强基础，筹建应用数学、应用物理和工程力学三个工程理科专业”。[①] 交大组团首次访美时，看到世界著名工科类院校都有高水平的理科作为学校上水平的基础，使交大干部教师更感到恢复理科的重要性和紧迫性：理科是基础，没有坚实的理科，工科建设就失去了支撑，只有理工结合才能相互依托，相得益彰。于是，学校提出了“以工扶理，以理促工，理工结合”[②]的办学原则。1978年10月31日，学校向教育部、国家计委、国防工办、六机部、上海市教卫办、上海市教育局6个部委报送专业调整方案，提出“恢复理科专业，实行理工结合”：

> 科学技术的发展正在酝酿着新的突破，要求我们加强基础学科的教学与研究；电子计算机在工程技术上的广泛应用，要求工程技术人员具有较深广的基础。重点工科院系设置理科专业，实行理工结合，有利于师资水平的提高，有利于学校形成教学和科研两个中心，有利于培养高素质的科技人才。
>
> ……根据今后发展的需要，从今年初开始，我校已恢复了应用数学、应用物理和工程力学三个理科专业，并且分别从77届、78届开始招生。今后随着材料科学技术与电子工程专业的发展，再进一步考虑是否设立应用化学专业的问题。[③]

这一调整方案很快得到上级部门的同意。继1978年重建应用数学系、应用物理系和工程力学系，1979年学校又恢复建立应用化学系。在当时全国工科院校中，上海交大较早恢复应用理科，创造了理工结合的环境和条件。应用理科专业在加强理科基础的同时，利用学校工科力量较强、学科门类宽广的优势，充分注意加强工程意识，明确科技应用方向，取得了较好的教学效果，培养的人才普遍受到用人单位的欢迎。

（一）应用数学系

1978年，应用数学系（七系）在基础部数学教研室的基础上恢复建系，首任系主任是孙增光、党总支书记是黄彭龄。至1991年，历任系主任是张益杰、陈志华、张伟江，历任党总支书记是毛杏云、张益杰、张伟江、景继良，系顾问徐桂芳，先后任教的教授（研究员、教授级高级工程师）有孙增光、程极泰、陈志华、胡毓达、何琛、王嘉善、范伟民、曹敏谦、沈灏、向隆万

---

① 《上海交通大学发展规划》（1978年4月11日）。上交档：永久612。

② 《上海交通大学传达贯彻全国高等理科教育工作座谈会的情况汇报》。上交档：JX907。

③ 《报送我校专业调整方案与有关表格》（1978年10月31日）。上交档：永久611。

在1987年9月4日召开的上海市教书育人成果授奖大会上,上海市委副书记曾庆红(右)同获奖单位上海交大应用数学系党总支书记毛杏云(左)握手祝贺

等。1991年,全系有教职工94人,其中教授8人、副教授32人。

复系后,应用数学系设置应用数学专业,1978年9月招收第一届本科生和第一届研究生,1979年招收了充实师资的研究生班。1981年教育部批准上海交大设置应用数学硕士点,1990年设置基础数学硕士点。1978—1991年,共培养本科生311名、硕士生74名。该系还为全校各专业开设基础数学,加强工科专业学生的数学基础,提高他们的数学应用水平。全系80余名教师承担全校基础数学和研究生数学课的教学任务,每年面向5 000余名学生上课,每位非数学专业的本科生在大学期间约有20%的时间接触数学课程。[①] 应用数学系要求全系教职工"严谨治学、以身作则、身教言传、为人师表",1984年制订《教书育人守则》,对年轻的新教师开展师德教育并形成制度。1987年,该系获上海市高校教书育人集体优秀奖。1989年,该系"教书育人,提高高等数学教学质量"的经验被评为上海市优秀教学成果奖。1986年以来,还有4项科研成果获省市部委级奖励。从1987年9月起,根据学校发展规划的部署,应用数学系建制在闵行校区,学校为应用数学系建造了数学楼。

(二) 应用物理系

1978年,应用物理系(九系)在基础部物理教研室和激光研究室的基础上恢复建系。复系之初有教职工140人,首任系主任是程守洙、党总支书记是陶爱珠。至1991年,历任系主任是陈益新、谢绳武,历任党总支书记是蒋秀明、朱美华,先后任教的教授(研究员、教授级高级工程师)有程守洙、任有恒、方俊鑫、张幼文、陈益新、蒋建飞、蔡建华、胡嘉桢、许伯威、胡盘新、顾世洧、黄惠慈、朱咏春、陈英礼、方书淦、郭嘉荣、郑杭、徐介平、谢绳武、孙弘、尤峻汉、吴锡龙、许政权等。1991年,全系有教职工191人,其中教授12人、副教授53人。

应用物理系设有应用物理专业,以光学、固体物理(后改名为凝聚态物理)

---

① 上海交通大学数学系编:《数学系八十年》,上海交通大学出版社2013年版,第58页。

及理论物理为主要方向。1981年，固体物理学科、光学学科被批准为首批有权授予硕士学位的学科，固体物理学科被批准为博士学位授予点。1983年理论物理学科、1986年半导体物理与半导体器件物理学科相继获得硕士学位授予权。[①] 1985年光学学科、1986年理论物理学科被批准为博士学位授予点。1978—1991年，共培养本科生723名、硕士生126名、博士生15名。后来很多研究生成为我国物理界和高等教育界的骨干。本科教学逐步形成"物理为本、重视基础、加强计算机和电子技术，突出应用，因材施教培养优秀人才"的培养模式，也涌现了一大批优秀毕业生。应用物理系还面向全校各专业承担大学物理教学。在交大历史上，大学物理素有"霸王课"之称。这一时期的大学物理教学，保持着老交大基础物理教学"起点高、基础厚、要求严"的优良传统。为适应不同专业需要，基础物理课程学时分别为144学时、162学时和196学时；课程内容较深，习题偏难，考试严格，期中考试出现1/3或1/4学生不及格被视为正常现象。复系10余年来，应用物理系有12项科研成果获国家级和省市部委级奖励。1988年，顾世洧教授、郑杭教授和唐坤发副教授成为被美国《SCI》(科学引文索引)、《ISTP》(科技会议录索引)、《ISR》(科学评论索引)三大检索系统收录论文数最多的中国前10名作者，分别位列第2、3、7名。[②] 从1987年9月起，应用物理系建制在闵行校区。1992年，学校为应用物理系新建的总建筑面积近万平方米的物理大楼竣工落成，成为闵行校区一期建设标志性建筑。翌年暑期，全系整体搬迁至新校区。

（三）工程力学系

1978年，工程力学系(十系)在流体力学、材料力学和理论力学3个教研室的基础上，加上原工程力学系[③]部分教师，重新组建而成。同时成立工程力学研究所，实行系所合一。复系后，首任系主任是金悫、党总支书记是杜年玲。至1991年，历任系主任是何友声、刘延柱、刘正兴，历任党总支书记是金文龙、张伟(代)，先后任教的教授(研究员、教授级高级工程师)有金悫、罗祖道、戴宗信、江可宗、吴镇、何友声、严震、刘延柱、凌复华、金忠谋、张永元、汤任基、陈文良、洪嘉振、金永杰、刘正兴、柳康宁、李思简、沈为平、夏有为等。1991年，全系有教职工108人，其中教授11人、副教授34人。

复系后，该系设有工程力学专业。1981年，流体力学、固体力学、一般力学3个学科被批准为硕士学位授予点，其中固体力学学科还被批准为首批博士学位授予点。1985年一般力学学科、1986年流体力学学科也先后被批准为博士学位授予点。1988年，成立跨学科的生

---

① 1992年，半导体物理与半导体器件物理硕士点因人事变动被取消。

② 《88年我国收录的论文数前10名中我校应用物理系占3名》。《上海交大》1990年1月9日第3版。

③ 工程力学系创建于1958年，1962年因专业调整而撤系，教师划归船舶制造系、机械制造系有关专业。

物力学硕士点。[①] 1978—1991年,共培养本科生355名、硕士生186名、博士生6名。在人才培养过程中,要求学生具有扎实的基础并与工程应用相结合,突出外语水平及计算机应用技能训练。本科生和研究生的学位论文大都与导师的科研项目相结合,用人单位对毕业生普遍反映良好。该系还承担了全校各有关专业的工程力学、理论力学、材料力学和流体力学等基础技术课教学。其中,理论力学和材料力学的教学在校内享有盛誉,1989年"理论力学、材料力学教学改革与建设"的经验获上海市优秀教学成果特等奖。1990年,在全国机械制造专业教学质量评估中,材料力学统考成绩获全国第一。科研方面,该系除进行力学基础理论及实验研究外,更注意将力学基础理论与工程应用相结合,研究范围涉及机械、船舶及海洋工程、航空航天、医疗工程、建筑、水利、复合材料等诸多方面。10多年来,全系有27个科研项目获国家级和省市部委级奖励。从1987年9月起,工程力学系建制在闵行校区,流体力学实验室、固体力学实验室和一般力学实验室均搬迁至闵行校区电工力学楼。

(四)应用化学系

1979年,应用化学系(十一系)由基础部化学教研室、材料科学及工程系物化分析教研室、电工及计算机科学系高分子材料研究室[②]组建而成。复系之初有教职工70人,系负责人是孙璧媃、张和康、王裕宏、张泉宝,党总支负责人是赵月章、江凤记。至1991年,历任系主任是孙璧媃、徐祥铭,历任党总支书记是赵月章、王宗光、江凤记、曹中堃,先后任教的教授(研究员、教授级高级工程师)有孙璧媃、金守礼、张和康、王寿泰、徐祥铭、龚本民、章燕豪、颜德岳、钱道荪、朱文炫、黄永昌、张隐西、朱子康、胥高信、徐僖等。1991年,全系有教职工122人,其中教授8人、副教授17人。

应用化学系于1979年即招收首届高分子材料专业和应用化学专业研究生。1981年招收首届应用化学专业本科生,同年批准设立高分子材料、应用化学2个硕士学位授予点。1983年,增设环境化工、分子生物学硕士学位授予点。1985年,分子生物学专业从应用化学系移至新成立的生物科学与技术系。1986年,又增设电工材料及绝缘技术硕士学位授予点。1991年批准设立高分子材料博士学位授予点。1979—1991年,共培养本科生593名、硕士生144名。教学工作兼顾理、工两方面,继承老交大化学系和化工系重视基础理论、加强实验和实践的优良传统,结合现代科技和经济发展对人才提出的要求,选用内容新颖、并

① 1993年,生物力学硕士点因故被取消。

② 1978年,将电气绝缘与电缆技术教研室改为高分子材料研究室。

有一定理论深度的教材，加强实验课和实践环节，重视提高学生计算机、外语应用能力，鼓励学生发展为复合型人才。该系还承担面向全校的普通化学、分析化学、有机化学和物理化学等课程的教学任务。建系初期，该系提出要以兼具科技发展前沿和应用前景的基础研究为重点，积极进行研究开发，大力发展新学科。1979—1993 年，在电化学、环境科学、生物科学、高分子材料、精细化学等学科领域，共获得国家级和省市部委级的科技进步和发明奖 50 项。从 1987 年 9 月起，应用化学系建制在闵行校区。1990 年和 1993 年，新建的化学楼北楼和南楼相继竣工使用，应用化学系全部迁入。

四、重建管理学科

交通大学的管理学科，肇端于 1918 年唐文治校长开办的铁路管理科，是我国高等学校中的第一个管理类学科。1928 年设交通管理学院，1931 年拓宽学科面，扩建为管理学院。1951 年全国院系调整，交大管理学院停办。管理学院是老交大理、工、管三足鼎立的重要组成部分，曾向社会各业输送过大批管理人才，各管理专业本科毕业生共 30 届，总计 1 425 人。[①]

1978 年初，学校决定重建管理学科，首先重建工业管理系。11 月，从船舶及海洋工程系、机械工程系等调集人员，组成工业管理系筹备组。1979 年 4 月 12 日，经六机部同意正式成立工业管理系，系负责人是周志诚、刘涌康、徐纪良，党总支负责人是徐柏泉、陆旭辉。此后，张震任系主任，徐柏泉任党总支书记。建系之初，仅有教师 6 人，系办公室设在新上院 700 号，在简陋的条件下艰苦创业。该系为六机部、中国人民解放军空军航空工程部、国家计委及上海市委组织部等部委，举办了多期厂长进修班和干部进修班，参加进修的学员后来都成了有关部门和单位的领导骨干；与浙江大学、西安交通大学合办研究生班，培养师资队伍，有不少学员后来成为本校乃至国内外知名院校的骨干教师。

工业管理系还充分利用改革开放的机会，开展国际合作办学，为筹建管理学院作准备。1980 年 9 月，在美籍华人、美国宾夕法尼亚大学董事朱传榘教授的协助下，上海交通大学和美国宾夕法尼亚大学沃顿商学院签订了长期合作的协议。协议规定两校要在管理与技术领域进行长期合作，这一合作从协助交大建立管理学院开始，进行了一系列卓有成效的工作。同年，沃顿商学院与工业管理系合作举办了一期管理决策科学和计算机科学双重硕士学位研究生班，由两校联合授予学位。在管理学院的筹建过程中，还得到了加拿大国际开发署

---

① 《上海交通大学志(1896—1996)》，第 979 - 980 页。

(CIDA)和不列颠哥伦比亚大学(UBC)的协助。一方面,由学校向不列颠哥伦比亚大学派遣访问学者和攻读硕士、博士的留学生,另一方面由不列颠哥伦比亚大学派出专家,来校作短期讲学和举办高级研修班,重点培养管理专业的师资。到1984年初,工业管理系已有教职工76人,下设管理工程、系统工程、工业外贸3个教研室和人力资源管理研究室、计算机应用实验室、系资料室。

1982年4月,在中国科学院学部委员[①]、电工及计算机科学系教授张钟俊的推动下,上海交大建立了校直属的系统工程跨系学科委员会,工业管理系是其成员之一。同年9月,又在电工及计算机科学系内组建了系统工程研究室。11月,在这两个组织的基础上,经上海市科委、上海市教卫办批准,建立了系统工程研究所。吴健中任所长,张钟俊任顾问。这是国内最早建立的系统工程专门研究机构之一。该所成立之初有教职工10人,至1984年发展为21人。

1981年12月4日,学校认为重建管理学院的条件业已成熟,正式向国家计委、六机部、教育部递交了《关于成立上海交通大学管理学院的请示报告》,提出:"随着科学技术的迅速发展、国家经济体制的调整改革,以及国际贸易的日益兴旺,十分需要通过对在职干部、本科生和研究生的培养,源源不断地、大量地把具有学士、硕士和博士学位的毕业生,充实到国家各级管理部门、高等学校和科研机构中去。为使这些毕业生能适应现代化科学管理的需要,根据用人部门的反映:须要求他们不仅掌握建设社会主义的经济理论和管理理论,而且还必须具备一定的工业技术知识。因此,工科大学培养管理(包括外贸)人才,是更为适宜的。交大成立管理学院后,将有利于加强对管理人才培养的领导,全面规划,抓深抓细,加速管理学科的发展和提高,满足国家建设的需要。"[②]

1984年4月11日,教育部批复同意上海交大成立管理学院。上海交通大学管理学院由工业管理系和系统工程研究所联合扩建而成。杨锡山任首任院长,王浣尘、潘介人任副院长,周志诚、张震任院顾问。1985年12月,成立管理学院分党委,徐柏泉任分党委书记,武剑明任分党委副书记。至1991年,历任副院长是徐柏泉(常务)、范煦,分党委副书记是史福庆。成立时,共有教职工129人,院址临时设在徐汇校区第一宿舍二楼。学院下设3个系,即工业管理系,黄洁纲任系主任;决策科学系,刘涌康任系主任;工业外贸系,叶懋聪任系主

---

① 我国于1955年成立中国科学院学部,选出第一批中国科学院学部委员。1994年,国务院决定中国科学院学部委员改称为中国科学院院士。同年成立中国工程院,产生中国工程院院士。院士,是国家设立的科学技术或工程科学技术方面的最高学术称号,为终身荣誉。

②《关于成立上海交通大学管理学院的请示报告》(1981年12月4日)。上交档:永久757。

任，还设有系统工程研究所和人力资源管理研究室、计算机应用实验室。1988年，学院增设旅馆管理系，张光曜任系主任。同年，学院还增设经济管理研究所。

1984年6月12日，学校举行管理学院成立大会。中共中央政治局委员、上海交大校务委员会主任王震发来贺电，“希望管理学院为祖国四化建设多出成果，多出人才，多作贡献”。[①] 上海市政府顾问杨恺到会讲话祝贺：“管理学院的成立既适应了新的经济振兴和技术革命，也是培养高级管理人才的急迫需要，它标志着交大在改革中不断前进，在前进中不断开拓。”[②]国内兄弟院校和美国宾夕法尼亚大学、加拿大不列颠哥伦比亚大学、香港中文大学的代表及上海交大校系领导、管理学院全体师生员工近200人出席大会。会上，学校党委书记邓旭初向美国宾夕法尼亚大学教授、诺贝尔经济学奖获得者克莱茵(Klein)授予名誉教授证书和校徽。同时还举行了管理决策科学和计算机科学双重硕士学位研究生毕业典礼。

管理学院的成立，标志着上海交大恢复了理、工、管相结合的学科格局。建院后，在学校的领导和支持下，杨锡山院长提出并践行“虚心学习，博采众长，立足国情、面向四化”[③]的办学方针，吸收国外先进的管理经验，开设新专业和新课程；着力推进师资培养和引进工作，注重学科队伍建设；积极开创国际合作办学项目，为国家培养急需的管理人才。

1984年6月12日，诺贝尔经济学奖获得者克莱茵教授(左)在上海交大管理学院成立大会上发言

经过全院教职工的共同努力，管理学科专业布点日臻完善，师资队伍学历结构逐步优化。至1991年，管理学院设有工业管理工程、系统工程、管理科学、技术经济、工业外贸5个硕士点，工业管理工程、系统工程2个博士点，共培养本科生644名、硕士研究生286名、研究生班研究生188名、博士研究生11名。

① 《我校隆重举行管理学院成立大会暨双学科硕士研究生毕业典礼》，《交大简报》1984年6月13日。上交档：长期2920。
② 《我校成立管理学院》，《上海交通大学通讯》1984年第1期。上交档：永久991。
③ 《杨锡山同志在管理学院成立大会上的发言》(1984年6月12日)。上交档：永久1070。

1987年4月8日，管理学院杨锡山院长(左)和来访的加拿大不列颠哥伦比亚大学洽谈继续合作事宜

从1985年起，学院还与自动控制系联合建立系统工程博士后科研流动站。正副教授人数从建院初的12名增至1991年的29名，先后任教的教授(研究员、教授级高级工程师)有周志诚、张震、杨锡山、黄洁纲、潘介人、万伟勋、徐纪良、王浣尘、吴健中、刘涌康、刘樵良、顾慰文、韩慧君、杨素英、范煦等。学院还聘有诺贝尔经济学奖获得者克莱茵、美国宾夕法尼亚大学校长海克涅、中国著名经济学家马洪等多位名誉教授和顾问教授。1985年、1990年，管理学院两次获得"上海市高校管理专业综合办学水平评估"第一名。

1985年，管理学院增设成人管理教育培训中心。1979—1991年，学院先后为六机部、国家计委、中国人民解放军空军航空工程部、海军装备部、上海市经委等举办各类培训班20期，培训学员569人，不仅为国家培养了大批急需的管理人才，而且密切了学校与社会的关系，促进了学院教学、科研工作的发展。

管理学院先后与德国、加拿大、美国、新加坡、香港等国家或地区许多大学和科研机构建立了不同程度的合作关系，互派学者讲学，互派人员进修、考察，合作科研，进行广泛的学术交流。从1984年起，学院与香港中文大学、德国康茨坦斯大学、加拿大不列颠哥伦比亚大学、美国宾夕法尼亚大学联合举办各类经济管理培训班30多期，培训管理人才约1 300人。

管理学院注重发挥自身的优势，积极从事科学研究，承担了许多与国计民生有关的科研项目。至1991年，有多项科研成果获省市级以上奖励。其中，国家科委主任宋健、管理学院教授王浣尘等主持合作完成的"人口系统定量研究及其应用"课题，获国家科技进步一等奖；另有3项课题获国家教委科技进步二等奖。

1986年，管理学院办学实体搬迁至法华路校区，教学科研设施得到大幅度改善。1991年，为了做好学院发展中的宏观决策、加强对经济管理人才的培养，学校决定建立管理学院顾问委员会，原上海市市长汪道涵任顾问委员会主任委员，杨锡山、周克任副主任委员，委员有徐匡迪、龚兆源、余永梁、陈祥麟、龚浩成、梁玉源、王祖康、王乃粒、任吉安、王基铭、黄佩洲、李文华、陈美福、李荫瑞。9月16日，汪道涵应邀来校主持召开了管理学院顾问委员会的第一次会议。在此前后，他数次来校，为师生们讲授《当前城市经济问题》《关于企业管理》等经济管理类学术报告。汪道涵关心学院与国外及香港地区大学合作办班、联合培养管理专业高端人才工作，对学校管理专业的师生们寄予殷切希望："搞管理的人要增强市场观念、技术观念和财务观念，希望管理学院的同学既要重视书本知识，掌握基础理论，又要深入实际，注重调查研究。"①

经过10余年的建设，管理学院得到了迅猛的发展，综合办学实力在国内高等院校管理专业中名列前茅。

五、创办文科

上海交大在恢复理科、管理学科的同时，顺应新时期自然科学与社会科学高度融合的发展趋势，增设人文社会学科，为全校大学生加强人文素质教育创造了条件。

纵观交大发展历史，南洋公学时期设师范院、经济特科班、政治班，致力于培养教育、法律、政治、外交、商务等各方面人才。1905年学校归属实业部门主管后，转向发展理、工、管理学科，但始终坚持对学生的国文教育，当时社会上公认交大毕业生综合素质高，国学功底深，书法也很出色。1978年交大教授代表团访美时参观访问麻省理工学院(MIT)，发现麻省理工学院实际上是理工文三科并举的综合性大学。而交大历史上曾参照麻省理工学院的模式，因此上海交大党政领导认为学校恢复理科和管理学科后，也应重建文科。②

上海交大创办文科的设想，得到了六机部部长柴树藩的肯定与支持。1979年学校新建科技外语系，1981年成立文学艺术学科办公室，1985年成立社会科学及工程系、文学艺术系和体育系，迈出了文科建设步伐。

(一) 科技外语系

1896年南洋公学创立时，就聘请外籍教师任教并使用外文原版教材；还设有英文一科，对全体学生教授英语。1928年，学校成立外国文学系，专为理、工、管各学院开设英语及第二外国语课程，但不招收外语专业学生。1979年，上海交大新建科技外语系(十四系)。建系之初，系负责人是李士敏、凌渭民、吴银庚、林胜兴、许广华，党总支负责人是刘延康、蔡军，

---

①《汪道涵教授来校讲学》。《上海交大》1986年3月26日第1版。

②《忆上海交大重振雄风》，第61页。

教师有103名,包括英文教师87人、俄文教师2人、日文教师9人、德文教师4人和法文教师1人。至1991年,历任系主任是李士敏、刘祖慰、杨惠中、张彦斌,历任党总支书记是俞荣华、郑志祥,先后任教的教授有唐庆诒、凌渭民、张祖锠、刘祖慰、杨惠中、刘鸿章、吴银庚、林胜兴、吴信强、张彦斌、李汉卿等。1991年,全系有教职工139人,其中教授5人、副教授32人。

1980年,科技外语系设科技英语专业,正式招收本科生。课程设置体现人文科学与技术科学相结合的原则,除培养学生英语语言技能和交际能力、介绍英美文化和语言学等基本理论的课程外,还设置了英语数学、英语物理、教育统计学、计算机辅助语言教学与研究等课程,主要培养既能从事高等学校理工科英语教学和研究,也能从事外事、科技英语情报、翻译以及进出口业务,中外合资企业商务、金融事务操作、管理等的高级技术人才。在开展英语专业本科教学的同时,该系积极探索研究生教学。1979年起,受教育部委托,与英国文化委员会合作开设英语教师培训班。从1981年起,国家教委在交大正式设立中国高校英语师资(华东地区)培训中心。从1985年开始,招收应用语言学(英语教学)研究生班。1986年获准设立语言学与应用语言(英语)硕士点。1980—1991年,共培养本科生369名、硕士生12名。除专业教学外,该系还承担了全校的外语教学任务。1980年,该系率先编出第一套包括读、听、写、说各项技能训练的新型教材,在教学方法上首创把录音机引进课堂,还引进了一整套以获取信息为主要目的的阅读教学方法,从而把大学外语教学水平提高到一个新的阶段。1985年以来在全国大学英语四、六级考试中,上海交大学生的成绩在同类院校中一直名列前茅,如1991届学生大学英语四级考试通过率达98.7%。该系还设立全国大学英语四、六级考试委员会办公室,从1987年起负责组织全国大学英语四、六级考试及其他语种全国性考试。1989年成立TOEFL考试中心,受国家教委委托,承办美国TOEFL、GRE考试以及美国密西根大学英语考试。

(二)社会科学及工程系

1976年"文革"结束后,上海交大全面恢复马克思主义理论课,由马列主义教研室在本科生中开设哲学、政治经济学、中共党史课程,在研究生中开设自然辩证法课程。1982年9月,学校根据教育部加强大学生德育教育的规定,开设大学生思想品德课,为此成立德育研究室。1984年,为适应社会、经济、科技及社会科学发展的需要,学校决定将马列主义教研室和德育研究室组建成社会科学及工程系(十五系)。1984年9月成立筹备组,1985年4月正式建系。至1991年,系主任是叶敦平,历任党总支书记是曹子真、何永棣,先后任教的教授有蒋明、徐海阔、朱宁康、叶敦平、李运福、陈章亮、桑志达等。1991年,全系有教职工99人,其中教授7人、副教授17人。

社会科学及工程系承担全校马克思主义理论课和思想品德课(简称“两课”)教学任务，为博士生开设马克思主义与现代科技革命课程，为硕士生开设自然辩证法、科学社会主义理论与实践课程，为本科生开设马克思主义原理、中国革命史、中国社会主义建设、大学生思想品德、法律基础等课程。该系不断进行课程设置和内容改革，努力提高教学质量，还开设适合于理工科学生需要的各类人文、社会科学类选修课及讲座，如建国以来若干重大历史事件的回顾与思考、国际政治与世界经济、大学生心理学、科技通史、经济效益学及人才学、公共关系学等，受到学生的欢迎。在建系的同时，成立了社会科学及工程研究所，从事专题科学研究。1984 年，经教育部批准，设立思想政治教育本科专业。1985 年设立人事管理大专专业。1986 年设立技术经济本科专业，并于翌年开始招生。1986 年获准建立哲学硕士点，该专业在 1989 年全国哲学硕士点评估中，名列理工院校前茅。1988 年，获准建立思想政治教育硕士点，并和管理学院联合建立技术经济硕士点。1984—1991 年，共培养本科生 473 名、硕士生 14 名。该系还于 1984 年举办思想政治教育在职本科班(专升本)，培养学生 35 名。自 1984 年和 1985 年起，举办马克思主义原理和思想政治教育两个第二学士学位班，着重培养高等学校的两课教师以及思想政治工作干部，至 1991 年共培养 5 届第二学士学位生 258 名，有不少毕业生至今活跃在教学战线上。

(三) 文学艺术系

交大在 1908 年设立国文科，1928 年改称中国文学系，为全校学生开设国文课程，但不招收中文专业学生。直到 1952 年全国采取统一教学计划，理工类本科专业不设置国文课程，交大国文教师也在院系调整时调至外校。1981 年 1 月，学校决定成立文学艺术学科办公室(简称“文艺办”)，由党委书记邓旭初兼任主任，下设汉语、美术、音乐、人才学 4 个研究室(1983 年撤销人才学研究室)。1982 年 3 月，文艺办更名为文艺部，向全校开出中文、音乐、美术类选修课，举办各类艺术作品展览，指导学生兴趣小组活动，在全国高校中较早地开展大学生文化艺术素质教育。学校聘请沪上著名文学艺术家担任研究室领导、顾问教授或兼职教授，如著名音乐家瞿维兼任音乐研究室主任，著名画家关良兼任美术研究室主任，沪上著名书画大师沈柔坚、吴大羽、唐云、程十发、陆俨少、邵洛羊、刘旦宅、孟光、俞云阶等为艺术顾问，这在上海高校实属创举。

1985 年 6 月，在文艺部基础上成立文学艺术系(十八系)，系主任是王诚鑫，党总支书记是杨福才，原有的汉语、美术、音乐研究室改为教研室。1991 年，全系有教职工 35 人，其中副教授 6 人。从 1986 年开始，选修课的开设走上规范化轨道。每学期由文学艺术系各教研室面向全校开设 40 余门计 60 多个班级的各类选修课，学生达到 2 000 多人。古代语文、音乐基础等选修课，扩大了学生的知识面，陶冶他们的情操；《略谈古诗文的语言艺术》《戏剧文学浅谈》等讲座，活跃了校园文化生活。每周一次的“音乐欣赏”，座无虚席。1987 年，经国家教委批准设立工业造型设计专业，但考虑到该专业属理工类招生，为使其有一个较好的学科生长点，是年年底学校决定将工业造型设计专业从文学艺术系调入土木建筑工程系。1991 年，开设美术设计大专班。

（四）体育系

从 1979 年起，“文革”期间基本处于停顿状态的学校体育工作得到全面恢复。体育教研室承担了全校体育课教学工作，开设一年级、二年级、三年级学生体育课，并将体育课列入课表；按照教育部《关于加强学校体育工作的通知》，全面推行《国家体育锻炼标准》的锻炼和测试工作。1985 年，学校决定将体育教研室升格为体育系（十九系）。至 1991 年，历任系主任是陈景兰、孙麒麟，党总支书记是张世民，先后任教的教授有吴子彬、王道平、陈景兰、顾圣益等。1991 年，全系有教职工 67 人，其中教授 3 人、副教授 16 人。

1985 年，体育系贯彻学分制教学的要求，规定体育课为 8 学分，在体育教学中开设篮球、排球、足球、乒乓球、体操、武术、垒球等专项课。从 1987 年起，在女生体育教学中增设韵律操、健美操等专项课。1990 年，编制《上海交通大学体育课教学大纲》，内容包括普通体育课、专项体育课、保健课 3 部分。除做好体育教学工作外，体育系在学校体育运动委员会领导下，与学指委、团委、工会等部门通力合作，积极推动学校群众体育和体育竞赛活动蓬勃开展。校运动队在全国和上海市高校的比赛中捷报频传，还经常参加对外体育竞赛交流活动，为学校赢得了荣誉。1990 年 5 月，该系教师孙麒麟受聘担任第 11 届亚运会乒乓球项目竞赛评判工作，成为交大历史上“第一位出任国际大赛评判工作的教师”。①

第二节 加强师资队伍建设

一、师资培养和人才引进

1978 年，上海交通大学有专任教师 1 745 人，其中教授 43 人、副教授 71 人、讲师 911 人、助教 690 人、教员 30 人。② 当年，学校制定《上海交通大学发展规划》，提出要加强师资队伍

---

① 《上海交通大学要事摘编(1990 年 1 月—1990 年 12 月)》,《上海交通大学公报》(1991 年 4 月)。上交档:永久 1577。

② 1978 年《普通高等学校基层报表》。上交档:永久 607。

建设，帮助教师提高水平。

从1980年起，学校探索管理改革，实行人才流动。至1983年11月，先后调出教师317人，初步克服了人才积压的现象。同时，按照中央有关规定，学校自1979年起开展教职工退休手续办理工作，[①]自1982年起开展干部教师离休手续办理工作。学校编制有所松动，为补充新生力量创造了条件。1977年国家恢复高考制度后，每年均有大量本科生、研究生毕业，这为补充高学历师资提供了较为充足的来源和可靠的保证。1981—1989年，学校从毕业生中共补充师资1 422人，其中本科生364人，硕士生959人，博士生99人。学校还通过专家学者推荐、公开招聘等办法，引进了一批知名学者、科研骨干和优秀教师，至1989年共计161人。例如，1978年，张煦教授调回上海交大，历任电子工程系主任、名誉系主任和一年级教学部主任，1980年当选为中国科学院学部委员。1987年，中国科学院学部委员沈天慧研究员调入上海交大信息存储研究中心工作。1989年，徐僖教授受聘为上海交大高分子材料研究所所长，1991年当选为中国科学院学部委员。还有，陆元章、王浣尘、颜德岳、吴人洁、杨世铭、诸鸿文等一批教师调进上海交大，成为液压传动、系统工程、高分子化学、复合材料、工程热物理、信息与通信工程等学科的带头人。1990—1991年，学校通过毕业生留校和师资引进，又新增教师368人，其中教授12人、副教授（含博士后）26人、讲师（含博士生）63人、助教（含硕士生等）267人。[②]

学部委员沈天慧

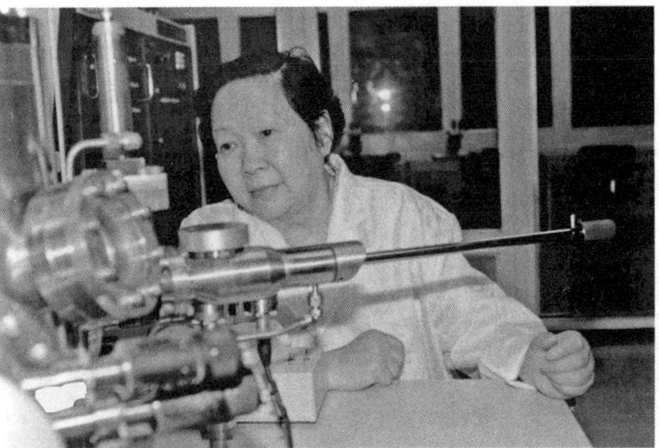

学部委员徐僖

① 新中国成立初期，国家对教职工的退休没有明文规定。1979年国家正式作出职工退休的决定。自此，学校每年按月办理符合退休年龄教职工的退休手续。

②《上海交通大学志(1896—1996)》，第174页。

全校专任教师从1978年的1 745人增加到1991年的2 155人，净增410人，保证了学科梯队建设和教学、科研工作的顺利开展。通过不断调整，全校教师业务分布也更为合理。原先业务分类中工多理少、专业多基础少、老专业多新专业少的局面得到改善，基本做到理工文管之间、新老专业之间、基础与专业之间的结构趋向合理，使学校既保持了传统重点学科领域的学术地位和领先水平，也提高了学校新学科在国内外的竞争能力和地位。

开展师资培养，要充分发挥老教师学术造诣深厚的优势和传帮带的作用，帮助中青年教师在业务上成长。1983年和1985年，学校两次对执教逾40年的老教师授予荣誉证书和纪念章，陈石英、朱物华、程孝刚、张钟俊、张煦、杨槱、陈铁云、单基乾、孙璧媃等53位老教师获此殊荣。

上海交大教师队伍中有一部分"文革"时期毕业留校的年轻教师，因受"文革"的影响，专业有所缺失，需要补课。学校为1969届、1970届毕业的青年教师80人举办为期一年的"回炉班"；[①]为1973至1975届毕业的青年教师309人举办为期一年的进修班。广大中年教师则迫切需要在外语、数学和计算机知识方面得到更新和提高，学校举办外语进修班、数学培训班和计算机学习班。外语进修分英、日、德3个语种，至1980年共开办35个班，参加进修的教师有1 235人次。数学培训班重点讲授工程数学，至1980年参加听课的教师有1 047人。计算机学习班主要讲授算法语言及计算机应用，至1980年参加学习的教师有1 227人。通过学习，全校50%的教师能看懂计算机程序并上机操作。1980年以后，教师知识更新的重点是计算机原理、数字电路，为机电学科相互渗透，为计算机进入各业务领域、进入行政管理和图书管理打下基础。从1983年起，学校还派遣青年教师50多人参加教育部举办的助教进修班，安排一批青年教师在校内外进修硕士学位的主要课程，至1990年累计有150人参加进修。此外，为了鼓励在校内举办国际会议，积极推进对外交流和国际合作，学校开设ESEC班(英语培训班)，至1995年开办29期共65个班，参加人数为1 192人；开设德语、日语培训班，培训300余人。

选派优秀学生和中青年教师出国留学、进修，也是教师培养的重要途径。1978—1980年，学校主要选派20世纪50、60年代毕业的中年讲师、副教授出国进修。这些教师大多数具有较坚实的专业基础知识，有独立开展科研的能力，出国前专门进行外语培训，出国后能较快适应国外的学习，回国后即能投入工作。1981—1986年，为改变师资队伍年龄老化及增加师资中研究生的比例，改为选派青年教师出国攻读博士学位，也派出一定数量的研究生

---

① 《为招收回炉班学生事(给六机部教育部的请示)》(1978年7月17日)。上交档：长期2257。

和大学生。1987—1991 年，按照中央提出的“按需派遣、保证质量、学用一致”的出国留学方针，主要选派中年骨干教师出国进修、合作科研，或选派国内培养的博士生到国外做博士后，联合培养博士生。他们均带有研究课题，有重点地学习国内急需发展的专业，利用国外先进设备解决国内的实际问题。

截至 1991 年，学校公派出国留学 996 人，另有 482 人自费出国留学，涉及的专业有机械、电子、自动化、计算机、物理、化学、生物、船舶制造及海洋工程等，派往的国家（地区）有美国、苏联、加拿大、英国、法国、联邦德国、日本、香港等。学校还派出 1 995 人次出国参加各种国际活动，其中参加国际会议 456 人次，开展科技考察、合作研究、讲学、技术交流等短期工作的有 1 539 人次。至 1991 年底，公派出国留学人员中有 272 人学成归国，11 人获硕士学位，16 人获博士学位，还有 217 名普通访问学者和 28 名高级访问学者，[①]他们对提高学校教学质量和科研水平起了带头和推动作用。例如：船舶及海洋工程系副教授陆鑫森和刘应中、电工及计算机科学系副教授李介谷等出国进修成绩突出，材料科学及工程系教师蔡炳初还经批准完成研究生学业并取得博士学位，归国返校后他们都成为学科的带头人。1978 级自动控制专业研究生席裕庚，1984 年毕业于德国慕尼黑工业大学电气工程系，获工学博士学位。同年回母校自动控制系任教，长期从事预测控制、大系统和复杂系统控制、智能机器人系统与技术等方面的基础研究并取得丰硕成果。据 1988 年统计，学成回国的 208 名教师中，提升教授的 50 名，提升副教授的 57 名，担任校系两级行政职务的 28 名，担任学科组负责人的 77 名；他们共指导国内研究生 587 名，撰写和发表论文约 2 400 篇；还有多位教师被国外科研机构聘为荣誉成员，应国外大学邀请前去讲学，或与国外研究单位、企业合作开展科研开发工作等。[②] 20 世纪 80 年代中后期，有部分派出留学的青年教师和学生滞留未归。

1988 年 9—12 月，学校有关部门根据党委部署，对青年教师队伍情况进行调查研究。调查显示：教师队伍中 35 岁以下的青年教师有 1 004 人，占教师总数的 41.8%。[③] 青年教师中的绝大多数政治思想和业务素质都比较好，工作踏实认真，承担了大量教学、科研任务；但也有少数教师一心想要出国或调入高收入单位。在调查研究的基础上，学校党委提出《加强青年教育工作者队伍建设的若干意见》，发布 5 条工作措施：进一步做好青年教师的职称评审工作；为青年教师创造工作条件；建立合理的梯队结构，使青年教师有更多发挥作用的机会

① 《上海交通大学志（1896—1996）》，第 660、661 页。

② 《我校学科发展及师资培养的一条有效途径——改革中的派出工作》。《上海交大的教育改革》（续编），第 255 页。

③ 1988 年《普通高等学校基层报表》。上交档：永久 1410。

和成长条件;关心青年教师的出国进修和培养;改善青年教师的生活条件。

学校还制订青年教师优秀教学、科研成果奖励条例和办法。1989年,首次评选出一等奖3名、二等奖7名、三等奖23名和鼓励奖27名。其中,应用物理系高景获教学一等奖,自动控制系王跃云、应用物理系唐坤发获科研一等奖。学校又制订《上海交通大学青年教师参加社会实践的实施办法》,规定每个青年教师都应安排一定时间到工厂、农村、企业、科研设计单位学习或参加一定的实际工作,以便能更多地接触社会,了解工农,增强实践能力。1990年,学校先后组织两批教师去宝山钢铁厂参加社会实践,普遍反映收获很大。

经过10余年的师资建设,上海交大逐步形成一支政治业务素质优良、学科面广、结构层次较为合理、充满活力的师资队伍。1991年,全校教师中有中国科学院学部委员(院士)7人,他们是周志宏、朱物华、张煦、张钟俊、杨槱、沈天慧、徐僖。1978—1991年,吴镇、林依藩、翁史烈、姜焕中、刘应中、王祖善、华南盾、黄镜明、陈益新、陈廷莱、张馥宝、马志良先后获上海市劳动模范称号,戚飞虎被评为全国优秀教育工作者并获全国五一劳动奖章,刘延柱获全国教育战线劳动模范称号,王大璞、朱章玉、席裕庚、唐耀宗、盛振邦、樊启泰、许晓鸣、薛秉源、黄伟华被评为全国优秀教师,任世瑶、林争辉、陈芝久、傅志方、王浣尘、张炳钰、朱崇贤、邵惠鹤被评为全国高等学校先进科技工作者,顾明、吴冲锋、吴建生、许晓鸣、赵玫、郑杭、邹介棠被评为"做出突出贡献的中国博士学位获得者",洪嘉振、谢绳武被评为"做出突出贡献的中国硕士学位获得者",席裕庚、沈为平、沈灏被评为"做出突出贡献的回国留学人员",[①]等等。

二、建立职务评聘制度

"文化大革命"期间,教师职称评审工作被迫中断。1977年教育战线拨乱反正,邓小平指示"大专院校也应该恢复教授、讲师、助教等职称"。[②] 1978年3月7日,国务院批转教育部《关于高等学校恢复和提升教师职务问题的请示报告》,宣布"原来已经确定提升为教授、副教授、讲师、助教的,一律有效,恢复职称",同时规定"可以越级提升教授、副教授",将提升教授的审批权限"改为由省、市、自治区批准,报教育部备案"。[③] 根据中央文件精神和有关升职规定,学校在对全校教师进行全面考核的基础上,从1978—1983年先后进行了3次确定提

① 资料来源:《上海交通大学公报(第二号)》(1987年5月)。上交档:永久1345;《上海交通大学志(1896—1996)》,第216-218页;《上海交通大学纪事(1896—2005)》(下卷),第964页。

② 邓小平:《教育战线的拨乱反正问题》(1977年9月19日)。《邓小平文选》第2卷,第70页。

③《国务院批转教育部关于高等学校恢复和提升教师职务问题的请示报告》(1978年3月7日)。上交档:短期517。

升正、副教授和5次确定提升讲师的工作。其中，经上海市人民政府和上海市高教局批准，提升教授31人、副教授268人；经学校批准，提升讲师1 106人。[①]

学校在提升职称工作中，严格贯彻1978年9月第一次全国高等学校教师提职工作座谈会确定的“坚持标准、保证质量、全面考核、择优提升”的16字方针，按照1960年国务院《关于高等学校教师职务名称及其确定与提升办法的暂行规定》中有关教授、副教授及讲师的条件，对拟提升对象的政治表现、教学工作、科研水平、外语能力及贡献大小等方面进行全面考核。考核的方法是经推荐拟定提升名单，拟提升对象根据上述考核内容作个人总结，然后向所在教研室（研究室）汇报，再报系评审小组、校评审委员会评议，由学校审定后上报上海市政府和市高教局审批。在评审过程中，充分发扬学术民主，注重发挥同行专家在业务评审中的作用，有关的讲义、教材、论文、著作和报告，需有至少2名同行专家的书面评议或鉴定意见。在几次提升工作中，学校既注意提升科研上有显著成果的教师，也注意了对长期勤勤恳恳从事基础课、基础技术课教学的教师以及教学科研、党政工作双肩挑教师的提升。如1980年提升的14名教授和168名副教授中，从事基础课或基础技术课教学的教师占到了40%，另有64名双肩挑教师被提升为副教授。提升工作还注重破除“论资排辈”思想，选拔了一批优秀的中青年骨干教师。如1980年提升的正副教授中，有53名是1954—1956年大学毕业的教师，有4名是1957年后大学毕业的教师；还有6名教师是在1978年提升讲师或副教授后再次获得了提升。[②]

1984年，中央决定对职称评定工作进行整顿复查，上海交大被确定为复查试点单位之一。学校成立了复查整顿领导小组。经过复查，表明学校在1978—1983年教师职称评审工作中，总的情况是好的。在被列入复查的教师中，教授全部合格；副教授99.5%合格，不合格的仅1人；讲师99.7%合格，不合格的有3人。[③] 对于上述不符合职称标准的教师，学校区别不同情况，采取了退、补、调、撤等处理办法。

这一阶段通过职称评定，新提升一批正副教授和讲师，有力地加强了学校教学、科研力量，改善了师资队伍的职称结构和年龄结构，也初步改变了师资队伍存在的青黄不接状况。专任教师中正副教授比重从1978年的6.5%提高到1983年的17.9%；[④]教授的平均年龄降低了10岁，副教授的平均年龄降低了7岁。职称评定基本上解决了因“文化大革命”职称晋

---

① 《关于我校对教师职称进行复查整顿试点的报告》（1984年4月26日）。上交档：短期1078。

② 《一九七八年来我校确定和提升教师职称的工作总结》（1981年5月8日）。上交档：长期2480。

③ 《教师职称复查验收工作小结》（1984年7月）。上交档：短期1078。

④ 1978年、1983年《普通高等学校基层报表》。上交档：永久607、永久907。

升中断而积累的历史遗留问题,同时也落实了党的知识分子政策,调动了全校广大教师的工作积极性。据统计,1978年以来确定提升的正副教授中,在教学第一线工作的有278人,占正副教授提升数的97.5%;做出显著科研成绩而获得国防工办、上海市科技成果奖和国家发明奖的有74人,占正副教授提升数的30%;担任研究生指导教师的有212人,占正副教授提升数的74.4%。1978年以来确定提升的讲师中,在教学第一线工作的有816人,占讲师提升数的83.8%;从事科研、实验室工作并做出显著成绩而获得国防工办、上海市科技成果奖和国家发明奖的有157人,占讲师提升数的16.1%。[①]

1984年,中央决定改革职称评定,实行教师学衔评定和职务聘任制。教师学衔是"国家根据高等学校教师在工作岗位上所达到的学术水平、工作能力和工作成就授予的学术职务称号"。[②] 教师职务则是"根据实际工作需要设置的有明确职责、任职条件和任期,并需要具备专门的业务知识和技术水平的工作岗位"。[③] 把学衔评定和职务聘任分开,目的是引入竞争机制,打破"铁饭碗"和"大锅饭"等僵化的制度。同年12月,教育部天津会议确定并经中央批准将上海交通大学列为全国8个首批进行教师职务评聘试点单位之一。

1985年,国家教委批准上海交大有权授予教授、副教授、高级讲师、讲师和助教学衔。为做好学衔评定工作,学校成立上海交通大学学衔委员会,下设13个学科评审组。校学衔委员会共有29名委员,由校长和主管教学、科研工作的副校长、学科评审组组长及专家组成。学校还根据《高等学校教师学衔委员会章程(试行)》,在调查研究分析师资队伍状况和总结以往评审职称工作的基础上,制订《上海交通大学实行新学衔条例制度的实施细则》,根据各部门现有师资队伍的结构、学科发展的需要以及教师承担教学、科研的工作量和提升对象的实际水平等因素,分配正副教授名额。1985年9月,经校学衔委员会审议,通过了获得各类学衔资格的人员为教授60人、副教授248人、高级讲师9人、讲师150人、助教418人;1986年,审议通过了教授34人、副教授154人、讲师92人、助教167人;1988年,又审议通过了教授81人、副教授181人。[④]

在评定教师学衔的基础上,学校制订《上海交通大学教师聘任制试行办法》,决定从1985年下半年起在教师中全面实行职务聘任制。至12月止,全校有1 858名教师被聘任助教、讲师、副教授、教授等各级教师职务;未被聘任的教师有354人,其中在国内外培训人员

---

① 《关于我校对教师职称进行复查整顿试点的报告》(1984年4月26日)。上交档:短期1078。

② 朱武生:《新中国专业技术职称制度的研究》,《江苏社会科学》1997年第3期,第178页。

③ 蔡克勇:《20世纪的中国高等教育(体制卷)》,高等教育出版社2003年版,第418页。

④ 《上海交通大学志(1896—1996)》,第188页。

265 人，长病假人员 19 人，即将退休人员 51 人，另行安排工作 19 人。[①]

1987 年，国家教委下达了《关于国家教委所属高等学校设置待聘高级职务的意见》，规定待聘副教授设置的原则是：为了缓解人才集中单位在职称改革工作中存在的矛盾，进一步促进人才的交流，妥善解决好历史遗留的问题，待聘副教授领取相应的职务工资，同时鼓励他们到其他单位任职或兼职，发挥他们的作用。1988 年 7 月，学校评审了待聘副教授 102 人，1989 年又评审了 59 人。1991 年 9 月，有 27 名待聘副教授转为正式副教授。[②]

在实行教师职务评聘制的试点取得经验的基础上，学校从 1986 年起进行了其他 14 个专业技术系列包括科学研究、工程技术、实验技术、图书资料、出版编辑、卫生技术、财务会计、经济、统计、档案、工艺、管理研究、翻译、中小幼教的职务评聘工作。1986 年 12 月，国家教委批准学校有权审定科学研究、实验技术、工程技术、出版专业技术系列高级职务任职资格，图书资料系列副研究馆员职务任职资格，会计系列中级职务任职资格。1988 年，国家教委批准学校有权审定卫生技术系列中级职务任职资格。1989 年，国家教委批准学校有权审定图书资料系列研究馆员职务任职资格。为做好各类专业技术人员任职资格的评审工作，学校于 1986 年制订《上海交通大学专业技术职务聘任试点工作的若干意见和实施计划》和《上海交通大学专业技术人员任职资格评审委员会章程》，并成立了由校长和具有较高水平的学者、专家组成的上海交通大学专业技术任职资格评审委员会，下设科学研究、工程技术、实验技术、图书资料、出版编辑、财务会计等 6 个任职资格评审组。根据定编、定岗位，学校从 1986—1989 年评聘各系列专业技术职务共 1 759 人，其中正高级 5 人、副高级 206 人、中级 543 人、初级 1 005 人。[③]

从 1990 年起，学校各类专业技术职务评聘工作转入经常化、制度化，一般每年进行一次教师系列评聘工作，每两年进行一次专业技术系列评聘工作。

自实施职务评聘制度以来，学校强调破除“论资排辈”的传统观念，推行了对 45 岁以下教师申请评审教授、40 岁以下教师申请评审副教授实行指标单列、不受限制的特别评审制度，使得每年晋升的正副教授中有 1/3 的名额用于中青年骨干教师。对具有真才实学的教师，学校还允许他们越级提升，不受名额及职务年限的限制。通过评聘工作，晋升了一大批年轻教授、副教授，加速了师资队伍的年轻化和学科梯队建设，使全校职务结构渐趋合理。1978—1991 年全校教职工和专任教师人数详见表 3 - 2。

---

① 《上海交通大学教师职务聘任制试点工作小结》(1985 年 12 月 11 日)。上交档：长期 3168。

② 《上海交通大学志(1896—1996)》，第 188 页。

③ 《上海交通大学志(1896—1996)》，第 188 页。

表 3-2　1978—1991 年上海交大教职工和专任教师人数统计[①]

年份	教职工总数	专任教师					
		合计	教授	副教授	讲师	教员	助教
1978	4 518	1 745	43	71	911	30	690
1979	4 461	1 899	44	79	935	14	827
1980	4 266	1 745	46	81	1 116	59	443
1981	4 286	2 053	61	229	1 015	415	333
1982	4 566	1 896	66	289	983	34	524
1983	4 670	1 970	64	289	1 049	67	501
1984	4 977	2 002	61	290	1 027	31	593
1985	5 344	2 171	61	293	1 001	1	815
1986	5 522	2 252	128	540	841		743
1987	5 791	2 360	131	557	920	4	748
1988	6 022	2 400	169	710	649		872
1989	6 142	2 484	197	823	730		734
1990	6 224	2 254	175	746	703		630
1991	6 136	2 155	216	728	746		465

据 1991 年统计，全校专任教师 2 155 人，其中教授 216 人、副教授 728 人、讲师 746 人、助教 465 人。与 1983 年相比，正副教授占教师总人数的比例从 17.9%上升到 43.8%，具有研究生学历教师所占比例从 8%提高到 40.8%；教授平均年龄从 62 岁下降到 57 岁，副教授平均年龄从 56 岁下降到 53 岁；40 岁以下教师数从 32.7%上升到 42.4%，61 岁以上教师数从 4.5%下降到 2.4%。全校还有各类专业技术人员 1 724 人，其中高级专业技术人员 208 人、中级专业技术人员 686 人、初级专业技术人员 830 人。高级专业技术人员的比例已从 1984 年的 1.85%上升到 12.1%。[②]

上海交大教师的职称评定和职务聘任工作，调动了广大教师的积极性，对于提高教学质量和科研水平以及推动学校的各项改革、发展和对外开放，起了极大的促进作用。

---

① 资料来源于历年《普通高等学校基层报表》。上交档：永久 607、永久 630、永久 736、永久 775、永久 831、永久 907、永久 995、永久 1112、永久 1253、永久 1344、永久 1410、永久 1464、永久 1576、永久 1623。

② 1983 年、1991 年《普通高等学校基层报表》。上交档：永久 907、永久 1623；《关于我校九一年专业技术人员职务评审工作的意见》(1991 年 6 月 26 日)。上交档：短期 1740。

第四章
教学改革和人才培养

第一节 本科教学

一、稳步推进本科教学改革

1978年，上海交大恢复以教学科研为主，首要任务是组织开展本科教学，努力提高教学质量。学校组织各系领导干部和教师调查了国内科技界、工程界对于理工科高校培养人才的新要求，考察和分析了国外著名大学办学的新动向，结合学校实际，提出要培养“德、智、体全面发展的，又红又专的高级工程技术人才、科研人才和高等学校师资”，[①]并就本科教学工作形成6点共识：在系科设置上，由单一的工科向理工管综合的方向发展；在任务上，由主要从事教学走向教学与科研紧密结合；在人才培养上，由统一的教学模式改为因材施教、鼓励冒尖；在学科建设上，由常规的学科走向交叉综合，并与计算机学科相结合；在教学方法上，从单纯灌输知识改为在传授知识的同时，着重发展学生的智能；在业务建设上，由依赖技术引进，变为在自力更生的基点上，争取可能的外援。[②]

---

① 《上海交通大学关于制订七九届学分制教学计划若干问题的意见》(1979年5月)。上交档：长期2252。

② 《回顾五年来我校教育研究工作》(1982年9月)。《上海交通大学管理改革初探》，第410页。

为使教学质量迅速恢复到“文革”前水平，并在此基础上继续提高，学校重视日常教学工作的组织实施。1978 年 3 月，学校决定原来担任基础课教学的教师全部归队，并抽调全校 10%的专业教师加强基础课和基础技术课的教学。10 月，成立校教学法委员会和系教学法小组，针对当时教学工作中亟待解决的实际问题和理论问题，开展高教研究活动。1979 年，召开全校教学经验交流会，重新颁布了《上海交通大学关于教学工作中若干具体问题的暂行规定》(简称“教学 17 条”)，[①]对各个教学环节提出要求：贯彻加强基础、理论联系实际和“宁可少些，但要好些”的原则，加强教学工作的计划性；加强教学第一线力量，开展教师进修和教学法研究活动，提高教师的业务水平；组织好课堂讲授、习题课教学、课程设计、教学实验、生产实习、毕业设计(论文)，严格考试考察；贯彻因材施教原则，培养业务优秀学生；做好班主任工作，教书育人，关心学生的全面成长。[②] “教学 17 条”的再次实施，进一步整顿了教学秩序，继承和发扬老交大“起点高、基础厚、要求严”的教学传统。随后，在全校进行专业调整及试行学分制、选修制、导师制，教务处与各系着手教学计划修订工作，调整基础与专业、理论与实践、业务与政治的关系。同年，学校还创办内部刊物《教学研究》，1985 年更名为《高等教育研究》，用于交流高教信息和教学研究成果。

从 1980 年起，学校与上海市 16 所重点中学建立挂钩联系，后又扩大至与全国 8 省市 45 所中学挂钩，协调中学与大学教学计划和课程内容的衔接，选拔和录取优秀学生入校深造。这是自 1977 年恢复统一高考招生以来，学校重视本科新生质量的重要措施之一。

1981 年 7 月，学校在法华路校区恢复成立一年级教学部，负责全校本科一年级的教学管理、班主任工作、学生思想政治工作和餐饮、住宿、卫生等后勤保障工作。中国科学院学部委员张煦教授兼任教学部主任。凡在一年级担任教学工作的教师，接受所在系(教研室)和一年级教学部的双重领导。一年级教学部的成立，对于组织教师认真上好一年级基础课程，共同开展对学生的养成教育，做好一年级新生从中学到大学在学习和生活上的衔接过渡，发挥了积极的作用。这也是上海交大自 20 世纪 50 年代起形成的特色之一。1987 年 9 月，学校启用闵行新校区，本科一年级新生全部在闵行二部入学。至此，学校决定撤销一年级教学部；同时在闵行二部设立 3 个教学

---

① 1964 年，学校对建国以后教学工作中行之有效的具体经验加以初步总结，形成《上海交通大学关于教学工作中若干具体问题的暂行规定》。该文件就教学计划、教学环节、教师职责、学生管理等教学工作中的 17 个具体问题作了详细规定，故简称为“教学 17 条”。

② 《上海交通大学关于教学工作中若干具体问题的暂行规定》(1979 年 12 月)。《上海交通大学管理改革初探》，第 432 页。

部，分管全校一、二年级学生。

1982年至1984年，学校相继召开课堂教学方法改革讨论会、考试方法改革讨论会、毕业设计（论文）工作经验交流会、实验教学改革讨论会和生产实习经验交流会，本着“课堂教学要有点探索性、实验教学要讲点设计性、考试方法要看一点创造性”[①]的精神，先后总结和介绍了基础课、技术基础课和部分专业课中采用启发式、讨论式教学方法的经验，考试、考查中发挥学生创见的经验，毕业设计中引入计算机应用的经验，以及开放实验室、开出设计性实验的经验。

1983年10月，邓小平提出“教育要面向现代化，面向世界，面向未来”。[②] 上海交大以此为指针，每年举行一次全校性教学大讨论，让全体师生广泛参与讨论有关教学改革的重大问题，解放思想，总结经验，提出进一步改革的设想，推动本科教学工作更上一层楼。

1984年10月，学校组织为期一个月的教学改革研讨会，提出以“三个面向”为指针，努力开创上海交大教学改革的新局面。会后形成了《教学改革措施二十条》，其内容是：围绕建设综合性高等研究大学的目标，调整学校的专业设置；组织修订教学计划，压缩课内学时数，加强实践性环节；采取充实师资、增加经费、工资改革、提升职称等措施，鼓励和加强基础课教学；加强教材建设，组织编写具有上海交大教学特色的教材；给学生较大的自由度进行选课和旁听，改革毕业生分配制度，以调动学生学习的积极性和主动性；建立教学工作考核评估体系，力求客观地评价教学质量等。[③]《教学改革措施二十条》实施一年后，总体执行情况较好。

1985年4月，在全校学分制、选修制、导师制改革实践的基础上，学校召开“完善学分制”研讨会。会议总结了自1978年试行学分制以来取得的成绩和存在的问题，提出交大的人才培养要实现4个转变：从“模仿型”人才向“创造型”人才方向转变；从窄口径的专业技术人才向宽口径的技术科学人才方向转变；从培养模式和规格的单一化向多样化、多层化、因材施教的方向转变；从传授知识为主到以培养能力为主的方向转变。[④] 根据会议上形成的《上海交通大学关于完善学分制的若干规定》，全校实施以“弹性计划、模块结构、柔性要求、分级教

---

① 《回顾五年来我校教育研究工作》（1982年9月）。《上海交通大学管理改革初探》，第411页。

② 邓小平：《为景山学校题词》（1983年10月1日）。《邓小平文选》第3卷，第35页。

③ 盛振邦：《努力开创我校教学改革的新局面——在教学改革研讨会闭幕会上的讲话》（1984年10月18日），《教学研究》1984年第5期，第6页。上交档：永久1008。

④ 《我校“完善学分制”研讨会开幕》，《教学情况交流(83)》1985年4月12日。上交档：JX5。

学、自由听课、双科学位、绩点选优、异步分配”[①]为主要内容和组织形式的学分制教学，在探索学分制改革方面积累了有益的经验。

1986 年 6—10 月，学校再次组织全校性的教育思想大讨论，就培养目标、办学模式、学校的社会功能、加强学风建设等内容展开研讨。学校汇集师生员工的意见和建议，经校长办公会议讨论决定，在树立“学校以培养人才为主”的办学指导思想的基础上，实施完善改革、加强建设的政策措施：一是建立系、学科组和机关工作的评估体系，完善教师考核体系；二是完善创收提成分配政策，调整教师出国政策，制订青年教师培养使用政策；三是抓好课程建设，适当减轻公共课、基础课和技术基础课教师的教学负荷，加强科研工作，加强学风建设。[②]

1987 年，学校对 1982 年以来的本科毕业生教育质量进行了一次调查，并组织全校开展教育讨论。12 月 7 日，校长办公会议通过了上海交通大学《关于加强本科教育的决定》，提出并实施 7 条加强本科教育工作的举措：加强学校思想政治工作，广泛开展教书育人、服务育人、管理育人活动，改革政治理论课教学，加强学生社会实践；稳定教师队伍，提高本科教学的师资水平；在现有教学定编的基础上，适当增加基础课教师的教学编制；每学年初对教授、副教授任课情况进行检查；加强教材、图书资料、实验设备等教学基本建设，改善本科教育的基本办学条件；改革和完善招生制度，提高学生入学起点；严肃校纪、校规，严格课堂管理，加强平时考核。[③]

1988 年 9 月，学校制订《上海交通大学关于深化教育改革，主动适应国民经济发展需要的若干意见》。《意见》剖析了当前存在的一些实际问题，如：教育经费紧缺，部分专业和学科的基础薄弱；专业设置不尽合理，部分学科业务范围过窄；培养目标不够切合实际，在强调“研究”的同时忽略了对学生能力的培养；教师待遇偏低，从事教学工作的教师队伍不稳定；教学工作缺乏竞争机制等。这些问题有的并不是一所学校自己能解决的，但许多方面是能够加以改进的。根据《意见》提出的以提高教育质量为中心的教学改革要求，结合修订教学计划，学校着重开展以下几方面工作：拓宽专业面，提高基础课教学质量；进一步办好应用理科专业，促进应用理科专业和工程技术专业的紧密结合；加强学生计算机应用能力和实践动手能力的训练；增加经济、管理、贸易和法律类课程；改革教学内容、教学方法，充分利用电化

① 《上海交通大学志(1896—1996)》，第 264 页。

② 《上海交通大学 1986 年教育思想讨论总结》(1986 年 10 月)。《上海交大的教育改革(续编)》，第 11 页。

③ 《上海交通大学关于加强本科教育的决定》(1987 年 12 月 7 日)。《上海交大的教育改革(续编)》，第 117 页。

教学手段，提高教学效率；稳定教师队伍。[①]

1989 年 12 月—1990 年 2 月，学校结合对 1989 年政治风波的反思，根据中央和上海市的有关精神，组织开展“把德育放在首位，确立正确的政治方向，培养社会主义事业建设者和接班人”[②]为主题的教育思想大讨论，明确提出今后较长一段时期内，教育改革的重点是加强思想政治教育和加强实践教学。随即在 1990 年的学校工作中，实施了如下四方面的具体措施：一是要加强领导，理顺体制，学校党委把思想政治工作列为首要任务，学指委对学生思想政治工作进行全面指导和协调，行政各部门积极参与，齐力抓好育人工作；二是深入开展坚持四项基本原则教育、马克思主义基本理论教育和学习先进榜样的群众性教育活动；三是重视教职工特别是青年教职工的思想政治工作，稳定和提高专职思政教师和任课教师队伍；四是加强实践环节，建立实践基地，提高生产实习、课程设计、毕业实践质量，组织学生开展勤工助学、社会实践活动。

1991 年，学校组织制订上海交通大学“八五”发展规划。在本科教育规划中，明确提出“八五”期间教育工作的目标是“坚持社会主义办学方向，全面贯彻党的教育方针，主动适应社会需要，深入进行教育改革，努力提高教育质量，使交大毕业生成为国内最有竞争力、最受欢迎的德、智、体全面发展的社会主义事业建设者和接班人”。[③] 该规划还从加强德育教育、实践教育、体育教育，做好专业建设、课程建设、教材建设，开展招生工作研究、增加招生数量等几方面，对下一阶段教育改革和教学工作提出了要求。

二、探索学分制改革和优才优育

交通大学在新中国成立前实行过学分制教学。新中国成立后，全国高等教育参照苏联高教模式，实行学年制。学年制有利于计划招生和计划分配，便于管理；但不足之处在于教育模式和培养规格单一，学生知识面较窄，不利于学科的交叉、渗透和拔尖人才的脱颖而出。改革开放以来，高等教育面对世界科技革命和我国经济转型的挑战，要求克服专业狭窄、规格单一、难以实施因材施教的弊端。1978 年，教育部提出可以试行学分制。上海交大从 1978 年开始实行学分制的改革，首先在船舶制造系试行，1979 年在全校推广试行，并制订《上海交通大学关于制订七九级学分制教学计划若干问题的意见》。

---

① 《上海交通大学关于深化教育改革，主动适应国民经济发展需要的若干意见》。《上海交大的教育改革（续编）》，第 67 页。

② 《我校教育思想讨论初见成效》，《交大简报》1990 年 2 月 20 日。上交档：长期 4439。

③ 《坚持方向，深化改革——上海交通大学“八五”期间教育改革方案》（1991 年 1 月）。上交档：JX907。

学校规定本科学制为4年,4年内学生既要获得350左右总学分的要求,又要达到必修课总学分的规定,方能毕业。课程设置分必修课和选修课,选修课又分指定选修课和任意选修课。一门课程的学分数以该课程课内外学时数之和除以20周来确定,并规定大型设计、生产实习、毕业实践等都给以相应学分。

试行学分制教学,学校进行了一系列改革:全面修订教学计划,调整理论课与实践性教学环节的安排,建立校、系两级必修课、选修课的课程体系,确定各专业的侧重方向和主干课程,制订学分制教学的暂行条例等。1980年,学校制订《上海交通大学学生选修、免修课程暂行规定》,允许学生跨学科、跨专业、跨系选修课程,有些课程学生如果认为有能力自学,可以申请免修,直接参加这门课程的考试以取得学分。同时还试行了导师制,导师由讲师以上的教师担任,其任务是了解学生的学习情况,指导学生选修有关课程,培养学生科学的思维方法、严谨的治学态度和独立工作的能力。

学分制教学在上海交大试行6年来,在搞活本科教学、贯彻因材施教、促进教学建设等方面取得了初步成效。1985年,学校召开"完善学分制"研讨会,制订《上海交通大学关于完善学分制的若干规定》,主要内容有:①

加强基础,拓宽专业面,体现理工结合、文理渗透、机电相通的研究大学本科教育的特色。四年级本科学生,必须牢固掌握建立在二级学科基础上的基本理论,扎扎实实地学好几门该学科的主干课程(包括基础课和技术基础课),淡化专业,拓宽专业面。

制订弹性化的教学计划,包括模块化的知识结构,柔性要求的课程设置,体现重视能力培养的实践教学环节。多数工程技术类学科,把学生需要学习的课程分为基础、专业、科学技术前沿、人文与社会科学、经济与管理科学等知识模块。理科、管理、人文社会等学科根据本身的特点,设计自己的知识模块。每一模块里的课程含必修课、指定选修课与任意选修课。模块的知识结构,辅之以各类课程"多学时、中学时、少学时"和"本专业、外专业"等柔性要求,有利于因材施教。

削减学时,搞活教学,扩大学生选课的范围和自由度。四年制教学计划的课内总学时数控制在2 400学时以内,各类课程的课内学时原则上应削减10%。教学计划安排最低限度的必修课,最大限度地增加选修课的比例。允许学生跨系、跨年级选课,本科生可选研究生

---

① 有关完善学分制的措施,参考以下资料:《上海交通大学关于完善学分制的若干规定(试行)》。上海交通大学党委办公室编:《上海交大的教育改革(续编)》,上海交通大学出版社1988年版,第121页;俞长高、宓洽群、董育常:《国情·校情·教学制度》,《高等工程教育研究》1986年第2期;董育常、钱道中:《教学改革出现新局面》。《上海交大二十年》,第104页。

的课。

实行分级教学、自由听课。对于一、二年级学生，既允许注册选听不同要求的同一类课程，也允许选听相同教学大纲要求而不同授课时数的同一门课程，实行分级教学。对于三、四年级学生，除了实行分级教学外，基本上开放自由听课。即对成绩较好，自学、自主能力较强的学生，按照一定的审批程序，允许他们部分或全部自学（不听课），只要参加规定的考试，成绩合格，即可取得学分。

实行一、二年级班主任制和三、四年级导师制。教学班仍是学生活动的基本组织形式。由于开放自由听课后，上某些课程时会有不同的组合，但自然班仍旧存在，党、团、班级活动仍按原班级组织。

提倡教师多开课、开独创的新课，并采取职称评定、津贴奖励等激励政策。各系正副教授担任本科生教学的比例应不少于30%。为最大限度减少学生选课的冲突，实行全天排课，重要课程在排课上优先保证。同时，转变“不教不会”的传统观念，在教学方法上从传授知识为主转向以培养能力为主。

实行“学分绩点制”，精心选优，严格淘汰。把竞争机制引入教学管理，既规定课程的学分，又规定考试成绩各等级的绩点数，学分表示学习的量，绩点反映学习的质，两者结合起来衡量学生学习的质量优劣。坚持选优制度，定期选拔优秀生和优异生，给予特殊培养。定期举行各种竞赛，鼓励学生冒尖。毕业时凡评为优秀毕业生者，择优分配工作。同时，坚决纠正考试不严、分数贬值的倾向，严格执行学籍管理的规定，对达不到教学要求的学生，予以淘汰。

实行双学科学士学位制，培养复合型人才。在规定的学习年限内，允许一部分学有余力的优秀学生，除了完成本专业教学计划规定的课程和教学实践环节外，可加选另一个专业学科的若干门学士学位骨干课程，成绩合格者，毕业时授予双学科学士学位。获双学位者，可在毕业时任选其中一学科分配工作。

完善和改进教学管理，包括制订出选修、免修、学分计算、课程安排、教室使用、实验室开放、导师工作规范等实施细则，编制指导学生选课的《课程一览》等，以适应新型教学制度的需要。

经过一年多的实践，学分制教学取得了较好的效果。全校开设的选修课直线上升，1986年各专业共开出选修课510门，包括指定选修课247门、任意选修课263门，约45%的课程属于技术科学和近代科技的前沿课程，约55%属于社会科学和人文科学类的课程。其中，新课程从1982学年的67门增加至1986学年的372门。教师们多开课，开新课，促进了课程建设和专业建设，为提高教师的学术水平创造了条件。广大学生选课踊跃，从1982学年的3 641人次增加至1986学年的8 623人次。学生们大量选修计算机、外语、近代科技前沿、社会科学、经济管理类课程，改善了知识结构，丰富了文化修养，有利于造就全面发展的人才。学分制的弹性原则和管理上的灵活性，增加了学生学习的自由度。1981级学生中有13名学有潜力的优异生和优秀生，跨系、跨学科选修，攻读了计算科学、动态数据系统等新学科的全套课程，获得双学科学士学位。优异生和优秀生的涌现，也为研究生教育提供了高质量的生源。本科生报考研究生的录取率快速增长，从1984年的26%上升为1986年的40%。[①] 此外，由于学分制教学具有知识结构活、课程要求活、学习管理活、专业方向活、学习年限活的特征，在一定程度上扩大了教学的领域。

学校还严把人才培养质量关，本着"态度积极，方法稳妥"的原则，认真实行淘汰制。以1982—1983学年为例，第一学期有10名学生、第二学期又有5名学生，由于在一个学期内4门课程考试和考查成绩不及格，按照规定不得参加补考而退学；另有26名学生由学校予以留级处理。[②] 1985—1991年，学校一共对150名学业不合格学生作退学处理，[③]在总体上保持了适当的不及格率、重修重读率和淘汰率，保证了毕业生的质量。

实践证明，实行学分制教学是人才培养制度上的一次改革，它突破了单一的纵向深入的专业技术教育模式的束缚，不仅保留了原教学制度对高级工程科学技术人才的基本教学要求，保持了老交大"起点高、基础厚、要求严"的优良传统，还具有计划性和灵活性相统一，因材施教、鼓励冒尖等新特点，有利于培养高素质的创新人才，相较于学年制是一种更为灵活的教学管理模式。不过，这一时期实施的学分制，仍是在原有学年制基础上的一个探索过程，基本上属于学年学分制的模式。

上海交大根据因材施教的原则，在探索学分制教学的同时，还建立起优秀学生选拔培养制度——选优制。1978年3月，邓小平在全国科学大会开幕式上讲话时指出："在人才的问题上，要特别强调一下，必须打破常规去发现、选拔和培养杰出的人才。"[④]交大在各个历史时期都有过一些培养优秀学生的措施，但作为一项制度是从1981年开始的。1981年4月，学校颁发了《关于选拔培养业务优秀生和优异生的几点意见》，其后又制订《关于在本科生中选

---

① 俞长高：《上海交大全面试行学分制一年浅析》，《高等工程教育研究》1987年第1期；《关于授予双学科学士学位毕业证的报告及领导批示》(1985年7月22日)。上交档：JX7。

② 董育常、张贻复：《上海交大教学改革调查》。《上海交大的教育改革》，第56页。

③ 1985—1991年《普通高等学校基层报表》。上交档：永久1112、永久1253、永久1344、永久1410、永久1464、永久1576、永久1623。

④ 邓小平：《培养科学技术人才是教育战线的重要任务》。《毛泽东邓小平江泽民论教育》，第133页。

拔、培养优秀生和优异生的暂行办法》，就选拔的标准、原则、方法和培养措施、管理办法作出了规定。

每一届优秀学生的选拔分两轮考核进行。第一轮选拔安排在一年级的第二学期，主要依据公共课、基础课成绩，英语、高等数学、普通物理单科竞赛名次，由教务处和一年级教学部共同审定第一轮优秀生和优异生名单，名额原则控制在优秀生约为学生总数的10%，优异生为学生总数的1%至2%。第二轮选拔在三年级进行，由学校和各系共同组织“中期选拔”考试，并依据学生前5个学期的学习成绩，德智体全面衡量，通过知识、能力的综合考察，确定第二轮优秀生和优异生的名单，人数仍分别控制在学生总数的10%和1%左右。[①] 例如，1990年对1986级、1988级本科生开展选优工作，遴选出1986级第二轮优异生16名和优秀生41名、1988级第一轮优异生10名和优秀生16名。[②]

学校和院系为历届优异生制订一整套特殊培养措施：为每位优异生配备一名学术水平高、教学经验丰富的教师担任导师；在导师指导下，为每位优异生单独制订一套教学计划（培养方案）；每位优异生都可获得学校最高等级的奖学金；学校为优异生开设新兴学科与边缘交叉学科的多门选修课，提供攻读双学科学士学位条件；给优异生单独配备高水平的外语教师，为他们开设外语专门课；导师组织优异生参加部分科研工作；优异生可以享受研究生同等的借阅图书的资格，可以进入图书馆教师阅览室和系资料室学习；优异生本科毕业后可免试直升研究生，也允许他们根据本人的志愿，在分配方案内自主选择工作去向和单位，学校优先从中挑选一部分优异生直接留校充实师资队伍，并提供选送出国深造的机会和条件。对于优秀生，各系（专业）也给他们提供相应的学习条件和措施，给予更多的关心和帮助。

学校在全体学生中实行选优制度，极大地激发了广大学生的学习热情，有力地推动了整个学校教学质量的提高，为一批优秀人才脱颖而出创造了条件。在全国和上海市组织的各项评比、对口检查、统测、统考、竞赛活动中，各专业优异（秀）生均名列前茅。大部分学生毕业后进入国内外著名院校深造，攻读硕士或博士学位；一部分学生赴研究所或高校任职。日后他们大多学有所成，成为各行业的佼佼者。

为寻求培养优秀人才的新途径，上海交大还在1985年国家教委试行优秀中学毕业生免试进入高校深造的保送生制度的基础上，设立了由中学保送生为对象的教改试点班。举办

---

① 《上海交通大学志（1896—1996）》，第293页。

② 《有关1988级第一轮、1986级第二轮选优优异生、优秀生名单的请示报告及领导批示》。上交档：JX678。

试点班的宗旨是创造一个好的学习和竞争环境,使拔尖人才能够脱颖而出,培养学生具有较好的理科基础、较强的学习和科研能力,成为理工结合的复合型、开拓型人才。据此,为试点班制订了高要求的培养目标——"政治思想优、数理基础好、外语水平高、动手能力强",在各门课程、各个教学环节中坚持"高起点、少学时、多自学、严要求"[①]的教学思想和原则,进行课程设置、教学内容、教学方法等改革的综合试验。

翁史烈校长(右)为试点班学生讲述学习方法,勉励学生好好学习

试点班采用"提前入学、任选专业、单独组班、因材施教"[②]的办学模式,其学习分为3个阶段:一是提前入学阶段。一旦确定保送进入交大的资格,学生在中学毕业会考结束后即可提前进校,进行数学、外语、计算机三门课程的适应性学习,使学生及早了解、熟悉大学学习环境和节奏,做好中学到大学阶段的衔接。二是集中学习阶段。除少数专业因课程设置不同,需要学生提前进入该专业学习外,大多数学生在试点班集中学习一至两年。由教务处制订并落实专门的培养计划,课程设置中的数学类、物理类主干基础课均按理科模式进行培养,其教学深度和广度要求达到或接近理科大纲要求;强化外语训练,要求学生在二年级时达到英语六级水平;加强计算机操作、实验课程和实践环节,增强学生动手能力。三是专业试点班阶段。三年级时,根据学生意向、学习成绩和能力,分到各系进行专业学习,有关系将他们组成应用物理、自动控制、计算机和通信工程等多个专业试点班。

为了强化试点班的竞争机制,严格教学管理,1988年以后对试点班由单一的淘汰制转为双向流动制。当年就从普通班吸收了多名优秀学生进入专业试点班学习,同时还吸收部分高考成绩优异者,入校后编入一年级试点班学习。

---

① 白同朔、陈全福、董育常:《发挥重点高校优势,提高人才培养质量——兼议上海交通大学教育改革的实践》,《高等教育研究》1991年第2期。上交档:JX1102。

② 董育常、钱道中:《教学改革出现新局面》。《上海交大二十年》,第106页。

学校对于试点班的人才培养也创造了许多特殊条件，如允许自愿选择专业、享受第二学科学士学位的选修资格、提供较多的实践性教学机会、发放高于普通班比例的人民奖学金等。

1985—1991 年，学校共培养试点班学生 575 人。[①] 这项教改试点取得了较好的培养效果，试点班学生以知识面广、基础扎实、适应能力强而受到称赞。以 1985 级首届试点班学生为例，有 13 人被评为校、市级三好学生、优秀学生干部，有 2 个小班被评为校三好集体；有 10 人被选为校优异生，占 1985 级试点班学生总数的 8.2%；有 56 人提前一年毕业，占 1985 级试点班学生总数的一半；有 54 人直升或考入硕士研究生，14 人出国留学深造，1/4 学生取得了第二学科学士学位。[②] 试点班学生在各类竞赛中成绩突出，如 1986 级试点班学生路沙获 1987 年京津沪非物理专业物理竞赛第一名，1988 级试点班学生组成的王宁队获 1990 年上海市数学类数模竞赛一等奖，1990 级试点班学生组成的周永频队获 1991 年上海市非数学类数模竞赛一等奖。[③]

对试点班教学感触最深的，莫过于广大试点班学生。在教务处的一份总结材料中，记录了学生们的评述：

> 试点班课程设置时间多、量多、内容深，教学要求高，给我们带来了推力；老师、学校在精神上、物质上的关心鼓励，给我们带来了动力；同学之间互相竞争、水涨船高、互相帮助，给我们带来了拉力。试点班的教育给了我们成长的加速度。
>
> 通过试点班生活中的“拼搏”“腾飞”，使我不断地超越了自我，既克服了中学时那种“夜郎自大”的浅陋，又战胜了竞争失败时的自卑感。“自胜者强”是我最大的收获。
>
> 试点班是个温暖的集体。这里有组织的关怀，有竞争的气氛，有拼搏的环境，是“英才的摇篮”。使我体会到，人生就是不停的尝试，永恒的拼搏及不断的超越。
>
> 在试点班里学到了“考试观”和“成败观”。在成功时既不应该相信自己会永远顺利，是“天才”，在受挫时也不要怀疑自己的智力和能力。在分数面前应该超脱一些，如果没有虚度光阴，就不必内心有愧。
>
> 试点班与其说是试点，倒不如更确切地说是一种改革，对现行教育方法和课程设置的改革。试点班是一种气氛、一种环境、一种压力和一个大的营养池，唯一需要的便是勇气和毅力。如果让我点评试点班——“难忘”，如果有人和我说起试点

---

① 《我校试点班、少年班教学改革初见成效，促使优秀学生脱颖而出》，《上海交大信息》1992 年 4 月 29 日。上交档：长期 5098。

② 陈全福、董育常、谢湧沛：《选优育优，因材施教，探索高校培养人才的有效途径》（1989 年 6 月）。上交档：JX531。

③ 《我校试点班、少年班办学情况的调查报告》，《上海交大信息》1992 年 4 月 11 日。上交档：长期 5101。

班生活的紧张和压抑——“值得”。[①]

后来,试点班很多学生都成为社会各行业的栋梁之材,如沈南鹏、叶军、刘泓涛等。

1984年10月16日,邓小平在会见著名学者丁肇中教授时指出:少年班很见效,是破格提拔。他指名要求北大、清华、交大、复旦也举办少年班。[②] 根据邓小平谈话精神,经教育部批准,上海交大于1985年开办首届少年班。生源主要是各省市重点中学举办的少年班预备班或超常班的学生和各省市重点中学的优秀非应届毕业生,年龄最大的16岁、最小的13岁。1985—1991年,学校共招收少年大学生157人。[③]

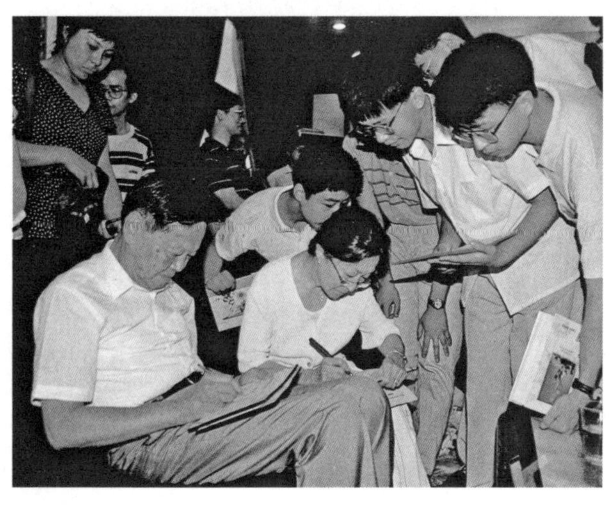

诺贝尔物理学奖获得者杨振宁博士(左1)与试点班、少年班学生在一起谈学习

针对少年班学生年龄小、智能高,但各方面欠成熟、基础欠扎实的特点,学校制订《少年班建设规划要点》和《少年班教学计划》,确定其培养目标是造就技术与应用科学领域的复合型、开拓型高级人才以及高级工程技术人员,明确办班的任务是创造适宜环境,帮助少年大学生有目的地打好坚实深广的思想基础、业务基础和强健的身体基础。

少年班学生入学后前两年,单独编班、独立教学,课程设置大体上与综合大学理科专业相仿,特别强化数学、物理、英语骨干课程,强化实验课、计算机操作等实践性环节,并针对少年大学生的特点,增设人文方面的选修课或讲座。学校选派热心教育、具有较高学术造诣和教育思想的教师执教;聘请学校著名学者担任教学顾问;选派责任心强的优秀教师担任班主任,参与少年大学生的教学管理和德智体的全面培养。从第三年开始,根据学生本人志愿和国家需

① 陈全福、董育常、谢湧沛:《选优育优,因材施教,探索高校培养人才的有效途径》(1989年6月)。上交档:JX531。

② 陈全福、董育常、谢湧沛:《选优育优,因材施教,探索高校培养人才的有效途径》(1989年6月)。上交档:JX531。

③《我校试点班、少年班教学改革初见成效,促使优秀学生脱颖而出》,《上海交大信息》1992年4月29日。上交档:长期5098。

要，将少年班学生分流到各专业就读。

开办少年班，是探索快速培养高质量人才的一种尝试。至1993年已毕业的5届约110名少年班学生中，有20多人出国留学深造，有48人考取研究生，有些学生在研究生毕业后留校，成为教学和科研的骨干力量。2001年8月，上海交大少年班停止招生。

三、教学基本建设及成果

上海交大在探索本科教学改革的同时，十分重视教学的基本建设，内容包括课程建设、教材建设、教学评估和教学奖励等，1978—1991年间涌现出一大批优秀教学成果，培养出大批优秀人才。

（一）课程建设

一所学校的课程（包括必修课和选修课、理论教学和实践教学课程）建设水平的高低，在很大程度上“决定着全面教学质量的优劣”，[①]因此上海交大始终把课程建设作为教学的中心环节，常抓不懈。1979年和1985年，学校围绕着拓宽专业口径、实施学分制教学，两次开展修订教学计划的工作，重新调整课程设置和课程结构，着重加强基础课，突出主干课；同时，组织政治、经济、管理、法律、心理、历史、贸易等选修课程，以满足“创造型”技术科学人才所需的广博科学知识。这一阶段的课程建设取得了较显著的成绩，但发展很不平衡。由于缺乏统筹规划，致使“基础课建设落后于专业课建设，实验课建设落后于理论课建设，人文社会科学课程建设落后于理工科课程建设，硬件建设落后于软件建设”。[②]

1986年经过全校教育思想大讨论，学校明确提出加强以课程建设为核心的教学基本建设。为了有重点地扶持一批课程，提高教学质量和水平，使它们分期分批地达到全国领先地位，学校成立课程建设与评估委员会，对全校的课程建设进行规划、指导、监督、评估、择优及管理。同时设立校课程建设基金，每年拨款20至50万元，扶持一批关键、骨干课程的建设。1986年和1987年，投资近百万元资助了49门课程和两个专业本科教学建设。1988年，学校对这两轮课程建设基金的投资效益进行了全面的检查。结果证明，由于目标明确，任务落实，责权挂钩，赏罚分明，广大教师表现出很高的工作热情，较好地完成了课程建设任务。在第一轮投资的49门课程中，有43门全面或基本完成了“协议”规定的任务，其中15个课程

---

① 教务处：《以课程建设为核心，抓好教学基本建设》（1990年）。叶取源主编：《上海交通大学教育理念与办学传统》，2000年9月，第146页。

② 教务处：《以课程建设为核心，抓好教学基本建设》（1990年）。《上海交通大学教育理念与办学传统》，第148页。

组超额完成。共编写了61本教材、16本实验课程或指导书、20本习题或解答集，制作或购买了227件教具模型、4套实验装置、725张挂图、1 296张照片、2 452张图纸、859张幻灯片，拍摄或复制了79部教学录像片。[①] 第二轮课程建设基金集中投资给机械制造工艺及设备专业(简称“机制专业”)和计算机及应用专业(简称“计算机专业”)，改善教学条件和教学基本建设，使这两个专业的本科教学建设与改革成果获得了国家优秀教学成果特等奖和优秀奖。1990年，全校共有87门课程列为重点课程建设评估对象，44门课程列为“一类课程”评估对象，25门课程申报第三轮课程建设基金。[②]

经过多年的建设，学校本科教学加强了数学、物理、外语、力学、电工、计算机等基础课程及实验的教学，基础课程(包括公共基础课、技术基础课和专业基础课)的教学学时占整个教学计划总数的80%以上，尤其是公共基础课和技术基础课的教学学时得到了足够的保证。许多基础课程引入了系统、动态、优化、离散、统计等现代理论，体现教学内容“新”“深”“厚”的要求和特色。如应用数学系对基础理论课高等数学增加了矢量和场论等教学内容，还结合专业开设了工程数学课；电力工程专业将电机学改为机电能量转换，大大加深基础理论部分的内容；应用化学专业开设的物理化学，新教材引入了统计学理论；电子工程专业开设的电路理论基础，引进了电子计算机程序系统。高等数学、普通物理、普通化学等基础课，实行了启发式、讨论式、自学的教学方法，把课堂教学由单纯传授知识逐步推向开发学生的智能，更好地调动学生学习的主动性和积极性。核反应堆物理分析、传感器等主干专业课，通过精讲多练，实施理论、实践一体化教学，着重培养和发展学生独立获取知识和解决工程实际问题的能力。

这一时期，学校本科教学形成了连续4年外语、实验和计算机教学“不断线”。在基础外语教学阶段，学校提出“读、听、写、说”的教学要求，使用兼顾知识和能力要求的高起点教材，改革传统的教学方法，探索实行分级教学；还把外语教学和专业课程教学结合起来，着重提高大学生的专业外语水平。重视学生动手技能和创新能力的培养和训练，通过开设基本实验、演示实验、设计实验、开放实验、选修实验等，把实验教学从理论教学课程中独立出来，单独设置形式多样的实验教学课程，建立起完整的实验教学课程新体系。改革实践教学，加强工程训练、社会实践、生产实习、课程设计、毕业设计(论文)等教学环节。普及计算机教学，一方面，将计算机辅助教学手段引入到基础课和专业课教学中，提高教学效果；另一方面，在

① 教务处:《以课程建设为核心,抓好教学基本建设》(1990年)。《上海交通大学教育理念与办学传统》,第151页。

② 《上海交通大学志(1896—1996)》,第301页。

实验教学和毕业设计(论文)环节,指导学生利用计算机开展计算、分析和辅助设计,加强学生计算机应用能力的培养。

(二) 教材建设

课程建设的加强有效地推进了教材建设工作。1978 年以来,学校先后编制 8 次教材规划:1978 年《上海交通大学承担高等学校统编教材规划》、1983 年《上海交通大学承担高等学校统编教材规划》、1985 年《上海交通大学 1985—1987 年教材规划》、1986 年《上海交通大学 1986—1990 年电子类专业教材规划》、1986 年《上海交通大学教材规划》、1987 年《上海交通大学重点教材规划》、1988 年《上海交通大学承担高等学校统编教材规划》、1991 年《上海交通大学"八五"教材规划》。

8 个教材规划均有不同的要求和特点。由于"文化大革命"严重破坏教材建设,学校在 1978—1982 年的第一轮全国统编教材中重点解决教材的有无问题,承担了教育部、一机部、二机部、四机部、六机部、电力部等 6 个部的全国统编教材 113 种,其中主编 62 种、参编 17 种、主审 34 种,还编译出版了造船、机电等专业科技图书约 40 种,内部铅印教学用书 79 种,油印讲义 716 种。在 1983—1984 年的第二轮全国统编教材中,交大承担全国统编教材 116 种,其中主编 72 种、参编 16 种、主审 28 种,还公开出版非统编教材及参考书 344 种,内部铅印教学用书 30 种,油印讲义 1 062 种。[①] 这些教材的特点是更新内容,提高起点,建立新体系,反映现代科技水平。1985 年后,学校着重扩大教材的专业覆盖面及全面提升质量,共承担国家教委、中国船舶工业总公司、电子工业部、机械工业部、能源部、中国核工业总公司等 6 个部委的统编教材共 139 种,其中主编 74 种、参编 16 种、主审 49 种,还公开出版非统编教材及参考书 295 种,内部铅印教学用书 60 种,油印讲义 1 325 种。[②]

学校积极贯彻国家教委下达的《高等学校教材工作规程(试行)》,在强化教材工作的领导和管理、配备教材工作管理干部、编制教材规划、推荐优秀教材出版、制订教材建设规章制度等方面均采取措施,促使学校的教材建设不断上水平。为总结教材建设的经验,进一步调动广大教师著书立说的积极性,1985 年 1 月学校召开教材工作检阅大会,首次在全校范围评选出优秀教材 91 种;1987 年、1990 年又各评出校优秀教材 43 种。

---

① 教务处:《提高认识,制订规划,加强领导,落实政策,为使我校教材建设进入全国高校最前列而奋斗》(1985 年 2 月)。上交档:JX29。

② 《为确保我校教学质量再上水平,教务处要求各院、系认真做好"八五"教材建设规划工作》,《教学情况交流》1990 年 11 月 23 日。上交档:JX672。

获国家优秀教材特等奖的计算机科学及工程系白英彩副教授

1987 年,国家教委在全国开展了新中国成立以来的第一次评选优秀教材工作,这是我国教材评选的最高奖励。经各部委和全国专家的两次评审,上海交大白英彩主编的《计算机硬件实验教程》获国家优秀教材特等奖,还有 6 本教材获国家优秀教材奖,15 本教材获部级优秀教材奖。获奖教材名单见表 4-1。

表 4-1 1987 年国家级和部级优秀教材获奖名单①

书名	编著者	出版单位	获奖等级
《计算机硬件实验教程》	白英彩	上海科技出版社	国家优秀教材特等奖
《普通物理学》(第四版)	程守洙、江之永	高等教育出版社	国家优秀教材奖
《传热学》	杨世铭	高等教育出版社	国家优秀教材奖
《微型计算机控制技术》	谢剑英	国防工业出版社	国家优秀教材奖
《连续运输机》	洪致育、林良明	机械工业出版社	国家优秀教材奖
《金属学》	胡庚祥、钱苗根	上海科学技术出版社	国家优秀教材奖
《船舶结构力学》(修订本)	陈铁云、陈伯真	国防工业出版社	国家优秀教材奖
《固体物理学》	方俊鑫、陆栋	上海科学技术出版社	部级优秀教材一等奖
《涡轮增压柴油机热力过程模拟计算》	顾宏中	上海交通大学出版社	部级优秀教材一等奖

① 资料来源:《在第一次全国高校优秀教材评奖中,我校教材建设喜获丰收》(1988 年 3 月 18 日)。上交档:JX417;《全国高等学校优秀教材获奖书目》《国家教委高等学校优秀教材获奖书目》《国务院有关部委高等学校优秀教材获奖书目》。上交档:长期 4009。

（续表）

书名	编著者	出版单位	获奖等级
《数学分析》	何琛、史济怀、徐森林	高等教育出版社	部级优秀教材二等奖
《工程热力学》	沈维道、郑佩芝、蒋淡安	高等教育出版社	部级优秀教材二等奖
《数字电路与脉冲电路实验》	朱积川、刘泽坚	高等教育出版社	部级优秀教材二等奖
《英语》	吴银庚	高等教育出版社	部级优秀教材二等奖
《UNIX操作系统》	尤晋元	西北电讯工程学院出版社	部级优秀教材二等奖
《系统仿真》	韩慧君	国防工业出版社	部级优秀教材二等奖
《光纤通信原理》	张煦	上海交通大学出版社	部级优秀教材二等奖
《金属电子显微分析》	陈世朴、王永瑞	机械工业出版社	部级优秀教材二等奖
《船舶静力学》	盛振邦、杨尚荣、陈雪深	国防工业出版社	部级优秀教材二等奖
《控制理论基础》	王显正、范崇託	国防工业出版社	部级优秀教材二等奖
《船舶推进》	王国强、盛振邦	国防工业出版社	部级优秀教材三等奖
《陀螺仪原理及应用》	陆恺、罗超、吴健中	国防工业出版社	部级优秀教材三等奖
《液压传动》	严金坤、张培生	国防工业出版社	部级优秀教材三等奖

另有3本与兄弟院校合编的教材获国家优秀教材奖，分别是《物理实验基础部分》（工科用）、《机械制图》《程序设计语言编译原理》；有4本合编教材获部级优秀教材奖，分别是《核反应堆物理分析》《交流调速系统》《普通物理学习题与选题》《有限元法及其在动力机械中的应用》。这些优秀教材的特点是：风格独特，结构新颖；发行量大，影响面广，在全国享有一定声誉；总结科研成果，具有开创性；更新内容体系，确保严格的科学性。

1991年，学校参加第二届全国优秀教材评选，2本教材被评为全国优秀教材，12本教材被评为部级优秀教材。获奖教材名单见表4-2。另有1本与兄弟院校合编的教材《成组技术》被评为部级优秀教材。

表 4-2 1991 年国家级和部级优秀教材获奖名单[①]

书名	编著者	出版单位	获奖等级
《动态大系统方法导论》	席裕庚	国防工业出版社	全国优秀教材 部级优秀教材特等奖
《柴油机增压及其性能优化》	顾宏中、邬静川	上海交通大学出版社	全国优秀教材 部级优秀教材一等奖
《大学核心英语》(听说、读写、词汇 1—4、教师用书 1—4)	杨惠中、张彦斌	高等教育出版社	部级优秀教材一等奖
《软件系统开发技术》	潘锦平	西安电子科技大学出版社	部级优秀教材一等奖
《螺旋桨激振力》	何友声、王国强	上海交通大学出版社	部级优秀教材二等奖
《多刚体系统动力学》	刘延柱、洪嘉振、杨海兴	高等教育出版社	部级优秀教材二等奖
《固态电子学》	陈益新、龚小成	高等教育出版社	部级优秀教材二等奖
《激光导论》	陈英礼	电子工业出版社	部级优秀教材二等奖
《数字图像处理》	余松煜、周源华、吴时光	电子工业出版社	部级优秀教材二等奖
《制冷装置及其自动化》	邹根南	机械工业出版社	部级优秀教材二等奖
《电力系统自动装置原理》	杨冠城	水利电力出版社	部级优秀教材二等奖
《电力系统过电压计算》	李福寿	水利电力出版社	部级优秀教材二等奖

(三) 教学评估

重视教学评估工作,是上海交大强化教学基本建设的又一重要举措。1984 年,学校教学改革研讨会提出,建立一个教学工作的考核评估体系,客观地评价教学质量,引导教学改革深入进行。经研究试评,形成《系科教育工作评估指标体系》。从 1988 年起,学校试行以定任务、定编制、定经费和进行办学水平评估为特征的“三包一评”责任制(后改名为“三定一评”),每两年评估一次,其中包含系级本科教育水平的评估。1990 年系级本科教育水平评

① 资料来源:《高等学校船舶类专业优秀教材获奖书目》《国家教委第二届高等学校优秀教材获奖书目》《机电部电子类专业高校第二届优秀教材获奖书目》《第二届全国高等学校机电类专业优秀教材目录》《第二届全国高等学校优秀教材获奖书目(优秀奖)》。上交档:JX1219;《第二届高等学校电力各专业优秀教材获奖名单》。上交档:长期 5276。

估的前 3 名是机械工程系、船舶及海洋工程系、精密仪器系。

20 世纪 80 年代中期以后，全国高等教育的各级各类评估广泛开展，重点集中在本科教育工作状况和本科生全面教育质量的评估上，以专业和课程评估为主。上海交大在各类评估中屡获佳绩，如机械制造工艺及设备专业，在 1984 年上海市 12 所工科院校对口教学检查中名列第一；在 1988 年全国 25 所院校同类专业评估中，本科统测成绩门门列入 A 级，居总分第一，并获 2 个单项第一。工业管理专业在 1985 和 1990 年上海市高校管理类专业对口检查中，两次获得总分第一。计算机及应用专业在 1988 年国家教委进行的本科生培养质量测评中，获得专家组好评；在 1990 年上海市高校计算机类专业评估中获第一名。此外，在 1984 年上海市 22 所高校金工教学实习和普通物理实验教学的对口检查中，以及在 1986 年上海市高教局组织的本科生毕业设计检查评估中，学校均名列前茅。

作为教学评估的一个重要内容，学校还于 1982 年、1983 年、1987 年和 1989 年组织了 4 次大规模的本科教育质量调查，发出各类调查函近万份，走访部分单位的党、政、技术领导，取得了许多第一手资料和信息。调查结果表明：1977 级以来的历届毕业生，在政治进取、工作态度、业务能力和社会贡献等方面，深受用人单位及社会各界的好评，认为他们“在跟踪新技术和学科前沿知识方面有一定的优势”，“都能发扬务实的好传统”，表现出交大“基础厚、适应快、后劲足”[①]的特点。调查还对学校 20 世纪 80 年代的本科教育质量作出基本评估：“教师队伍稳定，教学秩序正常，教育质量良好。”[②]具体说来，一是毕业生政治素质好的和比较好的占主体，反映出学校德育教育是健全的、有成效的；二是调整专业设置，拓宽专业面，重建理科系，实现理工结合、文理渗透，取得了成果；三是管理改革的深入开展，促进了教学改革的深化，为提高本科教育质量奠定了扎实的基础；四是教育评估为宏观指导和控制本科教育质量，提供了有效的保证；五是教学基地建设使本科教育加强了与社会的联系，增强了学校面向经济建设的活力。与此同时，调查也看到本科教育存在着潜在的不可忽视的问题，如少数学生“存在着三脱离（脱离生产、脱离社会、脱离工农）的倾向”，“解决工程实际问题的能力较差”，“体质有所下降”[③]等。1990 年以后，结合实施“三定一评”、开展本科教育水平评估，学校每两年组织一次毕业生质量调查。

（四）教学奖励

为了激发和保护广大教师的教学热情，上海交大积极开展教学评优奖励工作，切实支持

---

① 《本科教学改革在不断深化》。《上海交大的教育改革（续编）》，第 115 页。

② 《上海交通大学本科教育调查报告》（1987 年 6 月）。上交档：JX361。

③ 《上海交通大学本科教育调查报告》（1987 年 6 月）。上交档：JX361。

教学建设持续深入地进行。教学奖励工作根据学校具体情况,坚持“三个为主”,即本科教育与研究生教育,以奖励本科生教育为主;教学工作与教学管理工作,以奖励教学工作为主;教师与教学管理人员,以奖励教师为主。[①]

上海交大济群、亿利达、凌鸿勋、福汽教学优秀奖授奖大会

1979年,学校设立教学优秀奖,奖励在教学第一线做出贡献的先进个人。规定在每学期期中教学检查的基础上进行评选,每学年组织一次,名额控制在全体教学编制数的10%左右。1979—1991年,共评选出教学优秀奖1 505人次。[②] 同年,学校还设立班主任工作优秀奖,奖励在班主任工作中认真履行班主任工作职责、到岗到位、积极贯彻党的教育方针、关心学生德智体全面发展的教师和干部。他们开展多种形式思想政治教育,努力做好教书育人工作,引导学生努力学习、积极进取,成绩卓著。该奖每年评选一次,1979—1991年共奖励优秀班主任666人次。[③] 1990年以后,一部分国内外企业集团、知名人士、校友等捐资在学校设立“奖教金”,学校称为教学优秀大奖,诸如济群教学奖、亿利达优秀教师奖、凌鸿勋优秀教师奖、福汽育才奖等,奖励在教学方面治学严谨、为人师表、教书育人、成绩显著的优秀教师。

1983年,学校设立教学改革与教学建设成果奖,奖励在专业培养上走出新路子、教学建设上开创新局面、课堂教学中运用新方法、因材施教中开辟新途径、教书育人方面创造新经验的优秀教师和集体。1989年国家教委颁布《关于奖励全国普通高等学校优秀教学成果的决定》后,学校将教学改革与教学建设成果奖更名为优秀教学成果奖。该奖每2年评选一次,每4年一轮,推荐其中最优秀的成果参加上海市和全国优秀教学成果的评选。1983—1991年学校

---

① 《开展教学评优和奖励,推动教学改革和建设——几年来教学评优奖励工作的总结》(1990年5月18日)。上交档:JX559。

② 《上海交通大学志(1896—1996)》,第318页。

③ 《上海交通大学志(1896—1996)》,第321页。

进行了5次评选，共评选出校特等奖4项、一等奖22项、二等奖52项、鼓励奖28项。[①]

由于学校在创建优秀教学成果的工作中将评优与课程建设基金择优投资相结合，做到提高起点、早作安排、增加投入、重点扶持，加上教师们日积月累、努力进取，在1989年首次全国优秀教学成果奖的评选中，荣获国家优秀教学成果特等奖1项、国家优秀教学成果奖2项、上海市优秀教学成果特等奖2项、上海市优秀教学成果奖11项，学校也因此被国家教委授予"教学奖励工作先进单位"的荣誉称号。获奖名单详见表4-3。

表4-3　1989年全国、上海市优秀教学成果获奖名单[②]

优秀教学成果名称	获奖等级	成果代表
坚持教学改革，高质量培养机制专业人才	国家级特等奖	洪迈生、沈德和、蒋锡藩
培养高质量博士，推动学科建设	国家级优秀奖	张钟俊、吴智铭、施颂椒
计算机及应用专业教学改革与专业建设	国家级优秀奖	孙永强、盛焕烨、白英彩
改革普物教学，全面提高教学质量	上海市特等奖	胡盘新、张立、孔令达
理论力学、材料力学教学改革与建设	上海市特等奖	许本安、包宏稼、杨海兴
大学英语教学的系统设计及实践	上海市优秀奖	张彦斌、龚新梅、王士先
压力加工学科研究生教学基地建设	上海市优秀奖	阮雪榆、肖文斌
船舶系出成果，育高才	上海市优秀奖	陈雪深、吴善勤、赵一飞
传热学课程建设	上海市优秀奖	杨强生、钱滨江、常家芳
电子类专业技术基础实验教学改革	上海市优秀奖	华南盾、朱积川、曹励芬
教书育人，提高高等数学教学质量	上海市优秀奖	孙薇荣、王嘉善、张益杰
一年级教学管理与建设	上海市优秀奖	何永棣、林润汤、陈永如
选优育优，因材施教，探索高校培养优秀生	上海市优秀奖	陈全福、董育常、谢湧沛
拓宽专业面，增强适应性——动力机械专业十年改革与建设	上海市优秀奖	包伟业、赵国光、陈全福
深入改革，系统规划，建设高水平机械设计课	上海市优秀奖	王成焘、丁振华、吴世华
微型计算机控制技术课程与教学实验建设	上海市优秀奖	谢剑英、袁长奎、陈应麟

① 《上海交通大学志(1896—1996)》，第319页。

② 资料来源：《国家级普通高等学校优秀教学成果奖获奖名单》(1989年12月28日)、《一九八九年上海市普通高等学校优秀教学成果获奖项目》(1989年12月)。上交档：JX554；《上海交大上报全国普通高校优秀教学成果奖申报书》。上交档：JX558。

获国家优秀教学成果特等奖的机械工程系“坚持教学改革，高质量培养机制专业人才”成果，在改造老专业过程中，精心设计知识和能力培养结构，加强基础，拓宽专业面，将计算机普遍应用于教学，不断提高学生适应能力；重视实践，增设大型专业实验等实践环节，结合工程实际来优化毕业设计(论文)选题，把学生引向生产实践大课堂；以科研促教学，及时将科研成果转化为教学内容，加强机电一体化，用高技术、新技术改造传统工艺。经过多年的改革实践，机制专业创造出一条“老树开新花”的新经验，培养出一批适应现代机械工业需要的机械工程技术人员，获得社会用人单位的赞扬，并在上海市和全国机制专业办学水平评估中多次取得优异成绩。

获国家优秀教学成果奖的自动控制系“培养高质量博士，推动学科建设”成果，其代表教师张钟俊教授在培养博士研究生过程中，始终坚持“爱国心、事业心、竞争心”的教育，用自己的亲身经历和感受教育青年学生要努力学习、勤奋工作，为祖国服务。在自动控制学科博士点全体指导教师的努力下，以培养高质量的博士为目标，在学术上讲究“严、新、高、超”的要求，从严治学，博士生的论文受到国内外同行专家的好评；把博士生培养和学科建设紧密结合起来，不断开拓学科前沿领域的研究，承接国家高新技术科研项目并多次获得国家和部委级科技奖励。

获国家优秀教学成果奖的计算机科学及工程系“计算机及应用专业教学改革与专业建设”成果，自 1977 年以来，明确以“软件为主、软硬结合、兼顾应用”的人才培养目标，以毕业生分配后用人单位反馈信息为依据，三次组织修订教学计划，优化课程设置，改革教学内容，加强教材建设和师资培养，在加强理论教学的同时加强实践，强化对学生的工程师基本训练和初步科研能力训练，在教学改革上取得突破性进展。该专业在全国 29 所工科院校计算机及应用专业本科教育评估中以 95.15 分名列榜首，培养的毕业生在工作单位表现突出，深受欢迎。

多年来，经过上述教学基本建设，有效地促进了本科教学质量的提高。上海交大历届本科生在基本理论和基础知识方面打下了扎实的根底，具有求真务实、开拓创新，以及适应能力强、发展潜力大的特点和优势。交大学生参加全国和上海市的各类课程竞赛和考试，成绩均属优异。1983 年，上海市高教局组织全市 49 所大专院校进行英语、高等数学、普通物理和中共党史 4 门公共课的抽样统考，上海交大随机抽 7 个班级 201 名学生参加，4 门课程统考成绩分别在同类高校中名列第一。1985 年、1987 年、1989 年、1991 年，举办由北京物理学会命题的京津沪非物理专业大学生物理竞赛，上海交大学生在历届上海赛区比赛中以绝对优势夺得一等奖的全部奖项和二、三等奖的大多数奖项。1985—1987 年，全国部分工科院校联合组织硕士研究生高等数学统一入学考试，上海交大本科毕业考生及格率均列各校之首；1988 年，硕士研究生入学考试试行高等数学全国统考，上海交大考生及格率名列上海地区第一。从 1987 年起，实行大学英语四级等级考试，上海交大学生历年的考试通过率均为 90％以上。1991 年，上海市高教局组织了上海市首届普通高校高等数学竞赛，上海交大有 20 位学生囊括一等奖和二等奖，29 名三等奖中上海交大学生占 24 人，学校获奖数占重点院校组全部奖项的 90％。

14 年来，上海交大为国家和社会培养输送了一批优秀人才，许多校友成为科技工程界、教育界的知名专家学者，如：1978 届材料科学及工程系本科毕业生和 1980 届硕士毕业生、中国工程院院士、上海交大轻合金精密成型国家工程研究中心主任丁文江，1977 级电工及计算机科学系本科毕业生和 1982 届硕士毕业生、澳大利亚技术科学与工程院院士、澳大利亚悉尼大学理学院副院长、上海交大 Med－X 研究院首席科学家及国际顾问委员会主任冯大淦，1982 届（1977 级）船舶及海洋工程系本科毕业生和 1989 届博士毕业生、中国工程院院士、上海交大常务副校长林忠钦，1982 届（1977 级）动力机械工程系本科毕业生、瑞典皇家工程科学院院士、ABB 集团高级副总裁、ABB（中国）有限公司董

2013 年，丁文江教授当选为中国工程院院士

2007 年 11 月 12 日，在上海交大 Med－X 研究院成立仪式上，澳大利亚技术科学与工程院院士冯大淦担任研究院首席科学家及国际顾问委员会主任

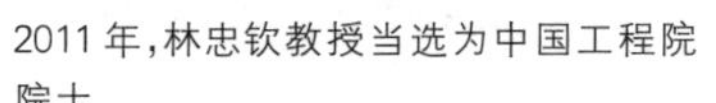

2011年，林忠钦教授当选为中国工程院院士

2015年，顾纯元当选为瑞典皇家工程科学院院士

2007年11月7日，澳大利亚两院院士顾敏回母校作学术报告

2007年，刘建影受聘为上海交大客座教授

2010年，倪军教授(左)获上海市白玉兰荣誉奖，上海市市长韩正(右)为倪军教授颁奖

事长兼总裁顾纯元，1982届(1977级)应用物理系本科毕业生、澳大利亚技术科学与工程院院士、澳大利亚科学院院士、澳大利亚斯威本科技大学副校长顾敏，1978级无线电系本科毕业生、瑞典皇家工程院院士、瑞典查尔莫斯理工大学教授、上海交大客座教授刘建影，1982届(1978级)机械工程系本科毕业生、美国密西根大学吴贤铭制造研究中心主任、美国国家科学基金会“产学联合研究中心”主任、上海交大密西根学院荣誉院长倪军，1979级工业管理系硕士毕

业生、美国国家工程院院士、美国哥伦比亚大学教授、上海交大上海高级金融学院特聘教授姚大卫，1983 届工程力学系本科毕业生和 1989 届船舶及海洋工程系博士毕业生、加拿大工程院院士、加拿大约克大学地球与空间科学工程系副主任、上海交大航空航天学院特聘教授朱正宏，1984 届应用数学系本科毕业生、中国工程院院士、神华集团有限责任公司总经理凌文，1984 届工程力学系本科毕业生和 1984 级硕士毕业生、澳大利亚技术科学与工程院院士、澳大利亚皇家墨尔本理工大学土木、环境及化学工程学院副院长谢亿民，1986 届自动控制系本科毕业生、英国皇家工程院院士、英国帝国理工学院皇家协会/沃夫逊基金医学图像计算实验室创始人兼主任、上海交大生物医学工程学院名誉院长杨广中，1986 届应用物理系博士毕业生、中国科学院院士、北京计算科学研究中心教授朱诗尧，1988 届应用物理系本科毕业生、美国国家科学院院士、美国科罗拉多大学物理系教授、美国天体物理联合实验室(JILA)研究员叶军，1992 届计算机科学及工程系博士毕业生、中国科学院院士、上海交大副校长梅宏等。

不少校友成为政界要员、军界英模，如：1980 届机械工程系硕士毕业生、全国人大常委会副委员长严隽琪(女)，1990 届自动控制系本科毕业生、我国第一艘航母“辽宁舰”舰长张峥等。

2015 年，姚大卫教授当选为美国国家工程院院士

2015 年，朱正宏教授当选为加拿大工程院院士

2007 年 11 月 8 日,凌文(右)做客上海交大励志讲坛,张杰校长(左)向他赠送特殊的礼物——凌文在大学时代全优的成绩单

2011 年,澳大利亚技术科学与工程院院长、澳大利亚联邦政府前任首席科学家 Robin Batterham 教授(左)向谢亿民教授(右)颁发院士证书

2015 年 3 月 24 日,张杰校长(左)为杨广中院士(右)颁发上海交大生物医学工程学院名誉院长聘书

2015 年,朱诗尧教授当选为中国科学院院士

2006 年,叶军教授回母校作学术报告

中国科学院院士梅宏在上海交大 2012 届本科生毕业典礼暨学位授予仪式上发言

2009 年 4 月 17 日，全国人大常委会副委员长严隽琪（右）来校调研，与马德秀书记（左）握手合影

我国第一艘航母“辽宁舰”舰长张峥

还有一批校友活跃在企业界、工商界，如：1985 届材料科学及工程系本科毕业生、美国 Stellar Services（时代咨询公司）总裁陈亮洁，1986 届计算机科学及工程系本科毕业生、联想集团董事长杨元庆，1988 届应用数学系本科毕业生、红杉资本中国基金创始及执行合伙人沈南鹏，1989 届工程力学系本科毕业生和 1992 届机械工程系硕士毕业生、汉庭连锁酒店 CEO 季琦等。

四、改革招生和毕业生分配制度

1977 年 10 月，中央决定恢复全国高校统一招生考试制度。从 1980 年起，上海交大与 8 个省市的 45 所重点中学和一个地区建立联系，及早了解中学生智力、兴趣和才能发展状况，参考他们的中学实际学习情况和表现，通过高考择优录取新生。学校还对挂钩中学的教师来校借阅图书资料、参观、学习等提供方便，向挂钩中学赠送科技资料和实验设备。1985 年，学校在挂钩中学设置“上海交通大学奖学金”，鼓励优秀中学生奋发向上，全面发展。经评选，上海市 108 名中学生和江苏、浙江、安徽、江西、福建、广东、四川、湖北 8 省的重点中学 98 名学生获首届奖学金。

在与重点中学挂钩工作的基础上，学校根据国家教委指示精神，于 1985 年起试行招收保送生的工作，物色选拔德智体全面发展、学习成绩优异的学生，以此作为统一考试招生的重要补充，避免单纯以分数取人，以利于对学生全面考核，不拘一格选拔人才。当年，学校在 14 个省、市、自治区 98 所中学录取保送生 222 名。[①] 至 1991 年,学校累计招收保送生 719 人。[②] 保送生绝大部分进入教改试点班学习。

1985 年 5 月,《中共中央关于教育体制改革的决定》提出:“要改革高等学校招生计划和毕业分配制度。……高等学校在执行国家的法律、政策、计划的前提下,有权在计划外招收委托培养和自费生。”[③]即国家计划主要保证国家重点项目、国防建设、文化教育、基础学科、高新技术以及边远地区和某些艰苦行业所需人才;高等学校在保证完成国家计划招生任务的前提下,根据社会各方面的需求和高等学校具备的办学条件,安排招收委托培养生和自费生。据此,上海交大在招生计划体制方面实行双轨制的改革探索,即由国家计划招收的学生仍实行国家公费培养;而由调节性计划招收的学生,包括委托培养生和自费生,分别由委托培养单位或学生个人缴纳学费。[④] 自 1985 年起,学校开始与企事业单位签约招收委托培养生,学生毕业后按合同规定到委托单位工作。如吉林长春汽车制造厂为发展企业经济之需,与学校签订委托培养制造汽车的成套人才的协议,学校从 1986 年起每年向该厂输送 15 名委托培养生。至 1991 年,学校共招收委托培养生 1 868 人,其中本科生 415 人、专科生 1 453 人。1988 年,首次招收自费专科生 104 人,至 1991 年共招收自费专科生 475 人。[⑤]

与招生制度改革同步进行的还有毕业生分配制度的改革。恢复高考后的 1977 年和 1978 年招收的两届学生,分别于 1982 年 2 月和 7 月毕业,“试行在国家统一计划下采取抽成调剂、分级安排的办法”[⑥]进行分配。随着国民经济管理体制的改革,原有的大学毕业生分配制度愈益暴露出“分配权力过分集中、计划统得过死、分配环节过多”[⑦]等弊端。1983 年,学校根据教育部指示,进行毕业生分配制度改革的试点,采取“供需见面”的分配办法,即由学校与用人单位直接联系后提出分配建议,经教育部审定平衡,纳入国家总的调配计划,直接分配到用人单位。这样做有利于专业对口、保证重点、优才优用,使毕业分配逐步趋于合理。1984 年,学校继续执行“供需见面”的分配改革试点办法,按新办法分配的学生约占总分配

---

① 《关于试行招收保送生的工作小结》(1985 年 8 月 20 日)。上交档:JX16。

② 《上海交通大学志(1896—1996)》,第 250 页。

③ 《中共中央关于教育体制改革的决定》(1985 年 5 月 27 日)。《中华人民共和国重要教育文献(1976—1990)》,第 2288 页。

④ 1993 年,国家教委提出逐步实行并轨招生改革的意见。次年,学校决定招收本专科新生实行单轨制,即不区分公费生和自费生,新生一律缴费上学。

⑤ 1985—1991 年《普通高等学校基层报表》。上交档:永久 1112、永久 1253、永久 1344、永久 1410、永久 1464、永久 1576、永久 1623。

⑥ 《国务院批转国家计委、教育部、国家人事局关于改进 1981 年普通高等学校毕业生分配工作的报告》(1981 年 2 月 13 日),http://www.360doc.com/content/13/1015/11/14238003_321575200.shtml。

⑦ 《我校进一步改革大学毕业生分配制度的报告已得到批准》,《交大简报》(第 89 期)1984 年 11 月 17 日。上交档:长期 2920。

人数的32%，其余仍按原来统配方法进行。11月，国务院副总理万里对学校进一步改革大学毕业生分配制度的报告作了批示，指出："整个教育改革，请调查研究，按三中全会决议办，交大的改革都可先行一步，准其试验，此次改革毕业生分配制度应批准。"[①]

1985年，为进一步探索毕业生分配制度改革，经国务院批准，上海交大和清华大学作为改革试点单位，率先实行"招聘、推荐与考核录用相结合"的办法。国家只在方针、原则上给予指导，具体分配计划由学校与用人单位联合制订。学生自愿选报志愿，学校推荐，用人单位审查考核，择优录用。这使得毕业生能在一定范围内通过竞争选择职业，也在一定程度上扩大了用人单位录用毕业生的自主权。新办法实施3年后，较好地满足了国家重点建设和边远地区单位对人才的需求，基本做到学以致用、人尽其才，也有利于学校适应四化建设需要、面向社会办学，有效地调动了学生学习的积极性，促进了学校和用人单位双方事业的发展。在1985—1987年的考核录用中，毕业生分配至交通能源重点部门的有749人，占分配总数的30.8%；分配至国家和地方重点单位的有242人，占分配总数的9.9%；分配至边远地区的有207人，占分配总数的8.5%。[②] 3年中发现使用不当的有142名毕业生，经协商后及时给予了调整，避免了人才浪费。

1988年经国家教委批准，上海交大继续深化改革，试行在国家分配方针政策指引下，毕业生选择职业、用人单位择优录取的"双向选择"的分配办法。1988届毕业生除直升或考取研究生外，实际分配1 419人，其中有81人保留研究生入学资格，先到生产、设计、科研第一线工作2至4年后再返校学习；有192名优秀和优良毕业生被学校优先推荐给重点用人单位录用；有691人在用人单位招聘中被录用；有455人经本人自荐或导师、亲友通过正常途径联系推荐，用人单位择优考核录用。毕业生中分配至交通能源重点部门的有310人，占实际分配数的21.8%；分配至各省市地方单位的有888人，占实际分配数的62.6%；分配至中央部门单位的有528人，占实际分配数的37.2%；分配至高校、科研单位的有209人，占实际分配数的14.7%；分配至生产、设计第一线的有1 132人，占实际分配数的79.8%；分配至边远地区的有81人，占实际分配数的5.7%；分配对口专业单位要多于通用专业单位。[③] 试点取得了良好的效果，通过将竞争机制逐步引入到分配工作中，让毕业生走到前台与用人单位

---

① 《我校进一步改革大学毕业生分配制度的报告已得到批准》，《交大简报》(第89期)1984年11月17日。上交档：长期2920。

② 《1985届本科毕业生分配改革工作总结》(1985年8月31日)。上交档：JX112；《上海交通大学1986届本科毕业生分配工作总结》(1986年8月28日)。上交档：JX211；《上海交通大学1987届本科毕业生分配工作总结》(1987年8月25日)。上交档：JX329。

③ 《我校毕业生分配改革"双向选择"制试点总结》(1988年7月)。上交档：JX464。

直接面谈并签订合同,进一步扩大了单位的用人权、学校的推荐权和学生的择业权,从而使毕业生分配最大限度地适应国民经济和社会发展的需要。在此后一段时间内,学校一直执行在国家方针政策指导下,学校推荐,毕业生和用人单位在一定范围内"双向选择"的分配模式,并在实践中不断加以完善。

从"供需见面""招聘、推荐与考核录用相结合"到"双向选择",上海交大作为国家教委指定的试点学校,在改革毕业生分配制度方面进行了有益的探索。学校在落实分配计划过程中,也注意积极教育和引导学生正确处理个人志愿与国家需要的关系。运用多种形式对毕业生进行理想、形势和事业心的教育,提高其服从国家需要的自觉性,到国家最需要的地方去工作。学校从1985年起,开展评选优秀毕业生的活动,按照占毕业生总数10%的比例评出校优秀毕业生,再从中评选出约占毕业生总数5%的上海市优秀毕业生,分别给予奖励。

根据统计资料记载,1978—1991年学校本专科招生数、毕业生数和在校学生数见表4-4。

表4-4 1978—1991年上海交大本专科招生数、毕业生数和在校学生数[①]

年份	招生数			毕业生数			在校学生数		
	本科	专科	小计	本科[②]	专科	小计	本科	专科	小计
1978	1 476		1 476	930		930	3 667		3 667
1979	1 314		1 314	1 283			4 907		4 907
1980	1 050		1 050	998		998	4 906		4 906
1981	1 024	40	1 064				5 914	40	5 954
1982	1 305		1 305	2 534		2 534	4 656	40	4 696
1983	1 325	245	1 570	1 224	79	1 303	4 726	281	5 007
1984	1 709	167	1 876	1 055	36	1 091	5 415	415	5 830

① 资料来源:历年《普通高等学校基层报表》。上交档:永久607、永久630、永久736、永久775、永久831、永久907、永久995、永久1112、永久1253、永久1344、永久1410、永久1464、永久1576、永久1623;《上海交通大学志(1896—1996)》,第253页。

② 1978—1980年毕业生数为1974—1976年入校的"工农兵学员";1982年毕业生数是恢复高考制度后的头两届毕业生,其中1977年招收的学生于1982年2月毕业,1978年招收的学生于1982年7月毕业。之后的招生和毕业情况趋于正常。

（续表）

年份	招生数			毕业生数			在校学生数		
	本科	专科	小计	本科	专科	小计	本科	专科	小计
1985	1 843	452	2 295	988	181	1 169	6 272	772	7 044
1986	1 916	223	2 139	1 338	302	1 640	6 793	718	7 511
1987	2 644	264	2 908	1 324	407	1 731	8 119	538	8 657
1988	2 868	233	3 101	1 837	259	2 096	9 113	505	9 618
1989	2 179	365	2 544	1 841	227	2 068	9 482	637	10 119
1990	2 340	372	2 712	1 808	227	2 035	9 838	807	10 645
1991	2 288	552	2 840	2 403	340	2 743	9 553	1 008	10 561

第二节　研究生教学

一、成立研究生院

1978 年，我国全面恢复因“文化大革命”中断 10 年之久的研究生招生制度。教育部在《关于高等学校 1978 年研究生招生工作安排意见》中提出，1977 年、1978 年两年的研究生招生工作合并于 1978 年进行，采用全国统考方式进行。上海交大当年招收研究生 157 名。

从 1978 级至 1980 级的 3 届研究生实行二・二分段制。前两年主要完成课程学习任务，并进行一定的科学研究能力训练，课程全部合格的学生可以毕业；同时从中选拔研究能力强、潜力大的学生，再用两年时间进行科研活动和撰写论文。这一时期，研究生的培养目标是高等学校教师和科研人员，学生来源主要是在职人员，多数工龄超过 5 年。[①] 研究生的培养与指导，采取导师个别指导和教研组集体培养相结合的方法，充分发挥教师的集体指导力量，不局限于一个科研小组、一个教研组，可以把校内外的有关力量都调动起来，做到“广开师路”。研究生毕业论文的写作，则由导师专门负责。在教学方面，注意加强基础理论课教学，并针对部分学生基础差的情况进行补课，强调拓宽专业知识面，为研究生多设课，可以

① 姜桂秋：《硕士研究生招生回顾与深化招生改革的浅探》(1988 年 9 月)。上交档：JX434。

跨专业、跨系甚至跨校开设必修课和选修课,初步形成了一套培养方案。为检查研究生培养的质量,1983年学校对1978级、1979级研究生毕业后的工作情况进行了调查。据调查显示,这两届研究生毕业后分配到21个省市的科研、教育和生产单位工作,由于各级人事部门的重视,大部分做到了专业对口,学用一致;他们大多具有较强的实际工作能力,能独立进行科学研究和担任技术工作,在各条战线发挥了较好的作用。广大研究生对母校研究生教学工作表示满意,认为“交大研究生的基础理论、外语及科研实践比较扎实,知识比较全面系统,课程设置基本上能满足科研、教学和生产实践的需要”,[①]并对母校65位教师、80余门课程的教学工作给予好评。这两届研究生的毕业论文,有43%已在各种学术会议及刊物上交流和发表,有的还被评为优秀论文或推荐到国外发表,有的和科研、生产结合密切,研究成果已推广应用。

1980年,第五届全国人大通过《中华人民共和国学位条例》,规定我国的学位分为学士、硕士、博士3级,并从1981年1月1日起实施。1981年11月3日,上海交大成为经国务院首批批准的具有硕士、博士授予权的高校之一,从此开创了培养博士学位研究生的历史。当年学校开始招收学位制学生,首批录取博士学位研究生18名、硕士学位研究生163名,其中,硕士研究生的来源以在职人员为主转为以应届本科生为主,学制为2年半。学校建立第一届校、系两级学位评定委员会,同时还设立了学位办公室,起草并通过了《上海交通大学授予学位工作细则》,开始实行学位制度。1982年7月22日,学校举行新中国成立后首次授予硕士、学士学位大会,对1978级、1979级346名研究生授予硕士学位,对1977级、1978级2 389名本科生授予学士学位。[②] 1984年11月1日,经校学位评定委员会评审,对本校培

1982届本科生毕业典礼暨首次授予硕士、学士学位大会

① 《上海交通大学调查研究生毕业后的工作情况》,国务院学位委员会办公室、教育部研究生司编:《学位和研究生工作简报》(第36期)1983年11月18日。上交档:短期1012。

② 《我校隆重举行一九八二届本科生毕业典礼和首次授予硕士、学士学位大会》,《交大简报》(第48期)1982年7月24日。上交档:长期2577。

养的3位研究生吴水云、王志中、张建武授予工学博士学位。[1] 这是上海交大办学史上第一次授予博士学位。

1984年，国务院决定在22所具备条件的全国重点高校首批试办研究生院，上海交大是其中的一所。1984年11月5日，学校隆重举行研究生院成立大会，由副校长盛振邦兼任首任院长。这是上海交大为加速培养高级专门人才，在学校管理体制上的一个重要发展。1978年，学校在科研处内设立研究生科；1982年研究生科从科研处独立出来，成立研究生部。研究生院成立以后，实行研究生院、系(所)和教研室(学科)三级管理制度。研究生院作为在学校党委和行政领导下"具有相对独立领导职能的教学行政管理机构"，主要任务是"加强对研究生的招生、培养、学位授予等行政管理工作"。[2] 研究生院的建立，标志着上海交大研究生培养走向成熟和完善。

1984年11月5日，学校举行研究生院成立大会

1985年以后，学校对研究生招生制度和考试办法进行了一系列的改革，除了通过全国统考选拔人才外，还推荐少数优秀应届本科毕业生免试攻读硕士学位、少数优秀应届硕士毕业生免试攻读博士学位。优秀生的推荐工作贯彻了德智体全面衡量、择优推荐、保证质量的原则，使被推荐学生的政治思想、学习成绩、外语水平、实践能力及身体素质等方面均符合学校的要求。学校也逐步扩大招收优秀在职人员和定向培养人员的比例，对大学本科毕业、具有4年以上工龄、业绩突出并经所在单位和有关专家推荐的考生，组织"单独考试"。为进一步提高入学研究生的素质和工作能力，积极鼓励本科应届生在考取研究生后，保留入学资格，参加实际工作两年再回校攻读学位。如1988级有70多位研究生到工厂或科技部门参加实际工作。此外从1986年开始，硕士研究生招生实行按专业报名、不报研究方向和导师，采取"按专业统一设置入学考试科目"的方法，即考试课程按专业编组，并扩大跨专业报考，允许考生在指定

① 《一九八四年度授予博士学位人员汇总名单表》。上交档：永久1056。

② 《我校管理体制上的一个重要变革——研究生院正式成立》，《交大简报》(第88期)1984年11月15日。上交档：长期2920。

的课程编组中自选。[①] 这样,全校的入学考试科目减少 1/3,提高了招生选优的科学性。所有这些办法,对于提高入学新生素质和研究生培养质量都有着积极的作用。

与此同时,学校积极探索研究生毕业分配制度的改革。1978 年恢复研究生招生以后,1980 年开始有毕业生。由于当时国家实行计划经济体制,毕业研究生也实行国家统一计划分配,主要分配去向是高校和研究所。从 1983 年开始,为了解决学用一致、专业对口问题,改革的重点放在"供需见面"上,即学校向社会介绍毕业研究生在业务培养方面的情况,同时了解用人单位的需求,提高人才的使用效益。但因供需途径不畅,"供需见面"往往在分配计划制订后进行,因而仍有小部分毕业生因专业不对口而变更分配计划。从 1986 年开始,学校在国家分配方针、原则指导下,采用"张榜招贤,学生报名,学校推荐,单位考核"的办法,发挥广大导师对研究生就业的指导作用,做好推荐工作,同时给学生一定的选择工作单位的权利,调动他们的积极性。专业不对口的现象明显减少。1988 年开始,学校在全国率先实行研究生分配"双向选择"的办法,即在国家分配计划指导下,学校公布用人单位的需求信息,由毕业研究生选报志愿,学校向用人单位推荐介绍,在录用过程中,学校、用人单位、毕业生三方见面,公开招聘、应聘,形成平等竞争的"双向选择"的就业局面。这样进一步拓宽了分配渠道,把毕业生输送到社会急需的岗位上去;同时也及时反馈用人单位对人才要求的信息,有利于改进研究生的招生和培养工作。

从 1978 年恢复研究生招生至 1991 年,上海交大共招收 14 届硕士研究生 4 890 名、11 届博士研究生 495 名。从 1981 年—1991 年 3 月,毕业并授予硕士学位 3 113 名、博士学位 155 名,为国家输送了合格的高层次技术人才。历年研究生招生数和在校学生数见表 4-5,授予硕士、博士学位人数见表 4-6。

表 4-5 1978—1991 年上海交大研究生招生数和在校学生数[②]

年份	招生数			在校学生数		
	硕士生	博士生	小计	硕士生	博士生	小计
1978	157		157	157		157
1979	232		232	382		382
1980	103		103	437		437

① 《研究生教育改革的深入发展》。《上海交大的教育改革(续编)》,第 151 页。

② 资料来源于《上海交通大学志(1896—1996)》,第 257 页。

（续表）

年份	招生数			在校学生数		
	硕士生	博士生	小计	硕士生	博士生	小计
1981	163	18	181	265	18	283
1982	186	3	189	440	18	458
1983	324	6	330	630	20	650
1984	399	47	446	883	60	943
1985	597	44	641	1 201	92	1 293
1986	470	61	531	1 393	137	1 530
1987	547	71	618	1 499	193	1 692
1988	525	45	570	1 411	285	1 696
1989	422	40	462	1 219	148	1 367
1990	366	80	446	1 087	139	1 226
1991	399	80	479	1 017	162	1 179

表 4-6　授予硕士、博士学位人数统计表(1982 年—1991 年 3 月)[①]

	1978 级	1979 级	1980 级	1981 级	1982 级	1983 级	1984 级	1985 级	1986 级	1987 级	1988 级	合计
硕士学位	137	216	90	158	179	306	346	480	441	388	372	3 113
博士学位				17	2	5	37	36	36	21	1	155

20 世纪 80 年代末，上海交大研究生招生未能完全按计划完成。但整体而言，20 世纪 80 年代研究生教育的恢复、发展以及学位制度的建立，使研究生教育具备了一定的规模，为 90 年代高层次人才的培养奠定了良好的基础。

二、研究生培养工作

自 1981 年实行学位制后，上海交大研究生教育开始走上正轨。在研究生培养方式上，可分为全日制、在职研究生和研究生班。全日制硕士研究生的学制为 2 年半，其培养过程可分教学、科研和实践 3 个环节，其中最重要的是 1 年半的教学环节，主要为硕士生打下扎实的理论功底，为今后从事科学研究奠定基础。全日制博士研究生的学制为 3 年，其培养过程分为教学、科研两个环节，主要以科研为主，注重博士生科研能力的训练和提高；而教学环节

① 资料来源于《上海交通大学研究生学位公报(第六号)》(1991 年 5 月)。上交档：JX1015。

是科研环节的必要准备和基础。在职研究生是从优秀在职人员中招收的研究生,不脱离原来工作岗位,学习毕业后,原则上返回原单位工作。在职研究生可以委托培养,也可以定向培养。在职研究生的培养方式与全日制的研究生基本相同,不同的是科研环节一般是在原单位进行的,主要结合原来的工作进行课题研究,不再安排其他实践环节。研究生班主要解决一些紧缺专业的高校师资,学制 1 年半。研究生班的学生一般从优秀在职人员中招收,以定向形式或委托形式培养。在校原则上只安排教学环节,主要是加深、拓宽知识,充实理论功底。研究生班的学习课程与同专业硕士生相同,教学要求也相同。学习课程完成后,发给研究生毕业证书并分配工作,工作 1 年后还可以撰写学位论文,回校申请硕士学位。

为贯彻《中华人民共和国学位条例》所规定的基本要求,学校在 1985 年全面修订了研究生培养方案,以"三个面向"为指导,拓宽专业面,加强基础,注重能力的培养,使学生能适应科技日益发展和经济建设的需要。调整各专业的研究方向,学位课程按二级学科要求统一设置,横向拓宽、纵向加深,压缩学位课程的学时数,增加选修其他专业课程的灵活性。从 1988 年起,为进一步适应改革与开放对高级人才的需求以及有利于毕业分配的"双向选择",学校对研究生培养方案再次进行修订,指导思想是"拓宽专业,加强实践,完善智能结构,主动适应经济建设发展的需要"。① 这个方案调整研究方向、课程设置,修订教学内容,增设管理、经济、贸易类选修课,加强实践性教学环节;学位论文的写作,进一步结合工程实践和纵向、横向的科研任务来进行,并注意和用人单位的研究任务相结合,吸收校外有经验的高级科技人员参加研究生的论文指导工作。

学校在研究生培养过程中采用了导师制、学分制和绩点制。研究生的培养是按专业和研究方向进行的,要求学生在学习中从事某方面的研究,要有新的见解并取得科学研究成果,培养过程中指导教师起主导作用。学校上下都非常重视导师和研究生的关系,充分认识导师教书育人的作用。这一时期导师制的特点是:导师讲授知识与指导科学研究相结合,寓教于研,重视理论,加强实验;因材施教,注重启发和引导,激发创新思维,培养探索能力;发扬民主,严格要求,培育严谨的科学作风等。为加强和加快博士生的培养,学校还从 1984 年起实行博士研究生副导师制。副导师由导师提名,经系审核,报校领导批准后颁发聘书。他们大多是年富力强的中年教师,在科研能力、教学经验和学术水平方面基本具有独立指导博士生的水平,作为导师的助手,协助导师指导博士生。该项制度实施以来,较好地推动了研

---

① 《研究生教育改革的深入发展》(1988 年 9 月)。《上海交大的教育改革(续编)》,第 150 页。

究生指导教师的培养和遴选工作。

为做好研究生教学的组织管理工作，调动教师和研究生双方的积极性，学校从1979年起恢复并完善了学分制的实施办法。根据规定，硕士研究生学习的总学分不低于32，其中学位课程的学分不低于19；为使研究生有足够的时间用于自学，每学期安排的学分一般不超过16。研究生班学习的总学分不低于40，其中课程学习的学分不低于36，教学实践或工程实践的学分为4。在培养博士研究生的过程中，科学研究工作占主要地位，学分制的要求也有所不同。1981年开始招收博士研究生还未实行学分制，从1991年起，博士研究生学习的基础理论和专业课采用学分制，一般不少于10学分。[①]

所谓绩点制，则是指研究生的"课程考试成绩采用A、B、C、D四级分制"；硕士研究生除修满规定学分外，学位课程成绩平均绩点需达到2.0以上，方可进入论文撰写阶段。[②] 考试分数和绩点的对应关系，见表4-7所示。

表4-7　研究生课程考试的分数、绩点对应关系[③]

分数级	A+	A	A-	B+	B	B-	C+	C	C-	D
绩点	3.3	3.0	2.7	2.3	2.0	1.7	1.3	1.0	0.7	0
分数	96—100	90—95	85—89	80—84	75—79	70—74	67—69	63—66	60—62	0—59

从1983年起，为在实践中培养研究生的独立工作能力，并在经济上适当改善研究生的待遇，学校建立研究生兼助教制度。研究生兼任助教工作，分科研助教、教学助教和管理助教。科研助教从事研究生本人学位论文要求以外的科研实验、工程设计、程序编制、设备维修与调试、技术后勤等科研或实验室工作；教学助教从事辅导答疑、指导实验、批改作业、上习题课、协助教师指导毕业设计或论文、指导生产实习等；管理助教则是兼任班主任或其他行政工作。具体做法是采用合同制，由应聘单位公开招聘，完成学位课程且已达到规定绩点的研究生可自愿应聘，经聘用单位择优录取并征得导师同意后，研究生进行上岗前的思想和业务培训，培训合格后正式上岗。工作结束后，由负责教师检查工作质量并写出工作评价。对不认真工作的研究生，聘用单位可随时解聘。研究生兼助教的工作量是平均每周不超过10小时，按工作质量确定酬金，其中科研助教的酬金可从课题经费中支出，教学助教的酬金

① 《上海交通大学志(1896—1996)》，第344、345页。
② 《上海交通大学志(1896—1996)》，第344页。
③ 资料来源于《上海交通大学志(1896—1996)》，第344页。

由各系缺编费中支付或自筹解决,管理助教的酬金经学校统筹安排、由聘用单位支付。1988—1991年,每年约有50%学有余力的研究生应聘兼任助教。

从1989年开始,学校每年举行一次全校性的研究生学术报告会,作为研究生学术活动的检阅和汇报。1989年举行的首届研究生学术报告会历时数月,先后有18个系、所举办报告会28场,共收到研究生学术报告257篇,有29名博士生和112名硕士生登上讲台宣读或发表学术报告141篇,与会师生超过2 000人次,有近一半的研究生参加了学术活动。学校还评选出博士生和硕士生优秀学术报告一等奖、二等奖、三等奖和优秀奖,召开了优秀学术报告授奖大会。这次活动历时长、规模大、参加人数多、学术思想活跃、创新见解涌现,在校内外产生了一定的影响,推动了广大研究生勤奋学习、刻苦攻读,活跃了校园的学术空气。

三、学位工作和博士后科研流动站

1981年学位制度的建立是我国高等教育的重大改革。上海交大作为经国务院批准首批具有硕士学位和博士学位授予权的单位之一,重视加强学科建设和学术带头人的选拔和培养,认真做好硕士点、博士点的申报和建设工作。至1991年,经过国家4次审批和1次特批,学校设有硕士学位授权学科专业点70个、博士学位授权学科专业点32个,有硕士研究生指导教师699名、博士研究生指导教师63名,基本形成学科结构合理、指导力量雄厚、学位质量能够得到保证的学士、硕士和博士三级学位授予体系。学科点布局情况如表4-8所示。

表4-8 1991年上海交大硕士、博士学位学科一览表[①]

单位名称	硕士学位学科专业名称	博士学位学科专业名称
船舶及海洋工程系	船舶(含海洋工程)设计制造 船舶(含海洋工程)结构力学 船舶(含海洋工程)流体力学	船舶(含海洋工程)设计制造 船舶(含海洋工程)结构力学 船舶(含海洋工程)流体力学
动力机械工程系	反应堆工程和反应堆安全 船舶动力装置 振动冲击噪声 工程热物理 内燃机 热力涡轮机械 低温工程 热能工程 流体机械及流体动力工程	振动冲击噪声 工程热物理 内燃机 热力涡轮机械 低温工程

① 资料来源:《上海交通大学统计资料汇编(一九九一年)》。上交档:永久1622;《上海交通大学研究生学位公报(第六号)》(1991年5月)。上交档:JX1015。

（续表）

单位名称	硕士学位学科专业名称	博士学位学科专业名称
图像处理与模式识别研究所	模式识别与智能控制	模式识别与智能控制
自动控制系	自动控制理论及应用 工业自动化	自动控制理论及应用
计算机科学及工程系	计算机软件 计算机组织与系统结构 计算机应用 计算机科学理论	计算机软件
电子工程系	通信与电子系统 信号电路与系统 电磁场与微波技术 半导体物理与器件 信号与信息处理	通信与电子系统 信号电路与系统 电磁场与微波技术
电力工程系	电力系统及其自动化 电力传动及其自动化	
电机工程系	电机 高电压工程	
信息与控制工程系	工业电子技术及电磁测量 理论电工	
材料科学系	金属材料及热处理 复合材料	金属材料及热处理 复合材料
材料工程系	铸造 压力加工 焊接	压力加工
机械工程系	机械学 机械制造 液压传动及气动 工程机械 机电控制及自动化	机械学 机械制造 液压传动及气动 工程机械
应用数学系	应用数学 基础数学	

(续表)

单位名称	硕士学位学科专业名称	博士学位学科专业名称
精密仪器系	精密仪器 生物医学工程及仪器 陀螺导航设备 测试计量技术及仪器	生物医学工程及仪器 陀螺导航设备
应用物理系	理论物理 固体物理 光学 半导体物理与半导体器件物理	理论物理 固体物理 光学
工程力学系	一般力学 固体力学 流体力学 生物力学	一般力学 固体力学 流体力学
应用化学系	环境化工 应用化学 高分子材料 电工材料及绝缘技术	高分子材料
工业管理系 经济管理研究所	工业管理工程 技术经济	工业管理工程
决策科学系	管理科学	
工业外贸系	工业外贸	
系统工程研究所	系统工程	系统工程
科技外语系	语言学与应用语言(英语)	
社会科学与工程系	马克思主义哲学 思想政治教育	
土木建筑工程系	结构工程	
生物科学与技术系	分子生物学	
信息储存研究中心	电子材料与元件 计算机器件与设备	
总计	70 个专业	32 个专业

1985年,在国务院学位委员会对7个学科专业开展的硕士学位授予质量全国性评估中,上海交大通信与电子系统专业列入检查范围,其学位质量在全国43个单位中名列A类。同年,上海市高教局组织对6所高校固体力学专业的硕士学位授予质量进行评估检查,学校固体力学专业位居全市6校之首。1987年,国务院学位办组织专家对金属材料学科学位质量进行评估检查,学校金属材料及热处理和压力加工2个博士点学科的博士学位质量档次和硕士学位质量档次均被评为A级。

学位制度实施后,上海交大于1981年成立了贯彻、执行《中华人民共和国学位条例》的组织机构——校、系两级学位评定委员会。校学位评定委员会由校长、分管副校长及在校的中国科学院学部委员、各系学位评定分委员会主席组成,下设学位办公室,具体负责有关学位评审与授予的行政管理工作。1983年、1985年和1991年,校学位评定委员会成员进行了3次换届调整。校学位评定委员会成立后,在坚持标准、保证质量的前提下,按照《学位条例》的要求,对应届大学本科毕业生和硕士、博士研究生的课程考试、论文评阅及答辩等进行了严格的学位评定工作。至1991年,学校共授予学士学位16 009名、[①]硕士学位3 113名、博士学位155名。[②]

1986年,国务院学位委员会决定在在职人员中试行学位授予工作,上海交大积极开展此项工作。经国务院学位办公室审批,学校接受在职人员申请硕士学位的试点学科有59个,接受博士学位申请的学科有2个。其中,15个学科从1986年开始,接受并审批同意授予硕士学位58名,博士学位1名。[③] 经分析比对,学校对同等学力在职人员授予学位的质量是好的。他们思想上要求进步,政治上比较成熟;在课程学习方面,其英语水平与全日制研究生相比要差一些,专业基础和专业课成绩则基本相同;论文水平和实际工作能力比全日制研究生相对高一些,这是因为他们在进修课程前都已从事过科研工作并取得一定成果。

上述学位工作的开展,极大地激发了师生在学术上和科技创新方面的进取心,促进高层次专门人才的成长;同时也有利于提高教学质量和科学研究水平,有效地推动了上海交大研究生教育的发展。

1985年7月,国务院转批《国家科委、教育部、中国科学院关于试办博士后科研流动站的报告》,标志着我国正式确立博士后研究制度。博士后研究制度是"第二次世界大战后在一

---

① 《授予学士学位人员情况统计表》(1992年1月10日)。上交档:永久1623。

② 《上海交通大学研究生学位公报(第六号)》(1991年5月)。上交档:JX1015。

③ 《在职人员以同等学力申请学位试点工作总结》(1991年)。上交档:JX977。

些发达国家逐渐形成的一种造就优秀专业人才的制度”,其实行的办法和目的是“在高等学校和科研机构设置一些不固定的职位,挑选一些获得博士学位的人员在这里从事一个阶段的研究工作,以拓展知识面,进一步培养独立工作的能力,使之成为具有较高水平的科研、教学人员”。[①]

经国家科委批准,1985 年 11 月,上海交大建立了第一个博士后科研流动站——自动控制博士后科研流动站,包括自动控制理论及应用和系统工程两个专业,流动站负责人是中国科学院学部委员张钟俊教授。1989 年 2 月,增设机械工程、材料科学与工程、船舶及海洋工程 3 个博士后科研流动站。1990 年 12 月,又增设动力工程及工程热物理博士后科研流动站。1985—1991 年上海交大设立博士后科研流动站情况见表 4 - 9。

表 4 - 9 1985—1991 年上海交大设立博士后科研流动站情况[②]

流动站名称	专业	批准时间	流动站负责人
自动控制	自动控制理论及应用、系统工程	1985 年 11 月	张钟俊
机械工程	机械制造、机械学、工程机械、液压传动及气动、振动冲击噪声	1989 年 2 月	范祖尧
材料科学与工程	金属材料及热处理	1989 年 2 月	吴建生
船舶及海洋工程	船舶设计、船舶制造、船舶结构力学、船舶流体力学	1989 年 2 月	楼连根
动力工程及工程热物理	工程热物理、内燃机、热力叶轮机械、制冷及低温工程	1990 年 12 月	徐济鋆

1987 年 1 月,学校同意录用倪路伦为自动控制流动站博士后研究人员,这是本校历史上第一位博士后研究人员。倪路伦毕业于英国威尔士大学,联系导师是王浣尘教授,他于 1987 年 2 月进站,1989 年 3 月出站,分配到复旦大学管理学院工作。至 1990 年,共有 10 名博士后研究人员来校进站工作。[③] 他们既是完成高水平科研任务的重要力量之一,又是学校补充学术梯队和高水平师资队伍的来源之一。

---

① 《国务院批转国家科委、教育部、中国科学院关于试办博士后科研流动站报告的通知》(1985 年 7 月 5 日)。《中华人民共和国重要教育文献(1976—1990)》,第 2296 页。

② 资料来源:《上海交通大学统计资料汇编(一九八九年)》。上交档:永久 1464;《上海交通大学统计资料汇编(一九九二年)》。上交档:永久 1682。

③ 《1987—1989 年本校接收博士后统计表》(1990 年 4 月)。上交档:JX588。

第三节 成人高等教育和附属学校

一、成人高等学历和非学历教育

1978年,经第六机械工业部报高等教育部批准,夜校部更名为上海交通大学夜大学,并恢复招生,招收对象是学校职工中的业余高中毕业生。当年经考试选拔,夜大学招收42名新生,开设自动控制专业(本科)。随着我国经济建设的日益发展,1980年根据国务院转批教育部《关于大力发展高等学校函授教育和夜大学的意见》精神,夜大学开始面向社会招生,由学校自主命题组织考试,择优录取。1984年由上海市高等教育局统一组织入学考试,1985年以后参加全国统一入学考试。[①] 招生专业也逐年增多。经六机部、高教部及上海市高教局批准,夜大学先后增设电子技术、机械制造、工业电气自动化、金属材料及热处理、热能工程、动力机械、机械设计、船舶工程等本科专业,学制为5年;增设技术经济、机械设计、机械制造(标准化)、工业企业管理、汽车维修及检测、人事管理、计算机及其应用等大专专业,其中文科专业学制为3年,工科专业学制为3年半。1985—1987年还招收过3届机械制造专业的大专起点本科班,学制为2年半。学习形式均为基本业余,每周3个晚上加一个下午上课,每周共13个学时。

夜大学坚持为上海市的社会发展和经济振兴培养专业人才的宗旨,在扩大办学规模的同时注重办学质量的提高,各专业的课程设置、授课时间和教学要求均参照全日制大学相应专业的教学计划,并结合成人教育特点拟定,采用全日制大学同一教材,全日制大学的实验室、图书馆也为夜大学开放。任课教师全部由全日制大学富有经验的教师兼任,如1990年共有36个教学班,在校学生892名,任课教师88名,其中正副教授44名、讲师25名、助教19名,中高级职称教师人数占任课教师总人数的80%左右。[②] 1988年,夜大学根据国务院学位委员会颁布的《关于授予成人高等教育本科毕业生学士学位暂行规定》,开始在成人本科毕业生中开展学士学位授予工作。1988—1990届975名成人本科毕业生中,有907名毕业生获得了学士学位。[③] 该项工作的开展,对于促进交大成人高等学历教育教学质量的稳步

---

① 《上海交通大学成人高等教育五十年(1956—2006)》,2006年编;《上海交通大学成人教育发展简史》(1991年5月20日)。上交档:JX1039。

② 《上海交通大学成人教育发展简史》(1991年5月20日)。上交档:JX1039。

③ 《上海交通大学授予成人本科毕业生学士学位工作情况的汇报》(1991年4月5日)。上交档:JX1042。

提高,鼓励夜大学生勤奋学习,起到了积极的推动作用。

学校还十分重视对夜大学教学、行政工作的规范管理。恢复招生之初,夜大学由教务处业余教育科主管。从1981年起,每个招生专业设立一位专业主任,负责办学院系和业余教育科的联系,协助制订(修订)各课教学大纲和教学计划,解决教学过程中出现的各类问题。1987年为加强领导,学校成立成人教育处,下设夜大学办公室,具体负责招生、学籍管理、成绩管理、教务及行政后勤工作。为加强夜大学生的思想政治工作,关心学生的学习情况,1990年夜大学所有班级建立班主任制度,由各系委派中青年教师或热心成人教育的科室干部,担任夜大学班主任工作。

良好的办学条件和严格的教学管理,充分体现出上海交大的优良办学传统,从而保证了夜大学生在理论知识和实践能力方面均能达到专业教学的要求。1978—1991年,夜大学共招收新生2 964名,为国家培养本、专科毕业生1 737名,其中本科生1 604名。[①] 这些毕业生中的绝大部分都已成为各单位的党、政领导和业务骨干,有的还被评为全国劳动模范、优秀青年厂长和部委市区局级的先进工作者。他们为各单位的发展做出了贡献,因而受到社会的欢迎和重视。

1981年,国务院批准建立高等教育自学考试制度。高等教育自学考试是"对自学者进行以学历考试为主的高等教育国家考试,是个人自学、社会助学和国家考试相结合的高等教育形式"。[②] 它面向社会开放,凡工厂、企事业在职职工和社会青年,能坚持自学者,不受性别、年龄、民族、学历的限制,均可申请报考。高等教育自学考试每年4月、10月举行两次考试。各专业考试计划一般安排为专科3至4年、本科4至5年内完成。课程考试合格者,发给单科合格证书,并按规定计算学分。不合格者,可参加下一次该门课程的考试。当应试者的合格科目和学分达到专业计划标准,经审核合格,可授予相应的高等教育自学考试毕业证书或学位。

1982年,上海交通大学接受上海市高等教育自学考试委员会委托,试点开设工科类专业的高等教育自学考试。经过筹备,电气工程、电子技术两个专业先后于1983年上、下半年开设专科段自学考试,这是全国首先开出的两个工科专业。学校同时负责全国高等教育自学考试电类专业委员会的筹备工作。经全国高等教育自学考试指导委员会报国务院批准,于1985年2月正式成立全国高等教育自学考试电类专业委员会,上海交通大学陈鸿彬教授

---

① 历年《普通高等学校基层报表》。上交档:永久630、永久736、永久775、永久831、永久907、永久995、永久1112、永久1253、永久1344、永久1410、永久1464、永久1576、永久1623。

②《高等教育自学考试暂行条例》(1988年3月3日国务院发布)。《中华人民共和国重要教育文献(1976—1990)》,第2719页。

被任命为该专业委员会的首任主任委员。1987 年，为进一步培养高层次人才，学校根据全国高等教育自学考试指导委员会的要求，增加了电气工程、电子技术两个专业的本科段自学考试。这两个自考专业的考试计划，既分为专科和本科两个阶段，又能相互衔接，对已取得专科毕业证书的考生，则可以参加以大专毕业为起点的本科段自学考试。其课程及内容，均严格按照国家教委批准的考试计划和课程考试大纲，水平要求与全日制大学同类专业相一致。1983—1991 年，参加交大自学考试累计考生达 3 000 余人，8 500 人次获得了单科合格证书，98 人获得大专文凭，80 人获得本科毕业，并有 72 人被授予学士学位。[1]

为便于开展工作，1985 年学校设立自学考试办公室，行政上隶属业余教育科领导，1987 年归口成人教育处管理，具体负责自学考试报名、考务、成绩管理、安排考生的实验和毕业论文、毕业发证等日常行政管理工作。

随着国家经济建设的发展和社会各行各业对专业技术人才的需要，上海交通大学除认真办好成人高等学历教育以外，还积极发展多种形式、多种层次的成人高等非学历教育，包括继续工程教育、高等专业证书教育和各类培训教育。[2] 自 1983 年开始，由教务处负责审核各院、系申办的各类非学历教学班，结业时颁发盖教务处印章的结业证书。

1983 年初，经教育部审定，上海交大上中路校区定为学校成人教育进修、培训基地，同年 9 月开始接受在职干部的进修培训及委托培养的大专生。10 多年来，上中路校区先后开出计算机班、模具班、电子衡器班、机电工贸班、有线电缆班、起重运输机械班、锅炉班、压力容器班等 10 多个 1 年至 2 年半的进修班，为国家有关部委和全国 28 个省市培训各类学员 6 000 多人；还开设外语函授教师进修班、热处理工程师短训班、大型继电保护理论研究班等 1 到 2 个月的短训班，培训学员 297 人。

1985 年 1 月，上海交大管理学院成立成人管理教育培训中心。至 1991 年，应国家计委、六机部、中国人民解放军空军航空工程部、海军装备部、上海市经委、上海市交通局、上海市化工局等有关部门委托，中心举办各种层次（短训班、大专班、研究生班）、各种专业方向的管理干部培训班 20 期，培训学员 569 名。学院还与国外和香港地区大学开展合作办学，举办高层次的培训班，直接为上海经济发展和对外开放服务。例如：从 1984 年起，与香港中文大学合办上海高级企业管理培训班（S. M. D.）5 期，从 1986 年起双方又合办上海旅馆管理培

---

① 《上海交通大学成人教育治理整顿自查报告》（1991 年 6 月 29 日）。上交档：JX1041；《上海交通大学成人教育发展简史》（1991 年 5 月 20 日）。上交档：JX1039。

② 《上海交通大学成人教育办学基本情况》（1991 年 6 月）。上交档：JX1039。

训班(T. T. T.)4 期,共培养学员 736 名;[①]从 1985 年起,与德国康斯坦茨大学联合举办上海高级企业经济管理干部培训班(MPCS)17 期,培养学员 300 多名;[②]从 1989 年起,与加拿大不列颠哥伦比亚大学合办上海市高级经济经理培训班 5 期,培养学员 75 名;从 1990 年起,与美国宾夕法尼亚大学沃顿商学院合办高级经济管理进修班 4 期,培养学员 160 名。[③]

1988 年,根据国家教委、人事部文件精神,学校开展成人高等教育专业证书培训,归成人教育处管理。专业证书教育是由用人单位根据工作岗位的需要,有针对性地选拔已在专业技术岗位或专业性较强的管理岗位上工作的人员,为使其达到上岗任职所要求的专业知识水平,有目的地进修专业知识的一种教育方式。学员经过学习,考核合格,表明已达到了岗位所要求的大专层次知识水平,可在本行业本专业的工作范围内,作为评定、聘任专业技术职务、管理职务或其他职务任职资格的依据之一。专业证书课程结构既要考虑岗位规范的要求,又要符合大专教育的规律。教学计划中除了安排少量必要的大专基础理论课,以保证良好的衔接外,基本上做到专业基础课和专业课并重,一般设置 8 至 10 门以上的课程,文科专业总学时不低于 800 学时,工科专业不低于 900 学时。学校从 1987—1991 年,共开办各类机、电、管理专业的高等教育专业证书班 31 个,学员 1 585 人。[④]

为加强成人高等非学历教育的管理和发展,学校于 1988 年 8 月在成人教育处内设立培训科,原先分散在教务处、上中路校区、管理学院和成人教育处的各类非学历教育统一归口至成人教育处管理。1988 年和 1989 年,学校还分别发文《关于成人教育办班管理办法》和《关于贯彻执行沪高教职(89)第 8 号文加强举办非学历教育管理的若干规定》,明确规定学校成人非学历教育实行校业务部门成人教育处和系(或教研室)二级管理的办法。前者负责招生、签订协议、审定教学计划、检查教学计划的执行情况,直至审核、发放结业证明;后者具体负责教学过程的实施和学生管理。从 1990 年 2 月开始,学校根据国家教委和上海市高教局的要求,着手开展成人教育的治理整顿工作。经自查发现,"由于社会需要,我校的成人非学历教育(高等专业证书班、继续工程教育,各类培训班)发展较快。这些班长的达两年,短的只有几周。因为紧密结合实际需要,学用一致,注重提高,所以效果都很好,被广大科技人员称为'短、平、快',很受委托单位欢迎"。[⑤] 但由于发展势头迅猛,一度存在学校管理不善、

① 《上海高级企业暨旅馆管理培训班同学总会纪念册(1984—1992)》。上交档:长期 5559。

② 《上海交大与康斯坦茨大学纪念合作 25 周年举办多个学术论坛》。上交档:DQ10873。

③ 《上海交通大学志(1896—1996)》,第 679 页。

④ 《上海交通大学成人教育办学基本情况》(1991 年 6 月)。上交档:JX1039。

⑤ 《上海交通大学成人教育治理整顿自查报告》(1991 年 6 月 29 日)。上交档:JX1041。

办班要求降低等问题。经过一年多的清理整顿，纠正存在的问题，完善管理规章制度，促进了学校成人非学历教育的健康发展。

二、附属学校

上海交通大学附属中学的前身是创建于20世纪50年代的上海市工农速成中学。1958年，该校划归交通大学主管，更名为交大工农预科，学制2年。1964年定名为上海交通大学附属中学，为寄宿制中学，校址位于宝山区殷高路42号。“文革”期间，学校划归杨浦区教育局领导。1978年3月，经上海市革委会文教组同意，学校重又隶属上海交大领导，经费从上海市教育局直接调拨，业务领导仍属杨浦区教育局。1985年4月，经上海市教卫党委、上海市教卫办批复同意，附中由上海市教育局与上海交通大学双重领导，以市教育局为主。1978—1991年，附中历任校长有石汉鼎、胡益培、许镇国，历任党总支书记有石汉鼎、胡益培(代)、朱传宾、陆小棣、陈德良。教师主要是华东师范大学、复旦大学、上海师范大学毕业生分配来校，部分由其他学校调入。

1978年4月，上海交大附中在上呈给上海市教育局、上海交通大学《关于招生工作的请示报告》中提出：停止招收初中生，逐步把附中改为以实行理科教学大纲为主的高级中学。当年，学校恢复正常招生。从1980年开始，招生规模稳定为每届8个班，学生人数320人左右。

上海交大附中在学校管理和教育教学中，强调每个学生在德、智、体、美、劳各方面的均衡发展，并把向高等院校输送合格人才作为教育和教学的主要任务。

学校以教学为中心，重视基础，循序渐进，坚持按教育规律办学。高一年级，各学科采取切实的填补缺陷的办法，巩固基础，并逐步指导学生掌握高中阶段的学习方法；高二年级，增设必要的选修和必修课，加大课外活动的分量，注意培养学生学习和活动能力；高三年级，突出知识的系统整理和各种能力的综合训练，力求使学生智力、自学能力、动手能力得到进一步的提高。各学科还依照各自特点组织课堂教学，形成一些行之有效的传统教法，如政治课的政治小论文、语文课的练笔等。学校同时从学生的实际出发，因材施教，开设各类兴趣小组或选修课。1984年第一届全国中学生物理竞赛中，交大附中有7名学生获奖，成为在上海参赛的各中学中获奖人数最多的一所学校。1986年六省一市中学生作文竞赛中，交大附中作品独占鳌头，获一等奖1名、二等奖2名、三等奖2名、鼓励奖2名，学校还被评为集体荣誉奖。在历届亿利达青少年发明奖竞赛中，交大附中学生成绩出色，如1990年第二届江、浙、沪暨第五届上海市亿利达青少年发明奖竞赛中，学生许晓达的数学论文《拉姆齐定理的推广》以总评第一获江、浙、沪一等奖。

学校积极重视思想政治教育,加强班主任队伍建设,围绕信念教育,形成政治课、社会实践和学生建党工作三者相结合的德育工作特色。1982年,学校党组织在学生中建立党章学习小组,逐步开展学生建党工作,通过"选苗""育苗""发展"3个阶段,把达到党员标准的学生及时吸收到党组织中来。1982—1995年,历届学生参加党章学习小组的有652人,其中递交入党申请书的有208人,共发展学生党员53人。

学校根据学生的特点,在体育教学上形成早锻炼、课间操、体育课、课外活动和业余运动队相结合的教学模式。1986—1994年,学校连续8年获得上海市体锻达标先进单位称号。学校传统体育项目是射击,1979年重建的校射击队在上海市和杨浦区各类中学生射击比赛中屡获佳绩。

历年来,学校向各高等院校输送了大批合格毕业生。1978年起,学校恢复优秀毕业生免试直升上海交通大学的制度。此后,免试直升和考入交大的优秀毕业生平均每年有60人左右。如1982年,进入交大的毕业生有92人,占当年交大上海招生数的25%。

1958年,交通大学重新开办小学,定名为交大子弟小学。"文革"期间,小学一度划归徐汇区徐镇街道管辖,校名改为徐镇路第三小学。1978年上海交大收回该小学,恢复原校名。至1991年历任校长有郑殿英、夏近仁、秦佩丽。1985年,全校有教职员工33人,班级11个,在校学生550人;至1995年,教职员工增加至58人,班级23个,在校生1 108人。小学校址位于徐虹北路交大新村内。至1986年,教室扩展为13个,办公室有6个,面积为3 032平方米。

子弟小学重视师资队伍建设。早在1958年,学校便提出"奉献、实干、进取、创新"的教风。1978年以来,凡是新进教师都要接受严肃教风的教育,并由老教师结对带教。每逢"五四"青年节,35岁以下的年轻教师人人要上公开课,接受评议。学校还注重教学研究,每周安排各教研组开展专题研究,经常邀请专家来校指导教研,提高教师水平。在严格管理下,学校形成一支进取性强、爱学生、爱事业的师资队伍,屡次荣获上海市和上海交大"三八红旗集体"荣誉称号。

子弟小学积极倡导"勤奋、礼貌、守纪、卫生、向上"的校风,培养学生良好的品行,让学生获得德、智、体、美、劳全面发展。20世纪80年代后期,学校开展形式多样的爱国主义教育活动,如"热爱祖国、热爱中国共产党、热爱中国人民解放军"的"三热爱"活动,"祖国、红旗和我""我为红旗添光彩"系列教育,"红旗在我心中"大型展览会等。学校不断改进课程设置,从1978年起除一般要求外,安排"二课(两节体育课)、四操(早操、室内操、两次眼保操)、二活动(两次体育活动)”。从1984年起，四、五年级开设英语课；自1990年，改从三年级起开设英语课。学校先后开设数学兴趣班、语文兴趣班、英语特色班等，组建科技、文艺、体育等各类活动组，成立校篮球队、管乐队、鼓号队和腰鼓队等，开设普及型学习项目，低年级普及国际象棋和书法，中年级普及电脑。学校每年组织举办书法节、艺术节、科技节、体育节、数学节等活动，将教育、文艺、体育融于一体，深受学生欢迎。许多人夸交大子弟小学的学生“知识面广，基础厚实，潜力很大”，[①]历届毕业生都以40%至60%的比例考入重点中学。

上海交通大学幼儿园创办于1951年。“文革”期间，幼儿园坚持正常的保教工作，开办日托班。1976—1991年，幼儿园在上海交大总务处领导下，历任负责人有张桂芬、余爱芳、吴贤珠，全园保育人员从26人增加至66人，班级数从8个增加至18个，幼儿人数从145人增加至600人。1986年，园舍自徐虹北路交大新村内搬迁至虹桥路84弄内，建造三层教学楼，有教室17间，占地面积2 040平方米。1987年1月3日，上海交大原校长、中国科学院学部委员朱物华教授夫妇为幼儿园新址落成典礼剪彩。

多年来，幼儿园以“一切为了孩子”为宗旨，坚持保教结合科学育儿，促进幼儿身心和谐发展，使其逐步具备良好的社会适应力，为升入小学打好基础。幼儿园每天以游戏为基本活动，采用语言、常识、计算、美术、音乐、体育分科教育和主题教育相结合的模式进行教学活动。幼儿园注重幼儿个性差异，从1987年起先后开设绘画、书法、钢琴、英语口语等兴趣班，外聘专职教师任教，以激发幼儿的天赋与才能。1989—1991年，幼儿园先后邀请香港、美国、加拿大外籍教师任教英语。幼儿园重视文体教育，经常开展“小小运动会”“文艺汇演”“体操比赛”等文体活动，并积极参加校内和高校、市、区组织的文艺汇演、体育比赛等活动，历年来多次获奖，如1990年获上海市首届幼儿自编操比赛一等奖，1991年获上海市“六一”幼儿体育表演优胜奖和第三届“双龙杯”全国少年儿童书画大赛优秀集体奖。

---

① 《上海交通大学志(1896—1996)》，第1081页。

第五章
科学研究和科技服务

第一节 加强科学研究

一、强化科研导向和管理

1977年,邓小平在两次讲话中提出:“重点大学既是办教育的中心,又是办科研的中心。”[①]“高等院校,特别是重点高等院校,应当是科研的一个重要方面军。……重点大学都要逐步加重科研的分量,逐步增加科研的任务。”[②]为贯彻党中央关于重点大学要建成为“两个中心”的指示,1978年4月4日,上海交大召开向科学技术现代化进军誓师大会,提出“要把上海交大办成既是教育中心,又是科研中心;既出人才,又出成果,为提高国家的科学技术水平作出贡献”。大会还提出要“加强基础理论,发展技术科学,突出新兴技术”,[③]确定深潜技术、舰船动力技术、电子计算机及自动化技术、激光技术、材料科学、冲击振动噪声技术等为重点发展的领域。

1977年8月,学校恢复设立科研处,制订《上海交通大学科学技术研究管理工作暂行条

① 《邓小平文选》第2卷,第423页。

② 《邓小平文选》第2卷,第53页。

③ 《邓旭初同志在全校向科学技术现代化进军誓师大会上的动员报告》(1978年4月)。上交档:长期2106。

例(试行)》。这个条例由国防工业检查团院校分团加了按语，于 1978 年 4 月 28 日印发全国国防院校，并于是年 7 月在上海市高校科研管理经验交流会上作了介绍。1978 年 11 月，学校恢复学术委员会制度，成立了第二届学术委员会，由副校长周志宏任主任委员，由 27 名委员组成。[①] 1983 年成立第三届学术委员会，校长范绪箕任主任委员，委员 40 人。1991 年成立第四届学术委员会，校长翁史烈任主任委员，委员 37 人。学术委员会的主要职能是对学校有关学科发展方向提出建议；讨论学校师资培养规划，审议提升教授、副教授及相应的学衔；指导开展国内、国际学术交流活动；对学校重大科研成果和学术著作进行评价；指导《上海交通大学学报》的出版和图书、情报资料工作。

从 1979 年起，学校探索科研管理改革，实行科技成果奖励制度、科研收益留成基金制度和科研课题合同制，扩大系(所)在科研工作中的自主权，为教师和科研人员创造自主、宽松的科研环境，形成良性的科研激励机制。

经上海市高等教育局批复同意，学校自 1979 年起设立科技成果奖，对优秀科学研究论文、新产品、新工艺、新材料、重大科研项目的阶段成果、技术革新成果、优秀教材、先进实验装置等，实行精神鼓励和物质鼓励相结合的奖励政策。从 1980 年起，学校试行科研收益留成基金制度，规定：凡承担国家科研任务、协作科研任务以及进行科研中试与推广、科学技术服务的系、所、室，在符合条件情况下可提取科研收益留成基金。学校通过加强经济核算，重视科研的技术经济效益，把国家、学校和个人利益结合起来，充分调动系、所、室和科研人员的积极性，从而既有效地促进了学校科研为国家建设服务，又筹集了校、系两级科研经费，增强了科学研究工作的活力。

从 1979 年起，学校除上级计划下达的研究任务外，对委托研究项目全部实行合同制。合同规定了经费总额、完成年限、技术指标和奖惩措施，从而确保了研究计划的严肃性，增强了研究人员的责任心，因此委托合同项目大多完成得较好。1982 年，学校作为上海市高校中计划下达项目的合同制试点单位，同上海市科委就 21 项研究课题签订了合同，接着学校同相关系、所、室就该 21 项研究课题以及 31 项校管研究课题签订了合同。当年计划完成情况良好，上海市科委和上海市高教局都对学校这项试点工作给予了肯定。在总结试点经验的基础上，1983 年学校制订《上海交通大学关于上海市科委计划下达科研项目合同制暂行办法》，并在当年实行的《关于科研管理改革的暂行办法》中明确提出：在校内全面推行科研合同制，以利于责、权、利、效相结合；对基层争相研究的课题实行招标投标制，择其周期短、

① 第一届学术委员会成立于 1959 年，委员 23 人。

投资少、效益大者,签订合同。

科研工作要讲效率、求效益、究责任。当时有的系、研究所、教研室存在盲目向学校争投资、争设备,年终突击花钱的现象。据1980年上半年调查统计:1979年科研经费支出为当年拨款总额的179%;[①]315台万元以上仪器设备中有1/4被闲置了大半年。1981年,学校推进科研管理改革,颁布了《关于扩大系、所在科研工作中自主权若干问题的通知》,扩大系、所在科研经费管理和使用方面的自主权,实行科研经费预算包干,按课题核算,节余留用,超支抵扣下年度指标。1981年与1980年相比,科研项目数增加了近50%,年度总支出却下降了近1/4,[②]初步解决了年终突击花钱的问题。1983年,学校又制订《关于科研管理改革的暂行办法》,进一步下放机关权力,实行系主任、所长、室主任负责制,如系、所有权决定接受科研任务;有权审批购置单价5万元以下仪器设备;有权将不称职的人员上交学校人事部门,另行安排工作;有权在校内聘、调科研人员;有权临时聘用校外研究人员或辅助人员并支付工资;有权分配科研收益提成费,进行奖惩。项目(课题)组实行室主任领导下的项目(课题)组组长负责制,项目(课题)组的成员实行有组织的自愿结合,以利减少内耗、提高效率、促进不同学科相互渗透。从1988年起,学校实行"三定一评"责任制,校系分级管理,进一步扩大系、所办学自主权,其中也包括在科研工作中的自主权。

为贯彻中央提出的"科学技术工作必须面向经济建设"的战略方针,上海交大积极调整科研方向,把科研重心转到了围绕国民经济主战场,加强技术开发和成果的推广应用,科研工作不断向产业延伸。1981年11月,学校成立上海交通大学技术服务部,加强同社会的联系,有组织地开展横向科研和科技服务工作。1982年11月,学校颁布《上海交通大学科技服务收益分配实施细则(试行)》,鼓励各系(所)、教研室(研究室)承接科技服务项目,所接项目必须按学校有关规定经过组织批准,均要签订合同(协议),按合同要求开展工作;个人和单位不得私自承接,也不得直接接受委托单位的报酬,更不得转包任务从中牟利。此外,学校还对科技服务项目的结算和分配办法、教师和科技人员受聘担任外单位技术顾问事宜作出了具体规定。

1985年,学校在全面论证《上海交通大学一九八三至一九九〇年发展规划》的同时,进一步明确教学、科研与科技服务三者间的关系:"学校改革的根本目的是多出、快出、出好人才,出高水平的科研成果。教师的主要精力应放在搞好教学、科研上,这是关系到学校能否

---

① 《1979年度财务决算》。上交档:永久646。

② 《1980年度财务决算》。上交档:永久750;《上海交通大学志(1896—1996)》,第606页。

居于国内前列和跻身先进行列的关键所在。同时学校还要贯彻‘科学技术工作必须面向经济建设’的方针，尽快地把科研成果转化为生产力。为此，我们在确保教学和完成国家下达的科研任务的前提下，开展科技服务，进行成果转让，办好开发企业……制定一个合理的经济分配政策，鼓励院、系（所）、室等单位挖潜，把余力组织起来，积极承接各种科技服务项目。科技服务提成分配总的精神是‘放宽’，扩大基层自主权，开发财源，武装教学、科研设备和适当改善教职工的生活条件。”[①]

1985 年 1 月，学校召开科研工作检阅大会，对科研工作的改革和发展作出了新的部署。会上通过了《上海交通大学关于进一步改革科研管理、加强科研工作的意见》，阐明今后科研工作的指导思想是“抓改革、重创新、攻重点、保效益、促面向、施重奖，开创科研工作的新局面”，[②]并针对当时存在的战线长、力量分散、重点不突出的问题，有针对性地提出了 14 条加强重点科研项目攻关的具体措施：建立校重点课题组，确定一批校、系（所）重点项目，加强科研经费、科技合同管理，设立“上海交通大学科学技术发展基金”，加强“四奖[③]—专利”的申报工作等。

1985 年 3 月和 5 月，中共中央先后发布《关于科学技术体制改革的决定》和《关于教育体制改革的决定》，指出“高等学校和中国科学院在基础研究和应用研究方面担负着重要的任务”，[④]要“有计划地建设一批重点学科。重点学科比较集中的学校，将自然形成既是教育中心，又是科学研究中心”。[⑤]

为了确保重点，快出、多出、出高质量的科研成果，1985 年学校选择“胜利二号极浅海步行座底式钻井平台联合研制”“无人遥控潜水器研制”“陶瓷绝热复合式发动机研究”等 30 个重点科研项目，成立校重点课题组，学校从人员组成、经费使用、承接科研任务等方面给予课题组更多的自主权，并加强检查和督促。

从 1985 年起，学校自筹资金设立“上海交通大学科学技术发展基金”，用以资助基础研究和有独创性的研究课题，以及补充某些重大课题经费的不足。凡是基金资助的课题，均采用同行评议、择优支持、专项管理、签订合同的办法。1985—1987 年，学校实际批准资助项目 178 项，资助总金额 296.5 万元。从 1986 年起，学校又从校基金内拨出一定额度，设立

---

① 《我们在整党中是如何不断端正业务工作指导思想的?》(1985 年 2 月 28 日)。上交档:长期 3090。

② 《上海交通大学关于进一步改革科研管理、加强科研工作的意见》(1985 年 1 月 16 日)。上交档:永久 1023。

③ 四奖，即国家和省市部委设立的科技进步奖、自然科学奖、创造发明奖、合理化建议和技术改进奖。

④ 《中共中央关于科学技术体制改革的决定》(1985 年 3 月 13 日)。《中华人民共和国重要教育文献(1976—1990)》，第 2263 页。

⑤ 《中共中央关于教育体制改革的决定》(1985 年 5 月 27 日)。《中华人民共和国重要教育文献(1976—1990)》，第 2288 页。

“青年科技人员科学基金”,支持和鼓励35岁以下的青年教师独立从事创造性的研究工作。1986—1987年,青年基金共资助项目73项,经费总额约30万元。据1989年学校不完全统计,在校基金资助的基础上发展起来的课题,已申请到“七五”国家科技攻关项目13项,科研经费约678万元,占全校“七五”国家科技攻关项目总经费的50%;申请到国家“863”高科技项目7项,科研经费约190万元,占全校“863”高科技项目总经费的58%;申请到国家自然科学基金项目51项,科研经费约127万元,占全校国家自然科学基金项目总经费的47%。① 1990年,学校又批准29项校基金资助项目和33项青年基金资助项目,经费总额为41.53万元。校基金和青年基金的有效运作,对于增强学校科研工作的基础和竞争能力,保证重点课题的完成,促进优秀青年教师的脱颖而出,都起到了积极作用。

经过努力,学校形成一批具有优势的特色科研项目,如大规模集成电路CAD、金属基复合材料、陶瓷发动机、CIMS(计算机集成制造系统)、机器人、旋转机械故障诊断、大型工业自动控制装置、声频信号特征控制技术、光纤技术、图像处理与模式识别技术、计算机技术、生物技术、特种船型等。但科研工作在取得成绩的同时也存在着一些不足。学校以“下放权力、分级理财、分层包干”为取向的改革,给基层带来一定的生机和活力,但也出现了创收压力过重和“小富即安”②的分散化倾向。1991年,学校在《上海交通大学一九九一至一九九五年发展计划》中作出调整,“八五”期间学校工作重点“由发展规模为主转向提高水平为主”,科研工作“必须走学科交叉的道路,以联合求发展,发挥学校多学科的综合优势”。③

二、科研队伍和研究机构

高等学校要成为科学研究的重要方面军,很大程度上有赖于建立一支数量可观、素质较高的科研队伍。1978年之前,上海交大有专职研究人员,但没有专职科研编制。1979—1980年,经由第六机械工业部批准,上海交大首批确定专职科研编制教师465名。1982年,上海市批准学校新增专职科研编制教师78名,总数达543名。1983年,教育部科技司核定学校专职科研编制教师580名。1987年,国家教委批准学校新增科研专职编制106名,合计专职科研编制686名,④其中,580名是有编制经费下达的;106名是只有指标,没有经费的。

① 《我校科技发展基金工作的现状、作用和展望》(1989年5月)。上交档:长期4151。

② 宓洽群、田信灿:《上海交通大学率先进行内部管理体制改革》。丛书总编纂委员会编:《上海改革开放二十年》(教卫卷),上海人民出版社1998年版,第700页。

③ 《上海交通大学一九九一至一九九五年发展计划》(1991年5月)。上交档:永久1625。

④ 《送达教育部科技司:关于专职科研编制事》(1983年5月17日)。上交档:永久925;《关于新增专职科研编制的通知》(1987年3月20日)。上交档:永久1353。

为了使科研人员能够专心致志地努力搞好科研工作，学校制订专职科研人员晋级和职称评定的标准，实施科研人员与教学人员待遇一视同仁；制订科研工作的岗位责任制和各项工作条例，如1982年起试行科研编制教师业务考核制度，从年度计划执行情况、科研成果、专著论文、经济效益、教学情况和职责等6个方面进行考核，规范科研工作行为，确保科学研究活动的高效率运作。

学校强化和完善科研队伍的建设，除建立一支精干、稳定的专职研究队伍外，还以学校规章制度的形式，促使各系各基层单位教师从事一定的课题研究工作。据统计，科研全时人数[①]按每人每天工作8小时折合计算而成，1979年科研全时人员折合总数为682人。此后逐年上升，至1988年达到历史最高值，全校参加科研工作的全时人数为1 008人，加上非全时人数1 196人折合成全时人数688人，共计全科研工作量人数为1 696人。[②] 其后几年又略有下降，至1991年全校参加科研工作的全时人数为701人，加上非全时人数1 202人折合成全时人数685人，共计全科研工作量人数为1 386人。[③] 广大教师既从事教学工作，又从事科学研究工作，总体上保证有1/3以上的工作量投入科学研究活动。历年科研人员数见表5－1。

表5－1　1979—1991年上海交大科研人员数一览表[④]

年份	合计	教授	副教授	讲师	助教	其他（教员）	高级工程师	工程师	助理工程师	辅助人员
1979	682						47	428	47	160
1980	436	21	50	254	77					34
1981	653	27	55	312	144					115
1982	487	25	60	290	89			9	7	7
1983	1 146	31	152	529	148	44	2	48	117	75
1984	1 332	55	178	688	411					
1985	1 362	81	250	410	192	50	2	65	244	68

① 全时人数：指在本年度工作中，从事科学研究和试验发展（包括科研管理）工作的时间占本人全部工作时间90%以上的人员数。非全时人数：指在本年度工作中，从事科学研究和试验发展（包括科研管理）工作的时间占本人全部工作时间10%至90%的人员数。非全时折合全时人数：几个非全时人员从事研究与发展工作时间的百分比相加达100%，即折合为一个全时人员。

②《一九八八年科研工作总结》(1989年8月)。上交档：永久1414。

③《一九九一年全国普通高等学校科技统计年报表（上海交通大学）》。上交档：永久1636。

④ 资料来源于《上海交通大学志(1896—1996)》，第378页。

（续表）

年份	合计	教授	副教授	讲师	助教	其他（教员）	高级工程师	工程师	助理工程师	辅助人员
1986	1 369	71	267	343	237	5	22	89	246	89
1987	1 589	103	326	355	266	18	51	160	206	104
1988	1 696	146	402	339	234	6	63	189	239	78
1989	1 595	137	433	310	216	12	52	179	199	57
1990	1 482	101	319	269	143	38	87	240	192	93
1991	1 386	137	293	300	106	4	55	217	171	103

学校科学研究机构的建设，是保持科研队伍相对稳定和科研工作连续进行的重要保证，也是重点高等学校形成研究中心的基础。1978 年 4 月，上海交大召开全校向科学技术现代化进军誓师大会，就科研机构设置问题提出要求："为了使我校办成既是教学中心、又是科研中心，必须对学校现有的教学、科研体制进行改造，逐步实行理工结合、系所一体、教学科研生产三结合的新体制。……科研机构要根据国防和国民经济建设的需要和任务落实的情况，和我校的具体情况，有计划、有步骤地逐步建立。"①自此，学校一批研究机构得到恢复和调整。1978 年，经六机部批准学校成立了船舶及海洋工程、动力机械工程、材料科学及工程、工程力学等 4 个研究所；轻工业部批准成立了"轻工业模具 CAD/CAM 中心"。1980 年，六机部又批准成立"造船工业上海地区铸造研究中心"及信息与辐射、机械手及机械人、声全息、激光、晶体、高电压技术等研究室；国防工办批准成立了无损检测研究室。1985 年，经教育部批准成立了机器人、凝聚态物理、高分子材料等 3 个研究所及专利事务所；轻工业部批准成立轻工业上海焊接技术研究所。1986 年，电子工业部批准成立"南方 CAD 中心"（与电子工业部 32 所合办）。1987 年，国家教委批准成立"上海高校软科学联合研究中心"（上海交大、复旦大学、华东师范大学联合成立）。另外，经上海市科委、教委等部门批准先后成立了系统工程、上海市交通运输系统工程、上海模具技术、光纤技术、图像处理与模式识别、上海生产力科学等 6 个研究所。学校根据科学技术发展需要，还自行成立了一系列专业研究所和研究室，如自动化研究所、大规模集成电路研究所、计算机科学技术研究所、水下工程研究所、振动冲击噪声研究所、复合材料研究所、生物技术研究所和雷达研究室、应用数学研究

① 《邓旭初同志在全校向科学技术现代化进军誓师大会上的动员报告》（1978 年 4 月）。上交档：长期 2106。

室、光电化学研究室、计算机辅助设计研究室，等等。

为了适应科学技术趋向综合化，推动边缘学科和新兴学科的发展，学校决定建立跨系科研机构。1982 年成立生物医学工程、系统工程、海洋工程、能源工程、环境工程、热科学等 6 个跨系学科委员会；1987—1991 年，又相继成立软科学、传感器技术、CIMS 等 3 个跨系委员会。这些跨系科研机构挂靠在一个主要单位，通过学科交叉和各系之间的人员交流，组成结构合理、有攻坚能力的科研工作队伍，对联合开发研究的课题进行组织协调，统一规划并开展学术交流活动，进行多学科的"立体协同作战"。例如，海洋工程跨系学科委员会组织船舶及海洋工程系、机械工程系、动力机械工程系和自动控制系等 4 个系 7 个专业近 50 名教师的研究队伍，与胜利油田科技人员共同奋战近 10 年，完成了"胜利二号极浅海步行座底式钻井平台"研制工作。生物医学工程跨系学科委员会把机械、高分子材料、电力、计算机、生物、医学、力学等多方面人才组织起来，完成单自由度和三自由度肌电假肢研究。

1985 年，学校对科研机构进行调整，制订下发了《关于建立研究机构和校重点课题组的若干说明》，规定建立研究所、室必须满足 3 个条件：要有学术带头人，要有结构合理的人员梯队，要有明确的科研方向和具体的研究课题。经过整顿，学校设有 22 个研究所和 16 个研究室。1988 年，根据国家教委《关于调整改革高等学校理工类学科研究机构的通知》精神，学校对国家教委批准的 7 个研究所及学校自行批准建立的 16 个研究所进行了自我测评。按评估方案评定，振动冲击噪声研究所、系统工程研究所、凝聚态物理研究所、光纤技术研究所、工程力学研究所和船舶及海洋工程研究所总分最高，位列前 6 名。

1978—1991 年，学校相继建立各类科研机构 95 个，其中经国家部、委批准的研究所 8 个、研究中心 4 个、研究室 8 个，经上海市批准的研究所 6 个，经学校批准的研究所 25 个、跨系科研机构 9 个、研究中心 11 个、研究室 24 个。经过发展和调整，1991 年全校科研机构设置情况见表 5－2。

表 5－2　1991 年上海交大科研机构及其负责人一览表[①]

科研机构	成立时间	负责人
一、船舶及海洋工程研究所 1. 船舶及海洋工程设计研究室 2. 船舶及海洋工程流体力学研究室 3. 船舶及海洋工程结构力学研究室 4. 港口及水利工程研究室	1978 年	刘应中

① 资料来源于《上海交通大学统计资料汇编(一九九一年)》，并作适当考订修正。上交档：永久 1622。

(续表)

科研机构	成立时间	负责人
二、水下工程研究所	1985 年	朱继懋
三、动力机械工程研究所 1. 涡轮机研究室 2. 动力装置研究室 3. 内燃机研究室	1978 年	顾宏中
四、振动、冲击、噪声研究所 1. 振动分析及应用研究室 2. 信号处理与分析研究室 3. 振动与噪声控制研究室	1985 年	徐敏
五、图像处理与模式识别研究所 1. 模式识别机器视觉研究室 2. 人工智能研究室 3. 计算机图形学研究室 4. 图像处理理论及应用研究室	1985 年	施鹏飞
六、光纤技术研究所 1. 导波光学研究室 2. 光纤通信网研究室 3. 光纤通信系统研究室	1984 年	戴鳌前
七、计算机科学技术研究所 1. 软件研究室 2. 新型计算机研究室	1983 年	张钟俊
八、大规模集成电路研究所 1. 计算机辅助设计研究室 2. 设计自动化研究室 3. CAT 室	1982 年	林争辉
九、材料科学及工程研究所 1. 无损检测研究室 2. 炼钢研究室 3. 合金材料研究室	1978 年	林栋梁
十、复合材料研究所 1. 金属基复合材料研究室 2. 非金属基复合材料研究室 3. 表面复合材料研究室	1985 年	吴人洁
十一、上海模具技术研究所 1. 锻造研究室 2. 热处理研究室 3. 测试研究室 4. 工艺研究室	1983 年	阮雪榆

（续表）

科研机构	成立时间	负责人
十二、机器人研究所 1. 机器人机构研究室 2. 机器人控制研究室 3. 机器人传感器研究室 4. 机器人应用研究室	1985 年	蒋厚宗
十三、机械工程研究所 1. 精密加工研究室 2. 液压传动研究室 3. 机械学研究室 4. 工程机械研究室	1985 年	陈兆能
十四、凝聚态物理研究所 1. 固态电子学研究室 2. 激光研究室 3. 晶体研究室	1985 年	顾世洧
十五、生物技术研究所 1. 光合细菌研究室 2. 生态工程研究室 3. 废水生物处理研究室	1986 年	朱章玉
十六、高分子材料研究所 1. 高分子电介质与功能材料研究室 2. 高分子合金研究室 3. 特种高分子材料研究室	1985 年	徐僖
十七、系统工程研究所 1. 大系统理论及应用-经济控制论研究室 2. 社会经济系统工程研究室 3. 系统仿真研究室 4. 随机离散事件系统研究室	1982 年	王浣尘
十八、交通运输研究所	1982 年	张震
十九、信息存储研究中心	1984 年	朱雅轩
二十、社会科学及工程研究所 1. 社会工程研究室 2. 社会学和人才研究室 3. 马克思主义理论研究室	1985 年	叶敦平
二十一、轻工业上海焊接技术研究所 1. 电弧焊研究室 2. 焊接材料研究室 3. 焊接结构研究室	1985 年	何德孚

(续表)

科研机构	成立时间	负责人
二十二、工程力学研究所 1. 锅炉与压力容器研究室 2. 复合材料力学研究室 3. 计算流体力学研究室 4. 生物力学研究室	1978 年	刘延柱
二十三、情报科学技术研究所 1. 情报研究室 2. 自动化系统研究室 3. 声像资料研究室 4. 情报检索研究室 5. 情报编译研究室	1987 年	吴善勤
二十四、工程热物理与能源研究所 1. 多相分离与检测技术研究室 2. 传热和传质研究室 3. 热能工程、风机热交换研究室 4. 反应堆热工、工程热力学研究室	1987 年	徐济鋆
二十五、信息与传感器研究所 1. 信息显示研究室 2. 传感器研究室	1987 年	潘慧宝
二十六、康复工程研究所	1988 年	高忠华
二十七、微电子技术研究所	1988 年	沈志广
二十八、语言文字工程研究所	1990 年	杨惠中
二十九、经济管理研究所	1988 年	顾慰文
三十、计算机网络研究所	1988 年	杨传厚
三十一、南方 CAD 中心(与电子工业部 32 所合办)	1986 年	阮雪榆
三十二、电力科学技术研究所	1991 年	白同朔(兼)
三十三、电镀环保研究中心	1989 年	胡德忠
三十四、摩擦与密封材料研究所 (与中国非金属矿工业总公司合办)	1989 年	王宗光
三十五、电脑应用技术研究所	1989 年	朱毅(兼)
三十六、上海交大中国艺术研究所	1990 年	盛宗毅

（续表）

科研机构	成立时间	负责人
三十七、自动化研究所	1979 年	张钟俊
三十八、建筑设计研究所	1985 年	马康福
三十九、上海交大复印工程研究中心	1991 年	王正华
四十、上海交大人力资源管理研究所	1984 年	徐纪良
四十一、微型计算机研究所[①]	1984 年	杨秀春
校、系直属研究室		
1. 消磁研究室	1978 年	翁行泰
2. 高电压试验设备研究开发中心	1984 年	黄镜明
3. 雷达研究室	1980 年	陈健
4. 应用数学研究室	1985 年	胡毓达
5. 惯性技术与检测系统研究室	1982 年	陆恺
6. 光电化学研究室	1985 年	黄永昌
7. 环境化学工程研究室	1985 年	徐祥铭
8. 软科学研究室	1990 年	胡鹏山
9. 高等教育研究室	1985 年	陶爱珠
10. 核磁共振医学成像研究室	1990 年	倪卓

实践证明，改革开放 10 余年来，上海交大通过建立专业的科研队伍，成立一大批研究所（室）、跨系委员会等专业科研机构，从系统构成和组织管理上，保证了学校科研工作的稳定性、综合性和创新性，基本上形成了与教育中心相匹配的科研中心。

三、开拓科研渠道

从 1978 年起，上海交大科研工作经较短时间整顿后即迈入快速发展轨道。国家有关部委下达的课题、省市有关部门的招标课题以及学校发展规划提出的课题和各系（所）教师个人自选的课题，有力地支持了一大批科研项目的开展。与此同时，学校承接的委托科研项目日益增多。20 世纪 70 年代末期，教育部倡导“吃百家饭”，面向社会承担任务。[②] 1982 年 10 月，中央提出“经济建设必须依靠科学技术，科学技术工作必须面向经济建设”[③]的科技方针，

---

① 1984 年，学校成立微型计算机研究所，直属校部领导。1991 年 7 月，撤销微型计算机研究所。1992 年 11 月，为适应学科建设、科研工作和产业发展的需要，学校重新组建微型计算机研究所，归电子信息学院领导。

② 科学技术司：《改革开放中蓬勃发展的高校科技工作》。中华人民共和国教育部办公厅、直属机关党委编：《邓小平理论指引下的中国教育二十年》，福建教育出版社 1998 年版，第 279 页。

③ 张西水、陈清龙主编：《20 世纪的中国高等教育》（科技卷），高等教育出版社 2003 年版，第 84 页。

激励了经济建设、社会发展对科技的需求,也给高校教师和科研人员开创了广阔的天地。学校在确保完成国家下达的教学、科研任务的前提下,积极寻求新的科研市场。由校、系领导带队,四处奔波,深入到一些省、市政府机关和工厂企业,争取合作项目。至1985年,学校科研开发活动已遍及全国28个省、市,与2 000多个单位建立了协作关系。

1981—1985年,学校共承接各类科研项目3 829项,全校科研总经费累计达5 745.7万元。其中,国家和省市部委政府机构下达的科研项目(简称"纵向科研项目")1 655项,科研经费3 556.5万元;社会企事业单位委托的科研项目(简称"横向科研项目")2 174项,科研经费2 189.2万元(详见表5-3)。按项目类型划分,这些项目包括有基础研究、应用基础研究、应用研究、技术开发、技术咨询和技术服务等。

1985年,中共中央颁布《关于科学技术体制改革的决定》,对科研拨款制度进行了改革。适应这一科技工作新形势,上海交大积极开拓纵向科研渠道,多方面争取任务和经费,在"七五"期间建立起24个纵向科研课题申请渠道,并形成了国家科技攻关计划、"863"高科技计划、国防预研计划、国家自然科学基金和上海市14项科技重点攻关等5个主干渠道。[①]

1987年5月,上海市市长江泽民(右2)参观由上海交大和上海仪表厂联合研制的"上海一号"焊接机器人

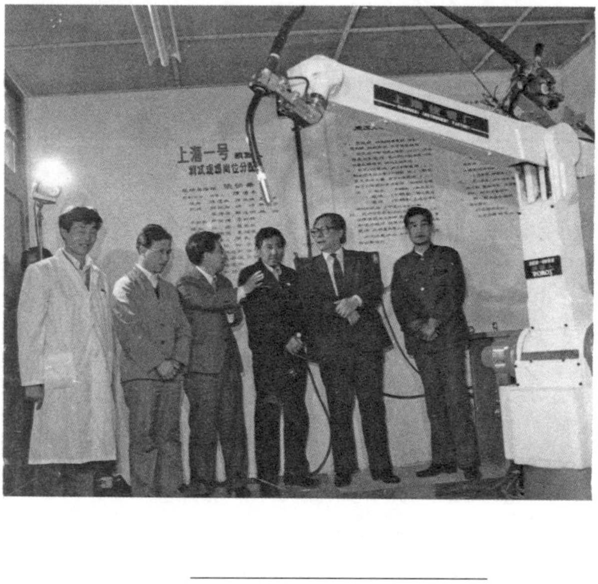

从1985年起,学校在完成国家"六五"科技计划的基础上,利用综合科技优势,尽可能多地承担"七五"科技攻关项目,如金属基复合材料、塑料合金、饲料开发、陶瓷发动机、机器人、大规模集成电路CAD、模具等项目。1987年,国家教委科技管理中心来校检查,对学校"七五"攻关项目的执行情况表示满意。至1991年底,学校所承接的99项各级"七五"攻关课题(总经费1 311.8万元)均已完成,并通过验收和鉴定。在国家计委、国家科委和财政部联合举办的国家"七五"科技攻关成果展览会上,生物技

① 《七五科研工作的回顾》(1991年10月23日)。上交档:永久1635。

术研究所的“玉米渣固态发酵转化配合饲料的开发研究”获优秀成果奖，朱章玉作为国家“七五”科技攻关优秀个人代表出席了国务院在人民大会堂召开的总结表彰大会。动力机械工程系研制的“陶瓷绝热发动机原理样机”、材料科学系研制的“金属基复合材料活塞镶环”、应用化学系研制的“1. 2. 4 - 丁三醇”3 项成果，获国家教委颁发的国家“七五”科技攻关荣誉证书，相关研究人员张连方、李贤淦、唐小真 3 人受到表彰。“电子设备模具 CAD/CAM 应用软件”“UNIX 操作系统的移植和汉化”“25SCY14 - 1B 型轴向柱式泵可靠性研究”等 21 项攻关成果和陈兆能等 27 人，获得机械电子工业部颁发的国家“七五”科技攻关荣誉证书。

“863 计划”即《高技术研究发展计划纲要》，是中央财政支持的国家级科技计划之一，因 1986 年 3 月获得批准立项而得名。“七五”期间，学校共承担“863”高科技项目 45 项，经费总额达 716. 5 万元。至“七五”末，自动化、信息、新材料等领域通过验收的专题项目，专家组的评分大部分为 A 或 B+ 。

1986—1990 年，学校承担国防预研项目 92 项，经费总额达 549 万元。其中中国船舶工业总公司所管辖的 75 项预研课题，整体完成情况良好并取得丰硕成果，有 21 项被选中参加中船总“七五”预研展览会，有 8 项被推选参加国防科工委“七五”预研展览会。

从 1986 年起，国家设立自然科学基金，主要资助基础研究、应用基础研究课题。由于该基金起点高、影响大、管理严，每年的基金项目批准数成为衡量高校学术水平的一重要标志。1986—1990 年，学校申请课题批准率逐年上升，共承担国家自然科学基金项目 190 项，总经费达 552. 2 万元。课题完成情况良好。

从 1988 年开始，上海市确定 14 个科研结合生产的重点工业项目进行攻关会战。当年从 14 个攻关项目中第一批分解出 136 个子项目，在全市公开招标。上海交大应用化学系、机械工程系、精密仪器系、电力学院、材料科学系和信息存储研究中心等 10 多个单位中标 15 个子项目，占上海地区高等学校中标项目的 47%。至 1990 年，学校共中标 37 个子项目，中标总经费 699 万元，居全市高校之首；并有 9 项获得上海市重点攻关振兴奖。

这一时期，学校还承担了两项科研专项工程。一项是由国家计委批准的垂直磁记录研究工程（简称“121”项目），投资经费 5 953. 6 万元，1984 年 5 月在上海交大启动。1987 年 12 月，国家计委来校主持召开“121”一期工程成果审议会。1988 年 6 月，国家计委副主任张寿专程到校举行表彰和颁奖大会。[①] 另一项是由电子工业部和上海市科委批准的研制扁平显

① 《“121 重点工程”简报（第一期）》（1984 年 6 月 30 日）、《上海市“121”一期工程成果审议会审议意见》（1987 年 12 月 29 日）。上交档：长期 3873。

示器项目(简称“8703”项目),1987 年 5 月在上海交大启动。[①]

此外,学校组织各学科积极争取高等学校博士点基金、国家教委优秀年轻教师基金、霍英东基金等校外经费资助项目。1987—1991 年,学校获博士点基金资助课题数为 96 个,资助经费累计 288 万元;获国家教委优秀年轻教师基金资助课题数为 6 个,资助经费累计 32 万元和 1.8 万美元的外汇额度;获霍英东基金资助课题数为 2 个,资助经费累计 2.28 万美元。[②]

除做好纵向科研课题外,横向科研和科技服务是上海交大科技工作的重要组成部分,承担着发展学校科学研究,直接面向经济建设,推广技术成果的责任。“七五”期间,学校克服市场疲软等困难,积极加强横向联系,开拓技术市场,深入到各行各业承担委托研究和开发任务。学校和胜利油田、大庆油田、第二汽车制造厂等大中型企业建立广泛联系,与上虞、新昌等县企业进行技术合作,还与美国、德国、台湾、香港等国家、地区发展了技术协作研究和开发,横向课题项目和经费不断增加。

1986—1990 年,学校承担遍及全国大部分省区的 3 099 项课题,总经费为 7 254 万元。其中,“磁刷生产技术和配套设备的设计与制造”“低磁场核磁共振 CT 的研制”等委托科研项目的经费均超过 100 万元,[③]这标志着学校承接社会委托科研项目的规模及能力有了较大的提升。

据统计,1978—1991 年,上海交大科研项目累计 13 139 项,从各渠道获得的科研经费累计 24 778.7 万元。历年科研项目和经费数见表 5 - 3。

表 5 - 3　1978—1991 年上海交大科研项目、经费一览表[④]

项目 年度	科研项目数			科研经费(万元)		
	国家任务(纵向科研)	社会委托(横向科研)	合计	国家任务(纵向科研)	社会委托(横向科研)	合计
1978	186	70	256	636.0	147.3	783.3
1979	148	74	222	262.5	79.0	341.5

① 《上海市科委、中央引进国外智力办和上海交大有关“8703”工程文件》(1987 年、1988 年)。上交档:长期 3871。

② 《高等学校基金项目汇编(1987—1991)》。上交档:KY3775。

③ 《七五科研工作的回顾》(1991 年 10 月 23 日)。上交档:永久 1635。

④ 资料来源:《上海交通大学志(1896—1996)》,第 368、450 页;《全国普通高等学校科技普查基层报表(1986 年 1 月 20 日)》。上交档:永久 1304。

（续表）

年度＼项目	科研项目数			科研经费(万元)		
	国家任务（纵向科研）	社会委托（横向科研）	合计	国家任务（纵向科研）	社会委托（横向科研）	合计
1980	134	123	257	261.6	108.0	369.6
1981	185	199	384	291.5	133.0	424.5
1982	190	305	495	357.8	277.7	635.5
1983	330	395	725	711.3	410.4	1 121.7
1984	452	592	1 044	868.6	693.9	1 562.5
1985	498	683	1 181	1 327.3	674.2	2 001.5
1986	716	611	1 327	906.1	1 073.5	1 979.6
1987	543	719	1 262	1 206.9	1 281.6	2 488.5
1988	969	712	1 681	1 752.5	1 333.4	3 085.9
1989	904	582	1 486	604.3	1 480.9	2 085.2
1990	803	475	1 278	1 671.3	2 084.7	3 756.0
1991	778	763	1 541	1 593.5	2 549.9	4 143.4
合计	6 836	6 303	13 139	12 451.2	12 327.5	24 778.7

1991 年和 1979 年相比，学校的科研项目增加了近 6 倍，科研总经费增加了 11 倍，保持逐年增长的良好势头，一直稳居全国高校前茅，名列上海高校之首。尤其是科技方针调整及科技体制改革的推动，使学校科研任务结构发生了很大变化。科研任务从主要来自国家下达的纵向科研任务，朝着纵向科研任务、社会委托的横向科研任务并驾齐驱的方向发展，并且横向科研任务发展速度大大超过纵向科研任务。1986 年，横向科研经费首次超过纵向科研经费，至 1991 年，横向科研经费占总经费的比例上升到 61.5%。学校科技工作直接面向经济建设主战场，还促使学校科研课题结构发生了深刻变化。1982 年，基础研究、应用研究、开发研究三类工作的比例分别为 3.43%、63.64%、32.93%；①至 1991 年，三者的比例调整为 6.86%、40.01%、53.13%。②

---

①《上海交通大学 1982 年科研工作总结》(1983 年 2 月 10 日)。上交档：长期 2660。

②《一九九一年全国普通高等学校科技统计年报表》。上交档：永久 1636。

学校科技成果还以多种形式参加国际性、全国性和省市级的 27 个技术展览会、博览会和洽谈会，并屡获大奖，如“二进制数控变量轴向柱塞泵”“最优扩散条件动态可控渗氮技术”“近红外气功信息治疗仪”3 个项目获 1986 年第二届全国发明展览会金牌；“16 位微机圆度仪”获 1988 年国际机床博览会金牌和优秀展品春燕一等奖；“薄膜磁头、薄膜磁盘和小型高容量磁盘驱动器”获 1989 年北京国际博览会金奖；“谐波传动装置”获 1991 年第二届北京国际博览会金杯奖。这些都有力地展示了学校科学研究实力，扩大了学校在社会上的影响，使优秀科研成果更快、更好地向外扩散，辐射到四面八方。

四、科学研究成果

1978—1991 年，上海交大共鉴定科技成果 1 041 项(见表 5 - 4)。1978 年全国科学大会召开后，对科技成果设立了各种奖励。1978—1991 年，学校共获科技成果奖 519 项，其中国家科技进步奖 46 项、国家自然科学奖 4 项、国家发明奖 12 项、全国科学大会奖 33 项、国家星火奖 1 项、省市部委奖 423 项(见表 5 - 5)。特别是 1985 年以后，学校获国家科技三大奖项数量增多，并连续数年夺得国家科技进步一等奖。1985 年，《中华人民共和国专利法》开始实施。同年 2 月，学校成立专利事务所，正式开展专利工作。至 1992 年 1 月 4 日，学校共申请专利 104 项，其中发明专利 43 项；已授权专利 51 项，其中发明专利 12 项。1985—1990 年，共出售专利 15 项，出售金额为 35. 4 万元。[①]

表 5 - 4　1978—1991 年上海交大科学研究成果一览表[②]

<table>
<tr><th rowspan="2">项目
年度</th><th rowspan="2">科研成果鉴定数</th><th rowspan="2">科研成果获奖数</th><th colspan="2">国内外论文发表数</th><th colspan="2">著作</th></tr>
<tr><th>会议</th><th>学术刊物</th><th>学术专著</th><th>教科书工具书</th></tr>
<tr><td>1978</td><td>42</td><td>59</td><td rowspan="6">2 102</td><td></td><td></td><td rowspan="6">172</td></tr>
<tr><td>1979</td><td>30</td><td>15</td><td></td><td></td></tr>
<tr><td>1980</td><td>23</td><td>31</td><td></td><td></td></tr>
<tr><td>1981</td><td>31</td><td>8</td><td></td><td></td></tr>
<tr><td>1982</td><td>30</td><td>32</td><td></td><td></td></tr>
<tr><td>1983</td><td>61</td><td>5</td><td>1 021</td><td>66</td></tr>
</table>

① 《委属理工师范高校专利工作主要指标排序》，国家教委科技管理中心编：《情况反映》(总第 78 期)1991 年 3 月 26 日。上交档：长期 4851。

② 资料来源于《上海交通大学志(1896—1996)》，第 368、444 页。

（续表）

年度＼项目	科研成果鉴定数	科研成果获奖数	国内外论文发表数		著作	
			会议	学术刊物	学术专著	教科书工具书
1984	81	28	1 019	453	48	21
1985	145	41	1 481	539	31	29
1986	90	78	929	1 821	30	28
1987	128	53	688	837	67	8
1988	98	71	729	613	72	19
1989	64	31	830	1 234	71	6
1990	84	29	772	1 557	31	54
1991	134	38	891	1 575	56	23
合计	1 041	519	9 441	9 650	472	360

表 5－5　1978—1991 年上海交大科研成果获奖情况一览表①

年份	国家科技进步奖			国家自然科学奖		国家发明奖			全国科学大会奖	星火奖	省市部委奖	合计
	一	二	三	三	四	二	三	四				
1978									33		26	59
1979											15	15
1980							1	1			29	31
1981											8	8
1982											32	32
1983											5	5
1984											28	28

① 国家科技进步奖、国家自然科学奖、国家发明奖获奖项目见表 5－6、表 5－7、表 5－8。全国科学大会奖、星火奖和省市部委奖获奖数来源于：《上海交通大学志（1896—1996）》，第 416 页；《上海交通大学纪事（1896—2005）》（下卷），第 689 页；《国家星火奖荣誉证书：高效节能冷却塔》（1991 年 12 月 12 日）。上交档：长期 4857。

(续表)

年份	国家科技进步奖			国家自然科学奖		国家发明奖			全国科学大会奖	星火奖	省市部委奖	合计
	一	二	三	三	四	二	三	四				
1985	2	9	9				1	1			19	41
1986											78	78
1987	2	2	2				2				45	53
1988	1	2	5	2	2		1	2			56	71
1989	1	2	3				1				24	31
1990	1		3					1			24	29
1991		1	1			1				1	34	38
合计	7	16	23	2	2	1	6	5	33	1	423	519

学校科研工作呈现出欣欣向荣、稳步上升的发展趋势,诞生了一批重大的标志性科研成果。

推广运用"船舶取消首支架纵向下水新工艺"

船舶在纵向双管道船台上下水,由于尾浮阶段受力大,国内外均在船首设巨大的铁木首支架,耗费大量材料和制造、安装工时,下水后还要进坞拆除支架。船舶及海洋工程系以朱崇贤为主要负责人,与沪东造船厂合作的"船舶取消首支架纵向下水新工艺"课题,从理论上改变了原来将船作为刚体绕首支架转动的力学机理,采用了弹性细梁在弹性支座上的受力分析,取消了首支架,从理论上和实践上解决了船舶无首支架纵向下水的工艺问题。这是我国造船工艺的一项重大改革。该研究成果在全国迅速推广,为各船厂普遍采用。据1985年底的统计,全国运用该工艺下水的500—65 000吨的船已有250艘,仅省工、省料及减少船台基建费等方面的经济效益就达1 500万元。该成果荣获

1985 年国家科技进步一等奖。

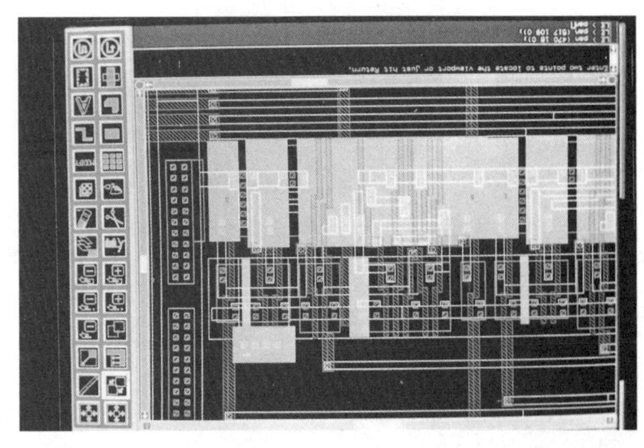

中、大规模集成电路计算机辅助解剖分析系统图

大规模集成电路研究所以宋云麟为主要负责人研制成功的“中、大规模集成电路计算机辅助解剖分析系统”，是“国内第一个完整的、具有实用性的集成电路解剖分析系统”。[①] 由于全面地引入了模式识别和CAD技术，使集成电路的分析技术达到了国际先进水平，从而逐步改变我国依靠人工的传统设计方式，大为减轻设计人员的劳动强度，缩短集成电路设计周期。这对于改变我国电子技术的落后面貌、进行集成电路的多品种开发，具有重大的技术意义和经济价值。该成果荣获 1985 年国家科技进步一等奖。

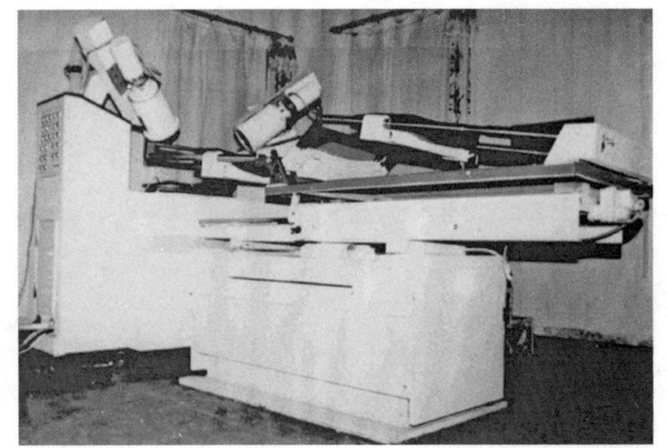

肾结石体外粉碎机

“液电冲击波体外破碎肾结石技术”是基于高电压脉冲功率技术的液电效应，并运用聚能技术、X 光技术、图像增强、微机控制、机械传动等综合性技术的跨学科研究课题。电机工程系唐耀宗、陈亚珠带领全体课题组成员，成功研制出国产肾结石体外粉碎机。它有一个椭圆反射器，在水中产生电火花，从而形成高能量的密集区域。肾结石置于高能量密集区域时，便会粉碎成 1—2 毫米的沙粒状，随患者尿液排出体外。1985 年，该样机首次在上海中山医院应用于临床。1986 年通过专家鉴定，粉碎有效率达 98％以上，排出率 90％以上。至 1988 年底，该成果向 20 多家医院推广应用，治愈患者近 3 万人。德国物理学家赫史来教授参观后说：“上海交大的肾结石体外粉碎机的临床效果，可以和

① 《上海交通大学科研概况(1978—1985)》。上交档：长期 3154。

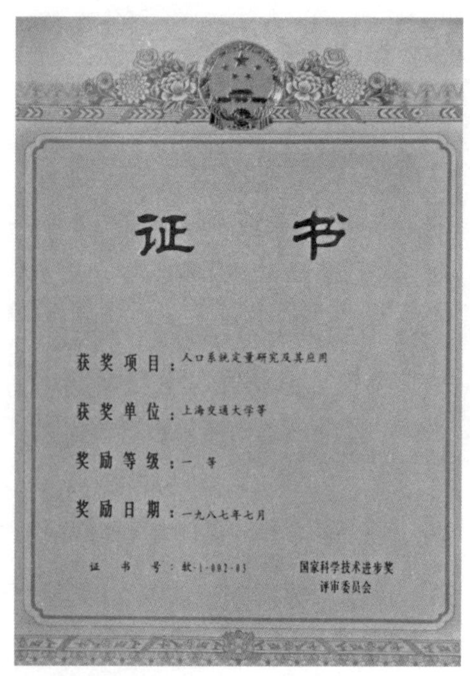

证 书

获奖项目：人口系统定量研究及其应用

获奖单位：上海交通大学等

奖励等级：一 等

奖励日期：一九八七年七月

证书号：软-1-002-03

国家科学技术进步奖
评审委员会

“人口系统定量研究及其应用”获奖证书

国际上最先进的碎石机媲美。”[①]1987年该成果荣获国家科技进步一等奖，1993年获国家教委科技成果推广奖。

为适应管理科学化的需要，学校积极开展软科学的研究，主要进行管理科学、系统工程和重大科学技术的预测、论证工作。国家科委宋健、校管理学院王浣尘等主持合作完成的“人口系统定量研究及其应用”课题，应用系统工程和控制论的思路，理论与实际相结合，定性与定量相结合，进行因素分析，找出了我国约为70年的人口大周期；应用大系统理论及最优理论，得出了人口控制的大系统结构及优化方案。有些建议被相关政府部门采纳和实施，这对我国人口控制的战略研究和应用做出了贡献。该成果荣获1987年国家科技进步一等奖。

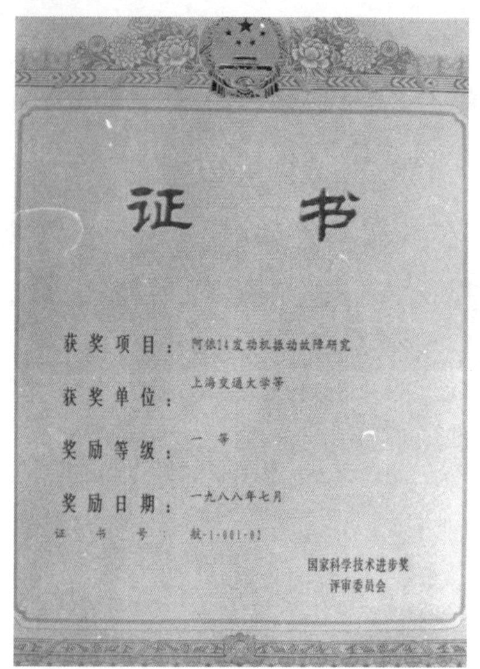

证 书

获奖项目：阿依24发动机振动故障研究

获奖单位：上海交通大学等

奖励等级：一 等

奖励日期：一九八八年七月

证书号：[illegible]

国家科学技术进步奖
评审委员会

“阿依-24发动机振动故障研究”获奖证书

动力机械工程系以傅志方为主要负责人开展的“阿依-24发动机振动故障研究”，应用数字谱分析、时序建模、模态分析、参数辨识及非线性特征检测等当代国际最新技术，进行发动机振动故障诊断。经过3年多研究工作，找出发动机实际结构上影响振动特性的主要零部件及部位，提出13项针对性措施，首先应用于6台典型故障机上，经试验、应用、试飞中的追踪检查，并在飞机上使用，确认故障已彻底排除。从1985年9月起，该技术由中国民航局103厂采纳，全面推广应用到阿依-24、阿依-20、涡桨五甲-1发动机翻修生产中，可年节省200万元。1988年，该成果荣获国家科技进步一等奖。

由船舶及海洋工程系朱继懋担任总设计师的“7103深潜救生艇”，是我国第一艘自行设计研制的

① 《上海交通大学志(1896—1996)》，第453页。

深潜器，主要任务是援救失事潜艇员，经改装后亦可用于海洋考察，并可以在水下开舱湿救和输送潜水员之用。经过研究团队15年的艰苦奋斗，1986年5月在南中国海完成了深潜救生艇水下对接、干救、湿救的海上综合试验，各项实验结果和救生艇的主要性能指标均满足设计要求。深潜救生艇的成功研制，填补了我国深潜技术和深潜救生技术的空白，标志着我国深潜器研制水平跨入世界先进行列。1989年，该成果荣获国家科技进步一等奖。

7103深潜救生艇

水下辐射噪声是由潜艇推进动力和辅助机械设备的振动以及机械噪声引发的，为了提高潜艇的隐身能力必须减小振动和噪声源。以动力机械工程系翁贤邦、实验室管理处勾厚渝为主要负责人开展的“潜艇噪声振动控制研究设计及33潜艇改装应用”，采用近代声强识别声源技术，确定机组主要振源及声源，改进减振方案设计，增设进排气消声装置，使机组振动噪声大幅度降低，不仅降低舰体辐射噪声，同时降低艇内舱室噪声，改善艇员生活环境，提高潜艇隐蔽性及作战能力。该成果荣获1990年国家科技进步一等奖。

1986年33艇科研项目鉴定会

上海交大获国家科技进步奖、国家自然科学奖、国家发明奖的项目、主要负责人及完成单位见表5-6、表5-7、表5-8。

表5-6 上海交通大学获国家科技进步奖项目一览表①

序号	获奖年份	等级	项目名称	主要负责人	完成单位
1	1985年10月	一	船舶取消首支架纵向下水新工艺	朱崇贤	船舶及海洋工程系
2	1985年10月	一	中、大规模集成电路计算机辅助解剖分析系统	宋云麟	大规模集成电路研究所
3	1985年10月	二	空泡水筒试验装置	王本立	船舶及海洋工程系
4	1985年10月	二	曲面法船体线型生成程序系统	周超骏	船舶及海洋工程系
5	1985年10月	二	船舶燃气轮机进气气水分离试验台和722Ⅱ型全垫升式气垫登陆艇燃气轮机进气气水分离器模型件	王钟铭	动力机械工程系
6	1985年10月	二	海军潜艇410升焊接高压气瓶安全性评价试验研究及技术检验规则	夏有为	工程力学系
7	1985年10月	二	“避振穴”减振效能研究	马佐璋	船舶及海洋工程系
8	1985年10月	二	358型导弹、鱼雷攻击和导航潜艇用雷达	罗习群	电子工程系
9	1985年10月	二	GJB14.1-84舰船轮机规范水面舰船GJB14.2-84舰船轮机规范常航规动力潜艇	任文江	动力机械工程系
10	1985年10月	二	滑行艇艇体结构强度与振动设计计算规则研究	陆鑫森	船舶及海洋工程系
11	1985年10月	二	船用涡轮增压器CZ系列355母型机的研制	顾宏中	动力机械工程系
12	1985年10月	三	SJD-51型交流电位法表面裂纹探测仪的研制	程均琦	材料科学及工程系
13	1985年10月	三	压磁应力测量仪及其应用	周浩森	材料科学及工程系
14	1985年10月	三	船舶与海洋工程结构有限元分析系统	陈铁云	船舶及海洋工程系
15	1985年10月	三	防雷配电变压器研究及成果推广	张嘉祥	电力工程系

① 资料来源:国家级科技进步奖授奖项目目录及获奖信息,上交档:永久1130、长期3891、长期4851;国家科技进步奖获奖证书,上海交通大学声像类档案(sx11),流水号4、12、15、16、17、18、145;科研类档案,KY2730。

（续表）

序号	获奖年份	等级	项目名称	主要负责人	完成单位
16	1985 年 10 月	三	PI－1 型聚酰亚胺表面钝化技术	王宗光	应用化学系
17	1985 年 10 月	三	50 马力燃气轮机消防泵	杨本法	动力机械工程系
18	1985 年 10 月	三	915 燃气轮机顶切试验研究	钟芳源	动力机械工程系
19	1985 年 10 月	三	大型汽轮机发电机组轴系动平衡技术研究	黄文伟	机械工程系
20	1985 年 10 月	三	Φ2×21M 蒸压釜(ZS13－2/21)	张仁纯	工程力学系
21	1987 年 7 月	一	液电冲击波体外破碎肾结石技术	唐耀宗	电机工程系
22	1987 年 7 月	一	人口系统定量研究及其应用	王浣尘	管理学院
23	1987 年 7 月	二	海洋钻井平台管状接头强度与结构设计分析	陈铁云	船舶及海洋工程系
24	1987 年 7 月	二	起重机设计规范	胡宗武	机械工程系
25	1987 年 7 月	三	压力机紧急制动安全机械装置	夏葶辉	材料科学及工程系
26	1987 年 7 月	三	治疗骨折用等离子体注入 F46 驻极体薄膜(骨愈膜)	张国光	应用化学系
27	1988 年 7 月	一	阿依-24 发动机振动故障研究	傅志方	动力机械工程系
28	1988 年 7 月	二	T2. 1遥控水雷	朱积川	电子工程系
29	1988 年 7 月	二	铝—锌—铟系合金牺牲阳极和锌—铝—镉合金牺牲阳极及其化学分析方法	集体	应用化学系
30	1988 年 7 月	三	微机冲裁模 CAD/CAM 系统	曾宪章	上海模具技术研究所
31	1988 年 7 月	三	机械振动信号处理程序及推广应用	徐敏	动力机械工程系
32	1988 年 7 月	三	海船稳性规范	朱霞	船舶及海洋工程系
33	1988 年 6 月	三	MQ－77 高阻尼合金及其潜艇螺旋桨	盛宗毅	材料科学及工程系
34	1988 年 6 月	三	ZLJD－IS 合金在鱼-6 型鱼雷铸造壳体上的应用研究	黄良余	材料工程系
35	1989 年 7 月	一	7103 深潜救生艇	朱继懋	船舶及海洋工程系
36	1989 年 7 月	二	PL－Ⅲ平台罗经	王渝中	微型计算机研究所

(续表)

序号	获奖年份	等级	项目名称	主要负责人	完成单位
37	1989年7月	二	集成电路CAD二级系统(内含LSIS-Ⅱ自动布图子系统)	林争辉	大规模集成电路研究所
38	1989年7月	三	WT-3高性能微机图像处理系统	余松煜	图像处理与模式识别研究所
39	1989年7月	三	船舶操纵性试验研究	吴善勤	船舶及海洋工程系
40	1989年7月	三	新长征四号火箭遥测用低值过载加速度测量仪	林明邦	精密仪器系
41	1990年12月	一	潜艇噪声振动控制研究设计及33潜艇改装应用	翁贤邦	动力机械工程系
42	1990年12月	三	中小型水面舰艇方案论证程序系统	汪希龄	船舶及海洋工程系
43	1990年12月	三	全自动洗衣机大型塑料注塑模具——脱水桶、盛水桶研制及应用	阮雪榆	材料工程系
44	1990年12月	三	档案信息管理系统	王永成	计算中心
45	1991年11月	二	稀土优化综合处理在电工铝导体中的应用研究	陈秀琴	材料科学系
46	1991年11月	三	液压轴向柱塞泵可靠性研究	陈兆能	机械工程系

表5-7 上海交通大学获国家自然科学奖项目一览表①

序号	获奖年份	等级	项目名称	主要负责人	完成单位
1	1988年3月	三	函数程序代数理论研究	孙永强	计算机科学及工程系
2	1988年3月	三	马氏体相变	徐祖耀	材料科学及工程系
3	1988年3月	四	陀螺动力学理论研究	刘延柱	工程力学系
4	1988年3月	四	金属超晶格理论研究	蔡建华	应用物理系

① 资料来源于《1987年国家自然科学奖奖励项目目录》(1988年3月)。上交档:长期3677。

表5-8　上海交通大学获国家发明奖项目一览表①

序号	获奖年份	等级	项目名称	主要负责人	完成单位
1	1980年7月	三	深水半自动水下电弧切割方法	姜焕中	材料科学及工程系
2	1980年7月	四	铸造用复合交联型高分子粘结剂(JD-1型)	朱纯熙	材料科学及工程系
3	1985年12月	三	新型磁电式大扭矩传感器	应礼昌	动力机械工程系
4	1985年12月	四	磁力驱动双喷电解减薄器	王永瑞	材料科学及工程系
5	1987年12月	三	磁光旋转测试方法和装置	刘公强	应用物理系
6	1987年12月	三	超高压变压器屏蔽构件的超声波胶点焊方法	齐志扬	材料科学及工程系
7	1988年12月	三	耐降解PI-Ⅱ型聚酰亚胺—聚酰胺酸酯微电子材料	金星	应用化学系
8	1988年12月	四	JX型图书监测系统	王月娟	自动控制系
9	1988年12月	四	大弦长前倾节能低噪声冷却塔轴流风机	任世瑶	动力机械工程系
10	1989年12月	三	低塑性Al-Si-Cu合金连杆铸锻联合工艺	王以华	附属工厂
11	1990年12月	四	200℃高温导电弹性材料	江伯鸿	材料科学系
12	1991年12月	二	JPS-1型阳图印刷感光剂	王正芳	应用化学系

1979年以来，学校恢复校庆学术活动。据不完全统计，1979年83周年校庆，举行了17次学术报告会和专题座谈会，交流学术论文242篇。1981年85周年校庆学术报告会，交流学术论文370篇。1983年87周年校庆学术报告会，交流学术论文670余篇。1986年90周年校庆，举行了67个学科、118场次的学术报告会，提交学术报告758篇。这些学术报告会包括宣读学术论文、研究成果、科研总结，介绍国内外各学科领域的新技术、新理论的发展动向和研究动态，汇报出国考察总结报告等。

1978年以后，学校选派教师和科技人员出国参加各类学术交流活动和在国内举行的国

① 资料来源：《上海交通大学科研概况(1978—1985)》。上交档：长期3154；国家发明奖获奖证书，上海交通大学声像类档案(sx11)，流水号15、16、17；国家发明奖获奖信息，上交档：永久1592、长期3675、长期4859。

际学术会议。以1990—1991年为例,全校有126人次分赴美国、加拿大、英国、德国、法国、日本、澳大利亚、东欧及港澳等国家和地区,出席国际学术会议,递交学术论文126篇;有209人次出席国内举办的国际学术会议,递交学术论文163篇。此外,许多论文资料经学校审查批准寄(带)往国外,投稿国外期刊和国际学术会议。如1991年,经学校寄(带)往国外交流的学术论文达376篇。

随着国内各类学会活动相继恢复,很多教师和科研人员参加了全国、上海市及高校400余个基础学科和工程学科的学会活动,不少教师担任一定的学术职务。范绪箕等40多位教授还在国际学术团体中担任学术职务。科技情报网站是开展、沟通情报交流及学术活动的群众性学术组织。至1982年底,学校参加六机部的科技情报网站23个,担任锻压和金相热处理2个专业网的网长,还参加13个跨部网和7个地区站的活动,主持编辑出版上海光纤通信情报网的网刊《光纤通信》。

改革开放以来,学校成立了科技交流室,开展各类论文报告的出版和交流工作,至1995年共出版《上海交大科技》72期、《微型计算机》丛书68期、《外籍专家讲学讲稿》37辑、《上海交大译丛》43期、《国内外科技动态》72期以及《科技信息》155期,还每年编辑出版一本《科技成果选编》,对交大教师在国内外学术刊物和学术会议上发表论文及专著的出版情况进行统计。

1978—1991年,全校教师在国内外学术会议上发表论文9 441篇,在国内外学术刊物发表论文9 650篇(见表5-4)。其中1983—1991年,在国际刊物上发表论文1 440篇。中国科学院科技情报研究所曾对美国《SCI》(科学引文索引)、《ISTP》(科技会议录索引)、《ISR》(科学评论索引)三大检索系统收录的我国科技论文作调查,在1988年被收录论文数最多的我国前10名作者中,上海交大应用物理系教授顾世洧、郑杭和副教授唐坤发3人分别位列第2、3、7名。他们有不少论文极富创见,引起国外学术界的重视。

1978—1991年,全校教师出版学术专著472部,教科书和工具书等360部(见表5-4)。1978年,学校组织4个部委的500余名专家编撰大型综合性专业辞书《船舶工程辞典》,历经10年之久,于1988年由国防工业出版社出版,该书荣获1989年中船总公司科技进步二等奖。1984年,学校组织编撰大型工具书《英汉机电工程词典》,收词16万条,涵盖机械、电力与电子、仪表3部分专业词汇,1990年由机械工业出版社出版,发行近万册。学校还组织近300名专家编纂《机电词典》,收录有关机电内容的词目8 600余条,于1991年由机械工业出版社出版。

截至1991年,学校办有《上海交通大学学报》(1979年复刊,自然科学综合性学术刊物)、

《科技英语学习》(1980年创刊)、《噪声与振动控制》(1981年创刊)、《实验室研究与探索》(1982年创刊)、《海洋工程》(1983年创刊)、《模具技术》(1983年创刊)、《机械设计与研究》(1984年创刊)、《微型电脑应用》(1984年创刊)、《传动技术》(1987年创刊)、《中国人体科学》(1990年创刊)等10种科技刊物,公开向国内外发行。

第二节　科技面向经济建设

一、技术咨询和成果转让

在"科学技术工作必须面向经济建设"方针的指引下,交大教师走出校园,与企业、研究机构相结合,针对经济社会发展中重大的、关键的技术问题,进行各类技术合作和技术创新活动,积极探索多种科技开发新形式,推动科技成果向现实生产力转化,加强科技产业化。

1981年11月,学校专门成立了技术服务部,鼓励教师在确保完成国家下达的教学、科研任务的前提下,面向社会、面向生产,积极开展对外科技服务。这时,中国农村经济改革取得了较大的进展,推行联产承包,办起了乡镇企业,农村对科技人员和科学技术产生巨大的需求。这给学校对外科技服务提供了广阔的天地。

上海交大的科技服务主要有技术咨询、成果转让、试验测试和兼职顾问等。技术咨询是利用学校的技术知识和技术成果,帮助解决企业生产中遇到的关键问题,包括短期的专业知识讲座、技术人才培训等。成果转让是指学校与企业签订有偿转让合同,学校按照合同规定提供技术资料、技术指导和技术培训,并承担相应的技术责任,保证产品性能达到规定指标,促使科技成果尽快转化为直接的生产力;企业则按合同规定给学校收益提成。据不完全统计,1980—1991年,学校共签订科技成果转让合同281项,[①]其中1986—1991年科技成果转让实际收益累计达444.5万元。[②] 试验测试是利用实验室的仪器设备,向社会有偿开放,提供测试、校验等服务。教师受聘担任兼职技术顾问,学校规定一个人最多同时担任两个顾问工作。1986年,教师受聘担任技术顾问的有125人。[③]

上海交大通过上述途径转化科技成果,取得了良好的社会和经济效益,对一些企业的发

① 《上海交通大学志(1896—1996)》,第453页。

② 1986—1991年《全国普通高等学校科技统计年报表》。上交档:永久1293、永久1351、永久1415、永久1471、永久1582、永久1636。

③ 《上海交通大学受聘技术顾问统计表》(1986年)。上交档:长期3507。

展起了促进作用。例如:

动力机械工程系童祖楹、附属工厂陈恒足等研制开发的液力偶合器是利用液体传递动力的传动设备,安装在泵和风机上,能使电机空载起动和无级调速,代替节流调节,一般可节电 1/5 至 1/3 左右。1981—1988 年,5 个系列 19 种型号的 879 台液力偶合器,应用于 24 个省市几百家工业和民用企业中的泵和风机调速节能,其中 100 千瓦以上 120 台,每台年节电 15 至 146 万度;100 千瓦以下 714 台,每台年节电 3 至 10 万度。综合生产利润和节电效益,年经济效益可达 900 万元以上。[①] 校附属工厂仅 1987 年获得生产该产品的利润达 100 余万元。

校附属工厂成功开发"低塑性 Al - Si - Cu(铝-硅-铜)合金连杆铸锻联合工艺"。运用该工艺及最佳热处理规范生产的合金连杆,与美国同类产品相比,强度是美国产品的 1.5 倍,塑性是美国产品的 2.2 倍,耐磨性是美国产品的 2.5 倍;与国产的硬铝、锻铝等锻件相比,其耐磨性是硬铝锻件的 3 倍,是锻铝 LD10 的 1.7 倍。上海冷气机厂、宁波压锻连杆厂、上海第二空压机厂等 10 多家单位采用该工艺,铸锻出冷冻机 3FW5B 等 10 种规格和空压机 ZV - 0.6/7 - B 等 3 种规格连杆。仅据 1987 年 1—10 月的统计,这些工厂取得年经济效益 700 万元。[②]

还有,"单自由度肌电控制前臂假手""不锈钢氩弧焊工艺及装备""制冷装置动态特性研究""超高压变压器屏蔽构件的超声波胶点焊方法""海军潜艇 410 升焊接高压气瓶安全性评价试验研究及技术检验规则""子午线轮胎模具研制""全自动洗衣机大型塑料注塑模具——脱水桶、盛水桶研制及应用""液压轴向柱塞泵可靠性研究""溢流阀可靠性研究""JX 型图书监测系统""西汉文兼容图书馆联机管理集成系统""压力机紧急制动安全机械装置""桑塔纳轿车离合器压盘总成测试系统"等研究成果,[③]都有效地解决了企事业单位中长期存在的技术问题。

此外,"上海市近期能源-经济模型""用系统工程方法对上海新港选址进行评价和选优""上海市宏观经济模型及计算机应用""山东省枣庄市国土规划""江西省山江湖开发治理宏观战略研究""科研成果评价方法和指标体系""管道网络系统优化设计数学模型、算

---

① 国家教育委员会科学技术管理中心编:《高等学校单项年经济效益五百万元以上科技成果汇编(一)》(1988 年 2 月)。上交档:长期 3677。

② 国家教育委员会科学技术管理中心编:《高等学校单项年经济效益五百万元以上科技成果汇编(一)》(1988 年 2 月)。上交档:长期 3677。

③《上海交通大学志(1896—1996)》,第 449—453 页。

法、软件”等社会科学和软科学研究课题,[①]对经济建设和社会发展的决策科学化提供了依据。

技术咨询、成果转让等属于产学结合的一种形式,也是当时科技面向经济最为普遍的方式。但这类合作方式比较自由松散,没有政府的政策保障,未形成合理的利润分享机制,对科研和生产的相互促进尚存在一定的局限性。如学校在技术上没有负责到底的义务和内在动力,搞好搞坏主要由受援厂负责,对于技术基础较差的企业所起作用有限;教师不熟悉产品市场信息,对新产品的研究开发和老产品的更新换代工作缺乏连续性等。

二、推进产学研结合

1985 年,中共中央《关于科学技术体制改革的决定》提出,“调整科学技术系统的组织结构,鼓励研究、教育、设计机构与生产单位联合,强化企业的技术吸收和开发能力”;[②]随后又在《关于教育体制改革的决定》中明确提出高等学校“有权接受委托或与外单位合作,进行科学研究和技术开发,建立教学、科研、生产联合体”。[③] 这为高等学校推进教学、科研、生产三结合,开辟科学技术面向经济建设新途径,给予了很大的探索空间。

上海交大大胆实践,打破部门、地区、行业界限,实行不同层次、不同形式、不同程度的教育、科研、生产的长期协作,有选择地建立一批产学研联合体,在推动科研成果转化、促进社会经济发展方面取得了较大的成就。

学校同新疆、南京、武汉、江门、常州、盐城、襄樊、齐齐哈尔等全国 22 个省、市、县签订长期科技合作协议,促进科技工作与经济建设的有机结合。

以学校和新疆维吾尔自治区的科技协作为例,自 1982 年以来,学校先后派出 3 批专家工作组,包括焊接、锻压、热处理、铸造、机械制造与工艺、图像处理、输配电、遥感、热工、化工和环境工程等学科的专业教师和专职科研人员,赴疆考察洽谈,听取自治区城乡环境保护厅、电力工业局、国防工办、国土办等 8 个部门的情况介绍,并与有关厂矿企业、试验站分专

---

① 《上海交通大学志(1896—1996)》,第 450 页;相关科研档案资料,上交档:永久 1415、长期 3682、KY 3218。

② 《中共中央关于科学技术体制改革的决定》(1985 年 3 月 13 日)。《中华人民共和国重要教育文献(1976—1990)》,第 2262 页。

③ 《中共中央关于教育体制改革的决定》(1985 年 5 月 27 日)。《中华人民共和国重要教育文献(1976—1990)》,第 2288 页。

业对口座谈,承接了支援新疆经济建设的19个项目。其中,系统工程研究所承担了新疆发展规划的咨询任务。该所先后派出20多人次,4次赴疆实地调查研究,查阅新中国成立30多年来新疆社会经济发展的统计资料,向自治区负责同志深入了解情况,通过数据采集处理、确定模型结构、计算机仿真分析、专家会审等,完成《新疆经济及社会发展长远规划的咨询研究报告》。新疆计委领导同志说:"上海交大系统工程研究所提供的咨询意见对新疆正在进行的规划工作具有参考和咨询作用,工作质量是好的。……特别是在提供数据的及时性和完整性不够理想的条件下,交大同志克服了种种困难取得了上述成果,我们表示满意。"①之后,该所又进行了新疆社会经济发展计划工作模型研究,开发的"新疆经济计划工作模型"获1990年国家教委科技进步二等奖。图像处理和模式识别研究室承担了"新疆塔里木河自然资源航空照片图像处理"的科研任务。研究人员跋涉于荒漠之中进行实地考察,获得丰富的珍贵资料,为计算机程序设计中的特征抽取和交互式处理奠定基础。经反复论证,完成塔里木河及其支流两岸面积3.6万平方公里范围内35 000张航空图片的图像处理。该项成果已在新疆实际应用,并对我国开展大面积资源调查积累了经验。

学校和工矿企业或工业部门的研究机构开展合作研究,即"产-学"合作研究或"研-学"合作研究,由工厂企业或地方研究机构提出课题并提供研究经费,利用大学的人才优势和研究试验设备进行合作。这有利于新技术新产品的开发研究,以缩短研究周期,加速科技成果直接转化为生产力。"胜利二号极浅海步行座底式钻井平台""船舶取消首支架纵向下水新工艺""顶底双吹氧气转炉冶炼中低碳铬铁新工艺""SZ7-50/10节能防雷变压器""避振穴减振效能研究"等研发项目,都属于这类合作方式。

胜利二号极浅海步行座底式钻井平台

获1991年第二届中国专利金

① 《发挥学科优势,在教学、科研上全力支持边疆社会主义四化建设》(1987年6月11日)。上交档:长期3660。

奖并被评为1992年全国十大科技成就之一的“胜利二号极浅海步行座底式钻井平台”，是为我国沿海海滩和极浅海区石油钻探开发的世界上第一艘能够自行行走的钻井平台。上海交大组成以船舶及海洋工程系马志良为主要技术负责人的跨学科研究团队，与胜利油田联手开展为期4年的合作攻关，解决一系列重大技术难关，于1986年初完成全部设计任务。经上级批准，1986年3月开始在北海船厂建造，1988年9月建成投产。使用以后，该平台完全满足各项设计要求，拖航时曾遇十级大风，坐底时曾遇十二级飓风，均安全度过。至1992年9月国家科委鉴定时，该平台已成功钻井9口，进尺23 000多米，与其他平台一起在极浅海找到了上亿吨储量的大油田，为我国石油工业的发展做出了巨大贡献。

学校和工厂企业建立科研、生产联合体，即“产-学”生产联合体，一般由工厂提供厂房、设备、资金，负责经营管理；学校提供新技术、新产品，进行开发研究，并参与一定程度的管理。这种联合体有两种具体组织形式，一种是初级的“结盟”或联合，另一种是高级的“一体化”联营工厂或公司。其特点是厂校责、权、利相联，学校有了生产基地，工厂有了技术后盾，研究和开发工作得以持续地进行，相互促进，共同提高，从而具有很强的产品更新能力和生存竞争力。校动力机械工程系和上虞风机厂、联丰玻璃钢厂联合开发、生产的低噪声风机和冷却塔产品，生物技术研究所和上海崇明东风农场协力建设生态农场，都是此类联合体的成功典型。

1982年12月，低噪声轴流风机鉴定会复测组全体成员合影，交大教师有任世瑶（前排右6）、朱士逖（后排右5）、陈端石（后排右1）、樊启泰（后排右9）等

动力机械工程系教师任世瑶长期从事冷却塔风机的研制工作，1974年他因病回浙江上虞老家休养，向父老乡亲提供技术指导，帮助创办上虞风机厂。1976年，在交大教师的技术指导下，上虞市又办起联丰玻璃钢厂和百官电机厂，形成专业配套生产风冷设备的一

条龙。学校与这3家企业正式结成产学联盟，1982年组建南洋风机冷却塔研究开发公司，1990年为适应国内外市场的变化，又组成了产业集团。学校将一批批科研成果持续不断地输往企业，又将企业的生产难点和新产品开发任务带回实验室研究；有计划地派遣各类科技人员前往企业开展技术服务，并为企业培养多层次的实用技术人才，增强企业对新技术的消化、吸收和研发能力，经过10多年的努力，科研生产密切合作，实现了高校和企业的共同繁荣。1992年，这3家企业总产值超过1亿元，从名不见经传的乡镇企业发展成为国内知名的专业生产风机和冷却塔设备的国家第一批重点高新技术企业和国家星火示范企业，成功研制76个系列1 000多种规格的产品，以节电、低噪声等特点替代进口产品畅销国内，广泛运用于北京人民大会堂、钓鱼台国宾馆、中南海怀仁堂、北京亚运村、上海体育馆、秦山核电厂等，还出口日本、澳大利亚、德国、巴基斯坦等20多个国家和地区。其高新技术产品获国家和省部级重大科技成果奖26项、优秀产品奖13项，LTF型冷却塔风机获1985年国家银质奖，BLS-100冷却塔获1990年国家金质奖。[①] 多年来，上虞企业陆续向交大提供600多万元的科研协作费，为本科生和研究生教学提供实验设备和实习基地，有力地促进了学校教学和科研的发展。国家科委和农业部对这一联合体生产形式评价很高，称之为"产—学"结合的典型。

1983年，国务院副总理、校务委员会主任王震指示上海交大帮助江西红星农场建设奶牛场的沼气工程。生物技术研究室(1986年改为生物技术研究所)承接了此项任务。在室负责人朱章玉带领下，课题组选择上海崇明东风农场作为生态工程综合试验基地，开展试验研究。他们把生物科学与工程技术结合起来，以牛粪为原料，建立了高效沼气集中供气系统，向农场几千户居民家24小时稳定供气；沼气的料渣可用作饲料和有机肥料；还将生物饲料加工、光合细菌应用、土地漫流净化有机废水等技术综合利用，有效解决农场的能源、环境和资源问题。联合国教科文组织驻华代表泰勒博士考察了该试验基地，给予极高的评价：这项试验研究的规模和内容达到了世界先进水平，对世界农业和畜牧业的发展提供了一种新的模式和途径。上海东风农场的试验研究成功后，他们即将相关技术转移到江西红星农场，同样取得了很好的效果。1992年，中国科协主办的《科技导报》以《生态工程的曙光》为题，介绍了这一成功经验。始终关注母校发展的1934届校友、杰出科学家钱学森阅读后，亲笔写信给朱章玉表示祝贺，并希望能将这项研究工作做得更好。钱老在信中写道："在十一届三中全会刚开过，上海复旦大学谈家桢教授，也是我的老同学，就提醒我利用微生物的广阔

① 国家教育委员会科学技术管理中心编:《高等学校单项年经济效益五百万元以上科技成果汇编(一)》(1988年2月)。上交档:长期3677;张炳钰:《科学研究日新月异》。《上海交大二十年》,第118页。

前景。现在这方面的工作在您那里开创了，真是可喜！我没有别的，只希望您能在下个世纪把利用微生物的工业办成像上海宝钢那样的大企业。生物技术也将成为上海交大的一个专业系了。”①

学校与企业联合建立研究机构，即“产-学-研”联合技术开发中心。这是打破部门所有制，实现教育、科研、生产联合的新型组织形式，通过开展基础技术研究、应用技术研究和生产技术研究三个层次的研究工作，可使科学技术和经济建设紧密结合，使发展更加协调一致，且更适合高新技术产品的研制开发。上海交大冷挤压研究室与制造厂、研究所及其他高校的技术力量联合进行模具技术的协作研究，后来建成上海模具技术研究所，正是此类合作形式的成功典范。

200030

上海市 上海交通大学生物技术研究所

朱章玉教授：

近读《科技导报》1992年10期《生态工程的曙光》，才知道您创立的生物技术研究所和其先进事迹，深受鼓舞！我要向您和您领导的班子表示衷心的祝贺！

在十一届三中全会刚开过，上海复旦大学谈家桢教授，也是我的老同学，就提醒我利用微生物的广阔前景。现在这方面的工作在您那里开创了，真是可喜！

我没有别的，只希望您能在下个世纪把利用微生物的工业办成象上海宝钢那样的大企业。生物技术也将成为上海交大的一个专业系了。

再次表示祝贺！并致

敬礼！

钱学森

1992.11.2

1992年11月2日，钱学森写给朱章玉的信

1983年，经上海市科委、经委和教卫办批准，上海交大和上海第二轻工业局联合创办上海模具技术研究所。该所实行董事会下的所长负责制，采用企业管理，独立核算，自负盈亏，主要完成上海市科委和第二轻工业局下达的任务，以应用技术研究为主，兼顾理论和技术储备，并承担本科生、研究生培养和模具技术人员的进修任务。这是科研、教学、生产紧密结合的新型实体，其在管理体制和运行机制上的创新，为探索全国产学研一体化积累了经验。1983—1994年，在所长阮雪榆的带领下，模具所从模具技

1985年，美国国家工具和机加工协会代表团参观上海模具技术研究所（左1为阮雪榆教授）

① 《钱学森就利用微生物研究致上海交大生物技术研究所朱章玉教授的信》。上交档：RW-钱学森-0002。

术开发研究中试基地发展为“国家模具CAD工程研究中心”，学科齐全，梯队合理，始终占据国内塑性加工、模具技术发展制高点，并以其一流的科研水平和卓著的经济效益而闻名。该所在承担32项国家重大项目的同时，更以市场为导向，开展横向合作项目262项，承接科研经费达1 100万元，科研成果辐射全国22个省市、400多家企业，获国家、部、市奖励28项及国际奖励5项。国际模具协会主席德国山德尔先生在参观该所后说：“你们研究所在短短的时间内能得到这样快的发展，这在我们德国也是十分罕见的，我对你们取得的成就感到惊讶。”[①]

三、发展和整顿科技产业

1983年，在改革开放大潮推动下，经上海市人民政府批准，上海交大成立南洋国际技术公司，注册资本人民币100万元，为独立经济核算的交大附设企业。在南洋公司的组织下，各类校办企业、研究开发公司如雨后春笋般迅速兴起。它们的业务不同，形式各异，但都与教学、科研相关，不搞单纯的贸易，目的是使科技成果更快地转化为生产力。

在社会上兴办公司、兴办企业之风的影响下，校办公司、企业日益增多。为加强其管理，1985年学校成立南洋教育基金集团，它与南洋国际技术公司属同一机构。1986年3—4月，根据中央国务院有关整顿校内公司企业的通知精神，中央纪律检查委员会(简称“中纪委”)驻国家教委纪检组派人来校，就整顿公司、企业等情况进行调查研究。在上级调查组的指导下，学校对各类企业(公司、中心)进行清理，并对校系两级干部的兼职情况作了调查。据统计：1983年5月以后，校有关单位单独组成或与外单位联合组成各类企业(公司、中心)共有108家，其中23家未注册，当时已停办、消亡或不工作的有39家；全校有140人在100家各类企业中担任227个职务。[②] 为理顺公司建制，学校将全校17家在市工商管理部门正式登记注册的公司整顿成6家独立公司，即南洋国际技术公司、南洋风机冷却塔研究开发公司、南洋水下工程公司、南洋电脑开发公司、中华青铜文化复兴公司、交大综合服务公司，以及南洋国际技术公司下辖的5个部，即阻尼器材技术开发部、力学工程咨询开发部、金属材料及工程研究开发部、船舶设备技术服务部、交大上中路分部综合商店，另撤销了6家公司，并建立南洋教育基金集团管理委员会，集中管理学校下属各公司。整顿后的各公司独立经营，独立核算，自负盈亏；南洋教育基金集团对各公司是业务指导关系。同时，按照国家教委《关于

---

① 陶育卫：《超越——记中国工程院院士阮雪榆教授》。熊丙奇主编：《足迹——上海交大报出版1000期作品选》，上海交通大学校刊编辑部2002年，第178页。

②《我校各类企业(公司、中心)人员任职情况》(1986年3月21日)。上交档：长期3474。

整顿校办公司、企业的通知》规定，校级领导干部一律辞去兼任的公司、企业董事长、总经理等职务。

整顿后的校办企业有了较快的发展，到1989年又发展为各类实体113家。这一年，党中央、国务院再次发出《关于进一步清理整顿公司的决定》。为贯彻该文件的精神，学校就清理整顿公司的组织、方法、步骤及有关事项作出10条具体规定，并成立了领导小组。经整理分析，明确113家中的92家属于由交大独办或交大参与联办的企业性质，被列入此次清理整顿的范围。通过逐一审核，并经国家教委和上海市高教局批准，正式撤并公司42家；保留公司16家，即南洋国际技术公司、上海交通大学医疗器械研制中心、中华青铜文化艺术工程公司、南洋电脑开发公司、上海交通大学船舶技术服务公司、南洋国家水下工程公司、上海交通大学电子信息技术公司、上海交通大学动力机械工程公司、上海交通大学制冷工程公司、上海交通大学六通机电技术公司、上海交通大学复合材料制品及表面技术工程开发公司、上海模具技术研究所、上海南方计算机辅助设计公司、上海交通大学综合服务公司、上海交通大学劳动服务公司、香港思源电脑有限公司。此外，经上海市工商登记注册的中外合资公司有5家，学校确定保留的校办工厂有4家，确定保留的校内商店及招待所有10家，确定保留和继续参加的联合体有11家，明确由上海市政府清理整顿和领导的公司有2家，未批准的境外公司有1家，需新办报批手续的中心有1家。[①]

在清理整顿公司的同时，学校进一步加强对科技产业的管理。1989年10月，学校成立校产开发管理委员会，上海交通大学校长为法人代表并任委员会主任，下设校内和海外两个开发办公室。开发办公室是带有行政管理职能的企业性质管理机构，它在学校党委书记、校长和委员会的直接领导下，对全校各个校属校办工厂、企业、公司和各种联合体等单位行使统一领导，进行校、系两级管理。1991年底，为进一步理顺体制，学校撤销海外开发办公室，其管辖的南洋国际技术公司等划归校内开发办公室统一管理。随着管理机构的逐步完善，学校相应建立起校办产业管理制度。1990年1月，学校制订《上海交通大学关于加强校办产业及科技产品开发管理的若干规定》，对管理机构、职责、纪律、新成立公司的批准权限、手续、人员能力、财务制度、工资福利、企业利润在学校与企业之间的分配原则等方面，均作了明确规定。

---

① 《报送〈上海交通大学关于清理整顿公司的总结报告〉》(1990年10月24日)。上交档：永久1580。

经过近10年的探索,上海交大的科技产业从无到有,在发展过程中尽管出现过“资金不足、体制不顺、队伍不精”[①]等问题,但通过不断调整和整顿,促使科技产业沿着健康轨道逐步发展。

① 宓洽群、田信灿:《上海交通大学率先进行内部管理体制改革》。《上海改革开放二十年》教卫卷,第699页。

第六章
拓展对外交流与合作

第一节　交大代表团访美和校友工作

一、考察美国高等教育和科学研究

1978年9—11月，在党的十一届三中全会召开和中美两国正式建交的前夕，上海交大根据邓小平关于“交大应与美国交大校友会取得联系，到美访问”[①]的指示精神，经上级批准由校务委员会副主任、党委书记邓旭初为团长，副校长、副教授张寿，教授金悫、张钟俊、王端骧、陈铁云、李铭慰，副教授程极泰、高忠华，对外科学技术联络处处长张光曜，访问团秘书、中国对外友协理事邢绛（女），访问团翻译王元兆（女）共12人组成“上海交大赴美访问团”，出访美国。[②]

代表团出访历时52天，在美47天，考察访问了20个城市、27所高等院校、14个科研和生产单位，联系接触了200多位美国朋友和400多位美籍华人、校友、台湾香港在美友人，初步考察美国高等教育事业，并向美国各界和广大校友介绍了国内情况。

① 张寿：《遵照邓小平指示访美，打开国门——上海交通大学赴美访问团回顾》。《上海交大二十年》，第45页。

② 中央批准上海交大组团访美及出访意义，第一章第一节已有交待，本章不再赘述。本节就代表团访美过程及成果作一介绍。

麻省理工学院董事会主席霍华德·约翰逊(左2)向代表团致欢迎词

代表团受到了美国教育界的热烈欢迎,各高校校长、院长、研究所所长等出面接待和宴请。访问麻省理工学院时,该校举行了校长、院长和有关系系主任及著名教授80多人出席的欢迎宴会。麻省理工学院董事会主席霍华德·约翰逊在宴会上致辞说:“我们第一次在上海见面,这是第二次我们在美国见面,应当是老朋友了,今后我们两校之间应当加强联系。”谈到两校交换学者之事,他说:“要踏踏实实来做,最重要的是做,而不是停留在口头上。”[①]已退休10年的前任校长斯切莱顿教授曾是张钟俊教授的博士生导师,他在参加宴会前特地翻阅了40年前张钟俊写的博士论文,与张钟俊相谈十分融洽。

代表团在加利福尼亚大学伯克利分校电机系门口与该系教授合影

访问加利福尼亚大学伯克利分校时,校长鲍乌格设午宴招待,席间该校钟楼奏响《东方红》乐曲和国歌《义勇军进行曲》,向代表团致敬。鲍乌格还在会上宣布,全权委托工学院院长葛守仁与交大讨论并签订两校交换学者、教授的协议,并提出明年将派出教授访问团到交大回访。

宾夕法尼亚大学卡尔教授曾访问过交大,此次在宾大会见代表团,非常热情。他连续几天陪同代表团参观,还设家宴款待。

德克萨斯大学从当地报纸上得悉上海交大赴美访问的消息,专程来函邀请代表团前去参观交流。校长利奇教授设宴招待代表团一行,代表团向他赠送了仿制的古铜镜。古铜镜背面刻有“饮水思源”字样的交大校徽,在平行光照射下,镜背字样和图案可清晰地反射到墙壁上。这是交大热加工系对汉代

---

① 张寿:《遵照邓小平指示访美,打开国门——上海交通大学赴美访问团回顾》。《上海交大二十年》,第49页。

出土文物古铜镜进行研究，根据透光反射原理仿制而成的透光镜。次日，德克萨斯州报头版刊登了代表团访问该校的消息和赠送铜镜的照片。

通过考察美国大学、研究所，代表团初步了解了美国高等教育的概况，在办学思想、高新技术等方面受到了极大的启发。代表团在参观考察中，见到了许多来自世界各国的科学家、教授和工程师，包括诸多优秀的华裔专家学者。美国大学教师既担任教学工作，也从事科学研究。他们常常站在学科的前沿，进行跨系学科的研究，经常参加国际性学术会议或外出讲学，以了解世界科技的新动向和新水平。他们还担任校外企业和研究单位的顾问，促进理论联系实际。

代表团看到，美国大学学科设置较为齐全、各有特色。麻省理工学院分设工学院与数学、物理、化工系，在工学院中也包括数、理、化的教学。哈佛大学专门设立工程和应用科学院，包括应用数学、应用物理和化学。加利福尼亚大学伯克利分校理科在工学院内，如机械系内有应用力学与控制数学的著名教授。美国大学成立各种跨系教育组织，直属大学研究院管理，聘用基础较好的研究生作为教授的助手，开展跨系课题研究，在适当时候建立新的学科。这令代表团意识到，交大要提高教学科研质量，必须走多科性和综合性大学发展的道路。

美国大学培养硕士、博士研究生的比例很高。麻省理工学院有学生 8 200 人，研究生占 45％；加州理工学院有学生 1 600 人，研究生占 50％；斯坦福大学有学生 12 100 人，研究生占 43％。[①] 这些大学都与许多高水平的中学建立挂钩联系制度，从中选拔优秀学生入学本科。在大学中，由教授担任指导教师，好中选优，推荐优秀学生攻读研究生，大量培养高质量的科技人才。很多学院分系不分专业，学生入学一两年后选定主科。学生选课自由度大，加利福尼亚大学伯克利分校一年级有 20％选修课，四年级选修课可达 50％；加州理工学院四年级选修课达 70％。[②]

美国许多学者、教授能够在教学科研工作中作出成绩，一个很重要的条件是美国大学拥有先进的实验设备和丰富的图书资料。斯坦福大学有一个 3 公里长的当时世界最大的直线加速器。加利福尼亚大学伯克利分校有一个海洋工程实验室，用于研究设在海湾旁边的原子能发电站对海湾影响的问题。计算机科学是发展最快的学科，几乎每个大学均有计算中

---

① 《美国大学的概况与学制——访美报告选编之七》。《上海交大》1979 年 4 月 16 日第 3 版。

② 张寿：《遵照邓小平指示访美，打开国门——上海交通大学赴美访问团回顾》。《上海交大二十年》，第 54 页。

心,可连接到上百个终端设备,供教学科研之用。从科学研究、工业交通、管理工作以至日常生活,计算机的应用十分广泛。美国各大学图书馆藏书非常丰富,文献资料齐全。如纽约大学有一幢11层钢结构的大楼,全部为图书馆专用。所有图书馆全部开架,有的图书馆还采用计算机检索文件。

美国大学办事效率较高、大学具有一定的权力,也给代表团留下了深刻的印象。回国后总结访美收获时,代表团成员一致认为:我国大学与美国大学差距很大,我们不能照搬美国模式,但在专业设置、人才的培养和使用、研究生教育、发展高新技术、设备与图书、大学管理等方面,都有不少值得我们借鉴之处。

代表团参观加利福尼亚大学圣地亚哥分校生物力学实验室

访问过程中,代表团与美国一些著名大学建立了友谊,打开了学术交流的渠道,形成校际合作的实际成果。学校分别与美国密西根大学、加利福尼亚大学伯克利分校、加利福尼亚大学圣地亚哥分校、华盛顿大学圣路易斯分校4校签订了缔结"姐妹学校"的协议书。例如上海交大与密西根大学的协议年限第一期为3年,从1979年1月起至1982年12月,以后可以延长;交换教师工作期限约一年,可长可短,两校可以互相邀请对方教师参加短期的学术性会议;两校还将交换共同感兴趣的学术资料,包括课程大纲、学校发表的专题论文和相应的科学报告。代表团访问华盛顿大学圣路易斯分校时,原本没有订立协议的打算。该校校长主动提出建立姐妹学校关系,代表团同意了他们的要求,参照密西根大学协议书进行办理。

访美期间,代表团还与广大旅美校友深入沟通、坦诚交流,并与交大美洲校友会建立了正式联系。代表团会见的交大校友,大部分是美国各大学的教授或某个公司研究中心的高级工程师,其中有些是声望很高的知名学者,如加利福尼亚大学伯克利分校工学院院长葛守仁教授、佛罗里达大学工学院院长陈华伟教授、王安电脑公司总裁王安博士、天然气航运公司总裁陈棨元博士、贝尔实验室田炳耕博士、宾夕法尼亚大学终身教授顾毓琇博士、加州理工学院吴耀祖教授等。他乡遇故知,倍感亲切,代表团每到一个城市,均有校友到机场或车站迎送，负责安排代表团的各项活动和食、宿、交通等。设在波士顿的交大美洲校友总会和华盛顿、纽约、匹兹堡、洛杉矶等校友分会，都举行了盛大的欢迎宴会。宴会上代表团介绍了祖国粉碎“四人帮”后的大好形势，放映了反映上海交大情况的幻灯片。当校友们看到上海交大那扇古老的校门还是那样敞开着，看到熟悉的老图书馆、工程馆、第一宿舍依然屹立着，看到写有“饮水思源”字样的校徽时，无不触景生情，引起他们对学生时代的美好回忆，也引起他们对远离的故土、久别的母校的无限思念。一些校友看着看着，眼睛里涌出了激动的泪水，声音哽咽了：“这是我住过的房间。”“这是我们踢球的地方。”一位亲历五卅运动的老校友看到五卅运动烈士纪念碑时，主动讲述了当时陈虞钦烈士壮烈牺牲的情景。洛杉矶校友分会会长李世富看到第一宿舍前矗立着的刻有校徽的饮水思源纪念碑时，不停地念叨：“饮水思源……我们要饮水思源啊……”校友杨天一充满激情地说：“我们好比嫁出去的女儿，长期没有与娘家联系，没有能为祖国做事，深感惭愧。今天娘家派你们不辞辛苦、远涉重洋看望出了嫁的女儿，我们一定要为祖国四个现代化做些有益的事，绝不忘记祖国对游子的关怀。”①

交大美洲校友会举行欢迎招待会，与代表团成员合影

不少校友分别邀请代表团成员到家中做客，促膝谈心。当问及“文化大革命”的情况，代表团成员特别是老教授们，过去都受到过政治运动的冲击，但他们很得体地如实回答，为校友们解疑释惑，还详细介绍了“文革”结束后祖国的真实情况，欢迎校友们回国观光。很多校友对祖国的开放，从怀疑到相信，纷纷表达热爱祖国、愿为母校服务的强烈愿望。校友吴德楞在几年前曾发动校友赠书母校，他说：“现在我们又有了为国效力的机会，母校缺什么书，你们尽快写信来告诉我们，我们校友都愿意出力。”②

① 王元兆：《美国之行》，《文汇报》1979 年 2 月 4 日第 4 版。上交档：永久 631。

② 张寿：《遵照邓小平指示访美，打开国门——上海交通大学赴美访问团回顾》。《上海交大二十年》，第 51 页。

在一次欢迎会上,有一批年轻校友参加,他们是赴美留学的台湾新竹交大毕业生,很希望了解大陆实情。代表团热情接待,另约时间和他们座谈,实事求是地介绍了国内教育事业的形势,增进了两岸交大学子彼此间的友谊。

如何加快交大建设,是代表团和校友们共同关注的热点话题。校友们从选派研究生、互派访问教授、交换教材及教学资料、计算机建设、理工科结合等方面,提出了许多有益的建议。代表团随身携带有六机部特拨的 8 万美元,打算借访美之机,购买一些先进的仪器设备和教学资料。在我国驻美联络处和校友们的支持协助下,代表团用这 8 万美元买回了市值约 20 万美元的仪器设备和资料,包括 4 台王安计算机(附赠 3 个优惠条件,即免费培训 5 名技术人员、免费送货至国内、免费维修)和英特尔微处理机系统、光纤模拟设备、高温电阻应变片以及最新的图书教材等。这为学校的微机、大规模集成电路、光纤、图像处理与模式识别等新兴学科的建立与发展起到了促进作用。校友们还向母校赠送了最新出版的数学、物理、化学、力学、生物工程、计算机和控制工程学、海洋工程、动力工程、工业企业管理、英语教育和高校概况等 11 大类图书资料,共计 600 余种 800 余册。这些图书资料由代表团带回在学校图书馆展出,深受教师们欢迎。展出期间,阅览室座无虚席,不少教师每天一早赶来等待图书馆开门,摘抄、翻译所需资料。

此次访美,是中国高教界解放思想、实事求是的一次成功实践。代表团看到了外部开放的世界,打开了与美国大学界交流合作的大门,架起了与海外校友、朋友沟通联系的桥梁,开通了从海外引智和引资的渠道。代表团的访美效应,不仅震动了中国高教界,也为学校以后的改革开放起到了重要的推动作用。

二、“五所交大是一家”

自 1978 年 9 月上海交大赴美访问团出访美国后,学校与交大美洲校友总会及海外校友恢复了联系。交大美洲校友总会成立于 1965 年。当年,美洲各地的分会校友 105 人在纽约聚会,推举第一任会长为赵曾珏、副会长为潘文渊。此后,校友总会每 5 年举行一次全美校友联谊会,历任会长有王教仁、杨裕球、王安、杨天一、郑国宾、赵锡成等。因中美尚未建交,第一至第三届交大美洲校友联谊会只有台湾新竹交大的代表参加。

1980 年 4 月,交大美洲校友总会会长、1940 届校友王安携夫人应邀来校访问,参加建校 84 周年庆祝活动。王安与邓旭初等校领导座谈时,双方一致认为“五所交大是一家”,交大美洲校友总会举行的联谊会最好大陆 4 所交大都派代表参加。随即,交大美洲校友总会向

1980 年 4 月 11 日，国务院副总理兼上海交大校务委员会主任王震（前排左 5）在人民大会堂会见交大美洲校友总会会长王安（前排左 4）一行

上海交大、西安交大、北京北方交大、[①]成都西南交大和台湾新竹交大都发出了邀请。1980 年 8 月 22—24 日，第四届交大美洲校友联谊会在美国波士顿举行。上海交大派出邓旭初、张煦、贝季瑶、何友声和张光曜组成的代表团。这是上海交大、西安交大、北方交大、西南交大和台湾新竹交大代表首次聚会于美国。5 校代表同来自美国各地和加拿大、英国、泰国、巴西等国的校友及家属共 350 人欢聚一堂，进行了广泛接触和交流，真正实现了全球交大校友的大团圆。会上，交大美洲校友总会副会长何惠棠作了"交大校友在美洲"的报告，5 校代表分别介绍了各自学校的情况。会议通过提案，建议交大增设人文学科，增进科技人才的文化修养；添设能源学系，抓紧研究一切与能源有关的科技方法；加强对分布全球的交大校友情况的调查，密切彼此的交往。[②]

1985 年 8 月 2—4 日，第五届交大美洲校友联谊会在美国洛杉矶举行。上海交大校务委员会副主任、党委书记邓旭初和交通大学校友总会会长、上海交大顾问朱物华赴美参加。5 校代表和 200 名校友再度相聚，重温同窗情谊，交流学术经验。

① 2003 年，北方交通大学恢复使用"北京交通大学"校名。

② 《提案讨论座谈会》，《盍簪四集——一九八〇年第四届校友联谊会纪念册》（1980 年 8 月）。上交档：长期 2550。

1990 年 6 月 15—18 日，第六届交大美洲校友联谊会在美国新泽西州霍柏坎市举行。上海交大、西安交大、北方交大、西南交大和台湾新竹交大分别以各校领导翁史烈、潘季、万明坤、沈大元、阮大年为团长，组成代表团参加联谊会，并在会上报告了 5 校的校情，希望携手共谋发展。来自美国和加拿大的 400 多名校友同堂聚会。这次大会的高潮是宣读江泽民总书记和乔治·布什总统的贺信。中共中央总书记江泽民以交大校友的名义亲笔致函表示祝贺：

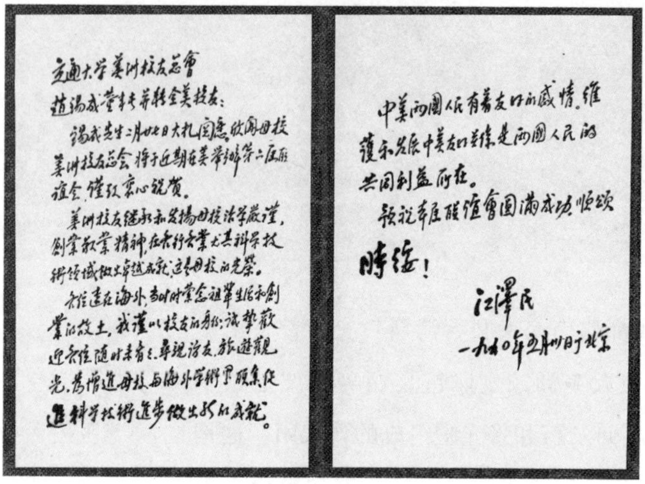

江泽民写给交大美洲校友总会的贺信

交通大学美洲校友总会

赵锡成董事长并转全美校友：

锡成先生二月廿七日大札阅悉。欣闻母校美洲校友总会将于近期在美举办第六届联谊会，谨致衷心祝贺。

美洲校友继承和发扬母校治学严谨，创业敬业精神，在各行各业尤其科学技术领域做出卓越成就，这是母校的光荣。

各位远在海外，当时时萦念祖辈生活和创业的故土，我谨以校友的身份，诚挚欢迎各位随时来看看，寻亲访友，旅游观光，为增进母校与海外学术界联系、促进科学技术进步做出新的成就。

中美两国人民有着友好的感情。维护和发展中美友好关系是两国人民的共同利益所在。

预祝本届联谊会圆满成功。顺颂时绥！

江泽民

一九九〇年五月卅日于北京①

美国总统乔治·布什也向联谊会发来了贺辞：

交大同学会全体会员：

今日诸君济济一堂，在纽约举行第六届联谊大会，真值得道贺。诸位都应觉得骄傲，因为诸位各有专长，历年来对于美国社会提供了卓越的

---

①《盍簪六集——第六届交通大学美洲校友联谊会纪念册》(1990 年 6 月)。上交档：长期 4617。

贡献。

交通大学毕业生树立了一个模范，刻苦求学，奋发实业，都有辉煌的成就，使来自中国、成为美国几百万公民普遍受益。尤其在教育界、实业界、商业界及艺术界等有不少成为领导人物，受全国的尊敬。交大人不仅在科学上、工程上有卓越的表现，即在其他的服务亦有杰出的成就。

THE WHITE HOUSE
WASHINGTON

June 6, 1990

To the Chiao Tung Alumni:

Congratulations as you gather in New York for your Sixth Grand Reunion. I know that this must be a proud occasion for each of you as you reflect upon the many contributions your members have made to our society over the years.

The alumni of Chiao Tung University exemplify the commitment to learning and vibrant entrepreneurial spirit that have brought success to millions of Chinese Americans. Today, many Chinese Americans are respected leaders in education, business, industry, government, and the arts. While most often recognized for their expertise in science and engineering, Chiao Tung alumni have excelled in all of these fields.

By preserving time-honored Chinese values and traditions and by upholding the ideals that have shaped this land of freedom and opportunity, you have built strong families and thriving communities. I am pleased to note that the children of many Chiao Tung alumni have pursued careers in public service, including your distinguished Chairman's daughter, Elaine Chao, presently serving as Deputy Secretary of Transportation, and Julia Chang Bloch, the Ambassador to Nepal.

Barbara joins me in sending you our best wishes for a most enjoyable reunion.

Dr. James S. C. Chao
Chairman
Chiao Tung University Alumni
Association in America
50 Broad Street
New York, New York 10004

乔治·布什的贺辞及中文译文

鄙人还要特别指出的就是，交大毕业同学们不但能保持中国原有宝贵的传统精神和价值观念，并能融化此地的自由及均等机会的思想，能在此地建立完美的家庭、繁荣的社会。我最感高兴的是，交大毕业同学由于家庭优美的熏陶下一代，使他们能尽心为公家服务，如贵会卓越的董事长的令爱、现任联邦运输部副部长赵小兰，还有驻尼泊尔大使张之香。

我的夫人芭芭拉和我敬祝大会无上的快乐和成功！

乔治·布什

一九九〇年六月六日①

5 年一度的校友联谊会，成为 5 校代表与广大校友联络感情、交流信息的重要平台。最初倡议的“五所交大是一家”，已成为海内外校友普遍的共识。大家都对交通大学为祖国建设和美国社会发展所作的贡献感到自豪，对 5 所交大的不断发展感到振奋，并对母校建设群策群力，以进一步促进 5 校的交流合作与共同繁荣。

校友会是校友之家。1949 年新中国成立以后，大陆的交通大学校友组织——交通大学同学会停顿了相当长时间。改革开放以后，应海内外校友强烈希望国内尽快恢复校友会组织的要求，上海交大、西安交大、北方交大、西南

①《盍簪六集——第六届交通大学美洲校友联谊会纪念册》(1990 年 6 月)。上交档：长期 4617。

交大几经磋商,筹备成立统一的交通大学校友总会。1984 年 4 月 8 日,适值交通大学建校 88 周年之际,交通大学校友总会暨上海分会正式成立。全国科协副主席、著名桥梁学家、1916 届校友茅以升,上海市市长、1932 级校友汪道涵,上海市人大常委会副主任、1922 届校友赵祖康,上海市侨联主席、1938 届校友董寅初,铁道科学研究院名誉院长、1935 届校友唐振绪,武汉测绘学院院长、1932 届校友王之卓,南开大学副校长、1947 届校友胡国定,西安公路学院院长、1933 届校友刘良湛等来自全国各地的 2 200 多名校友,以及上海交大、西安交大、北方交大、西南交大 4 校领导和著名教授代表云集上海交大,共庆成立盛典。中共中央政治局委员、上海交大校务委员会主任王震向大会发来贺电:

交通大学校友总会名誉会长陆定一暨诸位校友:

欣闻交通大学校友总会在上海成立,我谨致以热烈的祝贺。

交通大学是历史悠久的著名学府,桃李满天下。交大校友为人类文明、社会进步和祖国繁荣作出了卓越贡献。

我希望交大校友总会,在中国共产党的路线指引下,继承发扬交大优良传统,为振兴中华、实现四化、统一祖国和维护世界和平而努力奋斗。

向你们致以革命敬礼。

王　震

一九八四年四月六日[①]

著名科学家、1934 届校友钱学森也寄来贺信:

交大校友总会:

校友总会成立大会的通知已收到;我因事不能去沪出席成立大会,谨致歉意!

祝大会圆满成功。校友总会定能加强国内外校友与母校、与祖国的联系,充分发挥和利用海外校友在国外的地位和影响,为祖国四化建设服务,并加强与台湾新竹交通大学及其广大校友的联系,共同为统一祖国大业贡献力量!

此致

敬礼

钱学森

一九八四年四月二日[②]

---

① 《交大校友通讯》第一期(1984 年 4 月)。上交档:永久 1003。

② 《交大校友通讯》第一期(1984 年 4 月)。上交档:永久 1003。

中央顾问委员会常委、1926届校友陆定一和茅以升等也为大会寄来贺电、贺信和题词，表达了广大校友“饮水思源、振兴中华”的共同心愿。

成立大会上，上海交大副总务长张定海作《校友总会成立筹备工作及上海分会筹备工作报告》，西安交大校办主任范效良作《总会章程起草修改情况报告》。大会一致通过《总会章程》、总会理事人选和上海分会理事人选。根据会章规定，凡交通大学各个时期的毕业生、肄业生、进修生、各国留学生及曾在交大任教、任职或兼职者，承认会章、填写登记表即为校友会会员。校友总会设理事会，每届任期两年，会址轮流设在上海交大、西安交大、北方交大和西南交大。经推举，陆定一、钱学森、[1]茅以升、汪道涵、赵祖康、金士宣[2]和唐振绪7位校友当选为总会名誉会长。上海交大顾问朱物华当选为第一任会长。此后总会几经改选，历任会长有史维祥、万明坤、沈大元、翁史烈。在总会成立前后，全国各地陆续建立了60多个分会。全国已登记的会员约4万多人。交通大学校友总会成为国内最大的校友会之一。

1984年4月8日，上海市市长汪道涵(左)、桥梁专家茅以升(右)回到母校参加交通大学校友总会暨上海分会成立大会

交通大学校友总会成立后，在加强5所交大校际之间以及校友与母校、校友与校友之间的联系合作，发扬交大优良传统、振兴中华和襄助母校发展等方面，做了许多工作，诸如编辑出版会刊《交大校友》和《交大校友动态》，交流母校和校友活动信息等。1984年，上海交大还创刊《上海交通大学通讯》，用于介绍学校发展情况和校友信息，沟通母校和校友、海内外友人之间的友谊。在总会的联络推动下，大批海内外校友纷纷回母校访问讲学、指导科研、协助对外交往并慷慨捐赠，对学校建设和发展发挥了积极作用；各地校友分会也在联系校友、开展科技咨询、兴办教育等方面开展了大量有益的工作，充分发挥交大校友智力雄厚、专业齐全的优势，热心为社会多做贡献。

---

① 1989年，钱学森提出辞去交通大学校友总会名誉会长的请求，经校友总会第三届理事会讨论，尊重并同意钱学森的请求。

② 金士宣：原北方交大第一任副校长、1923届校友。

1990 年 6 月,在美国举行的交大校友“海外大团圆”——第六届交大美洲校友联谊会上,两岸有识之士强烈呼吁两岸加快“三通”,台湾新竹交大校长阮大年在会上表示“不管两岸通不通,两岸交大先通起来”,[①]准备回去后即组织教授访问团前往大陆 4 所交通大学作学术访问,大陆 4 校也表示了组团访问新竹交大的意愿。两个月之后,新竹交大派出教务长陈义扬教授率领的台湾新竹交大教师访问团,从 8 月 30 日—9 月 11 日,首次访问大陆的 4 所交大。8 月 31 日,访问团一行 45 人来到上海交大,进行为期一天半的访问,上海交大党委书记何友声、校长翁史烈等给予热情的接待。9 月 2 日上午,中共中央总书记江泽民、中央书记处书记丁关根[②]在中南海接见了访问团全体成员,并合影留念。江泽民发表了讲话,赞扬交通大学的校友们为中华民族的科学技术和工业发展做出的重大贡献。他说,我们的祖国河山非常辽阔,资源丰富,欢迎在台湾的交大校友能多回来看看。他还殷切地希望海峡两岸的同胞能更好地团结起来,为祖国的统一、为中华民族的振兴共同努力。江泽民、丁关根的会见,给访问团的校友们以极大的鼓舞,也激励着所有交大校友在祖国的现代化建设和未来的国家统一大业中做出更大的贡献。

三、接受海外捐赠

1978 年国家实行改革开放以来,外国政府、高校、友好团体和外籍华人、侨胞及港澳台地区同胞、企业、社会团体向上海交大捐设奖教金、奖学金,捐建教育设施,捐赠图书资料、仪器设备等,有效地改善了学校教学、科研和对外交流的条件。

1979 年 11 月,德国巴登—符腾堡州州长施佩特(右 2)来校访问

1979 年 11 月,德国巴登—符腾堡州州长洛塔尔·施佩特率团来校访问,双方就开展教育交流合作事宜达成共识,由巴登—符腾堡州州政府向学校提供 60 人/年、

① 上海交通大学编著:《江泽民和他的母校上海交通大学》,上海人民出版社 2006 年版,第 71 页。

② 丁关根:交通大学 1951 届运输管理系校友。

共计 50.4 万马克的奖学金，从 1980 年起分 6 年执行，每年资助 10 名交大教师赴德进修。1980 年 8 月，在美国波士顿召开的交通大学美洲校友会第四届联谊会上，1941 届校友朱祺瑶向学校捐赠 20 万美元，作为上海交通大学师生到麻省理工学院进修学习的奖学金。至 1991 年，美国密西根大学、匹兹堡大学、康涅狄克大学、宾州大学、纽约州立大学石溪分校，德国柏林工业大学，日本早稻田大学，英国基督教组织，以及美籍校友王安等团体和个人先后捐款，累计款额逾 80 万美元、60 万马克和 250 万日元，[①]设立海外进修奖学金，用于资助上海交大教师出国留学。

1989—1991 年，由海外捐款设立的上海交大在校教师奖教金有 3 项：德国伊福(IVO)公司捐设“伊福德语奖教金”，用于奖励从事德语教学工作的优秀教师；香港亿利达(ELITE)公司捐设“亿利达优秀教师奖”；美籍校友黄长风博士捐设“济群教学奖”，旨在鼓励学校中年理工科教师。

1985 年 12 月，美籍学者朱传榘在上海交大设立“英语奖学金”，每年提供 5 400 元人民币奖励全校英文优秀的学生。至 1991 年底，由海外个人或团体提供的在校学生奖学金共有 14 项：美籍学者朱传榘先后捐设“英语奖学金”和“精神文明奖学金”；香港华新福利基金会捐设“华新奖学金”；加拿大华裔杨乃英捐设“杨乃英奖学金”；旅日华侨盛毓度捐设“留园—盛毓度奖学金”；日本日中教育协会捐设“日中教育协会奖学金”；日本三菱汽车工业株式会社捐设“三菱汽车奖学金”；杜邦(中国)发展集团有限公司捐设“杜邦奖学金”；德国伊福公司捐设“伊福德语奖学金”；香港景福精密有限公司捐设“景福奖学金”；香港亿利达公司捐设“亿利达奖学金”；旅美校友万长炎捐设“万长炎文学艺术奖学金”；日本欧姆龙(OmRon)株式会社捐设“欧姆龙计算机奖学金”；台湾校友汪宝书、陆家琛捐设“自强奖学金”。奖学金基金总额约为 130 万人民币、1 300 万日元。[②]

20 世纪 80 年代，学校开始接受海外重大捐赠建造教育设施，主要有香港环球航运集团主席包玉刚捐建包兆龙图书馆和包玉刚图书馆、[③]海外校友荣鸿元捐建教师活动中心和旅日华侨盛毓度捐建上海留园。

1927 届校友荣鸿元是位著名实业家，虽远居巴西，但热心于祖国教育事业和母校的发

---

① 《教育方面接受外国及港澳地区无偿援款情况统计表》。上交档：长期 3012；《外事处 1988 年工作总结及 1989 年工作要点》(1989 年 3 月)。上交档：长期 3976。

② 《上海交通大学专项奖学金情况统计表》(1991 年 11 月 9 日)。上交档：JX948；《上海交通大学志(1896—1996)》，第 237 页。

③ 包兆龙图书馆和包玉刚图书馆的捐建情况，详见第一章第一节。

朱传榘先生(中)在教师活动中心落成典礼上致词

展。早在1979年11月,他就委托女婿、美籍学者朱传榘向学校领导表达了愿为母校做贡献的意见。自改革开放以来,学校与国外高等学校和科研机构间的学术往来日渐频繁,众多海外专家学者来校讲学。但学校缺乏接待外宾及开展学术交流之用的合适场所,在当时条件下不可能由国家投资建造。了解到这一情况后,朱传榘代表荣鸿元于1980年10月28日致函学校,愿捐献100万元人民币,在上海交大建造一所“教授活动中心”,以作为教师学术活动、外籍教授来校讲学之用。[①] 经中央统战部和上海市委批复同意,学校接受了该项捐赠。1983年10月27日,学校举行教师活动中心开工典礼。经由上海高校建筑设计室设计,上海市第四建筑工程公司承建,教师活动中心于1985年9月29日竣工落成。荣鸿元的代表、校务委员会名誉委员、顾问教授朱传榘夫妇,上海市人大常委会副主任舒文、美国驻沪总领事罗植等中外来宾150多人出席了落成剪彩仪式。教师活动中心坐落于徐汇校园大草坪东侧,南邻老图书馆,占地1 500平方米,建筑面积3 066平方米,最高5层。整座建筑呈“L”状,东西长40米,南北长50米,由36间客房及学术讲演厅、展览厅、会议室、中西餐厅和茶室组成。教师活动中心整体风格注重同周围建筑相协调,采用坡屋顶建筑形式,外廊、庭院采用中国园林形式布置。这是我国内地高校中最早建成的用于接待海内外来宾的宾馆及相应设施,多年来发挥了很大的作用。

教师活动中心外景

旅日华侨盛毓度系交通大学创始人盛宣怀嫡孙,他怀着对祖国文化的尊敬和深情,于1961年在日本东京创建留园,成为闻名遐迩的大型中国式餐馆。

---

① 《关于美籍华人朱传榘先生捐款给我校建造“教授活动中心楼”事》(1981年4月3日)。上交档:永久1116。

党委书记邓旭初(右)欢迎旅日华侨、上海留园捐建者盛毓度(左)

1986 年交通大学 90 周年校庆之际，盛毓度夫妇应邀专程来沪参加庆典。获悉上海交大正在兴建闵行新校区，校方有意在新校区附设一家高级饭店以接待海内外的学者、专家后，他对学校发展深感欣慰，并表示了支持交大建设的愿望。1987 年 8 月，盛毓度决定在东京留园原址改建留园大厦，向上海交大无偿捐款 4 000 万日元及东京留园的部分家具和装饰材料，在交大闵行校区新建上海留园，作为交大教师聚会用餐以及海内外学者、友人联谊之场所。1988 年 10 月 5 日，上海留园在交大闵行校区奠基。在盛毓度的亲自指挥下，东京留园的物件一共装了 12 个大集装箱运来上海。经由上海交大建筑设计研究所“量材设计”，金山石油化工建筑公司精心施工，1989 年 11 月 15 日上海留园竣工落成。东京留园株式会社副社长陈东海、上海市副市长谢丽娟、上海市教卫办主任王生洪、上海市政协主席谢希德、交大美洲校友会董事长赵锡成等参加典礼。国家教委和上海市政府都对盛毓度赠建上海留园表示赞赏和感谢。上海留园坐落在闵行校区东川路北侧的校内绿带上，占地 441 平方米，建筑面积 2 437 平方米，为 5 层框架结构，采用金黄色琉璃瓦大屋顶和白色墙面，颇具中国皇家建筑的恢宏气势。遵照盛毓度的愿望，上海留园在体现中国式建筑风格的同时，还尽可能地保留了东京留园的特色。如大厅内的电梯门设计成中国园林中的月洞门式，门上图案也保留了东京留园的原样。许多第一次去留园的客人都首先会对这个月洞门留下印象。

上海留园外景

1990 年，侨居新加坡的 1948 届校友莫若愚捐赠 130 万美元，在闵行校区建造学术活动中心(1994 年落成)。1991 年，1938 届旅英校友秦本鉴、孙琇莹夫妇捐赠 30 万美元，在闵行校区建造学生活动中心“铁生馆”(1993 年落成)；

1996年又捐赠50万美元,在徐汇校区建造教工之家“铁生馆”(1998年落成)。

1991年4月8日,上海市市长朱镕基(左)会见交大校友莫若愚(中)

从1978年以来,学校接受海外捐赠图书资料、仪器设备,金额突破50万人民币的项目有:1986年,德国柏林工业大学赠送价值约58万美元的中型计算机系统一套;1987年,日本日中教育协会、三菱汽车工业株式会社捐赠价值约200万人民币的7辆汽车及维修检测设备;同年,日本家家喜亭株式会社会长藤卷一司捐赠价值约90万人民币的面包房设备,用于开设教师活动中心面包房;1988年,美国CHP公司捐赠价值约60万人民币的CAD工作站4台计算机,等等。

改革开放后,上海交大突破国界,大胆利用外资办学,获赠款项之多、金额之大,在全国高校处于前列,对于提高学校整体办学水平、加快人才培养和科学研究步伐,起到了积极的推动作用。这些成绩的取得,离不开中央和上海市各级领导的关心与支持,受益于海内外校友及华人饮水思源的情怀和义举,也来源于学校历届领导办学思想的开放,重视对国内外社会资源的积极争取。

第二节 广泛开展对外交流与合作

一、对外交流和校际协作

随着我国对外开放步伐的逐步扩大,上海交大国际交流与合作的形式日益多样,内容渐趋丰富,水平不断提高,主要有开展教育代表团互访及校际协作、派遣教授学者出国参加及在校举办国际会议、互换留学人员、互派专家学者、互授荣誉学衔和学位、开展合作科研和联合办学等。

1978—1991年,学校重要出访42次。全校干部教师有1 995人次出国参加各种国际活动,参加国际会议的有456人次,开展科技考察、合作研究、讲学、技术交流等短期工作的有1 539人次。同期,学校接待国外及港澳台地区来访14 200人次,其中包括部长级以上国外政要17批、大学及学术团体82

批、工商界及其他团体 76 批。[①]

国外政界要人如美国前总统吉米·卡特、菲律宾共和国总统夫人伊梅尔达·罗穆亚尔德斯·马科斯、德国巴登—符腾堡州州长洛塔尔·施佩特、朝鲜劳动党中央书记许贞淑、印度青年国大党书记纬诺德·沙尔玛、英国不管大臣戴维·杨勋爵、苏联最高苏维埃联盟院主席托尔库诺夫·列夫·尼古拉耶维奇、加拿大国库部长康妮、新加坡副总理李显龙等先后莅校访问，进一步提高了学校在国际上的声誉和影响。1981 年 9 月 2 日，美国前总统吉米·卡特一行来校访问，受到全校师生的热烈欢迎。卡特在范绪箕校长等陪同下冒雨参观了高压实验室、电子显微镜实验室、船模实验室和电子系统动态模拟实验室，在新上院 702 教室与船舶及海洋工程系 1977 级学生进行了座谈，并当场回答学生们提出的问题。

1981 年 9 月 2 日，美国前总统卡特(左 3)来校访问，上海交大校长范绪箕(左 4)致欢迎辞(左 1 为上海交大顾问朱物华，左 2 为上海市副市长杨堤，左 5 为上海交大党委书记邓旭初)

国外及港澳台地区大学和学术团体来访众多。1978 年，学校与美国密西根大学、加利福尼亚大学伯克利分校、加利福尼亚大学圣地亚哥分校、华盛顿大学圣路易斯分校 4 校缔结“姐妹学校”。1980 年与德国康斯坦茨高等工业学校，1982 年与加拿大不列颠哥伦比亚大学、日本横滨国立大学，1984 年与香港中文大学，1987 年与英国玛丽皇后学院、比利时自由大学、苏联莫斯科动力学院，1988 年与法国格勒诺布尔大学、澳大利亚新南威尔斯大学，1989 年与波兰什切青工业大学，1991 年与新加坡国立大学，相继建立教学科研等方面的合作关系。至 1991 年，学校共与 12 个国家和地区的 38 所大学签订了校际协议，还与世界各国 80 余所高等院校保持着学术往来。其中，校际协作开展得卓有成效且别具特色的主要有：

1978 年，上海交大与美国加利福尼亚大学伯克利分校建立合作关系。1980 年，加州大学伯克利分校派出徐皆苏、希洛克、吴复立、格雷汉姆、桑马斯

① 《上海交通大学志(1896—1996)》，第 661、680—688 页。

美国加利福尼亚大学伯克利分校副校长田长霖教授来校作学术报告

1979 年 7 月 9 日，授予美国加利福尼亚大学伯克利分校工学院院长葛守仁博士为名誉教授

等 8 名教授，来校讲授非线性振动理论、两相流及传热核反应堆热力分析、网络理论、程序语言设计和编译程序、金属强韧性理论等前沿学科内容。[①] 该校工学院院长葛守仁、副校长田长霖多次来校访问讲学，两校领导还就如何办好高水平的理工科大学进行交流探讨。加州大学伯克利分校坚持人才流动、实行跨系跨学科横向联合、扩大基层自主权、强调教学科研并重、争取财源多元化等办学经验，在上海交大管理改革及教学科研改革中得到广泛借鉴，并取得了较好的成效。

1980 年，上海交大与美国宾夕法尼亚大学建立合作关系，以宾州大学沃顿商学院为主，帮助上海交大恢复管理学科的教学科研工作。宾州大学派出管理学科教师 20 人来校开设一系列新课并指导学生论文，提供大批教学资料；提供奖学金，接受上海交大派出的攻读博士学位留学人员 7 名。双方还联合举办管理决策科学和计算机科学双重硕士学位研究生班，培养一批年轻的师资力量。1984 年，上海交大恢复建立管理学院。1986 年以后，宾州大学又陆续派出教授来校讲授英语和管理课程。1990 年起，双方再次合作举办高级经济管理进修班 4 期，为上海政界培训高级管理人员。[②]

① 《上海交通大学一九八〇年邀请外国学者来校讲学情况汇总表》。上交档：长期 2414。

② 《上海交大与美国高校校际合作的情况报告》(1985 年 10 月 17 日)。上交档：永久 1145；《上海交通大学与部分国外院校的合作情况简介》(1991 年)。上交档：短期 1749。

1980年，上海交大与德国康斯坦茨高等工业学校建立校际关系，开始了与德国巴登—符腾堡州高校的广泛合作。巴符州州政府向上海交大提供每年10名进修教师的奖学金，共6年，由巴符州科艺部具体负责实施；成立中国规划委员会，从计划、经费、组织上协调巴符州高校与上海交大的合作。10年来学校与巴符州科艺部、中国规划委员会、康斯坦茨高等工业学校、康斯坦茨大学、斯图加特大学、卡斯鲁厄大学等建立了良好的合作关系，广泛开展人员交流和科研合作。其中最为成功的项目是上海交大和康斯坦茨大学合办上海高级企业经济管理干部培训班17期，为上海市企业界培训管理人才。[①]

1980年11月13日，范绪箕校长(左2)出访德国，与德国康斯坦茨高等工业学校哈德校长(右2)签署两校合作协议

1982年，根据中国教育部与加拿大国际开发署(CIDA)商定的经济管理教育合作项目，上海交大与加拿大不列颠哥伦比亚大学(UBC)建立合作伙伴关系，着重为学校培养经济管理教育师资队伍。从1983年起，学校向UBC派出进修教师20人，其中攻读博士学位6人、攻读硕士学位10人、访问学者4人；UBC派出专家6人，相继来校讲授城市土地经济效益、企业法、会计控制和策略规划等新课，并向学校赠送微机、复印机、图书杂志以及视听录像设备，有效地增强了教学科研能力，充实了师资后备力量，加速了管理学科的建设。从1989年起，两校还联合举办上海市高级经济经理培训班5期，为上海经济建设提供了强有力的人才支持。[②]

1982年，应日中科学技术交流协会邀请，上海交大派出由刘克、翁史烈、林胜兴、张光曜组成的上海交通大学访日代表团，正式访问了东京大学、东京工业大学、横滨国立大学、早稻田大学、庆应大学、大阪大学、长崎大学，与各校交换了校际交流意向，并与横滨国立大学签订了建立学术交流及友好合作关系

---

① 《上海交通大学与部分国外院校的合作情况简介》(1991年)。上交档：短期1749；《上海交大与康斯坦茨大学纪念合作25周年举办多个学术论坛》。上交档：DQ10873。

② 《上海交通大学与不列颠哥伦比亚大学》(1986年11月)。上交档：长期3554；《上海交通大学志(1896—1996)》，第679页。

1991 年 9 月 23 日,日中教育协会会长宫家愈参观闵行校区,观赏他赠给交大的三百株樱花树

的协议书,还参观了富士通无人工厂和日产公司的座间汽车厂等企业。这是学校自改革开放以来首次组团访日,开启了与日本高教界、科技界和企业界的交流合作。从 1985 年起,在宫家愈任会长的日中教育协会的大力支持下,学校选派 20 多批青年教师赴日本各大学进修,并接受 25 名日本青年来校学习汉语。1988 年,日中教育协会捐赠 150 万日元,在学校设立"日中教育协会奖学金",鼓励学生学好日语,推动中日文化交流。①

1983 年,上海交大与德国柏林工业大学建立合作关系。双方互派访问学者,先后有 30 多位柏林工大学者和 50 多位上海交大学者作短期访问讲学,在电子工程、机械工程、应用物理、环境工程、生物医学工程、材料科学和管理学科等领域广泛开展学术交流;在平等互利基础上开展合作科研,共同完成"中德合资企业成功因素研究""第五代计算机研制"、"精密机床的自适应控制研究"等 6 个项目;合作举办"计算机辅助工程学术讨论会""中国—欧洲管理与技术合作问题及其展望"等 4 次双边学术会议;在柏林工大提供的奖学金资助下,上海交大还派出 30 多人赴德留学深造,并有多人学成回国,成为教学科研的骨干。至 1991 年,柏林工大为执行校际合作项目,累计投入 144 万马克。②

整个 20 世纪 80 年代,学校对外校际合作经历了从"单轨式合作"到"双向交流""对等互利"3 个发展阶段。合作的形式"从最初单一的邀请合作院校教师讲学、指导科研,辅导学生或单方面派遣人员去合作院校进修学习,发展到就某一专题进行同等水平的学术座谈和研讨,共同召开国际性学术会议,开展

① 《授予宫家愈先生为我校校务委员会名誉顾问仪式上的讲话》(1988 年 10 月 24 日)。上交档:长期 3982;陈泓:《简述霞山会、东亚同文书院学生与上海交大的友好交往》,上海交大霞山会历史关系研究交流论文,2006 年 12 月。

② 《上海交通大学与部分国外院校的合作情况简介》(1991 年)。上交档:短期 1749;《上海交大与柏林工大校际合作情况》(1988 年 6 月 21 日)。上交档:长期 3978;《上海交大与柏林技术大学合作情况》(1990 年 9 月 13 日)。上交档:长期 4720。

合作科研，派遣教授去合作院校讲学，联合培养博士生，接受合作院校派来的进修生，派遣专业技术人员去合作院校进行技术指导等”。合作双方的关系从初期学校“单方面接受合作院校资金、设备、资料的援助”，逐步转变为“双方为某些合作课题互设研究基金，对等的人员交流在数量上明显增加”。[①] 这标志着学校对外校际交流进入了成熟的发展新阶段。诚如1986年应邀来校参加上海交大建校90周年庆典的德国康斯坦茨大学校长霍斯特·宋德所言：“上海交通大学近年来的迅速发展给有幸和有机会不断注视贵校发展的我等人士留下了深刻的印象。……我们各友好大学不仅能充当这一事件的目睹者，而且还可以通过积极的协作优先使自身也参与到这一事件中去。此外我还想特别强调的是，这种协作并非是人们可能认为的那种‘单行道’而是‘双行道’，由于这种‘双向行车’对双方都有益，这条路就越走越宽。”[②]

1978年以后，海外企业家和工商团体来访逐年增多，通过访问交流，开展教学科技合作、捐赠设备及设立奖学金等，其中以来自美国、日本等国和香港、台湾地区的工商界访问团居多。以日本企业界、科技界的友好交往为例，在日中教育协会会长宫家愈的联络与推动下，学校与日本大型企业五十铃汽车工业株式会社、三菱汽车工业株式会社、日立化成工业株式会社建立友好合作关系。1986年，学校与五十铃汽车工业株式会社联合召开“汽车发动机技术交流会”，并由五十铃公司向学校赠送汽车发动机2台，供教学科研之用。翌年，双方签订合作协议，由五十铃公司每年提供经费接受学校派遣的研修生，并在沪合办五十铃汽车维修站。1987年，校机械工程系与三菱汽车工业株式会社合办汽车维修与检测大专班。通过合作，在解剖和研究三菱汽车的基础上，提高有关维修和检测技术的教育质量，为国家输送专业技术人员。三菱公司捐赠价值约200万人民币的7辆汽车和维修检测设备，在校附属工厂建成上海第一个汽车专业教学实习基地——上海交大三菱汽车维修检测中心；捐赠150万日元设立“三菱汽车奖学金”，以奖励汽车专业优秀学生。1989年，学校与日立化成工业株式会社签署为期5年的友好合作协议书，内容包括交流学术刊物和技术资料、互派研究人员讲学、开展合作科研等。还有，日本凤国际企画株式会社社长吉川信夫与学校合建上海交大—虹桥快速印刷有限公司，并捐赠100万日元资助学校出版杂志《日本科学技术信息》，报道日本最新科技动态。日本山一证券株式会社顾问、山一土地建物株式会社会长北川文章多次来校给社会科学及工程系师生讲课，带来当时国际上有关金融、证券方面的最新

---

① 陈丹：《国际交往中的校际合作》。《上海交通大学通讯》1987年第2期。

② 《德意志联邦共和国康斯坦茨大学校长霍斯特·宋德博士教授在上海交通大学九十周年校庆上的讲话》(1986年6月8日)。上交档：永久1258。

资料。

1981 年,上海交大与上海第一医科大学联合举办国际学术会议"生物医学工程学术讨论会"。至 1991 年,学校共举办国际会议 38 次,来华参加会议的外国学者有 600 多人次。会议内容大多是理工学科科学研究与工程技术应用研究,诸如微型电脑研讨会、中美 FORTH 学术交流会、国际精冲技术学术交流会、国际低温学术讨论会、中日康复医学工程讨论会、中日焊接学术会议、国际轮机学术会议、中日光合细菌研讨会、船舶及海洋结构国际学术讨论会、国际聚合物加工学会亚澳地区会议等;也有关于教育管理主题的会议,如大学实验室和技术管理专题国际讨论会、中加大学管理教育项目会议等。

二、派遣和接受留学人员

从 1979 年起,学校恢复选派教师出国留学。公派留学人员分为国家公派和单位公派。国家公派又分国家教委公派、世界银行贷款项目派出、中央引进办派出;单位公派含友好城市、校际交流项目派出和单位自筹资金派出等。1979—1980 年,学校主要选派 20 世纪 50、60 年代毕业的讲师、副教授出国进修。1981—1986 年,为改变师资队伍年龄老化及增加师资中研究生的比例,改为选派一批青年教师出国攻读博士学位,其间也派出一定数量的研究生和大学生。1987—1991 年,按照中央提出的"按需派遣、保证质量、学用一致"的出国留学方针,主要选派中年骨干教师出国进修,合作科研,选派国内培养的博士生到国外做博士后,联合培养博士生。

至 1984 年 9 月,学校向美国、德国、日本、加拿大、英国、挪威、法国、瑞典、南斯拉夫、丹麦、墨西哥、荷兰、意大利、比利时、西班牙等 15 个国家选派留学人员 383 人,其中教师 238 人,统派统分研究生 63 人,统派统分大学生 82 人。派出学习的专业有机械、船舶、动力、无线电与通讯、计算机、自动化、材料科学、仪器仪表、数学、物理、化学、生物、力学、科技管理、外语等。同期学成归国人员有 114 人,其中教师 103 人、研究生 3 人、大学生 8 人[①](研究生和大学生由国家统一分配,并不全部回上海交大)。至 1991 年,学校公派出国留学累计达 996 人;留学生学成归国的有 272 人,其中博士学位获得者 16 人、硕士学位获得者 11 人、高级访问学者 28 人和普通访问学者 217 人。[②]

从 1981 年开始,国家允许自费出国留学。1982 年,学校有 4 人自费出国留学。1984

---

① 《关于我校出国留学人员工作的情况汇报》(1984 年 9 月 24 日)。上交档:长期 3002。

② 《上海交通大学志(1896—1996)》,第 660、661 页。

年，国务院又对自费出国留学作出新规定：个人通过合法手续取得外汇资助或国外奖学金，办好入学许可证件的，不受学历、年龄和工作年限的限制，均可申请自费到国外留学。自此，自费出国留学人数呈快速增长趋势。至1991年，学校共有482人自费出国留学。[①]

出国留学人员大多在国外学习勤奋，成绩优异。有很多人学成后在国内外创业就职，将交大的影响带到世界各地。例如：1983年，范绪箕校长亲自负责交大世界银行贷款项目，选送38位优秀毕业生出国留学，并为每位学生联系美国、加拿大、英国、德国等一流大学的导师。这38位"世行生"学有所成，现在已成为各个领域的佼佼者，包括美国密西根大学终身教授倪军、美国哥伦比亚大学终身教授姚一心、美国罗格斯大学终身教授卢毅成、上海会畅通信股份有限公司CEO黄元庚、软银中国资本主管合伙人华平等。为感念母校培育之恩，学习范绪箕教授"潜心学术，关注人才"的精神品格，支持学校教育事业的发展，由世行生校友发起联合捐赠，于2013年1月5日范绪箕教授百岁华诞之际，在学校设立范绪箕奖励基金，用于奖励品学兼优的全日制在校学生，并为获奖学生配备校友导师，帮助优秀学生成长。

从1982年起，上海交大恢复接受外国留学生。当年学校为满足美洲等地海外校友子女了解祖国文化、学习汉语的愿望，与西安、北方、西南3所交通大学合作，首次举办对外汉语短期学习班，招收海外校友子女18人。他们先在上海交大学习3周，包括汉语32学时、史地12学时、社会学4学时、太极拳14学时，选修烹调、针灸、民乐、书画等课程；在北京、西安、四川等地参观时，还进行中国历史、地理课教学。汉语班结束后，学校向他们颁发了由4所交大校长签名的结业证书。除海外校友子女班外，这一年学校还举办美国、日本学员参加的汉语短期学习班5期，学员年龄最大为73岁，最小为17岁，学习期限一般是2至8周。1985年，根据与日中教育协会的协议，为适应留学生对等交流和汉语学习的需要，学校开始设立长期汉语班，学员为日本丸红、岩井、伊藤忠、三菱汽车等公司的委派生；次年增加日本昭和女子大学的学生，其中一半学生为自费。至1991年底，长短期汉语班累积招收学员约1 400人，他们大多来自日本、美国、英国和加拿大。

通过举办对外汉语短期学习班，不仅为希望学习汉语的外国人提供了短期学习基础汉语的机会，也沟通了与海外校友及其子女的感情，进一步开展了中外文化交流，增进了中外民间的相互了解和友谊。1984年5月，美国勒图尔诺学院33名师生来校学习汉语，学员Donna Shull在离沪返美前著文《交大，快乐的时光》。文中她热情洋溢地写道：

---

① 《上海交通大学志(1896—1996)》，第660页。

上海交大留学生欢聚一堂

温暖的微笑,热情的帮助仅仅是对我们友好表示的开端。我们应邀游览了上海和杭州的名胜古迹,还参观了交大的许多实验室。我们中许多人都是搞工程技术专业的,所以与这里的同学有许多共同的兴趣。

……许多队员都认为这次旅行中最有纪念意义的、最快乐的时刻莫过于与中国学生相处的时候。当我们坐在红太阳广场的草坪上,或漫步在毛泽东塑像周围时,通过和这里人们的交谈与观察,我们了解到中国人的习惯、思想、忧虑和愿望。这使我们能够更好地理解我们这两个世界。

我们即将离开交大,但我们心的另一半将会留在这里,和我们的学生朋友们在一起。尽管彼此间有千差万别,但友谊将会长久地持续下去。[①]

1992年,上海交大首批外国留学生毕业,校长翁史烈(后排左6)、副校长谢绳武(后排左2)、副校长白同朔(后排右2)和留学生合影留念

1984年9月,日本的三泽慎治作为首位外国进修生入校学习。1987—1991年,有来自苏联、英国、德国、比利时等国的各类外国进修生20人,先后在机器人、计算机应用、电子工程、德汉机器翻译、图像处理等专业进修学习。

1987年学校提出有计划、有步骤地招收攻读本科学历的外国留学生。1988年,招收学生12人,1989年招收5人,1990年招收7人,共计24人,他们来自保加利亚、也门、尼泊尔、约旦、巴基斯坦、苏丹、叙利亚、墨西哥和摩洛哥等9个国家,所学专业分布在计算机运用、微电子电路与系统、通信工程、电力系统及自动化等领域。

① Donna Shull:《交大,快乐的时光》。《上海交通大学通讯》1984年第1期。

三、聘请海外专家讲学和任教

从1978年起，上海交大恢复邀请外国专家来校进行短期讲学活动。学校本着“请有目的，来有准备，讲有专长，去有联系”[①]的原则，积极稳妥地做好联系、接待工作。1979—1980年，学校邀请海外专家李政道等58人，其中华裔学者30人，内含交大校友21人，编印专家讲义19集。仅1979年6月，应邀来校参加上海交大83周年校庆活动月的国外校友和学者有38人，其中有15位校友和学者在校庆学术报告会上作了专题报告，参加听讲的有交大师生和校外学者、科技工作者5 000多人次；还有17位校友和学者在校庆前后进行了讲学，参加听讲的除本校教师外，还有清华大学、中国科技大学、国防科技大学、中国科学院以及国防工办、国防科委、总参、上海市及外省市所属高等院校、科研机构、工矿企业300多个单位1 100余人次。

1979年3月26日，党委书记邓旭初（右4）、副校长范绪箕（右3）等校领导欢迎诺贝尔物理学奖获得者李政道博士（右6）来校访问

来校讲学的外籍学者治学十分认真。譬如，美国威斯康星大学教授吴贤铭[②]一下飞机便对前来接他的岳母说：“讲学是正事，我先到母校安排好讲学，再来看你。”他讲学的内容是时间序列，这在美国尚未开课，却先拿到上海交大来讲授。核能管道设计专家郭启声来华前先复习了两个月的汉语，来时还携带了大量资料。讲学期间，他给自己规定3条：不会客、不看戏、不游览，甚至带病坚持上课。美国普林斯顿大学教授刘必治在华2周，讲课12次，座谈5次，专题介绍2次，每天工作12小时以上。他讲授的数字信号处理，2/3内容是他在美国为研究生开的课程，1/3内容是他的最新研究成果。美国麻省理工学院教授卞学璜为使学校在“有限元法”领域大有收获，主动邀请另两位学者一同来华讲学，他自己主讲有限元法基础，另两位学者分别讲授程序编制和有限元法的新发展、新成果。外籍学者们的讲学内容如非线性控制理论、数字信号处理、天线阵列、计算机软件、编码技术、

---

① 《它山之石，可以攻玉——记一九七九年校庆》。《上海交通大学管理改革初探》，第569页。

② 吴贤铭，1945年毕业于交通大学财务管理系，1962年获美国威斯康星大学机械工程博士学位后留校任教，1968年任机械工程系教授。1987年，受聘担任密西根大学机械工程系教授。

摄动方法、有限元法、图像识别、断裂力学理论等,都是他们学术研究的新成果和新技术,对于学校提高师资水平、编写新教材、设置新课程、选择科研课题等有很大的促进作用。很多讲学内容经过整理消化,可直接用于教学科研上。不少外籍学者还纷纷向学校捐赠书刊、资料和教具。例如,美国哈佛大学教授何毓琦将自己的讲稿、幻灯、录音带及供学生练习、测试、考试用的题目全部赠给学校,为学校开设最优控制课程提供了完整的教学参考资料。美国霍华德大学教授解化亭向学校赠送 3 本美国出版的教科书,并把 1 本电力系统教科书的内容介绍给学校。美国纽约大学柯朗数学科学研究院教授丁汝所用的一本参考书,国内没有,美国也购不到,他表示愿意借给学校使用。通过 1979 年校庆和讲学活动,学校共收集到国外科技资料 1 300 多种。

进入 20 世纪 80 年代,随着上海交大对外教育交流合作的日益扩展,受邀专家从美国拓展到德国、日本、英国、法国、加拿大、苏联、荷兰等国家,非华裔学者比例日渐增长。邀请方式也更加多样化,有的通过代表团互访,与国外院校签署校际合作协议,与国外公司企业及研究机构建立科研协作关系,互派专家开展交流合作及联合培养研究生;有的通过参加国际会议,邀请与会专家学者来校进行学术交流;也有的经海外校友和本校教授介绍,推荐国外专家来校讲学或合作科研。外籍专家来校工作,少则数天,多则一个月,也有少数专家工作长达两三个月,交流方式有讲学、座谈、联合培养研究生、合作科研、指导实验室建设、参加学术研讨会、开办科技展览会等。

学校从 1981—1991 年共聘请外籍短期专家 707 人,1984—1991 年顺道来访专家达 1 800多人次。[①] 他们绝大多数为科技类专家教授,从事海洋工程、光纤通信、图像识别、环境保护、复合材料、计算机科学、电子工程等先进学科领域的教学和科研工作,取得了诸多交流成果。

在学科建设方面,来访学者对于提高师资水平、促进老学科的更新发展、推动新学科建设,都起了很好作用。如美国宾州大学教授费格利全面介绍仿真理论和方法,帮助开设数字仿真技术新课程;美国阿克龙大学教授张之勇引进 SAP5 程序文本,推动学校结构有限元程序研究工作的开展;美国贝尔实验室光纤系统研究部主任厉鼎毅博士讲授光纤、光器件、光系统的关键问题和最新动态,对学校同行起到指导作用;美国哥伦比亚大学教授周昌讲授 VLSI 理论与设计,美国加利福尼亚大学伯克利分校教授戴维 · Messerschmitt 介绍 LSI 和

---

① 资料来源于外国专家和海外学者短期讲学人数统计资料,上交档:长期 3012、长期 3554、长期 3555、长期 3738、长期 3976、长期 4228、长期 4229、长期 4724、长期 4996。

DSP在通信方面的应用，促进学校在电子学科领域的新发展；美国匹兹堡大学教授施增玮通过来校讲学、指导留美进修教师、协助订购仪器设备、无偿赠送软件资料等方式，帮助学校创办图像处理和模式识别研究所。

在人才培养方面，学校与外籍专家探索开展联合培养研究生工作。如美国纽约大学柯朗数学科学研究院教授丁汝定期来校指导5名以摄动方法为题的研究生；船舶及海洋工程系与日本西流体研究所导师联合培养博士研究生。

在合作科研方面，1982—1988年，学校各院、系、所与国外及港澳地区开展合作科研74项。如船舶及海洋工程系水下工程研究所通过与德国GKSS公司、加拿大ISE研究所等单位专家的合作，成功研制无人深潜器；电机工程系邀请美国专家来校交流和咨询有关科研难点，成功研制肾结石粉碎机；光纤技术研究所与美国贝尔实验室专家合作解决光器件、光系统的技术难题，使局部光纤通信网正式应用于工程；精密仪器系聘请日本东京大学、香港理工大学和英国斯特拉斯莱德大学的专家进行合作科研，运用肌电控制新技术，研制出三自由度的人工假肢；生物技术研究所通过与日本小林环境科学研究所专家的合作，在研究利用光合细菌治理农场环境污染、开发资源、保持生态良性循环方面取得突破性进展。还有，材料科学及工程系与美国里海大学教授周以苍、魏白英合作研究金属材料的课题，管理学院与美国宾州大学教授费薛共同研究中国卡车运输的最优化，焊接技术研究所和日本大阪大学教授荒田吉明合作研究焊接技术课题，模具技术研究所与日本Unic公司联合研制CAD/CAM/CAT软件，等等。

在实验室建设方面，来访专家帮助学校建立新兴学科实验室，指导更新传统学科实验室，提高科研水平。如材料科学系博采德国、美国、日本、加拿大和法国专家之长，着手建立我国第一个国家级复合材料实验室；英国伦敦大学教授Dover帮助筹建结构动力实验室；日本大阪大学教授H. Nishiharahe和J. Suhara帮助应用物理系固态电子学实验室改进扫描电镜，提高电子束扫描精度。①

上海交大还从1979年起聘请美籍教师来校教授英语，恢复了长期聘用外籍教师和专家的工作。“六五”期间，全校约有450名英语和非英语专业的教师得到培训；自1984年起，每年有20名英语专业研究生接受外籍专家辅导；有2 000余名本科生的专业英语课和公共英

---

①《坚持对外开放，促进学校建设》(1989年10月)。上交档：长期4228；《上海交通大学“七・五”期间聘用外国短期专家工作总结》(1991年5月11日)。上交档：长期4996；《上海交通大学志(1896—1996)》，第676页。

语课由外籍教师执教;由外籍教师举办的各类长短期英语培训班40余次、讲座60余次,参加听课的师生达3 500余人;外籍教师还为学校编写了18套讲义、4套教材,赠送资料1 000多册、教学用录像设备1套、录像带46盘、幻灯片20余套。“七五”期间,学校进一步加强英语专业学科建设,提高英语教学及科研水平。由英国文化委员会专家协助制订的大学英语本科生和研究生教学大纲深受好评,合作编写的《大学核心英语教材》为150多所高等院校使用;科技外语系和英国文化委员会合办的“华东地区英语教师研究生班”为各院校培训近90名英语教师,其中25%的教师成为了各院校英语教学骨干;由英国文化委员会出资建成藏书3 000余册的科技外语系研究生图书馆和藏书8 000余种的英语学习资料中心。自1983年起,学校还聘请美国ESEC(美中教育交流服务机构)教师每学期为非英语专业教师举办一期英语听说技能强化训练班,至1989年共培训550余名教师,普遍提高教师的英语应用水平。至1991年,学校共聘请外籍教师224人,[①]他们分别来自美国、英国、德国、加拿大等国家,以外籍语言专家居多,美国和英国教师主要讲授英语、外国文学,德国和加拿大教师主要讲授工商管理、经济和社会学。

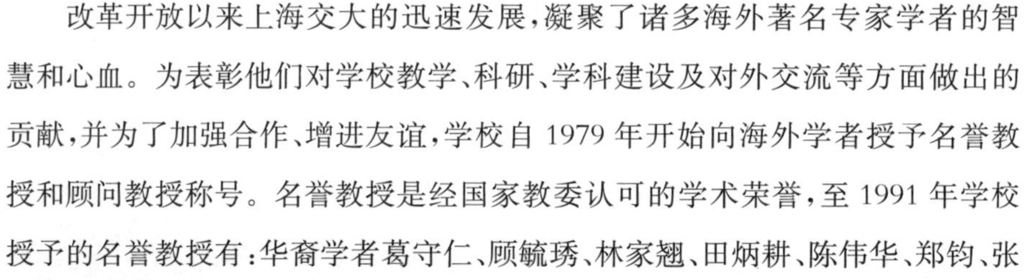

改革开放以来上海交大的迅速发展,凝聚了诸多海外著名专家学者的智慧和心血。为表彰他们对学校教学、科研、学科建设及对外交流等方面做出的贡献,并为了加强合作、增进友谊,学校自1979年开始向海外学者授予名誉教授和顾问教授称号。名誉教授是经国家教委认可的学术荣誉,至1991年学校授予的名誉教授有:华裔学者葛守仁、顾毓琇、林家翘、田炳耕、陈伟华、郑钧、张可南、田长霖、窦祖烈、赵曾珏、丁肇中、林同炎、李政道、毛昭宪、厉鼎毅、杨振宁,美国学者欧文(W. S. Owen)、康恩(J. W. Cahn)、克莱茵(Klein)、海克涅(Hackney),日本学者荒田吉明、加藤一郎,法国学者巴·道奈(J. B. Donnet),德国学者霍斯特·宋德(H. Sund)、基罗瓦(W. K. Giloi)、佛里克(Manfred K.

1987年10月12日,美国哥伦比亚大学生物力学家毛昭宪博士(右)被授予上海交大名誉教授,翁史烈校长(左)为他佩戴校徽

① 《上海交通大学志(1896—1996)》,第666页。

Fricke)，共计 26 人，其中交大校友 8 人，诺贝尔奖获得者 4 人。学校还授予刘必治、施增玮、丁汝、周以苍、吴贤铭、馆丰夫、飞山一男、北川文章等 49 位外籍专家学者为顾问教授。学校还聘请美国王安电脑公司总裁王安、美国宾夕法尼亚大学董事朱传榘、德国巴登—符腾堡州州长洛塔尔·施佩特(Lothar Spath)、新加坡环美家具有限公司董事长莫若愚 4 人为校务委员会名誉委员，授予日中教育协会会长宫家愈校务委员会名誉顾问称号。1985 年 10 月，由香港环球航运集团主席包玉刚捐资 1 000 万美元建造的包兆龙图书馆落成之际，为表彰包玉刚对学校教育事业做出的重大贡献以及在航运事业中取得的成就，经国务院学位委员会批准，学校授予他名誉博士。

四、与境外高校合作办学

改革开放初期，上海交大大胆突破国界和地区界限，积极致力于发展与国外及香港地区大学的合作办学，培养大陆急需人才。学校在对外合作办学方面的探索与实践，成为这一时期学校对外教育交流的一大突破，具有起步早、起点高、形式多样、成效显著的特点。

1980 年，在顾问教授、美籍学者朱传榘的倡议及推动下，上海交大与美国宾夕法尼亚大学建立全面校际合作关系，明确校工业管理系与宾州大学沃顿商学院开展对口合作，合办管理决策科学和计算机科学双重硕士学位研究生班，培养现代化管理人才，并帮助学校恢复管理学院的建制。宾州大学沃顿商学院创立于 1881 年，是美国第一所大学商学院，也是学术声誉首屈一指的全球顶尖商学院。选择这样一个高水平的合作方，意味着学校站在高起点谋划推进管理学科的恢复与建设工作。但是，合作办学是否涉及教育主权问题，学校持慎重态度。后经六机部部长柴树藩、教育部部长蒋南翔同意，并报请国务院批准，双重硕士学位研究生班于 1980 年 10 月开始招生，招考条件与全国研究生统考条件相同。11 月 24 日完成招生工作，从全国 197 名考生中择优录取 16 名，从本校和兄弟院校相近专业的 1980 级研究生中转入 15 名，另外还接收 26 名旁听生。12 月 8 日，该研究生班正式开学。

根据协议，上海交大和宾州大学共同制订有关的教学计划，由交大教师讲授英语、计算器程序、计算机构造、微观经济学、宏观经济学、数理统计、运筹学等课程；由宾州大学沃顿商学院、工程及应用科学学院选派各科首席教授索罗门(David Solomans)、瓦尔特(J. Walter)、费薛(M. Fisher)、弗兰德(I. Friend)、肯鲁塞(Howard Kunreuther)、卡尔(John W. Carr)等 10 人，先后来沪讲授会计学、公司理财、财务理论、运筹学应用、建模与算法、数据结构、管理信息系统、计算机信息网络等课程。两校还设立 30 万美元的合作基金，主要由朱传榘教授和校友陈荣元等在美国筹集，以支持这一合作办学项目，并提供奖学金择优培养若干名研究生

上海交大管理决策科学和计算机科学双硕士学位研究生班毕业合影

班的优秀毕业生,选送他们至宾州大学攻读博士学位。

该研究生班的教学分为3个阶段,即主攻英语、计算机语言和政治经济学的半年预科学习和一年半基础课程、专业课程的学习以及一年的论文工作。通过半年预科的英语训练,1/3以上的研究生能熟练地用英语和美籍教师进行学术讨论,每位研究生在进行论文课题研究中都能直接参考和借鉴国外的科技文献资料。在基础和专业课程的学习中,为达到两个学科的要求,学生们总共修读20多门课程,获得40多个学分,总学分数比一般硕士学位研究生多了近一倍。写作论文时,大部分课题来自工业生产和企业管理的实际,具有一定的理论意义和实际价值。1983年12月,研究生班共有28名研究生以优良成绩完成学业。1984年6月12日,在上海交通大学管理学院成立大会上,同时举行管理决策科学和计算机科学双重硕士学位研究生毕业典礼。这批毕业研究生大部分任教于国内高等院校,或就职于政府部门,还有7位毕业研究生出国留学深造。此后经过各自的奋斗,这批研究生有的成为美国著名投资银行的高层管理人员,有的就职于联合国有关机构,更多的成为国内外知名高等院校的骨干教师。

上海交大与美国宾州大学合办双硕士学位研究生班,成为学校自新中国成立以来探索国际合作办学之路的开端，为进一步发展对外教育合作项目积累了有益的经验。

进入 20 世纪 80 年代，我国开始了经济体制改革。上海交大在与境外高校及校友的交流中意识到，要顺利实现计划经济向社会主义市场经济的转变，中国急需大量的新型管理人才。在上海市政府的大力支持下，学校多次与国外及香港地区大学合作，联合举办高层次的培训班，培养管理专业高端人才，直接为上海和华东地区经济发展和对外开放服务。这些培训班有：

从 1984 年起，在香港中文大学潘光迥博士的积极推动和香港友好人士孔祥勉、利荣森、胡法光、唐翔千、刘浩清等的大力赞助下，学校与香港中文大学合办上海高级企业管理培训班（S. M. D.）5 期；从 1986 年起，双方又合办上海旅馆管理培训班（T. T. T.）4 期，共培养学员 736 名。培训班由上海交大管理学院和来自香港、新加坡等地的中外专家联合授课。上海高级企业管理培训班开设的课程有组织与管理原理、会计及控制、国际法律常识、财务管理、国际企业、市场管理、信息系统分析与设计、经营管理和沟通技术等。学员在校学习后，赴香港参加对口实习，实地考察香港有关企业的先进管理。上海旅馆管理培训班的学员先在交大培训 4 个月，然后由香港酒店业管理协会安排赴香港十大五星级酒店顶岗实习 2 个月。

上海交大与德国康斯坦茨大学联合举办上海高级企业经济管理干部培训班

从 1985 年起，在德国巴登—符腾堡州的财政资助下，学校与德国康斯坦茨大学联合举办上海高级企业经济管理干部培训班（MPCS）17 期，培养学员 300 多名。培训班开设的课程有商业政策、企业金融、生产管理、人力资源管理、市场学、成本计算等，学员在沪培训 9 个月后，赴德相关企业实习 1 个月。

从 1989 年起，在加拿大国际开发署的项目资助下，学校与加拿大不列颠哥伦比亚大学合办上海市高级经济经理培训班 5 期，培养学员 75 名。每期学员先在校学习理论知识 3 周，其中加拿大籍教师来华讲学 1 周；而后赴加拿大培训、考察 2 周。

从1990年起,在交大新加坡校友莫若愚的资助下,学校与美国宾夕法尼亚大学沃顿商学院合办高级经济管理进修班4期,培养学员160名。其中外方教师是来自美国宾夕法尼亚大学的工商、金融管理教授。

这类培训班的办学模式大体相仿,具有几个新颖之处:一是学习内容新,基本以介绍西方的市场经济理论和实践经验为主;二是学习形式新,分为上海听课和国外、香港地区实习两部分;三是任课教师新,除一部分交大管理专业教师外,还邀请了许多国外、香港地区的教师来沪授课;四是由外方提供办学经费,主要用于派遣外籍教师来沪讲学和资助学员出国考察实习。

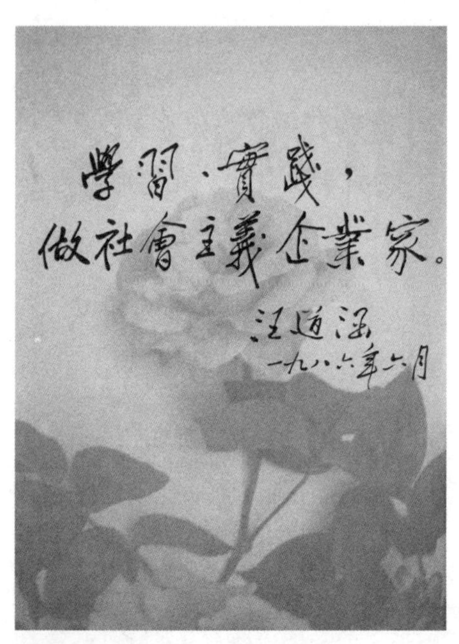

汪道涵为《上海高级企业暨旅馆管理培训班同学总会纪念册》题词

上海市历届领导都对这类培训班的开办,给予了莫大的关注与支持。1983年,学校向上海市政府报送《上海交通大学与香港中文大学合办企业管理人员培训班的计划》。1984年1月22日,上海市市长汪道涵批复学校:"原则上应予支持,具体仍请经委与交大商洽,并协助之。"[①]正是在汪道涵的支持下,市政府有关部门大开"绿灯",使得第一期上海高级企业管理培训班如期顺利开办。9月17日,在第一期培训班的毕业典礼上,汪道涵会见香港中文大学前校长李卓敏博士时表示"这个班要继续办下去"。他还一再叮嘱办学人员,招收的学员不能局限于上海,要考虑整个长江三角洲,华东各省都要给名额,要顾全大局。有了举办高级企业管理培训班的先例,1986年又在汪道涵的关心下,举办了上海旅馆管理培训班。上海高级企业经济管理干部培训班的开办,得到上海市政府和德国巴登—符腾堡州政府的共同重视。上海市副市长阮崇武、朱宗葆、谢丽娟先后亲自过问该培训班的举办和进展情况,并多次指示有关部门对办班提供实质性支持。上海市经委更是从疏通渠道、选拔学员、提供资助、办理各种手续方面全力协助,为合作办班创造了良好的外部条件。1990年,学校与美国宾州大学沃顿商学院合办高级经济管理进修班,在当年8月举

---

① 《关于报批上海交通大学与香港中文大学在上海、香港合办企业管理人员培训班的计划》(1984年1月18日)。上交档:永久1048。

行的结业典礼上，上海市市长朱镕基和市政府顾问汪道涵到会予以祝贺。

上海交大通过对外合作办班，充分利用海外智力和资金，为上海及邻近省市培养了千余名高级管理人才，对上海乃至于华东地区经济建设和社会发展，提供了强有力的人才支持。培训班学员多为政府机关、事业单位、企业和宾馆业管理人员，后来绝大多数人成为各行各业的管理骨干，有的成为经济体制改革后一些新型国有企业的负责人，还有人相继担任中央和省市领导职务，如华建敏、孟建柱、蒋以任等。合作办班也使交大教师接触和掌握国际前沿信息，了解先进的教学手段和方法，提高教学科研水平，推进管理学科的建设和发展。

第七章
开拓闵行新校区及办学保障

第一节　闵行校区的建设

一、新校区的选址和总体规划设计

随着上海交通大学办学规模的不断扩大，徐汇校园已远不能满足学校发展的需要，而就地扩展又有困难，1983 年 7 月 2 日，教育部正式批准学校在闵行区建立上海交通大学二分部，规划用地 1 500 亩左右。9 月 2 日，上海市市长汪道涵主持召开市长办公会议，专题研究并原则同意上海交通大学在闵行建立二部，并指示有关部门要抓紧支持交大建设新校区。12 月 6 日和 1984 年 1 月 21 日，教育部和上海市政府又先后发文审定，上海交大到 1990 年前后的建设规模为在校学生 15 000 人，其中闵行二部的建设规模为在校学生 8 000 至 9 000 人（内含为上海市培养的大专生 3 000 人）。1984 年 4 月 2 日，经国家计委、教育部研究论证，国务院批准，上海交大被列为国家重点建设、重点投资的 10 所大学之一，这为学校今后的发展创造了极为有利的条件，为闵行新校区的建设提供了重要的资金保障。①

---

① 教育部、上海市批准上海交大建设闵行校区的详情，第一章第二节已有交待，本章不再赘述。本节就闵行校区选址设计、工程建设、开学启用、校区管理、教风学风等情况作一介绍。

自1983年夏秋教育部、上海市批准建设闵行二部后，学校立即启动筹建工作，研究确定了具体的实施目标：1984年完成征地和二部总体规划方案及部分单体项目的设计，1985年开始奠基施工，至1987年秋季竣工校舍约7万平方米并招收新生入校上课，1990年基本建成能容纳9 000名在校学生、配套较齐全的新校区。

由于是在徐汇校区之外扩建一个新校区，基建前期的选址定点、征用土地、规划设计等工作量大而繁复。在上海市规划局、民政局、公安局、农业局、闵行区、上海县的大力支持下，学校经多次实地调查，对校区选址进行反复研究协商。1984年6月26日，上海市建设委员会(简称"上海市建委")批复上海市规划局《关于上海交通大学二部选址等有关问题的请示报告》，同意"上海交通大学二部选址定点在闵行地区东川路北侧、横泾港东侧、淡水河西侧范围内安排建设"。[①] 7月12日，上海市政府办公厅专门下达《关于调整闵行区界的通知》，同意"将剑川路、沪闵路东南(东至淡水河，南抵黄浦江，西与闵行区区界相接，北到剑川路以北的铁路)约三点八平方公里的地区[②]划入闵行区界；其中包括上海交通大学闵行二部的选址，即沧源路以东、东川路以北、银江路以西的零点六平方公里地区"。[③] 新校区地址定为东川路800号，离上海市中心31公里，距徐汇校区23公里。

校区选址一经确定，征用土地工作随即紧锣密鼓地开展起来。1984年10月13日，上海市规划局签发征用土地征询单，拟在上海县北桥乡征用闵行二部第一期工程建设用地。11月19日，上海交大与上海县北桥乡政府举行仪式，就征地范围、经济补偿、劳动力安置、社员动迁等相关问题签订《征地协议书》。12月13日，上海市建委批准第一期征用土地669.063亩，其中学校用地470.903亩，代征市政道路用地157.976亩，因撤销建制带征土地40.184亩。[④] 征地范围涉及北桥乡3个大队12个生产队，撤销徐陆、新建2个生产队建制，动迁社员95户，由学校吸收征地劳动力402人。在各方面的大力支持和积极配合下，闵行第一期征地从发出征询单到批准用地，前后仅用了两个月的时间。

1984年12月22日，教育部作出《关于闵行二部征地投资包干的批复》，同意"闵行二部一九九〇年前征用土地1 012.86亩(含住宅征地)，按每亩1.2万元(包括建造动迁用房、拆迁补偿、劳力安置、人员养老、土地和青苗补偿等费用)实行投资包干。包干总投资为1 215.4

---

① 《关于上海交通大学二部选址的批复》(1984年6月26日)。上交档：长期3017。

② 上述地区原属上海县。当时，上海县与闵行区各为独立的行政区域。1992年12月，上海县撤销，与闵行区合并设立新的闵行区。

③ 《关于调整闵行区界的通知》(1984年7月12日)。上交档：永久1051。

④ 《关于交通大学为新建闵行二部征地拆迁的通知》(1984年12月20日)。上交档：长期3017。

万元。其中由教育部投资810.3万元,上海市投资405.1万元”。[①]

1985年,学校除了落实第一期征地各项政策性经济补偿费用、安置劳动力、动拆迁居民外,还抓紧做好第二期征地的准备工作。12月24日,上海市城乡建设规划委员会批准闵行二部第二期征用土地636.723亩,其中学校用地(包括教学区和教工住宅建设用地)540.349亩,代征市政道路用地55.812亩,带征土地40.562亩;[②]再撤销1个生产队建制,动迁社员49户。1984年和1985年两次共征地1 305.786亩,其中学校用地1 011.252亩。

与此同时,学校委托上海市民用建筑设计院开展闵行二部总体规划和方案设计工作。在双方深入研究沟通,并广泛听取上海市有关部门、校内外专家及师生员工意见的基础上,设计院精心构思,几易其稿,于1985年2月完成总体规划方案图。新校区总体规划要求体现大学校园活泼、庄重、朴素的特点,注重建筑美观与使用功能的有机结合,力求分区明确、功能合理,方便教学、科研、生活与管理,并注意综合利用,节约用地;总体与建筑群设计力争创造新风格,布局疏密有致,创造清静而舒适的环境;规划上既考虑校园的整体性,又考虑到将来发展的需要,留有一定余地。1985年6月编印的《上海交通大学闵行二部工程简介》作了如下介绍:

闵行二部工程一九九〇年前后计划总建筑面积约38万平方米。

总体设计采用不对称布局,格调新颖,自由活泼,建筑群处在一个有机统一的环境中。

教学实验区位于校区中心,南部为教学区(信息中心居中),北部为实验区。在教学区和实验区内均有绿化区,种植花木、草坪,建水池、亭廊;各大楼内部,有绿化庭院。图书馆等主要工程项目留有一定的扩建用地。

教工住宅区规划在东川路南区,近期建在沧源路西侧,与校区一路之隔,自成一体。校区和住宅区之间有门相通,教工出入校门较为方便。

学生宿舍区分别设在教学区的东西两侧,配置相应的体育设置和公共设施,便于学生就近活动。

校区西南角规划建造体育中心,辟有馆、场、池,可供较大型的体育竞赛之用。体育中心有单独出入口,可对外使用。

实习工厂区和印刷厂、后勤仓库、车库等设在校园西北角,既便于学生教学实

---

① 《关于闵行二部征地投资包干的批复》(1984年12月22日)。上交档:长期3017。

② 《关于同意上海交大闵行二部二期工程及教工住宅建设征地拆迁的通知》(1985年12月25日)。上交档:长期3202。

习，又与教学、实验区分开。

停车场分南北二处，小车、客车停车场设在南区校行政办公楼附近；货车停车场设在北面工厂区附近，便于运输货物。

一九九〇年后各个分区均有一定的发展余地。学生宿舍区可向北延伸，教学区发展安排在西北角，实验区的发展在东北部。[①]

经过近两年紧张、有序的筹建工作，1985 年 7 月 2 日，上海交大闵行二部工程开工典礼在二部工地的简易草棚内隆重举行。中共中央政治局委员、上海交大校务委员会主任王震打来电话表示祝贺，国家教委和国家计委发来贺信。国家教委和上海市有关部门、单位的领导和来宾 400 余人出席典礼。学校党委书记邓旭初在典礼上介绍了闵行二部的建设概况，上海市副市长倪天增、国家教委基建局局长王进仁讲话致贺，上海市民用建筑设计院院长洪碧荣、南汇县建筑总公司总经理季建国作了发言。上海市副市长刘振元和市委常委、教卫党委书记陈铁迪为工程剪彩。倪天增在代表上海市委市政府的讲话中指出：

闵行二部对上海交大来讲，虽说扩建，但按其建设规模而言，无疑等于新建一所万人大学。三十多万平方米的校舍，以及校区内的地下、地上配套工程，市政工程基本上是从无到有。根据国家要求，交大在一九九〇年前后，在校生将达到一万

1985 年 7 月 2 日，上海交大举行闵行二部工程开工典礼，上海市副市长倪天增(左 2)讲话致贺

1985 年 7 月 2 日，上海市副市长刘振元(左 3)、市委常委陈铁迪(左 1)为上海交大闵行二部工程剪彩

① 《上海交通大学闵行二部工程简介》(1985 年 6 月)。上交档：永久 1150。

五千人。一九八七年秋季在这里就要有三千名新生入学上课。规模宏大,任务艰辛,务需各界鼎力支持和通力合作。

国家已将上海交大建设列入国家重点建设项目,市政府对交大的发展是很关心的,因为交大闵行二部的建设将为全国和我们上海输送四化建设的人才。在此要求全市有关局和部门给予积极支持,按国家重点建设项目的要求,予以安排。尤其在市政工程方面,如道路、供水、排水、供电、电讯、煤气、污水处理等要相应配合,尽快落实计划和措施,相信在各方面的支持配合下,交大二部工程一定能够顺利地进行,并按国家的计划圆满完成。①

二、新校区工程建设和开学典礼

自1983年批准建设闵行新校区后,闵行校区为上海交通大学二部,徐汇校区为上海交通大学本部。新校区的建设面积3倍于徐汇老校区。为保证1987年2 600名新生顺利入学,必须加快二部的建设速度。在中国改革开放初期,物资较为紧缺,钢材等由国家计划分配,施工设备也还落后。上级领导和海内外人士都对新校区能否如期顺利开学,有所顾虑担心。学校曾咨询两位德国建筑专家对二部总体规划的意见,专家实地考察后,面对成片的农田和农舍,提出疑问:“你们用什么方法可在1987年9月开学?”②在这种情况下,全校上下齐心协力,艰苦奋斗,朝着“按时顺利开学”的目标努力拼搏。

党委书记何友声、校长翁史烈经常来到闵行二部建筑工地,踏着泥泞道路进行现场察看,在简易的基建临时办公室里协调、安排和解决各种预想不到的疑难问题。1984年8月,书记校长联席会议决定,成立上海交大闵行二部筹建领导小组,副校长王守仁任组长,李东裕、翁双洲任副组长。1985年5月,学校任命陈廷莱为基建办公室闵行二部工程现场总指挥。

1986年3月,学校决定建立二部行政机构,撤销原筹建领导小组及办公室等建制。10月30日,党委常委扩大会作出《关于我校二部体制的若干决定》,明确规定二部实行学校党委和校长领导下的二部主任负责制,确定二部任务和目标,核定编制与经费,并将部分权力下放给二部主任,二部主任在上述范围内拥有自主权。二部行政机构按照简化原则,设置相

① 《倪天增副市长在交大闵行二部开工典礼上的讲话》(1985年7月2日)。上交档:永久1150。

② 陈廷莱:《抚今追昔话闵行——写在闵行校区建设十周年之际》。《上海交大报》1997年11月30日第4版。

对独立的办公室、教务二处、实验室二处、基建二处、总务二处、保卫二处,凡是业务处所不能包括的工作均由办公室负责;设立图书馆分馆、附属工厂分厂、计算中心二部计算站、出版社二部教材供应站等分设机构,其编制、经费由本部各单位统一领导,二部协调这些单位的工作;建立第一教学部(机械类)、第二教学部(电子电工类)、第三教学部(文、理、管理类),直属二部领导,负责管理相关系的一、二年级学生,包括教学、生活和思想工作;建立二部党委,直属学校党委领导,其主要任务是对二部师生员工进行思想政治教育,引导党员干部和党员教师在新校区建设中发挥先锋模范作用。1988 年,学校党委又将党员的审批和管理、党的基层组织设置、二部编制范围内干部任免等若干权限下放给二部党委。学生工作是二部政治思想工作的重点,由二部一位副主任分管学生工作,并成立二部学生辅导中心,1987 年 5 月改称二部学生工作指导委员会(简称"二部学指委"),受校学指委和二部双重领导。学校又成立集体所有制的生产服务公司,安置 800 名因征地而进校的职工,为二部教学和师生生活提供后勤服务。

学校陆续选派一批干部到二部工作。1986 年 12 月 22 日,任命范祖德为二部主任、何永棣为二部副主任兼二部学生辅导中心主任。在此前后,任命李征为二部办公室主任、朱立三为教务二处处长、夏有为为实验室二处处长、陈廷莱为基建二处处长、杨念祖为总务二处处长、毕厚富为保卫二处处长,还任命于宝海为第一教学部主任、林润汤为第二教学部主任、秦树艺为第三教学部主任。1987 年 9 月 3 日,建立中共上海交大二部委员会,任命卢积才为二部党委书记、毛杏云为二部党委副书记。随后又任命胡钢为二部机关党总支书记、陈永如为总务二处党总支书记、周本兴为基建二处直属党支部书记、吴新佳为第一教学部直属党支部书记、贾学堂为第二教学部直属党支部书记、蔡钦友为第三教学部直属党支部书记。学校完善了二部党政领导班子和机构建设,为加快推进新校区建设提供了必要而充分的组织保障。

为保证 1987 年秋季顺利开学,学校将教学、实验、生活用房及配套设施分别委托上海市民用建筑设计院、华东建筑设计院、上海高校建筑设计所和上海交大建筑设计所等单位设计,由中国建筑总公司五局四公司(现名上海金山石油化工建筑有限公司)、铁道部第四工程局、南汇建筑总公司及所属有关分公司承担施工。为争时间、抢进度,1986 年各项建筑工程全面开工,工地上井架林立,挖土机、推土机、搅拌机日夜轰鸣,满载各类建筑材料的卡车鱼贯进入校区。上海供电所电缆工区、上海自来水公司、上海煤气公司、上海市电话局、上海市市政工程浦东指挥部等市政各有关局、公司也加快速度,同步开展校区周边市政配套工程的

建造中的闵行校区学生宿舍

建造中的闵行校区第一幢学生餐厅

建设。高峰时,校区内外3 000多名工人参加施工,前后涉及200多家建设单位。市政工程召开过100多次协调会,市政方面几个局的局长还亲临工程现场,指挥督战。

经过学校与各设计承建单位通力合作,1987年8月闵行二部6.3万平方米的各类建筑如期竣工,包括2幢教学大楼、14幢学生宿舍、1幢学生食堂、1幢体育馆、1幢行政楼以及部分体育运动场地;还建成了相应的雨水、污水、自来水、煤气、蒸汽、电力、路灯、电话、广播诸项管线及道路、校园桥、涵洞等配套设施,协助完成校区周围长1.3公里、宽40米的东川路及横泾港大桥、大型景谷雨水泵站和大量的管、线等各项市政配套工程。此外,为接纳1988年秋季第二批新生入学的一些工程,如普通物理楼、北区雨水污水道路等项目也顺利开工。

要实现闵行二部顺利开学,还必须加强师生员工的思想政治工作,做到新区新风、从严治校。闵行二部首届招收本科新生2 600人,招生数创学校历史最高。由于二部是新建,教职员工中有许多新进人员,校园内各种设施又是初次投入运行,迎新工作任务重、时间紧、困难多,是预料之中的事。为此,学校党政各级领导、干部、群众都把迎新工作作为重点任务来抓。为提高干部职工的业务素质,学校把新职工送法华路分部参加顶岗培训,二部干部赴深圳大学参加跟班学习,积极做好开学的适应性准备。二部领导班子带领干部职工日夜奋战两个月,努力做好开学前各项准备工作,真正将“教书育人、服务育人、管理育人”寓于实际行动中。总务二处立下“军令状”,新生到校之前,食堂、宿舍、教学大楼等都要打扫得窗明几净。在总务二处处长杨念祖的亲自带领下,各科室之间主动协作,相互支援,不论白天、黑夜、晴天、雨天,“全天候”地工作,终于出色地完成了任务。公务班发动各方力量，在一周内安置好12幢宿舍的2万件家具。修建科在工作条件十分困难的情况下，组织修建起商店、银行、邮局、小卖部、肝炎病房等临时用房共1 000多平方米。校园管理科因陋就简，利用旧料，自己动手，盖起3间花房，建起850平方米盆景园，栽培装点校园用的9千盆花。实验室二处发扬不计较报酬、时间、工作条件的“三不计较”精神，自行设计、采购、搬运及安装，完成实验用房、电化教室、无线电台和有线广播电台的装配布置工作。教务二处及早做好教学准备工作，拟定一年级任课教师、班主任和思政教师名单，组织50名新教师到二部担任为期两年的“住校教师”，开展班主任暑期集中培训。机关干部、思政教师、班主任为筹备迎新工作，夜以继日地忘我工作。

1987年11月举行的二部第一期工程竣工典礼上，学校宣布“关于给予为创建二部作出贡献的同志奖励的决定”，陈廷莱获特等奖，马康福等22人获一等奖，葛家禄等34人获二等奖，洪顺芳等76人获三等奖。[①] 获1987年度上海市劳动模范称号的基建二处处长陈廷莱的一席话道出了所有建设者的心声。他说：“能为祖国教育事业的发展，为母校的振兴添砖加瓦，贡献微力是我的幸福。”[②]他还讲道：“若干年后，当我信步走在校园里时，我会为昨天的辛劳而自豪！”[③]陈廷莱从征地、组织协调总体设计到管理施工，全身心投入，忘我地工作。他的口头禅是“要拼老命拿下房子。”他经常奔波于市政有关部门，详细汇报，请求支持；每天在工地上巡视，组织协调，及时帮助不同的施工单位处理好邻友关系。翁史烈校长后来回忆说：“在闵行校区建设中，我对交大人的时间意识、机遇意识以及由此产生的奉献精神、团结合作精神感受很深。这是上海交大能够在过去10多年时间中快速

老校长朱物华(左3)、学部委员张钟俊(左1)等在二部主任范祖德(左2)陪同下视察闵行新校区建设工地

① 《关于给予为创建二部作出贡献的同志奖励的决定》。上交档：永久1348。

② 《一九八七年度上海市劳动模范登记表：上海交通大学陈廷莱同志材料》。上交档：永久1434。

③ 毛杏云：《菁菁广场“说话”了》。盛懿主编：《老房子　新建筑——上海交大110年校园》，上海交通大学出版社2006年版，第131页。

发展的一大法宝。……要不是第一批建设者放弃市区工作的优越条件,来到交通不便的新校区,与当地工人群众一起克服了时间紧、任务重、人手少、条件差等困难,不计时间、不计报酬、不怕苦、不怕累,夜以继日地工作,就不可能在短短两年时间内迎来第一批新生。"①

1987年5月25日,国家教委副主任朱开轩亲自来校检查二部建设进展和开学准备工作,看到实况后他说:"二部艰苦创业的精神很好,进展很大。但工作还是很艰巨的,不能大意,希望你们上下团结一致,办好这件事。"②8月27日,上海市委副书记曾庆红、副市长谢丽娟等市委市政府领导来到闵行二部,察看学生宿舍、教学大楼、食堂、操场、道路等工程建设情况,看望正在集训的新生班主任。听取二部情况汇报后,曾庆红讲话指出:"二部是国务院的一个重点工程。两年时间,经过同志们的艰苦奋斗,学校党政领导的重视,二部同志的具体规划、施工,已达到了现在的规模,你们做了大量的工作,而且开学、开学以后的军训等工作已基本就绪。刚才翁校长讲了,要我们放心,应该说是可以放心了。要感谢同志们做了这样大量的工作,特别是这么短时间,做到这样是不容易的。"③

1987年9月2日,上海交大闵行二部迎来了第一批2 600名本科新生,实现了"按时顺利开学"的目标,这是学校有史以来空前的建校速度。学生和家长对新校区的学习、生活环境作了评价。学生们说:"二部的宿舍宽敞、明亮,浴室方便整洁,食堂菜饭丰富、价格便宜,教学楼设施也比本部和其他大学完善。"有位家长说:"我是交大老校友,以前每次到徐家汇本部,总感到交大的校园太小了,要发展几乎没有余地。这次亲眼目睹了二部校园如此广阔,学习条件良好,环境优越,确是学习读书的好地方。"还有许多家长对学校迎新工作表示满意:"交大二部的迎新工作井然有序,服务热情周到,一切从新生出发,急新生之所急。……有这样好的老师和广大职工同志,把孩子交给你们,我们很放心!"④

1987年11月20日,在闵行新校区广场上嘉宾云集,师生共聚,举行庆祝上海交通大学二部按时开学、交大二部第一期工程竣工、水利电力部与交大联合办学——上海交通大学电力学院成立大会。中共中央政治局委员、上海市委书记、市长江泽民,国家教委副主任刘忠德,水利电力部副部长姚振炎,上海市委副书记曾庆红,上海市委常委陈铁迪,上海市副市长谢丽娟及83016部队师长张天富,复旦大学校长谢希德等领导和贵宾、校友出席庆祝大会。江泽民看到刚从宜兴军训归来、纪律严明、精神抖擞、在露天广场上席地而坐的1987级新

① 翁史烈:《开创上海交大新天地》。《上海交大二十年》,第84页。

② 《上海交通大学纪事(1896—2005)》(下卷),第899页。

③ 《市委、市府几位领导一九八七年八月廿七日在视察闵行二部工作时的讲话》。上交档:长期4428。

④ 《新校区展新貌——二部迎新工作胜利完成》,《情况交流》1987年9月15日。上交档:长期3631。

1987 年 11 月 20 日，上海市委书记、市长江泽民出席二部开学典礼并讲话

生，他显得异常兴奋，脱稿发表了热情的讲话。他说："党和人民寄厚望于代表未来的朝气蓬勃的青年一代，交大学生表现了良好的组织纪律性。青年学生要继往开来，脚踏实地，艰苦奋斗。"[①]会后，他参观了闵行二部新校区，在行政楼会议室欣然挥笔题词："百年大计，教育为本，努力把上海交大办成第一流大学"。翁史烈校长在庆祝大会致词中讲到："在学校全面工作中，闵行二部的建设占有重要的位置，它标志着我们学校的继往开来，象征着这所既古老又年轻的大学发展史上的一个新起点、新希望。"[②]闵行新校区的初步建成及正式启用，为学校注入了生机和活力，成为上海交大发展史上一个新的里程碑。

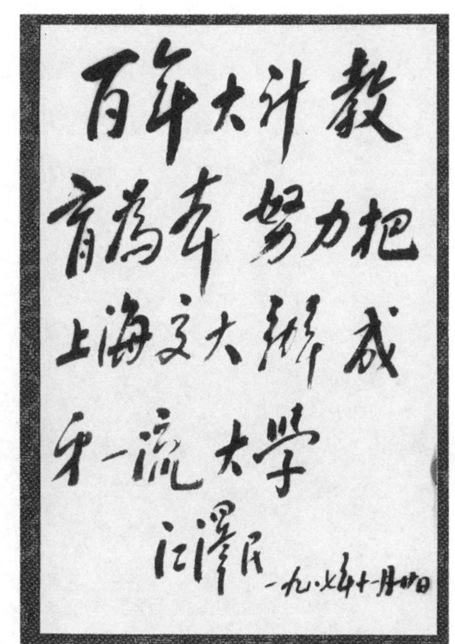

江泽民的题词

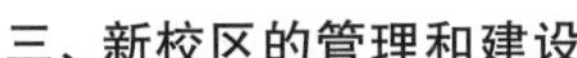
三、新校区的管理和建设

闵行校区启用后，学校对闵行二部功能作了如下的布局：全校一、二年级本科生就读于闵行，全部基础课、公共课和部分基础技术课的教学在新校区，相关实验室也全部建在闵行。理科类系（如应用数学系、应用物理系、应用化学系、工程力学系）、实验室少的系（如科技外语系、社会科学及工程系、体育系、文学艺术系）和新建的系（如生物科学与技术系、土木建筑工程系），以及同水利电力部联合办学的上海交大电力学院（下设电力工程系、能源工程系、电机工程系、信息与控制工程系）建制在闵行，即这 14 个系的三、四年级本科生和研究生均在闵行就读，其余系（专业）的三、四年级本科生及研究生则在徐汇就读。对于院系主体在闵行的，在徐汇校区设立窗口；对

① 《江泽民同志在交大闵行二部电力学院成立大会上的发言》(1987 年 11 月 20 日)。上交档：永久 1348。

② 《翁史烈在庆祝上海交通大学二部按时开学、交大二部第一期工程竣工、水电部与交大联合办学——上海交通大学电力学院成立大会上的讲话》(1987 年 11 月 20 日)。上交档：永久 1348。

于院系主体在徐汇的,在闵行校区建立基础教学部。

二部实施以块为主、条块结合的管理体制,对新校区基建、教务、人事、财务、保卫、实验室建设等进行管理,目标明确,系统清楚,效率较高,对完成新校区的建设和确保正常的教学秩序起到了积极的作用。

自1987级、1988级两届新生入学闵行校区,至1989年春,二部就读学生达5 400人,已达全校学生的一半,还有部分系、所建制在闵行。为更适应学校整体发展,学校听取二部领导班子及学校各方意见,酝酿改变闵行二部原有管理体制,实行学校各部门垂直分工管理。1989年1月21日,党委扩大会通告将学校的4个校区名称统一命名为徐汇校区、闵行校区、法华路校区、上中路校区。2月16日,经党委常委会及其扩大会讨论后,确定校区体制改革方案:加强学校对徐汇、闵行校区的垂直领导,撤销闵行二部建制,每个校区均实行校、系(院)两级领导体制;从行政系统来说,实行以条为主的管理体制,两个校区原则上只设一个职能部、处、室,统一领导,两地办公,重心视需要可设在闵行或徐汇;党委系统的体制与行政的体制相适应;整个改革工作自上而下逐步组织开展,在新的体制未实施之前,原有机构照常工作,坚守岗位。[①] 8月9日,学校正式发出《关于撤销上海交通大学二部的通知》。撤销二部后,建立了以一位校领导为组长的闵行校区领导小组,原则上每周举行一次会议,协调校区内各部门的关系和重要问题的处理。同时,学校党委会和校长办公会轮流在两个校区内召开。实践证明,学校实施以条为主、条块结合的管理体制,基本上适应变化了的形势,加强了多校区的统一管理,拓展多校区办学的框架和思路。

1987年建成的闵行校区校门

新校园基本建设按原计划进行。至1991年12月,闵行校区前后6次征地,共计2 038亩,[②]内含与水利电力部联合办学征用的土地。除去代征市政道

---

① 王宗光主编:《中共上海交通大学党史大事记(1949—1994)》,上海交通大学出版社1996年版,第316页。

② 《上海交大1991年基建质量、数量双丰收》,《上海交通大学基建简报》(总第48期)1991年12月。上交档:长期5011。

路用地和带征土地，闵行校区实际征地面积根据国有土地使用证计算合计为1 576.751亩，其中教学区用地929.72亩，东区待用地391.808亩，教职工住宅区用地231.669亩，防护林带23.554亩。[①] 由国家拨款建造的数学楼、物理楼、化学楼、计算中心、实习工厂、校医院、学生宿舍、教工住宅、教工单身宿舍，水利电力部联合办学投资兴建的教学三楼（上院）、电工力学楼、能源楼、信控楼、电机实验楼、电力实验楼、学生食堂，海外捐建的上海留园、包玉刚图书馆、学生活动中心“铁生馆”、学术活动中心等各类建筑和设施，陆续建成并投入使用。1985—1994年底，经国家批准用于闵行校区建设的各类投资近4亿元，共竣工校舍79幢，总建筑面积26.835万平方米，还购置了教学科研所需的各类仪器设备。[②]

闵行校区思源湖

闵行校区教学楼
上院、中院、下院

1990年11月，国家计委委托中国国际工程咨询公司，对上海交大国家重点建设项目进行评估，结论为：“上海交大是重点建设院校之一。经过五年的建设建成了一批教学、科研、生活和配套用房，为学校注入新的活力，招生规模提高、队伍增强、居住条件特别教学科研条件得到明显改善。特别是上海交大在闵行短时间形成了新的校区，四个年级[③]六千多人同时开课，在我国大学建设速度中恐怕还没有先例，成绩显著。五年来为国家培养了大批的专科生、本

① 《上海交通大学志（1896—1996）》，第581、583页。

② 《上海交通大学“211工程”部门预审主报告》。上海交通大学党史、校史工作委员会编著：《上海交通大学改革与发展（1992—1998）》，上海交通大学出版社1998年版，第388页；《上海交通大学志（1896—1996）》，第574页。

③ 建制在闵行校区的院系，本科生一至四年级均在闵行校区就读；其余院系的本科生，三、四年级时返回徐汇校区就读。

科生、研究生和进修生,科研项目硕果累累。五年期间,取得这么大成绩,大家公认。”[①]

1991 年 4 月,上海市审计局根据审计署、国家计委通知要求,又对上海交大国家重点建设扩建工程项目进行审计检查,其结论是:“经审计,我们认为你校国家重点建设扩建工程的立项依据充分,决策正确,工程质量较好,未发现超规模和超标准的情况。建设工期符合国家合理工程要求,特别是闵行新校区的建设速度抓得较紧,在执行基建计划上没有发现擅自超过基建投资规模的现象,均能按计划完成,并在项目建设中能合理安排使用资金。”[②]

经过全体建设者的艰苦奋斗,一座崭新、美观而现代化的校园呈现在世人面前。位于东川路上的新校门,是由上海市政设计院设计的一座校门桥,它采用两根从桥南两侧向空间拱起的弧形钢筋混凝土拱梁,在空间合为一根,落在桥的北侧。新校门寓意丰富,为人们留下许多想象的空间。有人说,校门桥好比是张开的双臂,欢迎来自五湖四海的学子和朋友们;有人说,校门桥流畅的曲线展示着古老交大的青春活力,也表达了交大的前进里程;还有人说,透过校门桥的曲线结构,看到了广阔的校园和高高耸立的国旗,一股爱我中华的感情油然而生……进了校门桥,迎面坡地上修建了一座国旗广场,镶拼出一幅以“我爱中国”(We Love China)为主题的中国地图,正中矗立的 28 米高的旗杆上飘扬着中华人民共和国国旗。广场东面是红砖砌成的行政楼、教学楼,鳞次栉比,错落有致。由上海市民用建筑设计院设计、上海金山石化建筑公司承建的教学一楼(下院)、教学二楼(中院),在建筑设计方面还先后荣获建设部国家设计银质奖、上海市优秀设计一等奖、上海市科技进步三等奖、上海市优质工程奖等多个奖项。广场北面是碧波荡漾的思源湖和美丽的湖心亭,越过湖面远望可以见到酷似万吨巨轮的包玉刚图书馆。整个校区以开放的布局,方便适用、利于交往的教学空间,新颖的单元式学生宿舍,现代高雅的格调和优美宁静的环境,赢得了许多兄弟高校同行和建筑行家的赞誉。1991 年 5 月,《建筑学报》编委会在沪召开会议,评价上海几组新建筑,其中上海交大闵行校区获得了与会者的一致好评。

通过近 10 年的建设,闵行新校区日益显示其潜力,在国家重点建设和水利电力部联合办学方面取得了显著的综合投资效益,教学质量和管理水平明显提高。闵行新校区的建设与发展,对学校整体发展产生推动作用,成为学校教学、科研的又一个重要基地,开拓了更为广阔的发展空间,是学校未来的希望所在,为上海交大在新世纪创建世界一流大学打下了坚

---

① 《上海交通大学重点建设项目执行情况汇报稿》,1995 年 6 月 5 日。

② 《上海市审计局关于上海交通大学重点建设工程项目审计检查的结论和决定》(1991 年 9 月 25 日)。上交档:短期 1770。

实的基础。

四、新校区新气象

1987年第一批新生入学后，由于闵行校区距离市区20多公里，专任教师大多住在市区，前往新校区上课，路上来回至少需两个多小时，上好课又赶回市区，与学生接触交流较少。居住在闵行校区的除了一、二年级学生，就是少量值班领导和住校教师，还有征地进校的工人。新校区文化设施不够完善，学生把校园生活称作是教室、寝室、食堂“三点一线”，感到信息不灵、单调寂寞。有学生甚至说“不进徐家汇，不是交大人”，“闵行校区是一片文化的沙漠”。[①] 这些话语，揪紧了学校领导们的心。为了稳定闵行校区，学校排除万难，动员全校力量，通过加快闵行校区建设步伐、争取各类捐赠投向闵行校区、选派得力干部坐镇等有效措施，改善教学和生活环境，提升新校区文化凝聚力，树立新风气。

学校鼓励广大教职工在闵行校区工作和安家在闵行，于1986年、1987年、1989年和1991年4次颁布教职工在闵行校区工作及居住的系列优惠政策，发放闵行校区工作津贴、浮动工资、教师教学工作量补贴和交通补贴，实施住房分配、职级晋升等鼓励措施。闵行校区的津贴参照上海市郊区津贴的办法实施，对在闵行校区辛勤工作的教工予以奖励。尽管津贴数额不大，但在安定人心方面起到一定的作用。学校规定闵行校区教工住宅的建房标准取高线，徐汇校区则取低线，并放宽闵行分房标准，结合房改对分配到闵行住宅、又不享受闵行津贴的教工减免部分房租。此外，学校还抓好闵行教工宿舍区的配套项目，改善教工生活质量。

学生工作是闵行校区思想政治工作的重点。新校区启用时，学校即指派一位二部副主任分管学生工作；成立二部学生工作指导委员会，全面负责学生思想工作、学习风气、课余活动及学生管理的有关事宜，对学生提出的各类问题进行咨询辅导；推行基础课、技术基础课教师兼做班主任制度。1989年后，学校决定各系除派出教师兼任一、二年级班主任外，再派出一二名具有一定组织能力和学生工作经验比较丰富的专职思政教师，代表系党政部门参与闵行校区一、二年级学生的教育和管理工作。

这些措施，激励了闵行校区广大教职工爱岗敬业，团结协作，认真做好教学、科研和管理工作。当时学校添置了几辆铰接式大客车，俗称为“巨龙车”，作为往返于徐汇、闵行两校区间的校车，全程1个多小时。在闵行校区工作的教师风雨无阻，来回奔波。1988年10月，

---

① 翁史烈：《开创上海交大新天地》。《上海交大二十年》，第83页。

《校情通讯》报道:“去闵行授课的教师绝大多数对学生高度负责:有的教师从第一课起就抓学生在课堂中的文明礼貌,严格要求,一丝不苟;有的教师没有赶上徐汇校区开出的班车,自费乘坐出租汽车赶去闵行。”①

针对闵行新校区初期学术氛围和文化生活不够活跃的现象,学校努力为二部多安排学术文化活动。国内外专家、学者应邀来闵行校区作系列讲座,内容涉及科技、文学、艺术、社科、管理、经济、体育等诸方面,使学生们开拓视野,增长了知识。从 1988 年 4 月起,二部开设“师生讲坛”,围绕当代科学技术前沿问题,由青年教师主讲超大规模集成电路与技术革命、人工智能、图像处理与秘密、第五代计算机、生物工程、世界当代造船业等专题讲座;针对学生关心的热点问题,以“大学生优学优分”“读书无用吗”等为题,组织班级演讲会和辩论会;还安排校领导与师生对话、二部团委与学生会的新闻发布会等活动。二部“师生论坛”深受广大青年教师和学生的欢迎。

1989 年春,实验室二处处长、工程力学系副教授夏有为特地将由他指导的硕士生毕业论文答辩会移址闵行校区。答辩当日,前来听讲的学生接踵而至,主办方将会场由行政楼小会议室改为可容纳 80 人的大会议室,仍旧座无虚席,还有学生站着旁听。答辩会进入提问与回答环节,不少学生听众踊跃发问,会场气氛热烈。这场首次在闵行校区举办的硕士论文答辩会取得了成功。会后,答辩委员会主席、华东化工学院教授琚定一说:“今天这个场面太令我感动了,有这么多的学生参加,夏老师这个答辩地点选得好。”有位学生说:“今天的论文报告会虽说有些内容还无法理解,但让我们增长了见识,开阔了眼界。”②

总务二处职工为改善学生的生活条件,加强食堂卫生监督,增加浴室开放时间,开放第三、四餐厅给学生自修,延长小卖部营业时间至晚上 10 时半,增加冷饮的供应等。膳食科开展技术培训和文化补课,至 1991 年已培训三级厨师 5 名、三级点心师 2 名、西餐师 1 名、三级和四级厨工 40 多名。随着闵行校区师生员工不断增多,膳食科通过科学管理,建立了严格的卫生制度,以“热饭、热菜、热汤、热心肠”,为全体师生提供优质服务。1988 年端午节,组织人手赴奉贤农场采摘新鲜粽叶,自包 8 000 只粽子供应给师生;从 1989 年元旦起,免费为学生在校期间的生日送上一份大排面,3 年来供应学生生日面逾万份,同学们说:“生日面,最富有人情味。”

闵行校区还有一批朝气蓬勃的思政教师,在学生工作第一线奉献自己的青春才华。每

---

① 《校情通讯》(第 51 期)1988 年 10 月 4 日。上交档:长期 3865。

② 《他乡有知音,喜把春来报》。《上海交大》1989 年 4 月 7 日第 2 版。

年的新生开学、毕业生留校、大学生军训、部分二年级学生学年结束时搬迁至徐汇校区，他们都在第一线服务。

二部学生会积极与学校各职能部门沟通交流，参与校园管理。二部还指导学生成立勤工俭学服务中心，各行政部门留出1/10的工作量招聘学生勤工俭学。有相当一部分学生在完成学业的前提下应聘到各部门，实际参与食堂、浴室、车队管理和治安保卫等学校日常服务工作。暑期里，还有许多学生留校参加迎新的大量后勤准备工作。尽管勤工俭学的报酬很少，但“为你、为我、为大家”的校园文明风尚和爱国爱校的交大传统，在各届学生中传承发扬着。不少老师说：“交大学生责任心强，干事踏实，可信又可托。”①

在二部团委、学生会的组织下，1989年和1990年，百余名大学生来到闵行一条街，开展“人民送我上大学，我把我心献人民”社会服务活动和“学雷锋、交大义务为民服务”活动，内容有家教咨询、电器维修、自行车修理、理发等，受到市民称赞。1990年元旦清晨，在闵行校区广场上举行首次升国旗仪式。迎着朝霞，在雄壮的国歌声中，2 000名学生和闵行校区各级党政干部凝视着五星红旗冉冉升起。升国旗活动由团委组织，一年级各团支部轮流负责一周，一周中除升降国旗外，还有一次“祖国在我心中”主题活动，并记下一周活动日记。团委一学期评比一次，对得胜者给予表彰。此项活动的持续开展并形成制度，极大地增强了团员大学生的国家观念和爱国热情，对创新团组织生活起到推动作用。

健康的校园生活需要依靠学生们来创造。学校通过成立二部学生艺术团，开展分散小型的班级文娱活动，学生自己筹办艺术节、迎新篝火晚会、凉夏综合文艺晚会、“十一”歌会、影视文化日、校园文化节等，以多姿多彩的艺术活动陶冶情操，营造健康、乐观、向上的校园文化生活。二部团委发起“当代大学生形象讨论”活动，激起青年学子对社会责任、人生意义的深刻思考。学生们还自行组织起计算机、数学、气功、围棋、象棋、桥牌、音乐、舞蹈、电子、吉他、诗歌、健美、摄影、灯谜、散打、集邮等各类爱好者协会，丰富了课余生活。

体育是学生普遍爱好的项目。闵行校区场地开阔，运动条件优越，吸引着广大同学积极参加各类体育健身活动。1988年举行二部首届运动会，1989年首次承办大型体育比赛——上海市大学生长跑比赛，1990年首次举办全校运动会——上海交大第二届体育节暨第三十届田径运动会，更使新校园生机蓬勃。

“我们的生活需要我们来创造！”“校园是我们的，我们是校园的主人！”“用我们的双手美化我们的校园！”学生们还以新校区开拓者的主人姿态，在校团委的组织领导及学校行政部

① 《勤工助学在二部已蔚然成风》。《上海交大》1988年9月9日第2版。

门的具体指导下,积极投身到“爱校建校、美化校园”和“共青团义务建校劳动”活动中。他们或以班级团支部为单位主动预约,或由院系党、团积极分子自愿报名参加义务劳动,挖坑、种树、整理花卉、除草等。平均每天有6个班级参加,工作时间在2小时左右。1990年—1991年7月的一年半时间内,学生累计参加义务植树逾万人次,共挖沟2 000多公尺、挖坑1 000多穴、植树700余棵、移树500多棵,义务植树面积占全校区绿化面积的30%。有的班级还在自己植树的地方,插上一块“我们与小树一起成长”的牌子,寄予深情。经过几届学生和广大教职工的辛勤耕耘,成片的水杉林、成排成行的广玉兰、白玉兰、雪松及各种草木花卉散布在校区各处,为广阔的闵行校园披上了绿装。1990年,闵行校区获上海市绿化先进单位称号。

1991年4月22日,国家教委主任李铁映(左1)视察闵行校区

在全校师生员工的共同努力下,闵行新校区崭露新形象、新面貌。1991年4月22日,中共中央政治局委员、国务委员、国家教委主任李铁映来校视察闵行校区,看望正在上课和在工厂实习的师生,参观学生食堂和宿舍。他欣然为学校题词“学在闵行交大”,祝愿同学们“学有所得,业将有成”。①

第二节 与水利电力部联合办学

一、成立上海交大电力学院

1985年经国家批准,水利电力部(简称“水电部”)在上海闵行与交大相邻的地块,扩建上海电力学院新校区,并开始征地及前期工作。1987年1月,水利电力部在部长、党组书记钱正英主持下召开党组会议,讨论是否把扩建项目交给上海交大开展联合办学。这是对我国多年来中央业务部门办学和管理体

① 《“祝愿大家学业有成”——李铁映在上海交大闵行校区》,《中国教育报》1991年4月25日第2版。上交档:永久1633。

制的一项突破性的改革设想。党组会议进行了慎重研究，最终由钱正英果断拍板，决定将在建的新校区及投资划归上海交大，双方联合办学。

1987 年 2 月 14 日，水利电力部副部长杨振怀会见上海交大校长翁史烈，传达了水电部党组关于联合办学的设想，征求交大的意见。学校党政领导一致赞成与水利电力部联合办学，努力为我国电力建设多做贡献。学校及时报告国家教委和上海市政府，得到上级领导的同意和积极支持。3 月，水利电力部领导也就此事向国务院副总理李鹏作了汇报，李鹏说："这办法对，非常好！"[①]

1987 年 4 月 22 日，上海交通大学和水利电力部负责人就落实联合办学的具体内容进行充分讨论并取得一致意见后，双方签署了《水利电力部、上海交通大学关于联合举办电力学院的协议》。《协议》主要内容有：

一、根据《中共中央关于教育体制改革的决定》中指出的"高等教育的结构，要根据经济建设、社会发展和科技进步的需要进行调整和改革。……大学本科主要通过改革、扩建和各种形式的联合，充分发挥潜力"[②]的精神，为了发挥上海交大优势，提高办学效益，加速培养我国电力建设高质量专门人才，部校实行联合办学。水利电力部将原计划由上海电力学院在闵行新校区规划中 5 000 人规模的培养本科生、研究生的办学任务，以及 9 700 万元建设投资（含 451 亩已征土地）划转到上海交通大学，组建上海交大电力学院。上海电力学院平凉路校区，继续由水利电力部按现有建制办学，其在校生规模做相应调整。

二、上海交大电力学院属于上海交大校内的一个办学实体。学院的各项工作统由上海交大负责领导管理，面向电力工业系统培养专门人才。上海交大要满足水利电力部对人才培养的要求，并要把联合办学部分的校舍建设、设备补充、专业设置、人才培养同学校的总体建设有机地结合起来。

三、为了发挥联合办学双方的积极性，有利于教学、科研、生产紧密结合，建立水利电力部、上海交大联合办学理事会。理事会每年召开一次会议，听取电力学院和交大有关部门的工作报告，商讨决定联合办学建设过程中的重大问题。上海交大电力学院院长人选，经联合办学理事会磋商，由交大按规定程序任命。

四、联合办学专业的招生计划和招生来源计划，由水利电力部提出方案，与上

① 《上海交通大学志(1896—1996)》，第 864 页。

② 《中共中央关于教育体制改革的决定》(1985 年 5 月 27 日)。《中华人民共和国重要教育文献(1976—1990)》，第 2288 页。

海交大商定后纳入学校招生计划统一报国家教委;毕业分配计划由水利电力部和上海交大商定,并由部下达学校实施。

五、按照把所有权与管理经营权分离的改革原则,由水利电力部负责投资建设的校舍、设备等固定资产的产权属水利电力部所有,由上海交大长期使用。①

4月24日,国家教委发出《关于同意水电部与上海交通大学联合办学和上海电力学院办学方案的批复》,指出:"水利电力部、上海交通大学联合举办电力学院,是电力工业发展的需要,也是教学为社会主义建设服务的需要。这样大规模的长期联合办学,是教育体制改革的一件大事,一定要认真办好。希望部、校通力合作,周到细致地做好有关方面的工作,注意研究解决联合办学中出现的各种问题,努力探索和积累联合办学的经验。"②

随即,上海交大与上海电力学院就基建、财务、物资和调入交大人员等有关项目进行协商与交接;研究制订联合办学总投资和年度投资的使用计划;成立筹建上海交大电力学院领导小组,规划电力学院各专业的设置等;同时对交大闵行二部总体布局进行适当调整。1987年11月,水利电力部、上海交通大学联合办学理事会成立,并在上海交大召开了联合办学理事会第一次会议。水利电力部副部长史大桢任联合办学理事会理事长,水利电力部教育司司长许英才、上海交大校长翁史烈任副理事长,水利电力部教育司副司长陈秉堃、水利电力部科技司司长都兴有、水利电力部干部司副司长潘海潮、上海交大副校长白同朔、上海交大二部主任范祖德、上海交大电力学院代院长张志竟6人任理事。

1987年11月20日,上海交大在热烈庆祝二部按期开学、二部第一期工程竣工的同时,隆重举行上海交通大学电力学院成立大会。水利电力部副部长姚振炎出席庆典并讲话,他说:"水利电力事业的发展,关键在于人才。以往的实际情况表明,依靠国家分配的毕业生,只能解决需要量的很少一部分;依靠我们自己办大学,由于条件所限,也只能解决需要量的一部分。因此,为了适应电力工业加快发展的需要,必须探索新的路子,开拓跨部门、跨地区的横向联合。我们感到这是提高办学效益,达到多出人才、出好人才的好办法。上海交大是一所历史悠久、实力雄厚的重点大学,交大的毕业生在水利电力系统为数不少,交大和她的毕业生对水电事业的发展都做出了重要贡献。这次正式成立上海交大电力学院,更可以充分发挥交大实力雄厚的学科基础和师资队伍的优势,充分利用交大的教学设施,培养高质量的人才。另一方面,对交大来说,开展与产业部门的联合办学,可以进一步促进学校有关学

① 《水利电力部、上海交通大学关于联合举办电力学院的协议》(1987年4月22日)。上交档:永久1347。

② 《关于同意水电部与上海交通大学联合办学和上海电力学院办学方案的批复》(1987年4月24日)。上交档:永久1347。

科的发展,有利于推进高等教育的社会化,更好地为经济建设服务。"[①]

成立大会上,宣布了上海交大电力学院领导班子成员名单,张志竟任代理院长,潘祖善任副院长。庆典结束后,姚振炎还会见了上海交大电力学院全体教工及学生,并向"水利电力部、上海交通大学联合办学理事会"成员授予聘书。

上海交大电力学院的成立,标志着水利电力部和上海交大大规模长期联合办学的正式实施。依托老大学的学科基础、优质生源和初具规模的闵行新校区,电力学院 1987 年即实现招收新生 404 名,并从相近专业调配毕业生 62 名输送至电力部门,[②]开创了我国办学史上当年投资、当年开学、当年见效的先例,迈出了联合办学的第一步。

二、部校联合办学的实践

1988 年 4 月,中央决定撤销水利电力部,组建能源部。1993 年 3 月,又撤销能源部,组建电力工业部。联合办学实施以来,不论中央部委体制如何变化,前后 3 个主管部门对上海交大电力学院的建设与发展始终给予高度重视与支持。部党组多次研究联合办学问题,部召开的有关会议都通知上海交大派人出席,有关文件也都发到学校。上海交大和上海交大电力学院的有关工作报告、简报、动态等也及时送呈水利电力部。

1992 年 11 月,能源部、上海交大联合办学理事会第四次会议在上海交大召开

1987—1994 年,联合办学理事会先后举行过 6 次会议,每次都由部长或副部长率领教育司、科技司等部门担任理事的司、局长前来上海交大参加会议。1990 年 11 月,召开了联合办学理事会第三次会议。鉴于任务与投资之间的矛盾及几年来对电力人才需求的实际增长情况,经会议研

① 《水利电力部姚振炎副部长在上海交通大学电力学院成立大会上的讲话》(1987 年 11 月 20 日)。上交档:永久 1348。

② 《上海交通大学志(1896—1996)》,第 865 页。

究决定,在不突破总投资 9 700 万的前提下,将原定的 5 000 人在校生规模调整为近期规模 2 600 人。1992 年 11 月,在联合办学理事会第四次会议上,能源部、能源投资公司和上海交大签订了第二个五年期联合办学协议。协议商定,从 1993—1997 年由能源部、能源投资公司再向上海交大电力学院投资 5 000 万元(每年 1 000 万元)。[①]

经过 10 年的联合办学,上海交大电力学院形成一个完整的办学实体,在学科建设、人才培养、科学研究等方面做出了成绩,取得了明显的社会经济效益。

联合办学促进了上海交大电力学院专业结构的调整,拓展了电工学科的领域。1987 年前,学校设有电力系统及其自动化、高电压技术及设备、热能工程、电机等相关专业 4 个,电力系统及其自动化、电机、高电压技术、电力电子技术、理论电工等学科硕士点 5 个。电力学院组建后,下设电力工程系、能源工程系、电机工程系、信息与控制工程系 4 个系,相关专业发展到 8 个,新增继电保护与自动远动技术、电厂热能动力工程、生产过程自动化、应用电子技术 4 个专业。硕士点增加至 7 个,新增电力传动及自动化、电厂热能动力工程学科硕士点,还新增电力系统及其自动化学科博士点。学院根据电力工业及科技发展的需要,对各专业学科的教学研究方向进行了必要的调整。电力工程系的学科方向有电力系统的动态仿真、电力系统规划等,能源工程系的学科方向有锅炉燃烧技术、现代控制理论在大型火电机上的应用等,电机工程系的学科方向有电力电子变流技术及交流电机调速系统、高电压实验设备和测试仪器等,信息与控制工程系的学科方向有电力系统信号处理、大功率电力电子电路等。至 1997 年,根据国家教委新修订颁布的学科专业目录进行调整,全院设有电气工程及自动化、自动化与控制工程、电子与信息工程、热能与动力工程 4 个本科专业,电力系统及其自动化、电机与电器、高电压与绝缘技术、电力电子与电力传动、电工理论与新技术 5 个硕士点,电力系统及其自动化 1 个博士点。

联合办学改善了上海交大电力学院的办学条件,建立起设备精良的教学科研基地。在电力部连续的基建经费支持下,投资 2 100 多万元建成总建筑面积 3.2 万平方米的电工力学楼、电力楼、能源楼、电机楼、信控楼 5 幢实验大楼,及应用电子技术、电工及电子学、电机、高电压、电力系统、继电保护及远动自动化、能源工程实验中心等实验室,还投资 1 800 万元用于购置教学科研实验设备,学院所属各系的基础实验设备均得到充实和更新,达到国内先进水平。到 1995 年全院有实验室 7 个、电工实习基地 1 个、计算站 3 个、电化教室 2 个,拥有仪器设备固定资产约达 2 244.47 万元。

---

① 《上海交通大学纪事(1896—2005)》(下卷),第 1003 页。

联合办学推动了上海交大电力学院师资队伍建设和教学科研水平的提高。1987—1997年，电力学院历任院长是张志竟(代)、白同朔(兼)、侯志俭，历任副院长是潘祖善、何永棣、张志竟(兼)、胡树章、贾学堂、邬振耀、陈文箴、胡晟，历任分党委书记是卢积才(兼)、胡晟，历任分党委副书记是贾学堂、庄明珠。电力工程系历任系主任是岑文晖、侯志俭，历任党总支书记是陈章潮、吴旦、庄明珠；能源工程系系主任是邬振耀，党总支书记是杨自奋；电机工程系历任系主任是倪倬、陈文箴，历任党总支书记是徐克钦、贾学堂(兼)、胡晟；信息与控制工程系历任系主任是孙文辉、何绍雄，历任党总支书记是胡树章、贾学堂(兼)、何绍雄(兼)。[①]

电力学院建院初有教师125名，其中教授6名、副教授40名，高级职称占36.8%。至1997年有教师158名，其中教授32名、副教授61名，高级职称占58.9%。据不完全统计，1987—1997年在该院任教的教授(研究员、教授级高级工程师)有张志竟、白同朔、潘祖善、贾学堂、侯志俭、邬振耀、陈文箴、廖培鸿、吴际舜、黄家裕、杨冠诚、吴惟静、陈陈、刘笙、郁惟镛、岑文辉、陈章潮、吕琴康、周贵兴、程浩忠、孔祥谦、黄祥新、徐伟勇、常弘哲、刘鉴民、田子平、蒋安众、高鹗、章明川、还博文、杨自奋、杨本洛、王经、唐耀宗、顾其善、李仁定、陈亚珠、李福寿、黄镜明、陈立人、张嘉祥、倪倬、姜秀梅、金如麟、谭苐娃、朱子述、周德新、王蔼、孙文辉、薛瑞福、何绍雄、沈汉昌、叶芃生、张华宋、朱承高、翁行泰、潘俊民、夏仁平、韩正之、许鸿量、蔡雪祥、汪嘉永、董华霞、倪振群等。[②]

人才培养方面，1987年以前，交大电力方面的专业平均每年招收本科生180名、研究生20名。1987年秋，电力学院首届招收新生404名，入学考试总成绩比水利电力部部属高校高出30至40分。以后每年招收本科生450名以上、研究生40名以上。1997年，在院学习的本科生有1 627名、研究生182名。10年来，全院共招收本科生4 398名、研究生近400名。根据电力部要求，电力学院拓宽专业，优化课程设置及内容，加强理论联系实际，全院开设110门本科生课程、45门研究生课程和56门实验课程。学生毕业分配按照国家规定，实行双向选择政策。学校做好学生思想政治工作，鼓励毕业生去电力部门工作。至1997年，

---

① 院系党政负责人名单来源于：中共上海交通大学委员会办公室、中共上海交通大学委员会组织部、中共上海交通大学委员会党史研究室编：《中国共产党上海交通大学组织史资料(1949.5—1995.12)》，1996年10月，第60、76页；上海交通大学年鉴编纂委员会编：《上海交通大学年鉴》(1997年卷)，上海交通大学出版社1997年版，第180页；上海交通大学年鉴编纂委员会编：《上海交通大学年鉴》(1998年卷)，上海交通大学出版社1998年版，第256页；上海交通大学年鉴编纂委员会编：《上海交通大学年鉴》(1999年卷)，上海交通大学出版社1999年版，第241页。

② 教授(研究员、教授级高级工程师)名单来源于历年《教职工名册》。上交档：永久1359、永久1423、永久1481、永久1594、永久1643、永久1697、永久1745、永久1798、永久1863、XZ366、XZ812。

全院毕业本科生 3 668 名,毕业研究生近 380 名;据不完全统计,有 1 900 余名毕业生选择到电力系统单位工作。

科学研究方面,电力学院各系各专业紧紧跟踪国内外电力科技发展的新动向,制订各自的科研方向,努力承接电力部内外的科研任务。1988—1997 年,共承接课题 450 个,获得国家级科技奖 9 项,其中一等奖 1 项、二等奖 4 项、三等奖 3 项、进步奖 1 项,获省部级科技奖 25 项,其中一等奖 4 项、二等奖 9 项、三等奖 12 项。成果鉴定达到国际水平或接近国际水平的有 20 多项,在国内外公开发表学术论文 500 多篇。

1997 年 11 月 20 日,上海交大举行与电力工业部联合办学十周年庆祝大会,国家教委、电力工业部、国家计委发来贺电。1998 年 3 月,中央决定撤销电力工业部,电力行政管理职能移交国家经贸委。部校联合办学告一段落,但学校与电力系统各企业一直保持着良好的产学研合作关系,上海交大许多毕业生选择到电力系统企业和研究所工作。

1998 年和 1999 年,中国高教界对中央业务部门办学和管理体制开展集中调整。① 而早在 1987 年水利电力部大胆突破部门界限,和上海交大联建电力学院,足以显见当年部委领导的远见卓识。10 年来,在部校愉快合作及共同努力下,上海交大电力学院取得了联合办学的丰硕成果。电力部对联合办学各项工作表示满意,认为其“显示出投资省、收效快、质量高的优越性”。② 国家教委也称赞上海交大电力学院的建立,是“联合办学成功之范例”。③

第三节 办学经费和保障体系

一、多渠道筹措办学经费

改革开放以来,上海交通大学所取得的一系列成绩,在很大程度上得益于国家和上海市的重点投入和支持。但学校在改革与发展的实践中日益清楚地认识到,要提高学校办学水平和办学效益,仅仅依靠政府的投入是不够的。10 多年来,上海交大充分利用社会资源,积极拓宽投资渠道,走出了一条以国家财政拨款为主,辅之以承接委托科研项目、开展对外教

---

① 部门办学体制改革始于 1993 年。1993 年 2 月,中共中央、国务院印发《中国教育改革和发展纲要》,提出对中央业务部门办学和管理体制进行改革的要求。1998—2000 年,经过三次部门院校的集中调整,基本完成改革任务,形成“两级管理,以省级政府为主”的管理体制。在当时全国 1 041 所普通高等学校中,地方管理 925 所,教育部管理 71 所,国防科工委等少数特殊部门仍管理 45 所,其他中央部门不再管理高等学校。

②《能源部——上海交大联合办学理事会第三次会议纪要》(1990 年 11 月 9 日)。上交档:长期 4586。

③《上海交通大学纪事(1896—2005)》(下卷),第 1002 页。

学科研服务、拓展合作办学、发展校办产业、接受捐资助学、建立学校基金的多渠道筹措办学经费的新路子。

上海交大教育事业费由国家财政按在校学生数拨款，1978 年以来先后由主管的第六机械工业部、教育部下拨。按照“预算包干，节余留用”的原则，节余部分可由学校留作下一年度使用，若不足则由学校自筹弥补。教育事业费支出，一部分是工资及补助工资、副食品价格补贴、职工福利费、离退休人员费用、人民助学金等人员经费，另一部分是公务费、设备购置费、修缮费、业务费等公用经费。1978 年，国家财政拨入的教育事业费为 730 万元，实际支出为 713.13 万元。1991 年，国家财政拨入的教育事业费为 3 658.8 万元，学校自筹 748.4 万元，合计 4 407.2 万元，实际支出为 4 429.4 万元。[①] 1978—1991 年教育事业费收支情况，如表 7 - 1 所示。

表 7 - 1　1978—1991 年上海交大教育事业费收支统计表[②]

项目 年份	教育事业费收入(万元)			教育事业费支出(万元)
	国家拨款	学校自筹	合计	
1978	730.00		730.00	713.13
1979	870.00	128.39	998.39	1 025.92
1980	977.00	179.32	1 156.32	1 143.59
1981	1 097.67	107.01	1 204.68	1 203.05
1982	1 234.40	125.57	1 359.97	1 374.12
1983	1 429.80	10.31	1 440.11	1 438.00
1984	1 796.70	145.31	1 942.01	1 519.88
1985	2 062.50	282.99	2 345.49	1 997.47
1986	2 346.20	632.73	2 978.93	2 971.33
1987	2 406.65	1 245.74	3 652.39	3 264.00
1988	2 780.20	944.09	3 724.29	3 861.49
1989	3 047.00	693.30	3 740.30	3 792.07
1990	3 452.50	745.70	4 198.20	4 177.70
1991	3 658.80	748.40	4 407.20	4 429.40

① 1978 年、1991 年《财务决算报表》。上交档：永久 620、永久 1651。

② 资料来源：历年《财务决算报表》。上交档：永久 620、永久 646、永久 750、永久 852、永久 955、永久 1053、永久 1152、永久 1316、永久 1378、永久 1431、永久 1490、永久 1601、永久 1651；《上海交通大学志(1896—1996)》，第 603—606 页。

在国家财务预算拨款之外,属于学校自筹自收自主支配的资金被称为预算外经费,主要包括社会委托的横向科研经费、[①]学校基金、对外服务收入、委托代培经费、捐赠款等。20世纪80年代随着改革开放的逐步深入,上海交大确立了教学科研工作面向国家经济主战场的观念,积极开展对外教学服务和科技服务,兴办科技产业和第三产业。从1980年起,根据教育部、国家劳动总局、财政部《关于印发〈高等学校建立学校基金和奖励制度试行办法〉的通知》精神,上海交大建立学校基金,其来源有校办工厂、公司、出版社实现的利润和对外服务的净收入等。学校基金主要用于改善教学、科研条件和发展生产,也可适当用于教职工集体生活福利和个人奖励。从1986年起,学校设立对外服务收支科目,分教学服务、科技服务和其他服务3大类。教学服务指各类短期培训班、外语资料服务等;科技服务指科技咨询、科研产品转让、实验室对外服务等;其他服务则指档案馆、人事处、成人教育学院、教务处等各类代办服务。从1989年起,学校开始收取学杂费。与此同时,学校积极争取海内外校友及社会各界各单位的捐款与赞助。徐汇校区的教师活动中心、包兆龙图书馆和闵行校区的留园、包玉刚图书馆、学术活动中心、铁生馆等都是社会人士和校友捐建的。至1991年底,历届校友、知名人士、国内外企业和团体在校以捐赠赞助形式共设立了40多个奖学、奖教基金。经过10余年的努力,学校逐步形成多渠道筹措办学经费的新格局,预算外经费不断发展与积累,学校财力不断加强。1991年,学校基金总收入为2 555.9万元,是1980年136.3万元的18倍多;对外服务收入为1 747.2万元,是1986年395.58万元的4倍多。[②] 这对于弥补国家财政预算拨款不足,提高教学科研水平,改善办学条件及教职工生活待遇,起到了日益重要的作用。

世界银行贷款是指由世界银行提供给发展中国家政府的优惠贷款。1981年11月,中国政府批准世界银行贷款第一个大学发展项目。这是中国高校首次接受世界银行贷款,贷款的本息由中国财政部统一归还。该项目分配给上海交大834万美元,其中设备费700万美元、图书费20万美元、助学金及培训费114万美元。学校自1982年开始使用贷款,重点建设了计算中心、船舶技术中心、理化实验中心,加强了材料科学、应用物理、电子技术和生物医学工程实验室。学校实际使用贷款额为848万美元,包括购置仪器设备100个品目263台套,计724万美元;购置图书2 686种3 028册,计16.5万美元;派遣出国进修及攻读学位人员共54人,包括访问学者13人、攻读博士学位40人、攻读硕士学位1人,另外派出短期

---

① 上海交大科研经费情况,详见第五章第一节。

②《上海交通大学志(1896—1996)》,第603—604。

培训人员 38 人,共使用培训费 107.50 万美元。还聘请外国专家 21 人,专家费用由国家教委外资贷款办公室统一安排支付。国内配套资金根据 1 美元贷款设备配 1 元人民币的规定,学校国内配套费原计划 700.2 万人民币,实际使用 714.66 万人民币。1984 年 3 月,教育部组织专家来校进行世界银行贷款工作中期检查,认为工作进展正常,款项使用较好。1987 年 3 月,上海市审计局来校对该项目进行最终审计。1989 年,世行贷款教材建设项目分配给学校 78.32 万美元,为印刷厂在闵行校区建新厂房,增添设备。1991 年,世行贷款重点学科发展项目分配给学校 225 万美元,用于筹建振动冲击噪声国家重点实验室、区域光纤通信网与新型光通信系统国家重点实验室(上海实验区)。20 世纪 90 年代初,国家教委还从世行贷款第二个大学发展项目余款中分配给学校仪器设备费 65 万美元,从世行贷款广播电视大学/短期职业大学项目余款中分配给学校仪器设备费 85 万美元。1981—1991 年,国家教委分配给学校的世行贷款项目共有 5 项,贷款总额为 1 287.32 万美元,实际使用贷款 1 288.05 万美元,同期学校提供配套资金为 1 360.03 万元人民币。[①]

上海交大基本建设主要依靠国家投资。1984 年,学校被列为国家重点建设项目,总投资 1.57 亿元;1987 年与水利电力部联合办学,建设投资 9 700 万元,这使得学校基本建设有了迅猛发展。这一时期,基建经费来源呈多样化趋势,自筹资金、社会捐赠资金也相应增加。1978—1991 年,学校获得各渠道基建投资共计 31 140.6 万元,其中国家投资 16 719.6 万元、水利电力部投资 7 000 万元、上海市投资 483 万元、社会捐赠 6 377 万元、学校自筹资金 561 万元。尤其是 1987—1991 年,学校每年完成的基建投资在 3 000 至 4 000 万元之间,列全国高校前茅。1978—1991 年各类基建投资统计,见表 7-2。

表 7-2　1978—1991 年上海交大基建投资统计表(万元)[②]

	国家投资		电力部投资		上海市投资		社会捐赠		学校自筹资金		全年统计	
	投资额	完成投资	投资额	完成投资	投资额	完成投资	投资额	完成投资	计划数	实际完成	投资总额	完成总额
1978	328	328.4									328	328.4
1979	545	539.3									545	539.3

① 《上海交通大学关于世界银行贷款中国大学发展项目的总结评价报告》(1985 年 6 月)。上交档:长期 3206;《上海交通大学志(1896—1996)》,第 613 页。

② 资料来源:历年《基本建设财务决算报告》。上交档:永久 621、永久 647、永久 751、永久 794、永久 851、永久 950、永久 1049、永久 1149、永久 1314、永久 1376、永久 1430、永久 1488、永久 1598、永久 1647;上海交大基本建设工作总结及《基建简报》。上交档:长期 3205、长期 3561、长期 3748。

(续表)

	国家投资		电力部投资		上海市投资		社会捐赠		学校自筹资金		全年统计	
	投资额	完成投资	投资额	完成投资	投资额	完成投资	投资额	完成投资	计划数	实际完成	投资总额	完成总额
1980	500	488.8							55	0	555	488.8
1981	300	301.4							80	80	380	381.4
1982	500	500.1					155	140	54	54.5	709	694.6
1983	532	532.3					1 000	237.1	7	1.1	1 539	770.5
1984	600	600.6					965	452	25	22.7	1 590	1 075.3
1985	1 500	1 500.5			150	208	1 947	618			3 597	2 326.5
1986	2 000	2 000.6			142	109.5	350	220.6	5	0	2 497	2 330.7
1987	2 201	2 201.8	1 000	596.1	191	106	150	169.8	80	15.8	3 622	3 089.5
1988	1 923.6	1 923.7	1 000	1 000			190	164	2	1.9	3 115.6	3 089.6
1989	2 050	2 050	2 000	2 000			324	510.1	21	22	4 395	4 582.1
1990	1 940	1 940	1 500	1 500			480	351.7	132	131.6	4 052	3 923.3
1991	1 800	1 800	1 500	1 500			816	580	100	100	4 216	3 980
合计	16 719.6	16 707.5	7 000	6 596.1	483	423.5	6 377	3 443.3	561	429.6	31 140.6	27 600

“文革”期间，上海市革委会决定，在上海中学西部创办“五七”京(剧)训练班。“文革”结束后，“五七”京(剧)训练班停办。1978 年 9 月 11 日，上海市教卫办批复上海交大：“经市委、市革委会领导同意，将上海中学西部(以河为界)划给上海交通大学使用。西部所有的房屋由交大在东部造还给上海中学，具体事宜由交大和上海中学协商，并按规定办理交接手续。”[①]1979 年 11 月 21 日，上海交大和上海中学签订《协议书》：上海中学将校内河西、大操场西北部 49.73 亩土地划归上海交大使用；上海交大在上海中学指定地区建造学生宿舍和家属宿舍各 1 幢，交给上海中学使用。1981 年 4 月 11 日，上海交大与上海中学又签订《补充协议》，确认在《协议书》中划归上海交大的西边跑道北端 0.04 亩土地归还给上海中学。1983 年 6 月 18 日，上海交大与上海中学再次对《协议书》作了补充修订，于 1983 年 6 月和 1986 年 8 月分两次把土地共计 15.25 亩移归给上海中学。[②] 最终上海中学调拨给上海交大的土地面积为 34.44 亩，地址定为上中路 100 号。

① 《上海市教卫办抄告单》(1978 年 9 月 11 日)。上交档：长期 2145。

② 《本校与上海中学关于调拨土地和使用校舍协议书》。上交档：永久 954。

1983年初，经教育部审定，学校在上中路100号开设上海交大上中路分部，用作成人教育进修、培训基地，规划建设规模为在校学生700人。9月5日，上中路分部开学，迎来国家计委、空军、海军等8个系统首批338名进修学员。此后，上中路分部相继建成教学楼2 621平方米、学生宿舍7 400平方米、食堂1 500平方米、室内运动场840平方米、综合楼4 600平方米，等等。至1986年，房屋建筑面积近1.75万平方米。1987年为扩建足球田径场，经上海市规划局确定选址，征地10.5亩，上中路分部土地面积增加到44.94亩。1989年，上中路分部更名为上中路校区。至1995年，先后开设30多个专业的大专班和10多个进修培训班，共培养大专生、本科生、双学位和进修生6 417人。1999年，经报市教委和教育部批准，在上中路校区成立技术学院，招收应用性本科(二本)学生，在校学生规模发展到近2 000人，校外教学点学生近1 000人。

按照上海市教育整体布局要求，2005年12月29日上海交通大学与上海中学签订上中路校区整体转让给上海中学的协定。2007年7月28日，技术学院全部搬迁至七宝校区。

二、图书出版和档案工作

“文革”期间，上海交大图书馆遭到严重破坏，许多业务工作处于停顿状态。粉碎“四人帮”后，学校十分重视图书馆的恢复与发展。1979年图书馆委员会成立，1988年改名为图书情报委员会，任务是审议图书馆工作计划、基本建设、设备和经费的预决算，对图书馆开展教学、科研服务提出建议，沟通与师生的联系。1978—1991年，历任馆长为夏安世、戴宗信、吴善勤、盛振邦、张志竟。

随着学校事业的发展和馆藏书刊的大量增加，图书馆越来越不胜负荷，馆舍面积太小成为突出的困难。1982年底，图书馆馆舍总面积约5 780平方米，分布在1919年建成的老图书馆、西大楼、新上院700号等7处。1981年，香港环球航运集团主席包玉刚捐款1 000万美元，在徐汇校区建造包兆龙图书馆。包兆龙图书馆总建筑面积2.6万平方米，其中书库面积8 600平方米、阅览室面积9 700平方米，设计藏书量220万册，阅览座位2 400个;阅览室与书库采用阅藏一体、同层高、同负荷的设计和大空间的格局，方便藏书布局及读者使用。经过精心施工，新馆于1985年10月落成，是当时全国高校图书馆中规模最大、设备最先进的图书馆。1986年6月庆祝建校90周年之际，包兆龙图书馆正式全面开放。

1987年10月，即二部开学后不久，在闵行校区创建上海交大图书馆分馆，借用行政楼南楼一至五层做临时馆舍，共2 000平方米，阅览座位400多个。至1991年6月底，馆藏图书有20万册、期刊1 300余种、报纸近100种，为闵行校区学生提供借阅服务。由于包玉刚先生捐建包兆龙图书馆有所节余,在征得包玉刚家属同意后,学校决定在闵行校区建造包玉刚图书馆,选址在思源湖畔。1990 年 2 月动工,1991 年 10 月投入试运行,1992 年 4 月建校 96 周年之际举行落成典礼。该馆建筑面积 1.4 万平方米,设计藏书量 100 万册,阅览座位 1 600 个。徐汇校区包兆龙图书馆和闵行校区包玉刚图书馆的相继落成,极大地改善了馆舍硬件设施,也为学校图书馆从传统模式转化为现代化文献情报中心创造了良好条件。

"文革"结束后,学校图书经费增长较快,1979 年是 30 万元,1983 年已逾 60 万元。1977 年馆藏总量为 80 万册,1982 年逾 120 万册,1989 年达 158.6 万余册,其中图书 141.7 万余册、报刊 15.2 万余册、各种资料 1.7 万余册,1991 年增至 163 万册。[①] 在全部馆藏中,工程技术和自然科学方面的文献比较丰富,其中又以船舶与海洋工程、动力与机械工程、材料科学、电子与电工、应用物理 5 个学科的文献为收藏重点。这些学科的书刊收藏期长,收藏量大,文献保障率高。1989 年对学校 7 个重点学科文献收藏情况的调查表明,图书馆平均收藏率为 88%,引文分析满足率为 66%,DIALOG 国际联机检索满足率为 67%,达到基本完备级。1988 年以来,图书馆重视收藏光盘等新媒体文献,极大地丰富了馆藏,并借助现代化手段,帮助读者以最快的速度查找到急需的资料。

包兆龙图书馆落成后,读者服务工作踏上了一个新台阶。图书馆建立较完整的目录体系,新增中文图书著者目录、西文图书主题目录等,1987 年起建立机读目录系统,为读者提供更为迅速、准确、方便的文献检索服务;在全国高校图书馆中率先实行大规模开架借阅制度,全开架率占全部馆藏的 60%以上,极大地便利了读者,大幅度提高了馆藏文献的利用率;各图书阅览室和期刊阅览室的周阅览时间达 85 小时,各流通书库的周借书时间为 49 小时,开放时间长,师生差别小,教师能进的阅览室和书库,学生也能进,是当时全国高校中少数几个全面执行师生合一政策的图书馆之一。据 1990—1995 年的统计,图书馆阅览人次平均每年 72 万人次,人均 53 次,外借书刊平均每年 68 万册次,人均近 50 册,[②]均大大超过评估标准。

现代图书馆的特点之一是图书资料与情报信息一体化。1981 年底,学校为理顺关系,将情报交流室并入图书馆,设立科技情报资料室。1983 年初,该室与参考咨询部合并,组成科技情报服务部,为师生提供信息咨询、联机检索、专题调研等服务。同年年底,馆内设立上海市第一台国际联机检索终端,可从世界范围内查找最新科技及经济情报信息。1987 年 2

---

① 《上海交通大学志(1896—1996)》,第 482 页;《上海交通大学纪事(1896—2005)》(下卷),第 675 页;《1991/1992 学年初普通高等学校基层报表》。上交档:永久 1623。

② 《上海交通大学志(1896—1996)》,第 486 页。

月，在科技情报服务部的基础上，成立上海交通大学情报科学技术研究所，致力于科技情报的课题研究、信息服务、学科建设和人才培养。研究领域包括信息科学和信息技术两个方面，前者主要是信息分析和预测、信息计量学研究，同时承担直接服务于经济建设和高技术领域的研究课题；后者主要以计算机应用为主导，包括图书馆文献管理集成系统、计算机信息检索系统和有关信息系统的研究。情报所与图书馆平行建制，实行统一领导和规划，又具有不同于传统图书馆的业务范围、职务系列和管理方式。

电子计算机技术的应用是图书馆现代化的重要标志之一。1979 年，上海交大图书馆在 WANG－2200MVP 计算机上试建科技文献资料检索系统，成为上海高校图书馆研究和使用计算机技术的先导。1983 年 11 月，成立自动化系统研究室，专门从事图书馆计算机管理软件及数据库应用软件的开发、研制和维护工作。1986 年包兆龙图书馆全面开放时，正式启用“光笔输入的联机多用户实用图书流通管理系统”，面向全馆中、西、日、俄文藏书，用光笔条形码快速输入读者和图书信息，具有借、还、续借、预约、催还、查询、统计、罚款等多种功能，其“综合关键技术指标居于国内领先地位”。图书馆采用边流通边建库的策略，短时间内在借还图书的流通领域全部实现计算机管理。该系统当年 7 月通过鉴定，1987 年获得上海市科技进步三等奖。1988 年底图书馆研制成“西汉文兼容图书馆联机管理集成系统”，由采购、编目、流通管理、期刊管理、财务管理和公共查询 6 个子系统组成，能准确、迅速、方便地处理图书馆的各项基本业务。该系统于 1990 年起在包兆龙图书馆各业务部门投入使用，极大地提高了全馆的管理水平和服务水平；之后又被国内 14 所高校图书馆和公共图书馆采纳，得到广泛应用。1989 年通过鉴定，专家们认为“其基本性能指标已达到 80 年代的国际水平并处于国内领先地位”，①1991 年获得上海市科技进步二等奖，次年又获得国家科技进步三等奖。

上海交大图书馆重视拓展对外交流，接收海外赠书赠款，开展国际文献交换工作，至 1986 年底，与美国、法国、德国、加拿大、日本等国家和地区的 40 多个著名高等学校、科研机构和公司建立了书刊交换关系，其中极具参考价值的交换刊物有美国麻省理工学院的 *Technology Review*、日本海洋科学技术中心的 *Technical Report of Japan Marine Science and Technology Center*、日本电气学会的《电气学会杂志》和《三菱重工技报》等。1986 年，馆内创办全国第一家英语学习资料中心，由英国文化委员会持续提供英版图书 1 万余册、声像资料 1 400 余件；1990 年建立牛山纯一研究室，由日本映像文化中心常务理事牛山纯一赠送

---

①《上海交通大学志(1896—1996)》，第 490 页。

人文类录像片200余盘。[①] 1987年,图书馆作为机构会员加入国际图书馆联合会,从1991年起每年派人参加年会活动。

上海交通大学最早的出版机构是成立于1898年的译书院。此后,学校出版事业延续不断。1947年,组建交通大学出版社。新中国成立后,出版社停办,但出版活动从未停止过。由交大教师编著的教材和学术论著陆续委托其他出版机构代为出版,各种期刊、杂志的出版也很繁荣。改革开放以来,随着学校各项事业的发展,国内外学术交流日益频繁,教师撰写的学术专著数量越来越多。1982年,学校书记校长联席会议决定成立出版社筹备领导小组,同年向教育部、文化部正式提出建社申请。1983年5月14日,上海市委宣传部批复同意成立上海交通大学出版社,并将《自然杂志》划归上海交大。6月25日,文化部文出字(83)第1368号文件也批复同意,批准社号为324,出版者前缀为ISBN-7-313。7月16日,教育部转发文化部批文时明确规定,出版社行政上由学校领导,按系级建制,经济上单独核算,逐步实现自负盈亏。

出版社成立后,制订《上海交通大学出版社章程》,就编辑指导思想、出版管理体制、社长和总编辑职责、各科室负责人职责、编辑工作规范等作了明确规定。出版社实行社长负责制,由社长全面领导出版社的编辑工作和经营管理工作,行使人事权、财务权和选题审批权。至1991年历任社长为贺崇寅、朱雅轩、施福升。出版社设总编辑一职,分工负责编辑部门的管理工作,协助社长制订选题计划并组织实施,对书稿进行终审。至1991年历任总编辑为贺崇寅、林栋梁、盛振邦。建社初期,出版社下设图书编辑室、期刊室、办公室、出版组、校对组,有人员33人;后增设计算机软件编辑室、音像部,至1991年人员增至68人。

上海交大出版社以"传播有益于经济和社会发展的科学技术和文化知识,按照教育要面向现代化、面向世界、面向未来的精神,发挥学校的优势和特色,为教学和科研服务,为社会主义物质文明和精神文明服务"[②]为宗旨。出版管理是全社工作重点,主要内容有选题、编辑加工、装帧设计、插图绘制、校对、出版。出版社经过对选题策划过程、书稿编校过程和图书制作过程进行全面分析,确定了发稿、装帧、校对、印刷及装订5个质量点。为了全面保证图书质量,制订了配套的规章制度和岗位责任制。

出版社成立以后出版的第一本书籍是《上海交通大学管理改革初探》,该书于1984年荣

---

① 《上海交通大学纪事(1896—2005)》(下卷),第875、960页。

② 《上海交通大学志(1896—1996)》,第501页。

获上海市出版工作者协会颁发的优秀图书奖。此后，出版社不断拓展业务领域和出版种类，出书范围主要包括：

(1) 教材。出版社认为校内各学科、专业、课程所需教材的出版，代表了交大水平，要达到高起点的水准。如顾宏中著《涡轮增压柴油机热力过程模拟计算》获中国船舶工业总公司优秀教材一等奖，张煦著《光纤通信原理》获电子工业部优秀教材二等奖，刘竞成著《交流调速系统》获国家机械委优秀教材二等奖，翁史烈著《燃气轮机性能分析》获上海市新闻出版局、出版工作者协会颁发的1985—1988年优秀图书二等奖，等等。从1984年起，根据教育部确定的分工安排，出版社先后承担60余所未成立出版社的华东地区理工农医等高校近300种教材和专著的出版任务，成为华东地区工科教材出版基地。这些教材除了满足推荐院校的教学急需外，还被其他许多院校选用，对于更新教材内容、鼓励教材竞争、推动教学改革都发挥了很好的作用。

(2) 学术专著和译著。相继出版了杨槱和张仁颐著《电子计算机辅助船舶设计》、罗祖道和李思简著《各向异性材料力学》、何友声和王国强著《螺旋桨激振力》、施振夏和梁晋清著《程序设计》等一批具有较高学术水平的著作。

(3) 教学工具书。先后出版了朱新民主编《现代管理科学词库》、尉迟斌主编《制冷工程技术词典》、顾作华主编《世界百科标志符号图典》、陈欣望主编《汉英语林》等大中型工具书。

(4) 科技图书。出版社依托学校学科优势和人才优势，形成计算机和自动控制、制冷工程、家电维修、建筑装潢、汽车维修5大类科技图书的出版格局。

(5) 社科类图书。《雷锋故事新编》自1989年12月出版以来共印刷185万余册，在社会上引起巨大反响，获第四届全国图书金钥匙三等奖。《怎样当一个现代领导者》获全国首次领导科学优秀著作荣誉奖。

(6) 计算机软件。出版社在国内最早把计算机软件作为出版物推向市场，1985年出版电子出版物《计量经济学软件包》。1986年成立计算机软件编辑室，在加强软件出版建设方面做了大量开创性的工作，率先在出版界制订一整套关于软件编辑、加工、制作、出版、发行、岗位责任制等软件出版工作的规章制度，其中不少做法被兄弟出版社采用。1990年起发起组织“上海软件之春”技术交流会。

(7) 音像制品。1987年经国家新闻出版署批准成立音像部，出版、销售录音磁带和录像带，重点出版与高校教学用书相配套的录音带和录像带。

除出版图书外，出版社在原《模具技术》杂志编辑部的基础上成立期刊室，公开出版发行《模具技术》《机械设计与研究》《微型电脑应用》等科技刊物。

1984年出版社成立时,学校决定将创建于1958年的校印刷厂划归出版社领导。其后印刷厂规模扩大,设备增加,职工人数增加至70余人,并在全国高校印刷厂中率先进行经济承包责任制的改革探索。1989年,在国家教委统筹安排下,世界银行向上海交大提供低息贷款78万美元,用于为印刷厂增添设备、在闵行校区建新厂房。20世纪90年代初,印刷厂从原址徐汇区虹桥路60号搬迁至闵行校区。

上海交通大学百年历史留下了丰富的档案资料,学校一直设专人负责管理文书档案,归档制度较健全。1960年成立文书档案室,1982年成立科技档案室。1985年7月,根据中央关于集中统一管理档案的原则,学校成立档案馆筹备组。1986年4月12日,国家教委批准在原有文书档案室和科技档案室的基础上成立上海交通大学档案馆。5月8日,学校召开档案馆成立大会,曾勋良任首任馆长。国家档案局发来贺电,国家教委、上海市档案局和上海市高教局有关领导出席大会并讲话。

上海交大档案馆业务上受国家教委办公厅档案处、上海市档案局、上海市教委的指导和监督。馆内设文书、科技、教学、声像4个档案室,负责12个档案门类和1个声像门类。根据档案集中统一分级管理原则,校内基础业务部门设基建、设备、产品、财会等4个档案分室,分设在基建处、实验室处、附属工厂、财务处,档案馆对各分室实行业务指导和监督。

档案馆建立后,按照国家有关档案法规政策,制订一系列规章制度,包括档案管理规范、网络建设等管理性文件,档案人员的岗位职责,各类文件材料的归档范围及保管期限等业务性管理文件,有关档案的接收、整理、保管、利用、保密及库房管理等制度。档案馆较早推行档案形成单位的预立卷归档制度,并把对各立卷部门的检查、指导制度以及文件材料的形成、积累、整理和归档工作,纳入部门或课题组分管负责人和兼职档案员的岗位责任。档案馆通过《档案法》及《档案法实施办法》的学习宣传,进一步增强全校师生员工的档案意识;开展一年一度优秀兼职档案员和档案先进集体的评选活动,扩大档案工作在学校工作中的影响。

经全馆努力并在学校各部门配合下,建馆以来档案年接收量稳步上升,馆藏量年平均递增4 000卷左右。1991年,馆藏档案总量从1986年建馆之初的17 800卷增至43 596卷,案卷排架长度为1 011.71米。[①]

档案馆还致力于档案信息资源的开发利用,主动服务于学校和社会。根据国家有关档案管理的规定和业务规范要求,建有符合标准的分类编目方案,案卷质量达到国家标准。检

---

① 1986年、1991年《档案工作统计年报》。上交档:长期3505、长期4846。

索工具分为手工检索与计算机检索两大类，极大地提高了调卷速度和准确率，方便查阅利用。1989年12月，根据国家档案局关于“分期分批开放自形成之日起满30年的档案”的规定，积极慎重地做好档案开放工作，首批开放校历史档案，即清朝时期和民国时期的档案。这批档案反映了学校的历史沿革和各个时期的人事、教学、基建、设备、房产等方面的情况，堪称我国近代高等教育历史的缩影，对于研究我国教育史、青年运动史、铁路交通史等具有重要参考价值。1986—1991年，档案馆年均利用档案达到2 000人次、4 900卷次，促进了学校教学、科研和各项工作的开展。1986年，学校获1985年度上海市档案工作先进单位。1991年，档案馆获上海市档案系统先进单位称号。

三、实验室建设

“文化大革命”期间，上海交大实验室工作受到破坏。经过20世纪70年代末的恢复整顿，80年代实验室建设步入快速发展阶段。实验室的设置随专业增减而定，1991年与1978年相比，实验室数量从43个增加至90个，实验室仪器设备从18 635台(件)增加至33 421台(件)，仪器设备总金额从3 719万元增加至17 363万元，实验室用房从1979年的2.99万平方米增加至7.31万平方米，[①]学校整体实验条件有了极大的改善和提高。

与此同时，学校加强了对实验室建设和管理的领导，制订全校性的实验室建设规划和实验室工作规章制度，实验室建制逐步从校系室三级管理向校系二级管理过渡。从1978年起，学校将实验室评比正式列为实验室管理的正常工作，十几年来从未间断，并形成以完成任务、仪器设备、队伍建设、实验室安全文明等一整套相对固定的评估指标，从定性到定量，便于操作的实验室评估考核办法。

1982年，学校创办刊物《实验室研究与探索》，向全国高校发行，开展实验室管理与技术的研究和交流。该刊现已成为教育部主管、上海交通大学主办的综合性科技期刊，是高等学校实验室工作研究会会刊。2008年，该刊被列为中文核心期刊。至2012年，该刊被俄罗斯《文摘杂志》(AJ, VINITI)、美国《化学文摘》(CA)、美国《剑桥科学文摘》(CSA)、美国《乌利希国际期刊指南》(UIPD)、英国INSPEC数据库等检索系统收录。

在实验室队伍建设中，学校力求使实验室技术队伍逐步趋向结构合理、各类人员的比例

---

① 资料来源：《上海交通大学实验室设置简况表》(1978年3月17日)。上交档：长期4367；《学校仪器、设备情况》，《1982年统计年报表及建国以来统计资料审编》。上交档：永久831；《普通高等学校教学、科研仪器设备增减变动情况表》(1991年12月31日)、《普通高等学校实验室任务及人员情况表》(1991年8月31日)。上交档：长期5020；《上海交通大学志(1896—1996)》，第460页。

恰当,又注意学科门类的配套。从1980年开始,学校在实验室工程实验技术人员中进行技术职称评聘工作,评聘了第一批工程师。1986年开始评聘高级职称,进一步调动了他们的积极性;同时,不断补充吸收本科生、研究生,使这支队伍的知识结构、年龄层次有了较大的变化,为建立与一流师资队伍相匹配的一流工程实验技术队伍创造了条件。至1991年,全校有实验室人员899人,其中高级职称人员87人、中级职称人员288人、初级职称人员524人。[①]

建设国家重点实验室是与学校重点学科建设相伴而生的,是加强基础研究和培养高层次人才的基础建设。20世纪80年代中后期,国家计委、国家教委先后批准在上海交大建立4个国家重点实验室。1985年7月,国家计委、国家教委批准建立海洋工程国家重点实验室,下拨建设经费400万元。该实验室于1992年6月建成并通过国家验收,向国内外开放。其建设总投入为1 435万元,实验室用房4 305平方米,仪器设备资产708.56万元。实验室由海洋工程水池(亦称风、浪、流水池)、拖曳水池、空泡水筒、结构动力加载系统、水下工程水池5个部分组成,其中海洋工程水池设备先进、功能齐全,其规模当时属世界第三、亚洲第一。[②] 1988年10月,国家计委、国家教委联合批准在世界银行"重点学科发展项目"支持下,建立振动冲击噪声国家重点实验室。1995年建成并通过国家验收。该实验室用房1 350平方米,仪器设备资产1 100万元,其中包括用世行贷款引进的价值110万美元的先进仪器设备。1989年2月,国家计委、国家教委批准建立金属基复合材料国家重点实验室,下达建设总经费520万元。

海洋工程水池

振动冲击噪声国家重点实验室

① 《上海交通大学志(1896—1996)》,第469页。

② 吴善勤、盛振邦:《从船舶到海洋工程》,上海交通大学出版社2005年版,第162页。

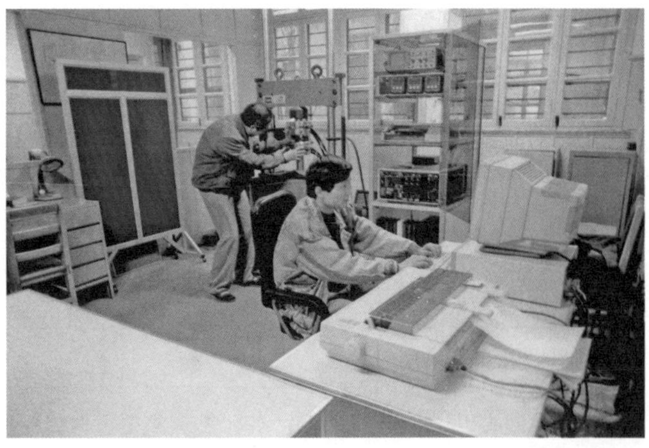
金属基复合材料国家重点实验室

1991年12月建成并通过国家验收。该实验室具备当时国际上最先进的几种复合工艺设备，仪器设备资产900.25万元。1989年，国家计委、国家教委批准上海交大与北京大学联合建立区域光纤通信网与新型光通信系统国家重点实验室。1995年建成并通过国家验收，向国内外开放。其中上海实验区有实验室用房840平方米，仪器设备资产748.78万元。国家重点实验室的建设和开放，在科学研究、国际合作交流、人才培养等方面发挥了重要作用，取得了较大成绩，同时也进一步增强了学校科学研究能力，提升了科技开发的竞争力。

区域光纤通信网与新型光通信系统国家重点实验室

这一时期，学校还加强了计算中心、理化实验中心、电教中心3个校管中心实验室的建设。计算中心始建于1973年，1980年从系属实验室转为校管中心实验室，1987年增设闵行二部计算站。该中心拥有一批性能优良的计算机设备，集教学、科研和服务于一体，在为全校提供计算机教学服务的同时，开展硕士研究生培养、科研开发工作，还面向社会提供培训、上机及咨询服务。1983年，学校利用世行贷款建成理化实验中心，其任务主要是为全校科学研究和教学实验服务，提供科研新技术、新方法以及实验条件，并合作进行科学研究项目，同时面向社会，提供科技咨询和科技服务，承接样品剖析和测试等委托项目。电教中心成立于1960年，原属于教务处的电教室，1985年单独建制。其主要任务是拍摄教学电影片和电视教材，为学校教学科研提供服务。

1991年实验室设置情况如表7-3所示。

表7-3 1991年上海交大实验室系统一览表①

单位名称	实验室个数	实验室建立年份
船舶及海洋工程系	6	
船舶设计与建筑	1	1984年
深潜技术	1	1977年
船舶结构力学	1	1956年前
船舶流体力学	3	1956年前
动力机械工程系	9	
热工及热力工程	1	1956年前
涡轮机	1	1956年前
振动冲击噪声	1	1977年
内燃机	1	1956年前
动力装置	1	1956年前
制冷与空调	1	1958年
核动力	1	1958年
热应力	1	1982年
二系计算站	1	1983年
电子信息学院	13	
图像处理与模式识别	1	1982年
大规模集成电路	1	1985年
光纤技术	1	1981年
计算机网络	1	1985年
自动控制系	3	
工业电气自动化	1	1956年前
自动控制	1	1977年
消磁	1	1957年
计算机科学及工程系	2	
计算机科学技术	1	1958年
计算机音乐	1	1984年
电子工程系	4	
微电子技术电路系统	1	1985年
无线电通讯	1	1958年
微波技术	1	1981年
无线电技术	1	1978年

① 资料来源于《普通高等学校实验室任务及人员情况表》(1991年8月31日)。上交档:长期5020。

（续表）

单位名称	实验室个数	实验室建立年份
电力学院	6	
电力工程系	1	
电路系统	1	1958 年
能源工程系	1	
能源工程	1	1987 年
电机工程系	2	
电机 高电压技术	1 1	1956 年前 1956 年前
信息与控制工程系	2	
电子技术 电工学	1 1	1956 年前 1956 年前
材料科学系	4	
金属材料 复合材料 金属材料强度 金相热处理	1 1 1 1	1956 年前 1977 年 1977 年 1956 年前
材料工程系	3	
锻压 铸造 焊接	1 1 1	1956 年前 1956 年前 1956 年前
机械工程系	10	
自动化绘图 机械原理 机械零件 机制工艺 液压传动及控制 起重运输及工程机械 机械学 机器人 机械传动 六系计算站	1 1 1 1 1 1 1 1 1 1	1982 年 1956 年前 1956 年前 1956 年前 1962 年 1956 年前 1956 年前 1977 年 1988 年 1982 年

(续表)

单位名称	实验室个数	实验室建立年份
应用数学系	1	
应用数学	1	1977 年
精密仪器系	8	
精密仪器 生物医学仪器 检测技术及仪器 精密仪器中试室 传感器技术 传感器研究所	3 1 1 1 1 1	1958 年 1977 年 1983 年 1985 年 1987 年 1987 年
应用物理系	5	
普通物理 近代物理 激光物理 固体物理 固态电子学	1 1 1 1 1	1956 年前 1983 年 1972 年 1977 年 1977 年
工程力学系	3	
固体力学 一般力学 流体力学	1 1 1	1956 年前 1977 年 1956 年前
应用化学系	4	
基础化学 高分子材料 电化学 环境工程	1 1 1 1	1956 年前 1956 年前 1982 年 1985 年
管理学院	2	
计算机应用 系统工程	1 1	1985 年 1985 年
科技外语系	2	
语言实验室	2	1987 年
土木建筑工程系	2	
建筑材料	2	1984 年

（续表）

单位名称	实验室个数	实验室建立年份
生物科学与技术系	2	
生物科学技术 生物技术	1 1	1983 年 1985 年
计算中心	3	1973 年
电教中心	1	1977 年
理化实验中心	1	1983 年
微型计算机研究所	3	1984 年
信息存储研究中心	1	1984 年
微电子技术研究所	1	1988 年
总计	90	

实验室承担着实验教学、科学研究和对外服务三大任务。实验教学通过严格的科学实验的基本训练，使学生掌握基本实验技能和现代化实验方法，增强学生分析问题和解决问题的能力，培养学生的创新思维。从 1978 年起，学校不断改革教学方法，努力提高实验教学质量，从基础课的物理实验到专业课实验，广泛运用计算机技术，从数据处理到自动控制、仿真技术，使教学实验内容跟上世界科学技术发展的步伐。1983 年，普通物理、电工基础、电子技术基础、化学等 10 门实验课均已采用单独设课。例如，电子工程系无线电技术基础教研室（430 教研室）及实验室自 1979 年起对电子线路实验教学进行改革，在全国同类专业中首创单独开设实验课，编写实验教材（包括 2 本文字教材和 3 部电教教材），并研制出被称为"流动实验室"的便携式数字逻辑电路实验器（数字电路箱），先后在"模拟电路测量与实验""数字逻辑电路实验"等课程采用开放式、设计性实验。即由教师出实验题目，借给学生数字电路箱和必要的线路板、通用电子元件，鼓励学生自行设计线路并完成实验。由于自由度较大，该实验起到了巩固理论知识、开拓知识面和培养学生钻研精神的作用，深受学生欢迎。学生们称赞道："这门课程有效地培养了我们的自学能力和独立工作的能力。"[①]1983 年，该教研室举办了有 30 多所高等院校教师、实验员参加的数字电路实验教学学习班。数字电路

① 孙丹民、李世俊、连勇：《设计性实验提高了我们的自学能力》，《教学研究》1984 年第 2 期。上交档：永久 1008。

箱也成为校办工厂电子车间多年的主要产品,供应全国。1989 年,其成果"电子类专业技术基础实验教学改革"获上海市优秀教学成果奖。至 1990 年,全校各实验室开出设计性、综合性、开放性实验,已达全部实验的 11.2%。1991 学年,全校实验室共开出教学实验 328 门 1 228 个,实验开出率达 99%。此外,电工、物理、机械零件等实验室对学生课外开放,组织第二课堂活动,深受学生的欢迎。

全校实验室还凭借其技术优势以及实验手段齐全、装备精良的仪器设备,紧密结合国民经济建设,积极承担科研试验任务,为学校开展新技术、新工艺、新材料、新产品的研究提供良好条件。1979—1991 年,全校实验室共承担了 4 844 项科研任务,其中"胜利二号极浅海步行座底式钻井平台""深潜救生艇""阿依-24 发动机振动故障研究""液电冲击波体外破碎肾结石技术""中、大规模集成电路计算机辅助解剖分析系统"等一大批科研成果,都是在实验室中诞生的。

实验室在完成教学、科研基本任务前提下,还积极面向国民经济建设,开展对外服务,既密切了学校与社会的联系,又提高了仪器设备的利用率,同时为学校创造了一定的经济收益。据不完全统计,1978—1991 年共签订 5 932 余项对外服务项目,为学校增加了 2 392 万元收入。[①]

四、后勤改革

高校总务后勤包括食堂、宿舍、医疗保健、交通、通讯、水电供应、校园环境等管理部门的工作,是搞好教学和科学研究的重要保障。长期以来,上海交大和全国高校一样,实施"自办后勤、自成体系、国家包下来的行政福利型后勤管理体制"。[②] 根据国家拨付的经费和提供的条件,后勤部门承担着为教学、科研和师生员工生活提供服务的工作。随着学校事业的迅速发展,原来的后勤管理模式远远不能适应需要,必须进行改革。

1979 年,后勤改革首先从校务处修建科开始,当时按工人完成工时定额和施工质量的情况,每月评定,发放 3 档奖金;之后,对膳食科采用按饭菜票回笼数提取管理费的经济承包办法,在总务科清扫工人中试行工资浮动制,初步打破后勤部门吃"大锅饭"的平均主义。

1983 年,学校以后勤服务社会化、后勤管理企业化为改革目标,将校务处所属招待所、招待食堂、综合商店、汽车队等改组成综合服务公司,向工商管理局注册,开展住宿、餐饮、会

① 《上海交通大学志(1896—1996)》,第 466、467 页。

② 蔡克勇:《20 世纪的中国高等教育》体制卷,高等教育出版社 2003 年版,第 434 页。

场、打字油印装订、代购车船票、接送宾客等会务一条龙服务。1984 年，学校成立生活服务总公司，[①]将校务处总务科、膳食科、修建科撤销行政建制，改为饮食服务一公司、饮食服务二公司、绿化卫生服务公司、修建服务公司、生活服务部（理发室、浴室、洗衣房、锅炉房等），加上综合服务公司，全部划归生活服务总公司。校务处代表学校与生活服务总公司建立甲乙方关系，签订经济承包合同并进行检查监督。

1988 年 11 月 24 日，上海市市长朱镕基（右 2）来校视察，在徐汇食堂检查工作（右 3 为翁史烈校长，右 1 为张定海副校长）

1986 年，学校撤并校务处和生活服务总公司及下属分公司，成立总务处，[②]下设膳食科、修建科、总务科、校园管理科、集体宿舍管理科、卫生科、房产科、幼儿园、通讯科、财务科、汽车队及综合服务公司等 12 个科，从 1987 年开始实行总务处后勤经费总承包。具体做法是总务处在保证优质完成学校规定的各项后勤工作的基础上，由学校核定承包经费，节余留用，超支不补；经营部门的利润收入由学校核定年终上缴总额。总务处在向学校实行总体承包的基础上，将全校生活后勤方面的各项任务分解到所属各科，各科分别与处签订协议书，同时提交各科全年计划和各级人员岗位责任制、奖罚条例，总务处成立考核评估小组，定期到各科室考评承包任务完成情况，考评结果作为年终评比的依据。

上海交通大学饭票

20 世纪 80 年代，上海交大后勤管理改革的基本模式是经济承包责任制，

① 《关于成立上海交通大学生活服务总公司和绿化卫生服务公司的通知》（1984 年 7 月 13 日）。上交档：永久 988。

② 《关于我校校务处更名总务处事》（1986 年 7 月 1 日）。上交档：永久 1252。

改革尚处于探索阶段。

高校教职工住宅建设关系到每位教职工切身利益。由于历史原因,上海交大教职工住房困难日益突出。据1981年8月统计,全校正副教授住单间或两间(建筑面积不超过25平方米)的困难户有153户,占正副教授总数的50%;全家住单间的困难户有1 020户,婚后无房户(已有子女)近200户,青年教师申请结婚用房的有1 100户。[①]

为了缓解教职工住房困难,学校在校园用地和基建经费紧张的条件下,想方设法开发房源,建造了一批教职工住宅。1981—1984年,学校主要建有虹桥路84弄20幢教职工住宅,总建筑面积3.74万平方米,计654套;虹桥路228弄3号教职工住宅,总建筑面积760平方米;上中路小二室户住宅,计216套。[②] 此外,学校在1980年和1982年与上海市住宅办公室签订了两个统建合同,投资参加田林统建公房,至1988年建成总建筑面积1.24万平方米的住宅。[③]

在住房极其紧张的情况下,如何公平合理分配是全校教职工关心的一件大事。1982年5月,校五届二次工会代表大会审议通过了《上海交通大学教职工住房分配条例》。《条例》规定:采用积分的方法,把教职工职称、职务、年龄、工龄、校龄、家庭人口、人均面积、原住房间数等条件,在分房时进行量化,根据积分高低按序分房,以增强住房分配的透明度。1983年11月,学校召开首届教职工代表大会,通过了《关于搞好教职工住房分配工作的决议》,并成立校教职工住房分配委员会,负责教职工住宅的分配工作。按照《分配条例》,虹桥路84弄20幢教职工住宅建成后,前后分批解决了无房户、改善户、增配户和结婚户约计1 500户套。1984—1985年,学校还开展了两次房屋调配,共解决正副教授住房146户、中级职称人员住房228户、一般职工住房257户和离休干部住房28户。[④]

1988年1月,校第二届教职工代表大会对学校住房建设和住房分配问题又进行了重点讨论,取得一致认识:解决交大教职工住房问题的根本出路在闵行二部,但是当前住宅建设的重点应放在本部,而二部住宅建设应从实际出发,按照教职工客观的住房需求量来建造。[⑤] 会议对《上海交通大学教职工住房分配条例》作了修订,增设教职工住房分配监督委员会,并

---

① 《关于交大发展规划的报告》(1981年8月28日)。上交档:永久757。

② 范祖德:《关于住房建设的情况汇报》(1988年),《上海交大第二届教职工代表大会文件汇编》。上交档:永久1436;《上海交通大学志(1896—1996)》,第590、592页。

③ 范祖德:《关于住房建设的情况汇报》(1988年),《上海交大第二届教职工代表大会文件汇编》。上交档:永久1436。

④ 《上海交通大学志(1896—1996)》,第592页。

⑤ 《广大教职工以主人翁精神参政议政——我校召开第二届教代会第一次会议》,《交大简报》1988年1月26日。上交档:长期3831。

审议通过了《上海交通大学教职工住房动迁办法》和《上海交通大学二部住房分配若干规定》。1986—1992年，学校分配徐汇校区教职工住宅601套，其中交大新村、南丹路宿舍区、田林新村新建住宅508套。经过充分挖潜套调，实际解决教职工住房1 442户，其中正副教授住房318户、中级职称教师住房444户、处级和科级干部住房236户、一般教工住房444户。[①] 学校还从1988年起，在闵行校区沧源路以西建造教工住宅，至1993年共建有住宅16幢，总建筑面积3.83万平方米，全部成套，解决教职工住房673户。[②]

---

① 《1986年至1992年徐汇校区住房分配情况》(1992年)，《上海交通大学第三届教代表会文件》。上交档：永久1709。

② 《上海交通大学志(1896—1996)》，第592页。

第八章
党的建设和思想政治教育

第一节　改革开放中加强党的建设

一、党的自身建设

1978 年底，上海交大党委下属 16 个党总支、153 个党支部，有党员 1 773 人，其中教职工党员 1 232 人、学生党员 541 人。[①] 1979 年 9 月，根据上海市委在大专院校建立纪律检查机构的通知，经上海市教卫办公室党组批准，上海交大党委设立纪律检查委员会（简称"纪委"），由党委副书记夏平兼任纪委书记。

1981 年 2 月 26—28 日，中国共产党上海交通大学第五次代表大会[②]召开。党委书记邓旭初代表上届党委作了工作报告，党委副书记夏平代表纪委作关于执行《关于党内政治生活若干准则》的报告。上海市委书记夏征农、副市长兼教卫办主任杨恺到会讲话。

党代会《工作报告》在回顾总结学校工作的基础上，重点提出要"努力加强党的建设，改善党对学校工作的领导"，具体改进措施有：进一步明确党政分工，继续贯彻和健全党委领导

---

① 《1978 年中国共产党党组织和党员统计年报表》。上交档：永久 599。

② 上海交大第五次党代会选举产生新的党委会和纪委，以及对学校工作的总结和布署，第一章第二节已有交代。本节就党代会提出加强党的自身建设方面内容作一介绍。

下的校长分工负责制，党委主要抓大事，抓路线、方针、政策的贯彻，抓党的自身建设，抓思想政治工作和群众工作，以保证中心工作的完成；加强党的自身建设，建立定期的民主生活和学习制度，积极慎重地做好党员发展工作，领导带头贯彻执行《关于党内政治生活若干准则》，进一步整顿党风党纪；加强干部队伍建设，逐步实现革命化、年轻化、知识化、专业化；动员全党力量，做好学生思想政治工作，继续坚持和改革政治教育和政治理论课教学，加强学生思想政治工作干部（简称“学生政工干部”）队伍的思想建设和组织建设；继承和发扬党的光荣传统，密切党群关系，发挥党员先锋模范作用。[①]

1980 年和 1983 年，学校党委两次对全体党员开展集中轮训活动，围绕学习和贯彻中共十一届三中全会以来的路线、方针、政策，进行政治、思想路线教育，加强党性修养，提高执行新时期党的路线、方针、政策的自觉性。1982 年 9 月，在全校开展争当优秀党员、创建先进党支部的活动，要求各基层组织在两个文明建设中发挥政治核心作用和战斗堡垒作用。

1983 年 10 月 11 日，中共十二届二中全会通过《中共中央关于整党的决定》。1984 年 10 月—1985 年 6 月，学校根据《决定》精神和上海市委、教卫党委的部署，遵照“统一思想，整顿作风，加强纪律，纯洁组织”的要求，采取先领导班子、领导干部，后党员群众的步骤，对学校各级党组织进行自上而下的整顿。参加整党的正式党员有 1 567 人，经过整党予以登记的党员 1 559 人，占总数的 99.49%。[②] 1986 年又开展“回头看”的整党补课工作，进行党性、党风、党纪教育。通过整党，广大党员从理论上、实践上、思想上、感情上彻底否定“文化大革命”，清除“左”的思想影响；加强了党的建设，进一步明确新时期党的工作重点，摸清党员队伍状况，纯洁组织，增强团结，端正党风，提高党组织的战斗力。

1984 年 9 月，学校进行管理改革，撤销教研室，建立学科组。到 1985 年 5 月，除保留 7 个基础课教研室外，全校新建学科组 135 个，多数是几个学科组建立一个联合党支部。学校党委就学科组体制下党支部如何发挥保证监督作用，发动各党总支、教工党支部进行探索研究。1986 年总结了实践经验，提出：虽然教学、科研体制有变化，但党支部对行政任务起保证监督作用的责任没有变；有条件的学科组建立党小组，要充分发挥党小组的作用；加强对党员的教育，以党员模范行动起好带头作用。同年 1 月，学校党委召开组织工作研讨会，提出“党组织不是靠行政命令来实现领导，而是正确地贯彻执行党的方针政策和思想政治工作来体现领导”，系主任和学科组长依靠党总支（支部），党总支（支部）支持行政领导大胆工作，

---

① 邓旭初：《在中共上海交通大学第五次代表大会上的工作报告》（1981 年 2 月 28 日通过）。上交档：永久 761。

② 《上海交通大学纪事（1896—2005）》（下卷），第 866 页。

做到“支持而不包办，保证而不旁观，监督而不挑剔；有问题提出善意的批评和帮助，工作过程中出现问题主动做好协调补台工作”。[①]

1988年2月，学校党委召开思想政治工作会议，制订中国共产党上海交通大学《总支部委员会工作暂行条例》《教职工支部委员会工作暂行条例》《学生支部委员会工作暂行条例》《关于党的组织生活若干具体规定》《关于加强党内纪律监督的意见》《关于发展党员工作实施细则》，以探索不搞政治运动而靠改革和制度建设来加强党的建设的新路子，切实发挥基层党组织的凝聚力、战斗力和党员的先锋模范作用。同年12月，学校党委要求各党总支、直属党支部用一个月的时间对党的工作进行检查，促进党务工作在学校治理教育环境、整顿教育秩序、深化教育改革中更好地发挥作用。

1990年9—12月，根据中共中央组织部关于“要按照从严治党的方针，认真进行做合格共产党员的教育，在部分单位进行一次党员重新登记”的要求和上海市委、教卫党委的部署，全校开展党员重新登记工作。实际参加登记并准以登记的正式党员有2 351人，不予登记、暂缓登记、暂缓办理的有13人。[②] 通过重新登记工作，每个党员重温党章和党纲，对照党员和干部标准，普遍接受坚持四项基本原则、反对资产阶级自由化的教育，坚定了走社会主义道路的信念；支委会作用得到较好发挥，批评与自我批评的传统恢复和发扬。12月21日，学校党委提出了《巩固和发展党员重新登记成果，加强党的建设的若干意见》，要求全校各级党组织和领导干部要认清形势，振奋精神，继续贯彻一要稳定、二要鼓劲的方针，抓治理整顿、深化改革，上水平，求效益；在抓好各级领导班子、办学骨干队伍、基层党支部建设的同时，要把思想建设放在突出位置，切实加强对教职工的思想政治教育；要积极筹备召开上海交大第六次党代会。

1991年，《中共中央加强高等学校党的建设的通知》强调高等学校实行党委领导下的校长负责制，指出“党委应以主要精力研究学校的重大方针、政策问题，加强党的建设和思想政治工作，支持行政领导充分行使职权，力戒包揽行政事务”。[③] 根据《通知》精神，同年3月学校党委制订《关于提高党委常委会或扩大会会议质量和效率的若干规定》，提出：“为有效地履行党委的职责，必须开好党委常委会或常委扩大会。它是在党代会及党委全会闭幕期间学校常委工作的最高决策机构，讨论决定党委工作中重大问题。”[④]《规定》就常委会民主决策

---

① 《党委召开组织工作研讨会，讨论新时期加强党的基层建设》，《交大简报》(第二期)1986年1月23日。上交档：长期3262。

② 《上海交通大学纪事(1896—2005)》(下卷)，第957页。

③ 《关于提高党委常委会或扩大会会议质量和效率的若干规定》(1991年3月7日)。上交档：长期4782。

④ 《关于提高党委常委会或扩大会会议质量和效率的若干规定》(1991年3月7日)。上交档：长期4782。

程序包括会议召开时间、决策内容、出席范围、组织工作、决议的贯彻落实及督促检查工作等作了明确规定，以提高常委会的质量和效率，完善决策机制，更好地贯彻民主集中制。

为抓好党员教育工作，努力提高党员和入党积极分子的政治素质，学校党委自1987年10月起在闵行校区创办业余党校，先后举办3期党的基本知识学习班和1期积极分子短期集中培训班，培训学员700余名，进行系统的党的基本知识教育。学员们对业余党校的总体评价是："业余党校比预料的好，内容丰富、饱满，形式不拘一格、生动活泼，既学到了党的基本知识，又受到了深刻的教育。"[①]1990年，《中共中央关于加强高等学校党的建设的通知》强调："为了对党员和积极分子进行系统的思想教育，高等学校要积极创造条件建立党校。"[②]学校党委也从业余党校的工作实践中看到了党校工作的重要性，于1991年4月在业余党校的基础上，正式成立中共上海交通大学委员会党校，党委书记何友声兼任党校校长。党校作为学校党委的一个常设工作机构，它是教育培养党员、干部和入党积极分子的学校，又是党委的理论教育工作部门。其基本任务是轮训党员领导干部，有计划地对中青年优秀党员干部和后备干部进行较系统的马克思主义基本理论教育和培养，培训基层专职党务干部和党支部书记，培训入党前的积极分子，组织力量进行理论研究。

上海市委常委、市委组织部部长赵启正来交大二部为第二期业余党校主讲党课

1991年11月，学校党委在党校召开党支部书记培训结业典礼暨加强教工

---

① 《认真抓好党的基本知识教育，努力提高党员、积极分子政治素质——上海交通大学业余党校工作汇报》(1990年5月9日)。上交档：长期4527。

② 《上海改革开放二十年》教卫卷，第594页。

党支部建设大型座谈会。党委领导就新形势下党支部的地位作用等问题提出意见,认为党支部的核心作用可以从政治核心、团结核心、战斗核心来理解;党支部应参与教研室的工作计划、学科建设、师资培养和人员奖惩、升等升职、出国进修等重大问题的研究和决定。同年12月,中共中央宣传部《教育工作通讯》第12期以《上海交通大学采取切实措施、解决贯彻执行中央文件精神中遇到的新问题、新难点》为题,详细介绍了这一经验。

1991年11—12月,根据中共中央组织部《关于建立民主评议党员制度的意见》和上海市教卫党委的部署,学校党委开展民主评议党员工作。通过自评、互评和组织考察,全校党员接受了一次党性教育,增强了党风党纪意识和建设有中国特色社会主义的信心,进一步密切党群关系,更好地发挥党员先锋模范作用和党组织战斗堡垒作用。

这一时期,学校党委十分重视发展党员和党员教育管理工作。各级党组织坚持"积极、慎重"的方针,积极在大学生中发展党员,吸收优秀知识分子入党;加强与改进基层党组织建设,突出重点抓好党员教育管理。10多年来,基层党组织和党员队伍有了很大发展。至1991年底,全校有38个党总支、233个党支部;党员3 094人,其中教职工党员2 636人,学生党员458人。[①] 学校涌现出一大批忠诚于党的教育事业的先进党支部和优秀党员。1978—1991年,学校先后8次表彰先进党支部77个、优秀党员606人、党的先进工作者21人;还有19人获全国、上海市党务系统荣誉称号。1990年,学校多年从事纪检工作的纪委书记杜年玲获全国优秀纪检干部称号。[②]

与此同时,学校党委坚持从严治党的方针,强化监督,积极开展党风廉政建设。1982年根据中央要求,学校设立打击经济领域中严重犯罪活动办公室(简称"经打办")。1985年11月,根据上海市委有关规定,成立上海交通大学党委经打办,列入纪委编制。1988年11月,学校撤销经打办,建立监察处。1989年1月,纪委、监察处实行合署办公,试行一套工作机构的体制。学校党委还制订了《关于加强党内纪律监督的意见》《上海交通大学党政干部保持廉洁若干规定》。

纪检工作贯彻"预防为主""教育为主"的精神,通过学习《关于党内政治生活若干准则》,开展查思想、查工作、查作风、查纪律的"四查"活动。在反对资产阶级自由化,特别是1986年学潮和1989年政治风波期间,下发《共产党员必须严格遵守党的政治纪律》的通知,教育党员在思想上、政治上、行动上与党中央保持一致。1990年以后,坚持每年对全校中层以上

① 《1991年中国共产党党内统计年报表》。上交档:永久1614。

② 历次先进党支部和优秀党员表彰名单。上交档:短期524、短期683-1、永久733、永久773、永久904、永久1105、永久1247、永久1538、永久1570;《上海交通大学志(1896—1996)》,第742页。

领导干部进行廉政大检查。1991 年，根据上海市教卫党委《关于在党内开展党纪条规教育的意见》，组织全校党员学习中纪委制订的 8 个党纪条规和上海市委、市政府颁发的 2 个廉政规定。实际参加学习测试的在职党员有 2 191 名，受教育普及率达 94.29%。1979—1991 年，对违纪的党员 31 人作出处理，其中开除党籍 7 人、留党察看 5 人、严重警告 7 人、警告 12 人。[①]

二、干部队伍建设

1979 年，中央提出了各级领导班子在德才兼备的基础上实现年轻化的要求。1980 年 12 月，邓小平在中共中央工作会议上明确指出："要在坚持社会主义道路的前提下，使我们的干部队伍年轻化、知识化、专业化，并且要逐步制订完善的干部制度来加以保证。提出年轻化、知识化、专业化这三个条件，当然首先是要革命化，所以说要以坚持社会主义道路为前提。"[②] 1982 年 9 月，党的十二大将"努力实现干部队伍的革命化、年轻化、知识化、专业化"写入新修改的党章。为贯彻党的干部政策，上海交通大学采取一系列重要措施，顺利实现新老干部的合作和交替，一大批中青年干部走上领导岗位，整个干部队伍在学校事业的改革与发展中锻炼成长。

1980—1982 年，学校党委对全校科以上和机要部门的干部就"文化大革命"中的政治品质与表现进行考查。1983 年 3 月，对党政干部执行岗位责任制的情况进行了考核。为加强学生的思想政治工作，从政治辅导员中提拔了一批负责学生工作的党总支副书记，使分管学生工作的总支副书记的平均年龄从 45 岁降至 35 岁。1984 年，对全校中层领导班子进行调整充实，提拔中青年干部 29 人，平均年龄为 45.24 岁，大专以上文化程度占 86.11%，全校中层领导班子基本得以配齐。

学校在新老干部交替中，重视并抓紧后备干部队伍的建设，从组织上保证党的教育事业持续、稳定、健康发展。1984 年在调整充实中层领导班子的基础上，选拔培养校级后备干部 19 人。经考察，有 3 人充实到校级领导班子：翁史烈任校长、党委常委，王宗光（女）任党委副书记，盛振邦任副校长。1986 年，学校制订《关于推荐我校校级后备干部人选的几点意见》，确立校级后备干部的基本条件。1991 年 3 月，学校在《社会主义精神文明建设的"八五"规

---

① 历年《中国共产党党组织和党员统计（党内统计）年报表》。上交档：永久 599、永久 625、永久 724、永久 765、永久 805、永久 897、永久 986、永久 1094、永久 1239、永久 1331、永久 1399、永久 1451、永久 1563、永久 1614。

② 邓小平：《贯彻调整方针，保证安定团结》（1980 年 12 月 25 日）。《邓小平文选》第 2 卷，第 361 页。

划》中明确提出:“重视和加强后备干部队伍建设,选拔和培养符合四化方针的优秀后备干部队伍。”[①]随后制订选拔和培养后备干部的实施意见,经过思想发动、民主推荐、组织考察、领导集体审定等阶段,确定校级后备干部30名、系处级后备干部277名。在选人的基础上注重培养,通过党校学习、上岗锻炼、换岗交流、综合业务培训等措施进行跟踪考察,把选人、育人、用人三者有机地结合起来。1990年增补校级党政领导3人:徐凤云(女)、蒋秀明任党委副书记,李润培任副校长;1991年又增补校级党政领导2人:谢绳武任副校长、党委常委,叶敦平任党委常委。1991年12月,国家教委直属司《高校信息》第8期以《上海交大提高认识,精心组织,建设一支后备干部队伍》为题,介绍了学校的这些做法和经验。

至1991年,上海交大党政干部队伍情况如下:校级干部13人,平均年龄55.8岁;正处级干部58人,平均年龄53岁;副处级干部125人,平均年龄47岁;科级干部404人,平均年龄45.5岁。在全校党政干部中,具有高级职称98人、中级职称295人、初级职称144人,合计占干部总数的55%;党员567人,占干部总数的59%。[②]

1982年12月,向27位离休干部颁发老干部离休荣誉证书

这一时期,学校认真执行党的干部离退休制度,使老干部工作走上经常化、制度化的轨道。1980年10月,国务院颁布《关于老干部离职休养的暂行规定》。1982年2月,中共中央下发《关于建立老干部退休制度的决定》。至12月,上海交大有27位符合离休条件的干部办理了离休手续,学校按规定向他们颁发了《中华人民共和国老干部离休荣誉证》。到1991年,全校符合离休条件的老干部有192人,已办理离休手续的176人。[③]

为加强老干部工作,1987年2月,学校建立老干部处。中央规定老干部离

---

① 《社会主义精神文明建设的“八五”规划》(1991年3月)。上交档:长期4783。

② 《关于我校干部队伍建设情况的汇报》(1991年3月15日)。上交档:长期4810。

③ 《上海交通大学老干部工作情况汇报》(1991年5月6日)。上交档:短期1721。

休后“基本政治待遇不变、生活待遇略为从优”，“并注意很好地发挥他们的作用”。学校党委成立离休干部党总支，组织老干部参加政治学习和重大政治活动，开展阅文、参观考察和适当的文化活动；按有关规定，安排落实老干部的住房、用车、医疗等生活待遇。从1983年起，学校还聘请部分老干部参加党委调查组，协助调查基层领导班子；当特约监察员，协助党校工作及处理突发性事件等。1989年发生政治风波前后，组织老干部对青年学生、教职工进行爱国主义和革命传统教育，抵制资产阶级自由化，促进上海交大的稳定、改革、开放和发展。

三、统战和群众团体工作

“文化大革命”开始后，随着上海交大党委陷入瘫痪，各民主党派也停止活动。“文革”结束后，根据市委统战部的部署，上海交大党委积极支持、协助各民主党派恢复活动。从1979年1月开始，中国国民党革命委员会（民革）、中国民主同盟（民盟）、中国民主建国会（民建）、中国民主促进会（民进）、中国农工民主党（农工）、九三学社（九三）在上海交大相继恢复或建立组织，并按协商的范围重点在讲师以上知识分子中做好发展工作。至1991年，全校民主党派成员共有336人：民革成员11人、民盟盟员103人、民建成员23人、民进会员22人、农工党员10人、九三社员159人；另有中国致公党（致公）成员7人、台湾民主自治同盟（台盟）成员1人，因人数较少未成立支部，直接参加致公党上海市委、台盟徐汇区委的活动。[①] 1979—1991年，各民主党派组织及历任负责人情况见表8-1。

表8-1　上海交大各民主党派组织及负责人一览表（1979—1991年）[②]

民主党派组织	建立时间	历任负责人
民革上海交大支部	1986年	凌霜、毛增滇
民盟上海交大委员会	1991年 （1979年恢复交大支部，1987年建立交大总支委员会）	戴宗信
民建上海交大支部	1984年	杨锡山、潘介人、殷善锷

① 《高校民主党派及统战工作状况调查表（上海交大）》（1991年8月31日）。上交档：长期4825。

② 资料来源：《上海交通大学志（1896—1996）》，第761—767页；《民盟交大支部工作小结》（1980年5月24日）。上交档：长期2377；《民主党派负责人名单》（1987年）。上交档：永久1345。

(续表)

民主党派组织	建立时间	历任负责人
民进上海交大支部	1982 年	钱家声
农工上海交大支部	1987 年	谢锦生
九三上海交大委员会	1990 年 (1979 年恢复交大支社)	杨槱、程福秀、范祖尧

1979 年 2 月,学校党委恢复建立统战部。1983 年,学校党委发出《关于进一步密切与各民主党派关系的通知》,1987 年、1990 年又对《通知》进行补充完善,提出《关于进一步贯彻党领导的多党派合作制的试行意见》和《进一步发挥民主党派作用的意见》。根据上述文件要求,学校重大的全局性工作和教学科研等方面的重要问题,皆要在决策前先征求民主党派的意见;建立校级党政领导与各民主党派正副主委和无党派代表人士的“季度座谈会”制度,通报学校重大措施、工作情况,听取党外人士意见;邀请民主党派负责人参加党委中心组学习,听取传达中央、市委文件及专题报告;常委和党员正副校长与民主人士和无党派代表人士沟通思想,注意听取他们的意见;学校党委统战部与民主党派建立每月一次“统战工作例会”制度,关心和支持民主党派加强自身建设。

为了使民主党派更好地履行政治协商、参政议政的职能,学校党委重视选拔培养年轻非党知识分子,在全国、市、区、校 4 个层次中发挥校民主党派和无党派人士参政议政的作用。至 1990 年底,学校党委先后推选具有高级职称的党外人士 15 人担任全国、市、区人大代表和政协委员,以及民主党派中央或省市领导人员,他们中有全国人大代表、无党派人士白同朔,全国政协常委、上海市政协副主席、九三学社中央副主席、九三学社上海市委主委杨槱,全国政协委员、民革中央常委、民革上海市委副主委毛增滇,上海市人大常委、九三学社中央委员、九三学社上海市委副主委兼秘书长张重超,上海市人大常委、民建中央委员潘介人,上海市政协委员、民盟中央委员、民盟上海市委常委桑国光等。[①] 他们在各级人大、政协中发挥政治协商、参政议政的积极作用,有些提案获得全国政协优秀提案奖。在校内同样发挥各民主党派和无党派人士的积极作用。1990 年底,全校校级领导干部 11 人中,有 1 人是无党派人士;系处级中层干部 177 人中,有民主党派成员 11 人和无党派人士 22 人,占中层干部总

① 《上海交大全国、上海市区人大、政协代表名单》(1990 年)。上交档:永久 1572。

数的 18.6%。[①]

1977—1991 年，上海交大中共党员、民主党派、无党派人士当选全国、上海市人大代表和政协委员的名单详见表 8-2。

表 8-2　上海交大干部教师当选全国、上海市人大代表和政协委员名单（1977—1991 年）[②]

年份	全国、上海市人大代表、政协委员	姓名
1977 年	第七届上海市人大代表	戴宗信、孙璧媃、吴镇、程福秀、黄雍实、李渤仲、王公衡、邓旭初、张钟俊、张煦
1977 年	第五届上海市政协委员	苏进琪、林胜兴、楼鸿棣、朱麟五、金悫、陈一诚、李泰云
1978 年	第五届全国人大代表	杨槱、林敏敏
1978 年	第五届全国政协委员	朱物华、周志宏、阮雪榆
1983 年	第六届全国人大代表	杨槱
1983 年	第六届全国政协委员	朱物华、阮雪榆
1983 年	第八届上海市人大代表	邓旭初、杨槱、张煦、张钟俊、李渤仲、孙永强、周怡芬、王宗光
1983 年	第六届上海市政协委员	周志宏、罗祖道、杨锡山、楼鸿棣、林胜兴、阮雪榆
1988 年	第七届全国人大代表	白同朔
1988 年	第七届全国政协委员	杨槱、毛增滇
1988 年	第九届上海市人大代表	翁史烈、王宗光、张重超、张煦、潘介人
1988 年	第七届上海市政协委员	杨槱、罗祖道、阮雪榆、杨锡山、范祖尧、桑国光、林胜兴、王大璞、王伊宁

上海交大教工中有海外关系的人数较多，根据中央和上海市委指示精神，学校党委积极做好海外统战工作。1986 年 1 月，学校成立港澳台同胞及其亲属、归侨、侨眷参加的上海交通大学海外联谊会，会员有 178 人，沈嘉猷教授任首任理事长。这是上海市高校中第一个涉外群众团体，其宗旨是“大力开展海外联谊工作，广交朋友、宣传政策、联络感情，为统一祖

① 《重视选拔培养年轻非党知识分子，形成民主党派和无党派人士参政议政的四个层次》（1990 年 11 月 21 日）。上交档：长期 4577。

② 资料来源：历届《上海交大全国、上海市区人大、政协代表名单》。上交档：永久 992、永久 1345、永久 1572；中国人大网、中国政协网、上海政协网相关资料。

国、振兴中华,为促进改革、开放和学校发展贡献力量”。[①] 多年来,海外联谊会积极宣传、学习、贯彻党的各项方针政策,开展有关形势和政策的教育;利用传统节日开展生动活泼的联谊、参观、考察等活动;努力为会员多办实事、排忧解难;认真接待海外华侨、华裔人士来沪探亲会友并做好会员出国、出境的迎送工作;积极引进人才、技术和资金,团结海外友人,为国家和学校建设献计出力。1986 年交大 90 周年校庆之际,由 1947 届校友、上海市市长江泽民主持召开交大海外校友关于上海经济发展战略研讨会,与会校友对上海经济发展发表的意见受到江市长的赞扬。

“文革”中停止活动的上海交通大学工会于 1978 年 11 月恢复活动,并于 1980 年、1983 年、1987 年分别召开第五、六、七届工会会员代表大会。至 1991 年,历任校工会主席是周志诚、陆中庸、王守仁。

召开教职工代表大会是校工会组织广大教职工参与对学校的民主管理和民主监督的一种方式。1983 年 11 月,学校召开首届教职工代表大会,511 名正式代表、370 名列席代表和 42 名特邀代表出席大会。中共中央政治局委员、校务委员会主任王震发来贺信,称:“高等学校试行党委领导下的教职工代表大会制,不仅是广大教职工参加学校民主管理的有效组织形式,而且是高等教育管理制度的进一步改革和完善。”[②]教育部也发来贺电,上海市总工会主席袁张度等到会祝贺。大会听取了党委副书记刘克、校长范绪箕、副校长朱雅轩所作的关于学校工作的专题报告,总结了学校 3 年来的管理改革,审议了《上海交通大学一九八三至一九九〇年发展规划》。大会共收到 456 件提案,并对教职工意见比较集中的教师工作量计算和住房分配问题作出了两个相应的决议,还成立了教职工住房分配委员会。在大会结束后的半年时间内,有 440 件提案基本得到落实。1984 年 11 月,中国教育工会来校召开“推广教代会制度现场会”。此后,教职工代表大会定期召开,充分发挥教职工参政议政的积极性,与学校党委和行政部门沟通学校重大事宜和直接影响教职工利益的问题。

多年来,校工会积极推进“教书育人”工作,并提出“管理育人”“服务育人”口号,形成“三育人”理念;关心教职工的职称评定、住房分配、子女上学等问题,向学校领导和职能部门反映问题,协调解决纠纷等事项;组织开展各项文化、体育、娱乐活动,丰富教职工的业余文化生活。从 1984 年起,校工会积极建设“教工之家”,1986 年顺利通过市教育工会的验收,后被市总工会授予“模范职工之家”称号。为营造工会大家庭的氛围,1989 年校工会率先总结出

① 《上海交通大学海外联谊会章程》(1990 年 1 月 6 日)。上交档:长期 4579。

② 《王震致上海交大第一届教职工代表大会的贺电》(1983 年 11 月 21 日)。上交档:长期 2857。

“十个必访”的经验，即每逢教职工结婚、生育、过生日、生病、受伤、献血、退休、出国、家庭受灾、本人或配偶亡故的时候，工会必须访问（祝贺、慰问、探望等）。该经验获得市教育工会的肯定，并在全市高校加以推广。

1979年2月，上海交通大学妇女工作委员会成立。1985年，妇委会与工会合署办公。至1991年，历任校妇委会主任是孙礼芙、王宗光。校妇委会的主要工作是贯彻执行市妇联的工作精神，围绕学校中心工作，发挥妇女组织的宣传、维权和协调职能，开展具有女性特色的各项活动；努力为全校女教职工、少年儿童办实事，扩大妇女工作的辐射面，关注女大学生的成长；把提高全校女教职工的素质作为工作基点，积极开展争创三八红旗手、红旗集体活动。1979—1991年，共评选出全国三八红旗手3人次、全国五好家庭1个、上海市三八红旗手40人次、上海市巾帼奖5人、上海市红旗集体5个、上海市五好家庭19个。具体名录详见表8-3。

表8-3　获全国、上海市三八红旗手、巾帼奖、红旗集体、五好家庭名录（1979—1991年）[①]

年份	三八红旗手	巾帼奖	红旗集体	五好家庭
1979年	孙璧媃（全国） 王秀珍、冯凤仙、王宗光、王大璞、杨绮玉、任秀英、徐涓、唐杏英、陆纫芳、潘锦枝、王素娥、黄萍霞、沈小芬、薛芬兰、潘德模、朱颐、杨文英		交大子弟小学	
1982年	孙璧媃、王鹭、梁光璧、李秀治、周根娣			孙璧媃、黄爱英、胡菊妹、张景涛
1983年	孙璧媃（全国）、李秀治（全国）			孙璧媃（全国）
1984年	毛杏云、程鹤年、施小英、严燕来、王正芳、王爱贞		校妇女工作委员会	张克邦、李秀治、马乃玲、韦疑男、屠金荣
1985年		王宗光、王友棋		

① 资料来源：《上海交通大学志（1896—1996）》，第797页；《上海交通大学纪事（1896—2005）》（下卷），第877、914、915、966页；历年《全国、上海市三八红旗集体、三八红旗手、五好家庭光荣册》。上交档：长期2304、长期2693、永久1065、永久1320、永久1492、永久1653、永久1656。

(续表)

年份	三八红旗手	巾帼奖	红旗集体	五好家庭
1986 年	陈亚珠、王正芳、徐岳莹、徐美娟、舒培丽			赵斌、陈佩芳、王以华、黄镜明、阮雪榆、刘玉佩、赵毅、李秀治、孙璧媃、郑宝隆
1987 年		胡明娟、陈树巧		
1988 年	王大璞、陈美怡、张霞芳		交大子弟小学	
1989 年		黄上元		
1990 年	田蔚风、叶爱伦、毛杏云		总务处(闵行校区)膳食科日夜小吃部	
1991 年	赵苏平		应用物理系“863 光开关阵列”课题组	

第二节 学生思想政治教育

一、学生工作体制改革

高校学生的思想政治教育,是高等教育事业的重要组成部分,是培养社会主义事业合格接班人和建设者的一项基础性工作。随着党的工作重心转移,在改革开放的新形势下,人们的思想观念和社会的政治、经济、文化生活发生了一系列的变化。这对于做好学生思想政治工作,从体制、队伍、内容、途径、方法等方面提出了更新更高的要求。1978 年以来,上海交通大学学生思想政治工作根据新时期党的教育方针和培养目标,在党的基本路线“一个中心、两个基本点”的指导下,对学生工作中不断出现的新情况、新问题开展调查研究,用改革的精神提出了学生思想政治工作体制创新的新思路。

1977 年恢复高考后入学的大学生,许多人经历过“文革”期间的“上山下乡”和下基层工厂,已经参加工作多年。他们深感读书机会来之不易,学习热情高涨,自我管理和约束能力较强。这时,全校工作重点转向以教学、科研为中心,学生思想政治教育的基本内容是激励学生奋发学习,补回“文革”失去的时间,为实现四化而贡献青春。从 1978 年起,学校恢复班主任工作,为全校 140 多个班级配齐了班主任。1979 年和 1983 年,相继制订《班主任岗位责任制》和《班主任工作条例》。规定班主任的工作职责是“在系总支和行政领导下，组织好形势教育、德育教育、新生入学教育以及学生在劳动、实习、军训、毕业分配中的思想教育工作，并在了解和熟悉学生的基础上，认真负责地做好学生的品德评定和毕业鉴定”。[①]

1980年3月，学校制订《关于加强学生思想政治工作的暂行规定》，提出“广大教师是做学生思想政治工作的重要力量”，要求各系按150至200名本科学生配备一名学生政工干部，干部来源除现有的专职团干部外，可从教师编制中选派兼职人员，计工作量50%，工作两至三年轮换。《规定》还指出：“学生政工干部既是党的政治工作队伍的一部分，又是师资队伍的一部分，担负着完成学生培养目标的重要任务。他们的工作应和教学第一线教师的工作一样受到尊重，工作优秀的应得到同样的表扬、奖励。”[②]1981年和1982年，学校根据每位政工干部的学历及实际工作能力，先后确定和提升了30名管理助教和8名管理讲师。1982年，学校第一线政工干部有65人。[③]

随着改革开放基本国策的确立及经济体制改革的进行，广大青年学生思想活跃，改革热情高涨。分管学生工作的学校党委副书记王宗光回忆说：“进入八十年代，思想理论战线上的解放思想，实践是检验真理的唯一标准，以经济建设为中心的口号逐步深入人心。农村经济体制改革的初见成效，极大地激励着广大人民群众，改革的热情日益高涨。城市经济体制改革的提出，对广大学生更是一次强刺激，校园内改革的热情几乎达到白炽化。思想意识领域内以‘转变观念’为特征的一系列新情况、新问题摆在思想政治工作者的面前，而迅速变化的大形势又容不得第一线的思想政治工作者作长久的思考，而自身亦卷入改革热潮，唯恐落后而跟不上潮流。”[④]学校党委认为思想政治工作要适应改革开放与发展的新情况，于1983年8月制订《关于改革学生思想政治工作体制的几点意见》，郑重提出“必须对我校学生思想政治工作体制进行必要的改革”。[⑤]

在实际工作中，大家都认为做好学生思想政治工作非常重要，但在具体的政策导向上却落实不够，存在着学生工作各部门互不通气，各做各的，有时出现学生思想政治工作空缺的现象。对此，《意见》提出“开创我校学生思想政治工作新局面，必须在学校各级党政组织领

---

① 《上海交通大学班主任工作条例》(1983年9月1日)。《上海交通大学管理改革初探》，第380页。

② 《关于加强学生思想政治工作的暂行规定》(1980年3月)。《上海交通大学管理改革初探》，第365页。

③ 《上海交通大学志(1896—1996)》，第243页。

④ 王宗光、许建文、金晓中：《回顾十年思想政治工作的经验教训，坚持把德育放在首位》(1990年华东地区高校思政教育研讨会交流论文)(1990年10月)。上交档：长期4520。

⑤ 《关于改革学生思想政治工作体制的几点意见》。《上海交通大学管理改革初探》，第374页。

导下,调动全体办学人员的积极性”[①];规定:学校各级党组织和行政负责人都必须加强对学生思想政治工作的领导;学生思想政治工作的主要力量有专职学生政工干部、兼职的班主任和专兼职的德育教师,实行“班主任负责制”,在广大教师中树立“对学生德智体全面发展负责”的思想,以发挥教师“教书育人”的主力军作用;逐步吸收研究生及高年级学生担任兼职政工干部,并在学生中大力发展党员,倡导在加强引导和教育、立足自理前提下的学生自我管理和自我教育。《意见》实施两年后,学生思想政治工作与教学、管理等环节逐步有了衔接。越来越多的教师、干部、职工在教书育人、管理育人、服务育人的思想指导下,关心学生的全面成长,关心思想政治工作。学生自我管理、自我教育,逐步成为学生思想政治工作中的一个重要方面。

这一时期,学生思想政治工作在充实内容、更新形式方面非常活跃。时任学校党委副书记王宗光分析说:“校园文化热、学生科技开发、心理咨询、思想艺术沙龙、影视文化传播等学生喜闻乐见的教育活动快速增长,似乎有逐步取代传统的思想政治工作的趋势。”但是,学生思想政治工作“在把握思想导向和政治方向方面缺乏必要的精神和理论上的准备。”[②]为了加强大学生思想政治教育的针对性和有效性,真正在思想上和工作中实现统一领导下各职能部门的分工负责制与配合协调,1986 年 2 月学校党委作出《上海交通大学关于完善学生工作体制,加强学生工作的决定》,提出改革体制、理顺关系、加强队伍建设等方面的意见:学校成立学生工作指导委员会(简称“学指委”),建设一支少量专职、大量兼职精干、高效的学生思想政治工作队伍。[③]

学生工作指导委员会的成立,是学生工作体制上的重要创新。学指委的工作职责是全面规划、指导和组织全校学生工作,协调、检查、督促和考核各职能部门对学生的工作。学指委设主任、副主任,分别由分管学生工作的党委副书记和副校长担任;设常务副主任和秘书长各 1 名,负责实施学指委的决定及处理日常工作;委员由教务处、研究生院、宣传部、组织部、人事处、团委、图书馆、保卫处、一年级教学部、社会科学及工程系、体育系等学校有关学生工作部门的负责人担任。1986 年 2 月 26 日,学校任命党委副书记王宗光为学指委主任,副校长白同朔为副主任,龚民煜为常务副主任,许建文为秘书长。在学指委的指导下,全校学生工作分思想政治教育、教学管理和生活后勤三大系统贯彻执行。在各院系相应地成立

① 《关于改革学生思想政治工作体制的几点意见》。《上海交通大学管理改革初探》,第 374 页。

② 王宗光、许建文、金晓中:《回顾十年思想政治工作的经验教训,坚持把德育放在首位》(1990 年华东地区高校思政教育研讨会交流论文)(1990 年 10 月)。上交档:长期 4520。

③ 《上海交通大学关于完善学生工作体制,加强学生工作的决定(试行)》。《上海交大的教育改革(续编)》,第 286 页。

学生工作领导小组，由1名党总支副书记或副系主任或系主任助理任组长，由系行政办、教务办、分团委等部门的负责人一起参加工作，对本系的学生工作实行全面负责。对本科学生实行班主任负责制，班主任全面负责全班学生德、智、体的全面成长，学生政治辅导员协助班主任开展党团建设工作。对研究生实行导师负责制，导师全面负责研究生德、智、体的全面成长。

学指委成立后，学校对这一新的工作体制不断加以改进和完善，建立相应的工作和会议制度，加强部门协作和联系基层，不断提高工作效率和工作水平，使学指委成为各项育人工程启动的中心和枢纽；加强大学生党团建设、校园文化建设和校园精神文明建设，紧密抓住学生的思想热点，开展生动活泼、富有成效的学生思想教育和日常管理工作。实践证明，通过建立学生工作指导委员会，转变职能，理顺关系，将学生思想政治教育工作和日常管理工作有机结合，形成纵向为校级、院系级、班级，横向分校区操作的学生工作网络，从而改变了学生工作中思想政治部门与教学行政部门之间工作脱节的"两张皮"问题，形成党政合一、齐抓共管的工作特色。同时，将学生工作的重心逐渐移向基层建设，落实到学校工作的方方面面，提高了学生工作在全校工作中应有的地位。

二、学生工作队伍建设

在探索学生工作新体制的同时，学校针对一度出现的学生工作队伍不稳定现象，逐步调整和充实精干高效的专职学生工作队伍，继续依靠广大教师以业务工作为抓手，积极开展"三育人"活动，不断提高学生思想政治工作的科学化水平。至1991年，学校已组织起全校力量，发展出4支育人队伍，即思想政治教育教师、马克思主义理论课和思想品德课教师、业务教师、管理和后勤的干部职工，形成了有一定数量的专职、大量兼职、广大教师和干部职工共同关心学生成长的育人新局面。

20世纪80年代中期，改革、开放与发展给整个社会政治、思想、文化带来深刻变化和迅猛冲击。在高等学校中，学生思想政治工作的地位和作用定位不明确，工作目标和方法极不适应。面对广大青年学子高涨的改革热情，学生政工干部对于如何把握好学生的思想导向，准备不足、办法不多。有些社会舆论也给学生政工干部不恰当的消极评价，致使一部分年轻的政工干部产生失落感和委屈情绪，有的不安心本职工作，想转岗搞业务、考研究生、出国进修等。至1986年初，全校各系在第一线从事学生工作的干部降至20余名。[①] 为了稳定和建

① 《上海交通大学关于完善学生工作体制，加强学生工作的决定(试行)》。《上海交大的教育改革(续编)》，第288页。

设好一支一线的学生思想政治教育工作队伍，学校在领导班子及干部教师中加强了对新形势下学生思想政治教育重要性和紧迫性的认识，对学生政工干部队伍明确其在学校工作中的地位，定名为思想政治教育教师(简称“思政教师”)。1987 年，学校贯彻国家教委有关精神，制订《关于加强我校学生思想政治工作队伍建设的规定》《关于加强学生思想政治工作队伍建设的若干措施》《关于学生思想政治教育专职人员聘任教师职务工作实施细则》等文件，明确规定思政教师属教师编制，思想政治教育是教育教学工作的一部分，可计算工作量，评价其学术价值。在校教师职务资格评审委员会下，增设学生思想政治教育学科评议组，按国家教委统一规定的升职比例，评审思政教师的任职资格，其中副教授和教授的任职资格，经由评议组提出评议意见后，分别送上海市高教局和国家教委审定。这样，不仅从名称上，更重要的是从制度上，将学生工作干部归属教师队伍，统一编制、统一培养，使思政工作成为一个有作为、能发展、吸引人的岗位，并形成良性循环。

此后几年中，学校采取一系列措施，着力建设稳定的思政教师队伍，提高他们的整体素质。与干部队伍建设相结合，学校制订《思政教师职责、培养、管理条例》和相应制度，不断调整思政教师队伍结构；通过培养思想政治教育本科和硕士研究生、脱产入党校进修、寒暑假举办集训班、边工作边学习等多种培养方式，切实提高思政教师队伍的专业化水平。1984 年，经教育部批准，学校设立思想政治教育本科专业，学制 4 年；1984 年和 1985 年，先后举办马克思主义原理和思想政治教育两个第二学士学位班，招收已获得学士学位并在高等学校从事思想政治工作一年以上的在职干部，学制为 2 年；1988 年，思想政治教育专业获得硕士学位授予权，形成了培养本科生、第二学士学位生、硕士研究生等各种规格的思政工作专门人才的培养体系。

到 1991 年，全校有思政教师 130 人，其中专职的 106 人，兼职的 24 人。① 他们分散在校、院系、年级 3 个层次的党、政、团的岗位上，担负着基层形势与政策教育的组织工作、党团工作、日常思想政治工作、毕业分配工作以及精神文明建设活动的组织领导工作等，成为广大学生政治上的向导、学习上的指导、生活上的挚友。后来，他们中的一部分人成为本校或其他高等院校及上海市有关部门的领导骨干，如黄晞建、董金平、潘永华、姜斯宪、谢海光、张安胜、张伟令、林忠钦、陈龙等。

马克思主义理论课和思想品德课教师，是学生思想政治教育的重要力量。他们主要通过讲授系统的政治理论课程，同时协助党、团组织开展工作，来对学生进行思想政治教育。

---

① 《我校思政教师队伍的现状与建设》，《交大简报》(第 2 期)1991 年 1 月 10 日。上交档：长期 4787。

“文革”结束后,学校恢复马列主义理论课的正常教学工作。马列主义教研室还恢复建立“下系小组”,每组有3至5名教师,配合各系政工干部和班主任,共同抓好每周政治学习;每位教师确定一个班级为重点联系单位,结合学生的思想、作风和生活实际,有的放矢地上好政治理论课。1982年9月,根据教育部加强大学生德育教育的规定,成立德育研究室,为本科生开设思想品德课,这成为对大学生进行理想、道德、人生观教育的一门重要课程。1985年4月,学校在马列主义教研室和德育研究室基础上,成立社会科学及工程系,承担全校马克思主义理论课和大学生思想品德课的教学任务。此后,社会科学及工程系按中央有关文件精神,努力从内容和方法上探索理论课的改革,编写《中国革命史》《中国社会主义建设》《马克思主义哲学基本原理》《马克思主义原理》等教材。学校吸收充实一批有一定理论水平的年轻教师,1989年底全校有50余名两课教师坚守在思想政治教育第一线,直接做好学生的思想教育工作。1989年和1991年,学校党委两次下达文件,进一步采取措施改进两课教学及加强两课教师队伍建设,以利于更直接有效地提高大学生的马克思主义理论水平,用马克思主义理论和世界观去占领学校的思想文化和舆论阵地。

学校从1989年9月开始,为帮助大学生了解国情、加深对党和社会主义制度的认识,面向全校学生开设《形势与政策课》。它是按照一门教学课程设置的,以课堂正面讲述为主,对学生进行时事政治形势政策的有效教育。学校专门制订出相应制度,拨出专项经费,保证教材和讲课费用。该课程列入教学计划,安排专门课时,其中将一、二、三年级学生编成大班进行授课,课堂考勤,期末考试,考试合格者记2个学分,不及格者需补考;四年级毕业班则结合毕业分配工作进行。该课程由党委宣传部负责开设,授课教师由机关干部、思政教师、两课教师担任,实行一年一次的聘任制,共有专、兼职教师约30人。在宣传部部长尹继佐等带领下,他们深入班级宿舍调查,分析学生思想政治状况,坚持集体备课,确定每学期授课的主题,并有针对性地编写讲义和教学大纲,做到讲授内容既旗帜鲜明,又紧密联系实际,把握住了大学生的思想热点。因此,学生们在课堂上认真听讲,积极讨论,学习党的方针政策,了解国内外形势,普遍感到有收获。

学生的思想、学识、品格和价值追求,都受到广大教师的深刻影响。教师以身作则,对学生既教书又育人,管教、管学、管思想,才能更好地引导学生德、智、体全面发展。从1981年开始,学校多次召开全校性“教书育人”经验交流会和研讨会,一些成功经验还获得上海市教育工会的宣传推广。1984年9月,校工会和应用数学系共同编辑出版《教书育人》专辑。同年,校工会又提出“管理育人”“服务育人”两个口号,与全国教育工会提出的“教书育人”口号相配套,形成了“三育人”理念。1985年6月,上海市教育工会在应用数学系召开“教书育人现场会”,介绍该系“广泛开展教书育人活动,党政工齐抓不放,常讲不忘”的经验。1987年6月,应用数学系荣获上海市高校教书育人集体优秀奖。1988年1月,学校召开第二届教职工代表大会,审议通过《上海交通大学教书育人守则》。学校党委和校长办公会议还相继制订《党委关于加强对“教书育人”工作领导的五项措施》《贯彻执行“上海交通大学教书育人守则”的几点措施》。

教师轮流担任班主任工作,是学校依靠广大业务教师发挥教书育人作用的一重要措施。学校在教务处专设分管班主任工作的副处长岗位,各系主管教学的副主任实施具体领导。为激励教师做好班主任工作,学校规定副教授以下职称的教师都要经过班主任工作岗位锻炼,任期一年以上;班主任工作情况必须载入教师业务考核档案,并作为教师职称提升的考核依据之一;对于做出成绩的班主任,特设班主任工作优秀奖,实行单项奖励。此外,学校注意加强党的建设,提高教师党员的素质,加强教师党支部的战斗堡垒作用,以此带动全体任课教师教书育人。同时,学校重视政策引导,每年评定教学优秀奖时将教书育人情况列为重要的参考依据,鼓励优秀业务教师在经常性的教学活动、课余接触过程中,开展学生思想政治工作。

随着“三育人”思想逐步深入人心,学校教学管理部门和后勤服务系统的教职员工越来越多地参加到管理育人、服务育人的工作中。他们在与广大学生的直接接触中,强化了信息反馈、相互沟通与监督,在平凡的工作岗位上创造出许多动人事迹。如进行宿舍修旧服务时,注意对学生进行节水、节电、爱护公物的教育;在宿舍值班管理时,为学生煎药、缝补衣物……他们中的一部分优秀同志还兼任班主任、团干部等思政工作,在这种新型兼职模式中继续探索管理育人、服务育人的工作新经验。

十多年来,上海交大涌现出一批教书育人、管理育人、服务育人的优秀教育工作者,如全国普通高等学校优秀思想政治工作者黄彭龄,上海市高等院校优秀学生思想政治工作者朱淑英、徐伟平、张天蔚、程龙根、季学玉、邬振耀、谢咏絮、陈应麟、顾树华、刘国亭、朱秀珍、楼运豪、董金平、胡光锐、吴镇、赵斌、陈全福、施兆龙,上海市高校教书育人成果奖一等奖获得者王嘉善,上海市高等学校优秀思想政治工作者王宗光、卢积才、刘洪福、俞文虎、王永华、潘永华、龚民煜、何永棣、王佩筠、贾学堂、杨德和、唐棣芳、徐大中、赖家清、季学玉,上海市优秀班主任吴大鑫,[①]等等。

① 资料来源:《一九八二年度上海市高等院校优秀学生思想政治工作者表彰大会光荣册》(1983年1月)。上交档:永久828;《上海市高校教书育人成果奖获奖名单》(1987年9月5日)。上交档:JX253;《1991年上海市和全国高等学校优秀思想政治工作者名单》。上交档:永久1616、长期4795;《上海交通大学统计资料汇编(一九九一年)》。上交档:永久1622。

三、学生思想教育和日常管理

做好大学生党组织和团组织建设，是学生思想政治工作重要的一项内容。自 1979 年初成立第一个大学生党章学习小组开始，学校各级党组织在学生党建方面做了大量工作。学校利用假期举办千人以上的大型党章学习集训，各系分别组织读书班、党章学习小组、专题报告会、座谈会、参观访问、社会调查、演讲比赛、试卷问答等，大力培养入党积极分子。在发展学生党员过程中，根据大学生在校四年的特点，做到“早播种、早选苗、早培养”，坚持“积极、慎重”的原则，成熟一个发展一个，以保证新党员的质量。1980—1991 年，学校共发展学生党员 1 827 人。[①] 至 1991 年底，全校有研究生党员 295 人，占研究生总数的 23.43%；本专科学生党员 163 人，占本专科学生总数的 1.54%，[②] 实现了低年级有党员，高年级有党小组，年级或系建立学生党支部。学生党员教育工作坚持以党的基本路线、党的宗旨、党性党风党纪、理想和信念教育为主要内容，组织“三会一课”（小组会、支委会、支部大会和党课），举办业余党校学习，开展“创建先进党支部、争做优秀党员”等活动。

1991 年除夕夜，党委副书记王宗光（左 2）与留校师生共庆佳节

共青团组织是学校党委联系青年群众的纽带。1979 年、1982 年、1988 年，分别召开共青团上海交通大学第六、七、八次代表大会，对团的组织机构进行调整和充实。1978—1991 年，历任校团委书记是季学玉、施福升、张天蔚（代）、高国富、姜斯宪、王伊宁、马二鸣、蒋宏。校团委把工作重点转向基层支部，通过各种积极向上的团组织活动，对团员青年进行形势、政治思想及理想教育。1988 年，校团委设立团支部组织生活改革基金和优秀分团委活动奖励基金，每月评选一次，以激发基层团组织的活力。1989 年上半年，结合颁发团员证，开展主题为“求知、发展、爱国、荣校”的系列活动。1991 年 10 月，成立共青团上海交通大学委员会团校，作为培训团干部的基地。在团的自身建设日趋完

① 历年《中国共产党党组织和党员统计（党内统计）年报表》。上交档：永久 599、永久 625、永久 724、永久 765、永久 805、永久 897、永久 986、永久 1094、永久 1239、永久 1331、永久 1399、永久 1451、永久 1563、永久 1614。

② 1991 年《中国共产党党内统计年报表》。上交档：永久 1614。

善的基础上,由团委具体组织全校性的大型学生活动。校团委还把大学生心理咨询工作作为思想政治教育的一个特殊的重要方面。1985 年成立益友咨询服务中心,开设心理门诊、提供公开咨询、举办专题讲座、创办《益友报》等,受到学生们的欢迎,成为青年学生的良师益友。

学校重视学生管理工作,1980 年制订新的《学籍管理暂行条例》《学生考勤办法》《学生奖惩办法》《考场规则》等,汇编成《上海交通大学学生手册》。1981 年建立起品德评定制度,加强对学生政治思想、道德修养的考核,对学生执行《学生手册》的情况进行定期检查。此后学校陆续制订了关于学生组织与社团,实践性教育管理,学生奖学金、助学金、贷学金、困难补助的管理,"三堂一舍"(课堂、礼堂、食堂和宿舍)的管理,图书馆及学生刊物的管理,校园管理,安全保卫工作,学生自费出国及违纪处理等一系列的规章制度,于 1988 年汇编成《学生工作管理手册》。1989 年,国家教委颁发《高等学校学生行为准则》,次年又发布《普通高等学校学生管理规定》和《高等学校校园秩序管理若干规定》,作为党和国家对高校学生在政治、思想和品德等方面的基本要求。为贯彻上述《准则》和《规定》,学校制订了实施细则。

自 1986 年起,学校积极致力于建设优良学风、严肃校纪校规工作。1987 年 5 月,全校开展为期一个多月的"严格校纪校规、加强教书育人、建设优良学风"的活动,在学生中进行学风问题的专题调研,编写违纪案例的分析资料,对个别违反校纪校规的学生进行严肃处理。1989 年 3 月,提出《上海交通大学加强校风校纪建设若干意见》,经教职工代表大会讨论同意后组织实施。1990 年 5 月,再次开展建优良学风校风活动,副校长白同朔在作动员报告时指出:"交大的优良学风是有传统的,是学校之所以誉满全国、誉满世界的一个法宝,因此只有在抓教学的同时严格地抓管理,才能使学校保持传统,真正地名副其实。"[①]1991 年 3 月和 9 月,又开展"创优良班风"活动。

20 世纪 80 年代初,中央号召开展"五讲四美三热爱"和"全民文明礼貌月"活动。学校积极组织大学生开展学雷锋、创三好、树新风、做好事活动,组织青年师生参加美化校园、服务社会的公益劳动。学校每学期召开争优创先表彰大会,进行"争优创先"经验交流。全校涌现出一大批三好学生、三好班级、优秀学生干部、文明寝室、先进集体、新长征突击手、新长征突击队、优秀团支部、优秀毕业生等全国、上海市和学校授予的先进集体和个人。

学校还大力开展向先进人物学习的活动,发挥榜样的教育作用。1981 年,校团委发出向本校学生、优秀共青团员詹志芬学习的号召。26071 班学生詹志芬自 1979 年初患恶性汗

① 《上海交通大学纪事(1896—2005)》(下卷),第 952 页。

腺瘤，先后4次手术治疗。但他始终以坚强的意志与病魔作斗争，在病床上坚持顽强学习，成绩稳步上升。《青年报》在头版位置报道了他的感人事迹。1981年8月，他回家乡休养，不幸病逝。

1990年，学校党委作出《关于在全校开展学习唐坤发副教授先进事迹的决定》，开展"学习唐坤发，报效我中华"活动。唐坤发是校应用物理系副教授，中共党员，因患肝炎于1989年1月病逝，年仅35岁。在与病魔作斗争的两年中，他凭着对学术事业的执著追求，坚持刻苦学习，发奋工作，在国内外物理学权威杂志上发表30篇论文，成为1988年我国在国际学术刊物上发表论文最多的前10名作者之一。

1991年，学校制订《社会主义精神文明建设的"八五"规划》，提出主要奋斗目标是学校"应建设成为培养和造就德智体全面发展的社会主义事业建设者和接班人的坚强阵地"，[①]还明确了精神文明建设的基本要求以及10项主要任务和措施。

1990年5月11日，上海市市长朱镕基（左4）、上海市教卫党委书记刘克（左5）到闵行校区与大学生座谈

改革开放以来，大学生参与政治的热情十分活跃。学校因势利导，深化校园文明与民主建设。每年多次安排举行校系党政领导、有关部处与学生代表的座谈会，听取意见、改进工作，让学生直接参加涉及学生切身利益的决策讨论，并将学校一些重大政策或重大活动传递学生，让学生及时了解学校的工作意图。1984年，建立校领导深入基层、联系群众的4项制度，其中包括校领导定期下学生食堂就餐制度。1987年，根据《关于进一步加强校园社会主义民主建设，推动学校改革的几点意见》，建立校领导接待日制度，设立校长联系电话和信箱，听取学生对学校工作的反映和意见。通过这些举措，把思想政治工作的正面教育与民主平等、协商对话相结合，沟通对话渠道，使思想教育生动活泼，入耳入脑，并与解决实际问题、严格执行规章制度结合起来。

---

① 《社会主义精神文明建设的"八五"规划》(1991年3月)。上交档：长期4783。

与此同时,学校在学生会、研究生会的机构改革中进行实践性尝试,培养学生正确的民主意识和民主作风。在校团委的指导下,1977 年学生会重新开展工作,同年 11 月召开第七届学生代表大会,1981 年举行第八届学生代表大会,此后每年举行一次代表大会。1985 年,学生会改名为学生联合会(简称“学联”)。1977—1991 年,历任校学生会(学联)主席是蒲龙云、王森章、戴海波、沈伟理、李玉国、范征、孙德仁、滕伟、陈建中、李家文、陈铭京。为了加强对研究生社团工作的组织、管理和引导,更好地开展各类适合研究生特点的活动,学校于 1982 年 11 月召开第一届研究生代表大会。1983 年 11 月,学校召开第二届研究生代表大会,正式成立上海交大研究生会。此后每年举行一次代表大会。1988 年,研究生会改名为研究生联合会(简称“研联”)。至 1991 年,历任校研究生会(研联)主席是周忠民、陈健、曹安生、王海涵、沈学明、陈龙、徐志峰、李康、徐泽辉。学联、研联在沟通学生和学校之间的联系,及时反映学生对学校工作的意见和建议,积极参与学校有关部门的管理工作,敦促学校解决学生中一些迫切需要解决的问题,帮助学生全面了解学校工作进展与暂时存在的困难等方面,做了大量的工作。

为加强研究生思想政治工作,1983 年学校党委制订《上海交通大学研究生思想政治工作条例》,决定为研究生配备政治辅导员,健全党、团组织建设,建立研究生班委会,发动广大指导教师关心研究生思想政治上的成长。由于 20 世纪 80 年代初研究生数量较少,学校在一段时期内对研究生思想政治工作的特点研究不够,体制与队伍建设也没有跟上,基层思想政治工作有所不足。从 1986 年起,随着研究生队伍的不断壮大,学校党委决定全校研究生思想政治工作实行统一领导,由学生工作指导委员会总协调,配备分管研究生思想政治工作的研究生院副院长;从教师队伍中抽调 15 名具有高级职称的优秀中老年教师担任研究生的政治导师,从思想上、业务上和生活上全方位地指导研究生,建立起以政治导师为核心的育人制度;加强正面教育与注重自我教育相结合,抓好研究生党支部建设,坚持研究生形势与政策教育并形成制度,组织研究生参加社会实践,开展研究生学术、文化、体育活动,推行研究生兼助教制度等。经过几年的探索与实践,全校研究生思想政治工作从“难以开展”转变为“呈现生机”,全体研究生的精神面貌和工作、生活状况都出现了可喜的变化。

四、学生社会实践教育

改革开放以来,广大学生爱国热情高涨,希望中国早日富强;但他们对国情缺乏了解,同社会的实际接触较少，正如有学生说："我们是睡在床上，望着天花板，设计着未来的蓝图。"[①]因此，学校积极采取措施，组织学生参加生产实习、农业生产劳动、军事训练、社会考察和勤工俭学，帮助他们更多地了解社会，了解国情、世情与民情，培养实事求是、艰苦奋斗、脚踏实地的实干精神，树立正确的人生观和价值观。

"文革"结束后，上海交大恢复校内金工实习的教学传统，校办工厂金工车间每年接受2 000多名低年级学生参加生产实习，内容包括车工、钳工、铣工、刨工、磨工、铸工、锻工、焊接、热处理等。同时在高年级学生的教学计划中恢复生产实习环节，1981年学校组织全校8个系20个专业38个班级的1 500名1977级、1978级学生，赴工厂参加生产实习。1987年，学校制订《上海交通大学各类实习和社会实践工作暂行条例》，就实习类型、目的要求、组织实施、成绩考核作出了明确规定。

学生在金工车间进行生产实习

1989年底，学校开展教育思想大讨论，内容之一是要加强实践教育。学校决定投资600万元在闵行校区新建一个供学生实习的工厂，每年接纳2 700名学生实习。1990—1991年，共安排6 000多名学生参加生产实习劳动，机械类专业安排27天，非机械类专业安排18天。同时，学校积极落实校外实践教育基地，至1991年累计与90多个工厂、企业、研究所等单位建立了广泛的联系，其中较稳定的生产实习基地约60个，如上海宝山钢铁总厂是最大的综合教育基地。从1990年开始，学校还将毕业设计(论文)与预分配工作结合起来，使一部分毕业生提前半年或一年联系落实与自己所学专业相关的工作单位，根据单位的实际选择课题，进行毕业实习和毕业设计。1990年在10个系66名毕业生中进行试点，1991年扩大到241名学生。

1990年，上海市政府发出《组织本市高校大学生参加农业生产劳动的意见》。

---

① 上海交通大学:《加强实践教育和实践环节，全面贯彻党的教育方针》(1991年上海市教育工作会议经验交流材料)。上交档:JX974。

学生在交大农场学农劳动

上海交大决定在闵行校区东部尚未建校舍的区域,划出近200亩土地,建立交大学农农场。11月5日,举行开场典礼,同时接受第一批学生入场劳动。至1991年6月,接纳近5 000名师生参加学农劳动,学生平均每人劳动11天。通过农业生产劳动,学生们普遍经受锻炼,培养了不怕苦、不怕累、不怕脏,用自己双手创业获丰收的精神。农场收获的粮食蔬菜用于供应学校食堂。1993年,学校总结的"理工科院校实习农场的探索与实践"获上海市优秀教学成果一等奖,学校同时被评为上海市学农工作先进集体。后东部校园土地开发建设,农场停办。

1980年,国务院颁布《中华人民共和国兵役法》,规定:"高等学校的学生在就学期间,必须接受基本军事训练。"[①]据此,上海交大将学生接受军训列入教学计划,以暑假集中军训的形式,先后组织1979级、1981级、1982级、1984级共5 132名学生受训,承训部队由上海警备区派出,军训内容为政治教育与军事训练。

1986年,国家教委、总参谋部、总政治部等8部门联合发出《关于加强高等学校学生军事训练试点工作的通知》。1987年,学校被列为到部队实施训练的试点单位之一。军训内容有学习中国人民解放军条令及优良传统、队列训练、轻武器射击等;军事理论课内容有军事思想、现代军事科技、现代战争特点等,该课程作为学生的必修课之一,占4个学分。凡军训缺训者须补训,军事理论课考试不及格者须补考,未学者须补修,否则不能毕业。1987年9月,1987级新生2 600人开赴江苏宜兴解放军83016部队驻地,进行历时5个星期的军训。在部队里,交大师生与解放军同吃、同住、同训练;在训练中,学生们守纪律、肯吃苦,军训成绩优良,得到部队官兵的一致好评。在10月11日举行的阅兵式上,交大学生以出色的军事表现,获得承训部队首长吴铨述、张天富和上海市委

① 体育卫生与艺术教育司:《学校体育卫生艺术与国防教育工作的回顾与展望》。中华人民共和国教育部办公厅、直属机关党委编:《邓小平理论指引下的中国教育二十年》,福建教育出版社1998年版,第306页。

常委、教卫党委书记陈铁迪的赞赏和肯定。10 月 12 日上午，军训学生在一次随军活动中，在宜兴境内意外发生重大交通事故。1987 级热能动力机械与装置专业 20171 班学生所乘军车被地方拖拉机碰撞，引起油箱起火爆炸，造成学生伤亡。军训班班长魏伟同志为抢救大学生而光荣牺牲。上海市委市政府、上海市教委、学校和部队做了大量救援善后工作，对事故中遇难及受伤者深感痛惜。上海瑞金医院、长海医院、中山医院等 8 家医疗机构派出烧伤科专家，全力开展伤员救治。学校组成事故处理领导小组，全面负责学生的治疗、安抚和续学等善后事宜。

魏伟班(20171 班)全体师生合影留念

为纪念、学习解放军战士的英勇精神，20171 班被命名为“魏伟班”。“魏伟班”的学生以英雄的光辉形象勉励自己，在经历了不幸后变得更加成熟。他们战胜伤痛，克服困难，认真学习，追求进步，以优异成绩被评为三好班级。1990 年，学校召开魏伟班命名三周年纪念大会，学校党委副书记王宗光高度评价魏伟精神：“如果说魏伟烈士为交大种下了一颗共产主义思想的种子，那么‘魏伟班’同学为这棵种子的发芽、成长辛勤浇灌，精心护理，作出了努力。他们无愧于英雄班级的称号。”①

学生军训英姿

自 1990 年起，学校每年暑期组织二年级本科生在闵行校区开展准军事化训练，承训官兵仍由 83016 部队派出。至 1991 年，共有 1989 级、1990 级 4 429 名学生受训，在校园的军营中经历绿色的洗礼。

① 《上海交通大学纪事(1896—2005)》(下卷)，第 959 页。

1987年以前,上海交大每年组织夏令营活动。1980年举办为期一周、200多人的学生班长、团支书以上干部夏令营。1981年,学生干部340余人组成工作夏令营。此外,学校鼓励大学生自发地利用课余时间和假期,回乡回厂开展零散实践活动。1987年,学校颁发《关于加强本科教育的决定》,要求学生在校期间应参加不少于15天的社会实践活动。校教务处又制订《关于学生社会实践工作的暂行条例》,规定了考查考核的办法。此后,大学生社会实践活动逐年发展,不断深化,具有主题鲜明、点面结合、组织严谨、实践面广、形式多样等特点。

1990年暑假,全校组织6 000多名学生参加各种形式的社会实践活动,足迹遍及祖国东西南北。学生们参观考察大庆油田、第二汽车制造厂、江苏的仪征化纤厂、宁波的北仑港发电厂和上海宝山钢铁总厂等国家重点工程,走访老、少、边、穷地区,开展科技文化服务,参加义务劳动。暑期结束后,收到调查报告或考察论文千余篇,校系召开数十次社会考察报告会、演讲会,介绍学生社会实践的收获。交大"90暑期社会实践大学生演讲团"还走出校园,向10余所上海市重点中学进行巡回演讲,中学生家长称之为"同龄人的自我教育"。[①]1991年暑期,学校以"受教育,长才干,作贡献"[②]为主旨,与河南省南阳市、上海宝山钢铁总厂、江西共青城、江苏省昆山市联建大学生社会考察基地,组织近万名学生参加多形式、多内容、多层次的各类社会实践活动。通过社会实践考察,广大青年学生亲自体验创业者的甘苦,领略建设者的风采,了解社会主义建设和改革开放的实际,增强了对祖国、人民的热爱及社会责任感。

1990年,中央宣传部、国家教委、共青团中央委员会授予上海交通大学"社会实践活动先进单位"的荣誉证书

这一时期,上海交大学生社会实践论文《观察与思考——赴温州考察报告》《常州东风印染厂的政治体制改革调查报告》《赴常州柴油机厂综合考察报告》等,获上海市大学生优秀考察报告奖;学生考察项目"交通大学常州暑期学校"

① 《上海交通大学纪事(1896—2005)》(下卷),第956页。

② 《上海交大一九九一年暑期社会实践活动总结报告》(1991年11月)。上交档:长期4792。

“江西赣县船厂80吨半舱驳设计及工艺”“常州电子仪器厂SKQ时间控制器研制”“开拓与奉献——共青城之行”“昆山科技服务”等，分别获上海市大学生社会实践优秀活动奖和优秀服务成果奖。学校3次获得共青团上海市委、上海市高教局颁发的上海市大学生社会实践活动优秀组织奖，还荣获中宣部、国家教委、团中央联合授予的社会实践活动先进单位称号。

学校一直把大学生勤工助学视为锻炼学生自力更生能力的重要培养环节。每年安排10万元经费额度，分配到各院系和有关部门，用于安排学生勤工助学活动。1984年，校团委创办学生科技应用开发中心（后称昂立中心），组织研究生和本科生开展科学研究、科技咨询、社会调查、经营管理和劳务型勤工助学活动。至1988年初，昂立中心承接并完成科技服务项目278项，参加科技开发与经营服务的学生超千人。[①] 1988年6月，昂立中心在原有基础上改制成立上海交大昂立实业集团，作为独立经营和管理的经济实体，继续服务于全校学生的勤工助学、社会实践和科技服务活动。[②] 学校还成立勤工助学中心，配备专职教师指导学生开展活动，每月常规参加勤工助学人数达600人左右。[③] 勤工助学中心以其宽广的覆盖面和优质的服务，荣获上海市优秀青年服务队称号。

五、学生校园文化生活

丰富多彩、健康有序的校园文化生活是上海交通大学精神文明建设的重要组成部分。1985年，学校提出“校园文化”概念，在营造优良的校园文化环境、组织各类大学生科技创新和文艺体育活动方面进行了有益的探索。

大学生课外学术科技活动的蓬勃开展，是上海交大校园文化一个鲜明的特色与亮点。从1981年起，学校组织学生广泛开展学习兴趣小组活动，成为第二课堂兴起的前奏。1982年，学校成立科技文化协会领导小组（筹），负责指导全校学生社团活动。之后，各类学生社团如雨后春笋般纷纷建立，作为第一课堂的补充，为广大学生提供参与实践、施展才能，进行自我管理、自我教育和自我服务的机会和场所。发展至1983年底，全校性的学生社团达29个，系级社团组织和兴趣小组67个。每学期参加各类讲座的学生达18 000多人次，参加各

---

① 《关于支持和加强我校学生勤工助学活动的意见》（1988年9月29日）。上交档：长期3857。

② 上海交大昂立实业集团后更名为“上海昂立教育科技有限公司”，经过近30年的发展壮大，成为学校产业集团中的骨干企业。因其出色的业绩和发展潜力，该公司于2014年与交大上市公司“上海新南洋股份有限公司”合并，成功实现资产重组，为交大产业发展注入了新的活力。

③ 《加强实践教育和实践环节，全面贯彻党的教育方针》（1991年7月）。上交档：JX974。

类社团活动的学生有1 600多人。为了进一步做好第二课堂的发展工作,1983年11月,在全校学生社团成果展览周期间,成立交大学生科技文化协会总会,王宗光任总会会长,副校长朱雅轩任指导委员会主任。学校还给学生社团活动提供必要的经费;许多专家教授出任学生社团顾问或辅导教师;物资处提供废旧仪器设备;30多个实验室向学生社团开放;机械工程系贴出招贤榜,吸引学生社团承接力所能及的科研任务。此外,学校坚持以条规和评比为杠杆,使第二课堂活动既有普及,又上台阶。经过多年良性发展,在交大学子中形成了一股积极参与课外学术科技活动的风气,科技星火届届相传。至1991年,学校形成以昂立实业集团、勤工助学中心为平台,以院系各科协组织为分支机构,以专业班的课余兴趣小组为活动单位的系统网络。一支庞大的学生科技队伍成为活跃校园文化建设的生力军。全校有各类学生科技组织近20个。每年直接参与课外学术科技活动的骨干有300人,一般成员达3 000余人。每两年一届的学生科技成果展览、一年一度的研究生学术报告会和"小爱迪生"业余科技制作等全校性活动,各院系结合专业特色开展的科技活动节,诸如化学节、物理节、数学周、计算机周、自动化周、电子周、信控节、建工节、能源之春、思想文化周等,吸引了广大学生积极参加。学校还将学生科技创新与科技服务相结合,使之成为学生社会实践活动的一个有机组成,不仅为校内师生开展经常性的科技服务,而且还在四个校区附近的街道每年开展4至5次的一条街服务活动。

经过多年的耕耘,交大学生课外学术科技活动收获了累累硕果。精密仪器系硕士生斯杨研制的"JNH人体手臂动作稳定度康复测试仪",改变了国际医疗界只能凭直观定性测试帕金森病症的历史,成为专利产品并投入上海市第一人民医院等多家医疗机构临床使用,其论文还获得上海市科协第四届青年优秀科技论文二等奖。计算机科学及工程系硕士生钱挺开发的"计算机C语言辅助教学系统"、精密仪器系硕士生严慎制作的"激光测轴承滚动体表面粗糙度仪"、计算机科学及工程系硕士生袁伟等设计的"高精度恒温恒湿机电脑控制器"等科技成果,被直接投放市场并取得较大的实用推广价值。此外还有多功能电子手杖、遗失报警器、充电稳压两用电源等实用性很强的小发明。[①]

上海交大学生参加国家级、市级学术科技竞赛及展览活动,屡获佳绩。1989年,上海市微电脑应用协会等单位组织首届上海市青少年微型电脑应用知识竞赛,上海交大学生获得团体冠军和个人冠军、亚军;在翌年的竞赛中,又获非计算机组团体冠军,同时获计算机专业

① 周道洪:《我校学生课外科技活动"连台好戏"红杏出墙》。熊丙奇主编:《足迹——上海交大报出版1000期作品选》,上海交通大学校刊编辑部2002年,第318页。

组团体亚军和个人冠军。1990 年，上海市高教局会同上海市工业与应用数学学会组织了首届上海市大学生数学模型竞赛，上海交大学生获数学类唯一的一等奖和一项三等奖。1991 年，在第二届“挑战杯”全国大学生课外科技学术作品竞赛活动中，上海交大学生直接参赛的 6 件作品全部获奖，夺得团体第一名并捧回挑战杯奖杯。同年在首届中国青年科技博览会上，上海交大学生的 2 项科技作品荣获新星奖，1 篇论文获青年科技论文二等奖，有近 10 项科技成果转化为生产力。[①]

上海交大获首届上海市青少年微型电脑应用知识竞赛团体冠军

在校团委、学生会和研究生会的精心组织安排下，各类校园文化艺术活动大量开展，精彩纷呈。每逢佳节，学校都举行内容丰富的文艺活动，如新春音乐会、校庆晚会、文艺汇演、歌咏大赛、赛诗会、书画比赛、游园活动等。1981 年 6 月，学生会组织毕业生开展思源爱校系列活动，倡议毕业生“为母校做一件有意义的事”“向母校交好最后一份卷”。自此，思源爱校活动每年举行，并形成特色。日常校园文化活动也很活跃，有大学生周末晚会、音乐会、联欢活动、歌舞大赛、演讲比赛、大型书市、新老生旧货交易市场、电影以及摄影、书画等各类比赛和展览。每年一度的文化艺术节，是对校园文化建设成果的全面检阅。徐汇校区的学生艺术节始于 1986 年；闵行校区的学生艺术节始于 1988 年，后改为校园文化巡礼；研究生艺术节则始于 1989 年。艺术节上各种文艺、体育比赛及校区预赛吸引了众多的参与者。丰富多彩的各类活动，包括学生画展、摄影展、诗歌创作朗诵赛、小工艺品制作汇展，以及学生合唱团、舞蹈队、声乐队和器乐队各具特色的表演，展示了交大

上海交大

SHANGHAI JIAODA 第396期（特刊）本期二版

1982 年 10 月，上海交大首届美术作品展的部分作品发表在校刊上

① 《上海交通大学志(1896—1996)》，第 546、316—317 页；《上海交通大学纪事(1896—2005)》(下卷)，第 981 页。

学子的青春风采和艺术情趣,被《新民晚报》头版文章赞誉为"高层次、高质量与思想文化艺术结为一体"。

校团委、学生会和研究生会陆续建立书画社、书法篆刻协会、摄影协会、集邮协会、交响乐爱好者协会、电影音乐爱好者协会、影视协会、围棋协会、象棋协会、桥牌协会、文学社、演讲协会、球迷协会、思源爱心协会等文化艺术类学生社团30余个。自1988年开始,学校每年举行一次学生社团文化巡礼,对社团活动进行综合检阅。先后创办《益友》《学生工作参考》《研究生通讯》《交大研究生》等刊物,交流工作情况,刊登学生所写的思想性、文艺性文章,反映交大学子的思想、工作、学习和生活。其中《益友》作为团刊、《交大研究生》作为研究生报,办出了特色,并与兄弟院校建立了经常性的交流联系。

学生口琴表演

1986年五四青年节晚会上学生合唱团的表演

20世纪80年代以后,学生艺术团也得到进一步发展。设有舞蹈队、管弦乐队、合唱团、民乐队、舞美组、话剧队、创作组等团队,人员达170余人。在校内定期举办小提琴、舞蹈短训班,开设声学、视唱、练声与基本乐理3门课,经常配合各项大型活动进行汇报演出,并多次在市级文艺汇演中获奖。如,1980年起每年都参加上海市"忘年交"演出活动,1987年登上上海音乐厅舞台参加星期广播音乐会的演出,1989年参加上海市高校合唱比赛并获二等奖,1991年举办纪念"全国艺术指导委员会座谈会"文艺演出。1986年4月,学校还组建教工合唱团,常在校级大型节日纪念日活动中与学生合唱团联合演出。此外,学校先后邀请仲林歌舞团、上海舞剧院、上海民族乐团、上海交响乐团、上海合唱团、上海蜂花歌舞团、上海芭蕾舞团、上海电影乐团到校演出，并邀请张瑞芳、孙道临等电影明星及艺术家来校进行讲座和教学。

从 1978 年起，学校体育教学、群众体育活动和体育竞赛得以恢复和发展。学校加强对体育工作的领导，在校体育运动委员会领导下，各系建立系体育领导小组，负责全系日常体育锻炼和班际、年级间的比赛事务，以及校、系运动会的组织参与工作。

1978 年 4 月，校体委专门召开体育工作会议，提出“力争全校 40％的学生达到《国家体育锻炼标准》”的目标，并规定：凡达标率在 40％以下的班级不得参与校三好班级的评比，不达标者不能评为三好学生，同时还与奖学金挂钩。学校围绕体育锻炼达标工作，采取课内外相结合、体育教师与班主任相结合、锻炼与比赛相结合等形式，组织学生开展课外锻炼和测试，定期举行体育锻炼达标赛。全校学生锻炼热情高涨，达标率从 1980 年的 67％上升至 1994 年的 96.2％，名列上海市高校前茅。1991 年开始实行的《大学生体育合格标准》，是国家对大学生实施全面身体锻炼的新要求，其内容包括早锻炼（或早操）、体育课成绩、体育锻炼达标以及身体形态、机能等方面的要求，并规定不达标者不予毕业。为此，学校专门成立“大学生体育标准合格领导小组”，具体负责组织开展锻炼、测验、统计等工作，取得显著成绩。学生早锻炼，有助于振奋精神、增进健康，同时也是实现达标的一有效锻炼方式。20 世纪 80 年代初开始，学校进一步落实学生晨操制度。1981 年，国家体委等单位对校体育工作进行验收，专门对晨操进行考核，学生出勤率达 96％。20 世纪 80 年代中后期，学校实行冬季晨跑锻炼、春秋季做广播体操的制度，由班主任和体育教师共同对学生进行管理。20 世纪 90 年代起，学校实行由体育课教师负责早锻炼辅导和考勤，随后改为晨跑，并由学指委和体育系轮流考勤。

1987 年 4 月，学校举办首届体育节

学校每年举办一次校运动会，自 1990 年第 30 届校运动会起改在闵行校区举行；1987 年举办第 28 届校运动

会的同时举行首届校体育节,从1990年起每两年举行一届;1986年举办首届教工运动会,此后每两年举行一次。1980年,学校组织了由80余个球队参加的足球大赛,并成立校内第一个单项体育协会——足球协会。[①] 此后在全校范围内形成校办—系办—民办的三级体育竞赛网络,如"新生杯"篮球赛、"希望杯"足球赛、乒乓球赛、排球赛等;又陆续成立篮球、排球、羽毛球、武术、气功、拳击等协会。为加强学生体育活动的自我管理,1986年经学校批准正式成立校学生体育总会,在校体委领导下负责全校学生群众体育活动和各单项体育协会的工作,形成了课外体育竞赛由学生自我管理、教师指导的格局。

20世纪70年代末,学校恢复建立上海交大体育代表队,队员由在校学生组成。校篮球队、乒乓球队、游泳队先后被列为国家高水平重点运动队。1987年,国家教委批准上海交大为"试办高水平运动队学校"。学校组成篮球、乒乓球、游泳、男女排球、足球、田径、武术、艺术体操、羽毛球、棋类、船模、航模等12个运动队,共200多名运动员。1993年,学校被评为"全国高校试办高水平运动队先进单位"。学校还将优秀运动员苗子招收进校,配备优秀教练员和业务教师,开展集训,坚持教学和训练两不误,同时从代表队内向国家推荐优秀的运动员。历年来,校运动队在全国和上海市高校的比赛中捷报频传,还经常参加对外体育竞赛交流活动,为学校赢得了荣誉。1979—1991年,上海交大在各类体育比赛中的获奖情况详见表8-4。

表8-4 上海交大获全国和上海市各类体育竞赛冠军一览表(1979—1991年)[②]

校运动队	年份	获奖情况
足球队	1984年	上海市大学生首届女子足球邀请赛冠军
	1988年	上海市第四届研究生足球联赛冠军
篮球队	1979年	全国大学生"三好杯"男篮联赛冠军
	1981年	上海市首届大学生运动会篮球联赛男女冠军
	1985年	上海市第二届大学生运动会篮球联赛男女冠军

① 《上海交通大学纪事(1896—2005)》(下卷),第794页。

② 资料来源:《上海交通大学志(1896—1996)》,第535—540页;《上海交通大学纪事(1896—2005)》(下卷),第764、864、925、939、979页;《上海交大》中有关体育竞赛获奖消息的报道。上交档:永久773、永久904、永久990、永久1105、永久1532、永久1570、永久1618。

（续表）

校运动队	年份	获 奖 情 况
篮球队	1984 年	国家教委 14 所工科院校篮球联赛女篮冠军
	1985 年	中国大学生"金陵杯"篮球邀请赛女篮冠军
	1987 年	中国大学生"桑塔纳杯"篮球赛女篮冠军
	1987 年	国家教委 14 所院校篮球联赛男女冠军
	1987 年	上海市大学生篮球联赛男女冠军
	1991 年	上海市第三届大学生运动会篮球联赛男女冠军
乒乓球队	1981 年	上海市首届大学生运动会乒乓球比赛男子团体冠军、男子单打冠军
	1984 年	省际比赛高校女子团体冠军、3 个单项冠军
	1984 年	上海市高校乒乓球联赛 6 个单项冠军
	1985 年	上海市第二届大学生运动会乒乓球比赛男女团体冠军、5 个单项冠军
	1986 年	国家教委 14 所院校乒乓球比赛男女团体冠军
	1988 年	上海市高校乒乓球联赛 2 个单项冠军
	1990 年	首届全国大学生乒乓球比赛 2 个单项冠军
	1991 年	上海市第三届大学生运动会乒乓球联赛女子团体冠军、3 个单项冠军
游泳队	1979 年	上海市大学生游泳比赛男子团体冠军、8 个单项冠军
	1980 年	上海市大学生游泳比赛男女团体冠军、11 个单项冠军
	1981 年	上海市首届大学生运动会游泳比赛男女团体总分第一名、9 个单项冠军
	1982 年	上海市大学生游泳比赛 6 个单项冠军
	1984 至 1987 年	蝉联上海市大学生游泳比赛男女团体冠军
	1985 年	上海市第二届大学生运动会游泳比赛男女团体冠军、18 个单项冠军
	1986 年	国家教委 14 所工科院校游泳比赛男女团体总分第一名、18 个单项冠军
	1988 年	上海市大学生游泳比赛女子团体总分第一名、14 个单项冠军
	1988 年	上海市游泳比赛女子成年组团体总分第一名和 9 个单项冠军、男子青年组 7 个单项冠军

(续表)

校运动队	年份	获奖情况
游泳队	1989年	上海市游泳比赛女子成年组团体总分第一名、3个单项冠军
	1990年	上海市大学生游泳比赛男子团体冠军
	1991年	上海市第三届大学生运动会游泳比赛男女团体总分第一名、24个单项冠军
田径队	1979年	上海市大学生田径运动会团体总分第一名
	1979至1982年	蝉联上海市大学生田径运动会男子团体总分第一名
	1981年	上海市首届大学生运动会田径比赛男子团体冠军、9个单项冠军
	1985年	上海市第二届大学生运动会田径比赛2个单项冠军
	1986年	全国第二届大学生运动会女子100米栏冠军
	1991年	上海市第三届大学生运动会田径比赛7项冠军
排球队	1989年	上海市高校排球联赛男子甲组第一名
体操队	1981年	上海市首届大学生运动会体操比赛男子团体冠军
	1982年	上海市高校体操比赛男女团体冠军、2个单项冠军
棋类队	1984年	上海市大学生围棋联赛冠军
	1985年	上海市第二届大学生运动会围棋比赛冠军
	1987年	全国大学生棋类比赛团体冠军
	1989年	全国大学生棋类比赛男子围棋团体冠军和个人单项冠军、中国象棋团体B组冠军
	1989年	国际围棋邀请赛个人冠军
	1991年	上海市第三届大学生运动会女子中国象棋冠军
羽毛球队	1987年	上海市高校羽毛球联赛男子甲组团体冠军、3个单项冠军
船模队	1983年	第二届世界航海模型C级锦标赛1个单项冠军
	1987年	世界航海模型比赛2个单项冠军
	1988年	全国航海模型锦标赛2个单项冠军

（续表）

校运动队	年份	获 奖 情 况
船模队	1989 年	世界航海模型比赛 3 个单项冠军
	1989 年	全国航海模型锦标赛 3 个单项冠军
	1990 年	线操纵世界锦标赛团体冠军、1 个单项冠军
	1991 年	全国航海模型锦标赛团体总分第一名、1 个单项冠军

大学生篮球比赛

1987 年 6 月 21 日，上海交大游泳队在上海市大学生游泳比赛中荣获男女团体冠军

附录一

大事年表(1978—1991)

1978 年

2 月 17 日 国务院批转教育部《关于恢复和办好全国重点高等学校的报告》,上海交通大学属恢复的全国重点高等学校之一,由"六机部和上海市双重领导,以六机部为主"。

3 月 1 日 学校举行 1977 级新生开学典礼,这是"文革"后恢复高校统一招生考试制度招收的第一批本科学生,计 1 190 名。

3 月 8 日—4 月 30 日 国防工业检查团院校分团驻上海交大检查组来校检查工作。

4 月 4 日 上海交大召开向科学技术现代化进军誓师大会,提出要"加强基础理论,发展技术科学,突出新兴技术",确定了深潜技术、舰船动力技术、电子计算机及自动化技术、激光技术、材料科学、冲击振动噪声技术 6 个重点发展领域。

4 月 11 日 学校制定《上海交通大学发展规划》,提出"三年整顿,八年提高,廿三年实现赶超,到本世纪(指 20 世纪)末使我校在教学、科研、实验室等方面赶上国际先进水平,成为世界上第一流的综合性理工科大学"的奋斗目标。

5 月 24 日 新华社发表题为《为"老交大传统"恢复名誉》的报道。

5 月 30 日 学校举行第八届校务委员会成立大会。国务院副总理王震兼任校务委员会主任,六机部部长柴树藩兼任副主任,学校党委书记邓旭初任副主任。

7 月 12 日 中共上海市委决定:朱物华任上海交大校长、党委委员,邓旭初任党委书记,夏平、张寿任党委副书记、副校长,刘克任党委副书记兼任政治部主任,周志宏任副校长,王守仁、孟树模任党委委员、副校长,林栋梁任副校长,岳清林、王善庆、孙礼芙任党委委员、政治部副主任,马惠民、梁光璧、严祖礽任党委委员。

9月29日 经中共中央副主席邓小平批准,校务委员会副主任、党委书记邓旭初率上海交大赴美访问团一行12人出访美国,共访问了20个城市、27所高等院校、14个科研和生产单位。11月19日返沪。

9月 学校录取研究生157名,这是"文革"后恢复研究生招生制度招收的第一批研究生。

10月 录取1978级本科新生1 476名。

11月2日 根据教育部《全国重点高等学校暂行工作条例》有关规定,成立由副校长周志宏任主任委员、27名委员组成的第二届学术委员会。

12月18—22日 中国共产党十一届三中全会在北京召开,作出了把党和国家工作中心转移到经济建设上来、实行改革开放的历史性决策。学校党委和师生员工认真学习会议公报和《人民日报》社论,表示要坚决响应党中央的号召,以只争朝夕的精神把学校教学科研工作做好,为国家四化建设作贡献。

本年 重建应用数学系、应用物理系、工程力学系。

本年 恢复教师职称评审工作。

1979年

3月1日 学校党委制订并下发《把工作着重点转移到教学、科研上来的措施》。

3月19日 经中共上海市委、国防工办研究决定,李东波任上海交大党委副书记、副校长。

5月 学校制订《上海交通大学关于制订七九级学分制教学计划若干问题的意见》,在全校试行学分制教学,学制4年。

6月16日 举行建校83周年庆祝大会,国务院副总理兼校务委员会主任王震出席大会并接见美籍校友和华裔学者。

8月8日 六机部向国务院国防工办、国家计委、教育部上报《关于我部高等学校专业设置调整意见的报告》。调整后,上海交大共设18个专业,体现了基础厚、专业面宽、适应性强的学科专业特色。

9月3日 中共上海市委批复,同意范绪箕任上海交大党委委员、副校长。

9月7日 经上海市教卫办公室党组批准,学校建立纪律检查委员会,党委副书记夏平兼任纪委书记。

11月2日 经六机部和上海市批准,学校下达《上海交通大学教职工综合奖试行办法》,在校内试行奖金奖励制度。

12月6日 《人民日报》刊登一组总标题为《上海四位大学负责人呼吁:给高等学校一点自主权》的文章,介绍复旦大学校长苏步青、同济大学校长李国豪、上海交通大学党委书记邓旭初、华东师范大学校长刘佛年对于办好大学、扩大高校自主权问题所发表的看法和意见。

12月 全校召开教学经验交流会,重新颁布《上海交通大学关于教学工作中若干具体问题的暂行规定》(简称"教学17条")。

本年 重建应用化学系,成立科技外语系、工业管理系。

本年 学校设立教学优秀奖、班主任工作优秀奖。

本年 学校设立科技成果奖,实行科研课题合同制。

1980年

3月 学校党委制订《关于加强学生思想政治工作的暂行规定》。

4月19日 经中央书记处第14次会议批准,范绪箕任上海交大校长,张寿任第一副校长,朱雅轩任副校长;朱物华、周志宏任顾问,免去其校长、副校长职务。

8月22—24日 第四届交大美洲校友联谊会在美国波士顿举行,上海交大派出邓旭初等5人组成的代表团。这是上海交大、西安交大、北方交大、西南交大和台湾新竹交大代表首次聚会于美国,交流各校情况。

11月 杨槱、张钟俊、张煦当选为中国科学院学部委员。

12月8日 上海交大工业管理系与美国宾夕法尼亚大学沃顿商学院合办的管理决策科学和计算机科学双重硕士学位研究生班正式开学。至1983年12月,共有28名研究生完成学业。1984年6月12日,在校管理学院成立大会上举行了该研究生班毕业典礼。

本年 学校在上海市人事局等的支持下,开始实行人才流动。

本年 学校试行科研收益留成基金制度。

1981年

2月26—28日 中国共产党上海交通大学第五次代表大会召开,选举产生新的党委会和纪律检查委员会。6月25日,经中共上海市委批复同意,邓旭初任党委书记,刘克、陆中庸任党委副书记,陆中庸兼任纪委书记。

4月20日　校长办公室颁布《上海交通大学关于选拔培养业务优秀生和优异生的几点意见》。

7月6日　香港环球航运集团主席包玉刚向中共中央副主席邓小平递交向上海交大捐赠1 000万美元建造图书馆、馆名为“包兆龙图书馆”的信函,邓小平接受了这笔惠赠。1985年10月27日,包兆龙图书馆如期竣工落成。

7月　校团委向全校师生发出向优秀共青团员詹志芬学习的号召。

9月2日　美国前总统吉米·卡特一行来校访问。

10月6日　中共六机部党组通知,同意奚心雄任上海交大副校长。

10月16日　中共上海市委通知,免去李东波上海交大副校长职务,调任上海市交通办公室副主任、党组成员。

11月3日　经国务院批准,上海交大被列为首批博士和硕士学位授予单位之一,第一批有权授予博士学位的学科(专业)有12个,有权授予硕士学位的学科(专业)有39个。

11月　成立上海交通大学技术服务部。

12月28日　学校成立第一届学位评定委员会。

1982年

4月5日　校长办公会议决定,成立海洋工程、能源工程、热科学、系统工程、生物医学工程、环境工程6个跨系学科委员会。

4月26日　中央组织部通知,调上海交大副校长张寿到国家计委工作。

5—8月　学校下发执行《定编工作实施办法(试行)》《教学、科研、教学辅助人员定编计算办法及分配方案》《教师工作规范(试行)》《教师工作量试行办法》《机关岗位责任制》《关于岗位职务补贴的实施办法》《关于执行教师工作规范和岗位职务补贴的补充说明》等文件。

7月22日　学校举行新中国成立后首次授予硕士、学士学位大会,对1978级、1979级346名研究生和1977级、1978级2 389名本科生分别授予硕士和学士学位。

9月6日　上海市政府批复同意上海交大在部分教师中试行岗位职务补贴。

9月17日　教育部、中国船舶工业总公司下达《关于改变上海交通大学领导关系的通知》:国务院已正式批准,将中国船舶工业总公司所属上海交通大学移交给教育部领导。实行教育部与上海市双重领导,以教育部领导为主。上海交通大学领导关系改变后,仍为全国重点高等学校,现有专业要继续办好,并应继续与中国船舶工业总公司保持密切联系。11月27—30日,在上海交大召开改变学校领导关系的交接工作会议。

12月24日 向27位离休干部颁发《老干部离休荣誉证书》。

1983年

4月5日 经上海市政府批准,学校试行工资制度自费改革。

6月 学校下发执行《上海交通大学关于实行责任制、扩大系(所)自主权的暂行规定》,将原属校一级的人事、财务、教学、科研管理权力适当下放给基层单位,扩大系(所)自主权,实行系主任(所长)负责制。

7月2日 教育部下达《关于上海交通大学发展规划报告的批复》,同意学校在闵行地区建立上海交通大学二分部,规划用地1 500亩左右。

7月16日 经教育部、文化部和上海市委宣传部同意,成立上海交通大学出版社。

7月29日 奚心雄调任上海市人民政府教育卫生办公室副主任。

7月 孟树模调任上海市计划委员会副主任。

8月24日 学校党委制订《关于改革学生思想政治工作体制的几点意见》。

8月 经上海市人民政府批准,学校成立南洋国际技术公司,注册资本人民币100万元,为独立经济核算的交大附设企业。

9月2日 上海市市长汪道涵主持召开市长办公会议,专题研究并原则同意上海交通大学在闵行建立二部,并指示有关部门要支持交大建设新校区。

9月 学校制定《上海交通大学一九八三至一九九〇年发展规划》,明确提出“把交大建设成为以技术科学为基础,以工科为主干,站在若干新兴学科、边缘学科前沿的具有理、工、管理、文学、艺术、社会科学等多门类的综合性的高等研究大学”。

9月 学校制定《上海交通大学重点学科发展规划》,在信息技术、材料科学及工程、能源工程、生物技术、船舶及海洋工程、机械工程、应用科学、管理科学8个领域内,确定37个重点发展学科。

11月22日 学校召开首届教职工代表大会。

本年 学校设立教学改革与教学建设成果奖,1989年更名为优秀教学成果奖。

本年 学校根据教育部指示,进行毕业生分配制度改革的试点,采取“供需见面”的分配办法。

1984年

1月21日　国务院副总理万里在中南海办公室听取邓旭初等汇报学校管理改革情况，认为上海交大改革的路子是对的，应当支持。

2月16日　中共中央政治局常委、中央军委主席、中央顾问委员会主任邓小平在中共中央政治局委员、上海交大校务委员会主任王震和上海市委第一书记陈国栋等的陪同下，在上海西郊宾馆接见上海交大党政领导、校务委员会委员和师生代表，并合影留念。当天下午，王震来校转达了邓小平的意见说："邓小平同志对你们的管理改革工作非常关心，非常支持。对你们在改革中取得的成效表示满意。他对你们在当前的改革中认真贯彻执行中央、国务院的精神很高兴。"

2月23日　中共教育部党组通知：经报请中央主管部门审批，同意邓旭初留任党委书记，刘克、陆中庸留任党委副书记，王宗光(女)任党委副书记；翁史烈任校长，盛振邦任副校长，林栋梁、王守仁留任副校长；范绪箕任顾问，免去其校长职务，朱物华、周志宏留任顾问；免去朱雅轩、孟树模、奚心雄、夏平的副校长职务。3月12日，中共上海市委通知：增补翁史烈为上海交大党委委员、常委；刘克兼任纪委书记。

4月2日　经国家计委、教育部研究论证，国务院批准，上海交大被列为重点建设、重点投资的10所大学之一。1985年7月11日，国家教委转发国家计委《关于上海交通大学基建总体设计任务书的批复》，明确投资总金额为1.57亿元，并对学校规模、扩建校舍建筑面积和建设工期等作出了规定。

4月8日　举行交通大学校友总会暨上海分会成立大会。

4月13日　中共上海市委批转市委研究室的调查报告《上海交通大学管理改革初见成效》，肯定了交大管理改革的基本经验具有普遍意义，对各条战线都有启迪，要求各级党组织学习上海交大的好经验。

5月15日　第六届全国人民代表大会第二次会议《政府工作报告》中提到："上海交通大学等院校改革管理制度，层层扩大自主权，实行定编定员，人员流动，挖掘学校科研潜力，承担经济建设研究课题，制订教师工作规范，明确干部岗位责任，试发岗位津贴和职务工资，提高了教学质量，出现了科研新局面。"

6月12日　经教育部批准，成立上海交通大学管理学院。

10月　根据《中共中央关于整党的决定》精神和上海市委、教卫党委的部署，在全校范围开展整党工作。整党工作至1985年6月结束。

10—11月　学校举行教学改革研讨会，颁布并执行《教学改革措施二十条》。

11 月 1 日 上海交大学位评定委员会评审同意:对本校培养的 3 位研究生吴水云、王志中和张建武授予工学博士学位。这是上海交大办学史上首次授予博士学位。

11 月 5 日 经教育部批准,学校成立研究生院。

1985 年

1 月 19 日 学校召开科研工作检阅大会,提出抓改革、重创新、攻重点、保效益、促面向、施重奖、开创科技工作新局面等 14 项措施。

1 月 22 日 学校召开教材工作检阅大会。

2 月 28 日 学校根据教育部指示精神,对本科生招生工作进行改革探索,试行招收保送生、委托培养生,开办以中学保送生为对象的教改试点班。8 月,招收保送生 222 名,其中 137 名学生自 4 月起提前进入首届教改试点班学习;招收委托培养生 328 名,其中本科生 33 名,专科生 295 名。

3 月 12 日 经国务院批准,上海交大和清华大学作为毕业生分配制度改革试点单位,率先实行“招聘、推荐与考核录用相结合”的办法。

3 月 经教育部批准,学校举办少年班。8 月,首届录取少年大学生 28 人。

4 月 8 日 学校召开“完善学分制”研讨会。会后颁布并执行《上海交通大学关于完善学分制的若干规定》。

5 月 21 日 校长办公会议公布:全校原有的教研室撤销 62 个,保留负责基础课教学的教研室 7 个,新建学科组 135 个。

7 月 2 日 举行上海交大闵行二部工程开工典礼。

7 月 经国家计委、国家教委批准建立海洋工程国家重点实验室。该实验室 1991 年建成并于 1992 年通过国家验收。

8 月 30 日 国家教委批准上海交大有权授予教授、副教授、高级讲师、讲师和助教学衔。从 9 月起,学校开展教师学衔评定和职务聘任工作。

9 月 13 日 学校举行“学习华怡精神,继承和发扬交大优良传统”报告大会,号召全校师生开展“学习华怡精神,献身教育事业”活动。

9 月 29 日 学校举行教师活动中心落成典礼。该中心由海外校友荣鸿元捐赠 100 万元人民币建造而成。

10 月 “船舶取消首支架纵向下水新工艺”和“中、大规模集成电路计算机辅助解剖分析系统”2 项科研成果获国家科技进步一等奖。

11 月 经国家科委批准,学校建立“自动控制”博士后科研流动站。

本年 成立社会科学及工程系、文学艺术系、体育系、电子电工学院(1989 年更名为电子信息学院)、生物科学与技术系、土木建筑工程系。

本年 学校设立“上海交通大学科学技术发展基金”,用以资助基础研究和有独创性的研究课题。

1986 年

2 月 3 日 经中央组织部、国家教委和上海市委决定,国家教委副主任、党组副书记杨海波在上海交大干部会议上宣布学校新领导班子名单:王震不再兼任上海交大校务委员会主任;同意邓旭初退居二线的要求,不再任党委书记,不再兼任校务委员会副主任。调整后的新班子是:何友声任党委书记,陆中庸、王宗光留任党委副书记,翁史烈留任校长,盛振邦留任副校长,朱雅轩、白同朔、张定海任副校长,陆中庸兼任纪委书记。原党委副书记、纪委书记刘克另有任用。原副校长王守仁、林栋梁因任期将到,改任其他领导工作。新的党委常委由何友声、陆中庸、王宗光、翁史烈、盛振邦、王守仁、龚民煜 7 人组成。2 月 1 日,上海市委通知:刘克任上海师范大学党委书记。3 月 18 日,邓旭初在上海市第五次党代会上被选为市顾问委员会委员。4 月 12 日,国家教委党组正式书面下达《关于何友声、邓旭初等同志职务任免的通知》。

2 月 学校党委下达《上海交通大学关于完善学生工作体制,加强学生工作的决定》。2 月 26 日,成立学生工作指导委员会,王宗光任学指委主任。

3 月 根据国家教委《关于整顿校办公司、企业的通知》精神,学校对各类企业、公司、中心进行清理。

4 月 学校对校务委员会成员进行调整:党委书记何友声任执行主任,委员有 15 人。

5 月 8 日 经国家教委批准,成立上海交大档案馆。

5 月 24 日 首届上海市“亿利达青少年发明奖”授奖大会在上海交大举行。

5 月 30 日 党委召开全校教职工大会,对交大改革进行总结,从教学、科研、开发、后勤、体制改革、加强干部和教师队伍建设、思想政治工作等 7 个方面,提出 29 条完善改革的措施。

6 月 8—10 日 学校举行建校 90 周年庆祝活动。

6 月 学校设立“青年科技人员科学基金”,用以支持和鼓励 35 岁以下的青年教师独立从事创造性的研究工作。

9月18日 学校召开师生员工大会,对6月以来开展的教育思想大讨论作总结,提出了完善教育改革的政策和措施。

10月30日 经党委常委扩大会原则通过,学校作出《关于我校二部体制的若干决定》,明确规定二部实行学校党委和校长领导下的二部主任负责制。12月22日,学校任命范祖德为二部主任、何永棣为二部副主任。

11月3—9日 上海交大举行首届文化艺术节活动。

11月 学校成立课程建设与评估委员会,设立校课程建设基金,有重点地扶植一批骨干课程的建设。

12月 发生了波及不少城市的学潮。9日,学潮波及上海交通大学,校园内出现大、小字报。18日,上海市市长江泽民来校与交大学生见面发表讲话。19、20日,有部分学生不顾学校领导和教师的劝阻,上街游行。21日,学潮平息,学校恢复正常秩序。

1987年

4月24日 国家教委批准上海交大和水利电力部联合举办上海交通大学电力学院。根据协议,水利电力部将原计划由上海电力学院扩建闵行新校区的项目——培养5 000人规模的本科生、研究生的办学任务,以及9 700万元建设投资(含451亩已征土地),划转到上海交大,组建上海交大电力学院。

4—6月 学校对1982年以来的本科毕业生进行了一次本科教育质量调查。12月7日,学校下发《上海交大加强本科教育的决定》。

5月15日 党委书记何友声、校长翁史烈分别作"严格校纪校规,加强教书育人,建设优良学风"的报告。

7月 "液电冲击波体外破碎肾结石技术"和"人口系统定量研究及其应用"2项科研成果获国家科技进步一等奖。

7—8月 学校组织2 000名大学生参加社会实践活动。9月18日,学校获上海市大学生优秀考察报告奖3项、上海市大学生优秀服务成果奖2项。

9月2日 上海交大闵行二部开学,迎来首批2 600名本科新生。

9月3日 建立中共上海交大二部委员会,卢积才任二部党委书记,毛杏云任二部党委副书记。

9月11日—10月19日 1987级本科新生开赴江苏宜兴解放军83016部队驻地,进行历时5个星期的军训。10月12日,军训学生在一次随军活动中,在宜兴境内意外发生重大交通事故,有学生伤亡。军训班班长魏伟同志为抢救大学生而光荣牺牲。为学习魏伟烈士精神,20171 班被命名为“魏伟班”。

11 月 20 日　上海交大在闵行二部召开“庆祝上海交通大学二部 1987 年按期开学、二部第一期工程竣工、水利电力部与上海交大联合办学——上海交通大学电力学院成立大会”。中共中央政治局委员、上海市委书记、市长江泽民出席大会并题词:“百年大计,教育为本,努力把上海交大办成第一流大学”。

本年　中国科学院学部委员沈天慧调入本校工作。

本年　首次全国高校优秀教材评奖中,上海交大获国家优秀教材特等奖 1 项、国家优秀教材奖 6 项、部级优秀教材奖 15 项,另有 3 本与兄弟院校合编的教材获国家优秀教材奖、有 4 本合编教材获部级优秀教材奖。

1988 年

2 月 21 日　经国家教委批准,上海交大和清华大学在总结毕业生分配制度改革经验的基础上,试行在国家分配方针政策指导下,毕业生选择职业、用人单位择优录取的“双向选择”分配办法。

2 月　上海交大试行系(所)“三包一评”责任制。

6 月 15 日　经学校批准,材料科学及工程系分为材料科学系和材料工程系。

6 月 19 日　国家计委、上海市政府在上海交大联合召开“121”一期工程嘉奖大会。

7 月 22 日　经国家教委审核批准,上海交大振动冲击噪声、金属材料及热处理、热力涡轮机械、通信与电子系统、自动控制理论及应用、模式识别与智能控制、船舶与海洋工程结构力学、船舶与海洋工程流体力学 8 个学科,被列入全国首批高等学校重点学科点。

7 月　“阿依-24 发动机振动故障研究”科研成果获国家科技进步一等奖。

8 月 14—17 日　学校召开教学改革研讨会。9 月 15 日,下达《关于我校深化教育改革,主动适应国民经济发展需要的若干意见》。

9 月　首次招收自费专科生 104 人。

9—12 月　学校对青年教师队伍情况进行调查研究,提出《加强青年教育工作者队伍建设的若干意见》。

10 月　经国家计委、国家教委批准,建立振动冲击噪声国家重点实验室。该实验室于 1995 年建成并通过国家验收。

11 月 1 日　中共国家教委党组、上海市委任命徐豫龙为上海交大党委第一副书记。

1989 年

1 月 21 日　党委扩大会通告规范 4 校区名称：徐汇校区、闵行校区、法华路校区、上中路校区。

2 月 16 日　经党委常委会及其扩大会讨论，确定校区体制改革方案：加强学校对徐汇、闵行校区的垂直领导，撤销闵行二部建制，每个校区均实行校、系(院)两级领导体制。

2 月　经批准，学校增设“机械工程”“材料科学与工程”“船舶及海洋工程”3 个博士后科研流动站。

2 月　经国家计委、国家教委批准，建立金属基复合材料国家重点实验室。该实验室于 1991 年 12 月建成并通过国家验收。

3 月　学校召开校风校纪建设研讨会，提出《上海交通大学加强校风校纪建设若干意见》。

4 月 15 日—6 月 11 日　中国发生政治风波，从北京波及到上海。4 月 15 日—5 月 16 日，上海交大党政领导、干部和教师为维护校园稳定做了大量工作，校内秩序基本平稳。6 月 11 日，学校全面清理校园环境，恢复正常秩序。

5 月 16 日　经中共国家教委党组、中共上海市委研究决定：范祖德任上海交大副校长。

7 月　“7103 深潜救生艇”科研成果获国家科技进步一等奖。

9 月 4 日　中共国家教委党组通知：经与国家人事部、中共上海市委研究决定，翁史烈连任上海交大校长。

同日　学校党委提出《关于加强马克思主义理论课及马克思主义理论课队伍建设的意见》。

9 月 7 日　中共国家教委党组通知：徐豫龙调任华东师范大学党委书记，免去其上海交大党委第一副书记职务。

9 月 23 日　《人民日报》以《一场特殊的“开卷考试”》为题，报道上海交大在政治风波中的思想政治工作经验。

9 月　为全校学生开设形势与政策课。

10 月　贯彻党中央、国务院《关于进一步清理整顿公司的决定》精神，再次对校办企业、公司进行清理整顿。

10 月 30 日、11 月 4 日　学校党委两次召开“学讲话、谈育人”座谈会，围绕学习贯彻江泽民讲话精神，总结交流近年来教师队伍、管理部门、后勤部门教书育人、管理育人、服务育人,加强学生德育教育的经验。

11 月 2 日　在首次全国优秀教学成果奖的评选中,上海交大获国家优秀教学成果特等奖 1 项、国家优秀教学成果奖 2 项、上海市优秀教学成果特等奖 2 项、上海市优秀教学成果奖 11 项。

11 月 15 日　学校举行上海留园落成典礼。上海留园由交通大学创始人盛宣怀嫡孙、旅日华侨盛毓度捐款 4 000 万日元及东京留园的部分家具和装饰材料建造而成。

11 月 27 日—12 月 2 日　举行上海交大首届研究生文化艺术节。

12 月—1990 年 2 月　学校开展"把德育放在首位,确立正确的政治方向,培养社会主义事业建设者和接班人"为主题的教育思想大讨论,提出今后一段时期教育改革的重点是加强思想政治教育和加强实践教学。

本年　经国家计委、国家教委批准,上海交大与北京大学联合建立区域光纤通信网与新型光通信系统国家重点实验室。该实验室于 1995 年建成并通过国家验收。

1990 年

1 月 9 日　《上海交大》报道:中国科学院科技情报研究所对美国的《SCI》(科学引文索引)、《ISTP》(科技会议录索引)、《ISR》(科学评论索引)三大检索系统收录的我国科技论文作调查,在 1988 年被收录论文数最多的我国前 10 名作者中,本校应用物理系教授顾世洧、郑杭和副教授唐坤发 3 人分别位列第 2、3、7 名。

3 月　学校党委作出《关于在全校开展学习唐坤发副教授先进事迹的决定》,号召全校师生员工开展"学习唐坤发,报效我中华"的学习活动。

5 月 7 日　经中共国家教委党组、中共上海市委研究决定:杜年玲任上海交大专职纪委书记,免去陆中庸的纪委书记职务。

5 月 15 日　学校举行"三定一评"(即原"三包一评")总结表彰大会,对系级办学水平比较优秀的 7 个系(电子工程系、动力机械工程系、机械工程系、计算机科学及工程系、自动控制系、船舶及海洋工程系、应用物理系)和 10 项一级评估指标得分最高的前 3 名进行表彰。这是学校 1988 年实行系(所)"三定一评"责任制以来进行的首次评估。

6 月 16—18 日　第六届交大美洲校友联谊会在美国新泽西州霍柏坎市举行,上海交大校长翁史烈率代表团参加联谊会,中共中央总书记江泽民和美国总统乔治·布什向联谊会发来贺信。

7 月 2—20 日　在闵行校区进行 1989 级学生军训。这是继 1987 级学生军训后第二次规模较大的学生准军事化训练。在校园内军训尚属首次。

7—8 月 学校组织 6 000 多名学生参加形式多样的社会实践活动。9 月 14 日,学校获得上海市暑期社会实践活动优秀组织奖。12 月,学校荣获中宣部、国家教委、团中央联合授予的社会实践活动先进单位称号。

8 月 31 日 由陈义扬教授率领的台湾新竹交大教师访问团一行 45 人来校进行为期一天半的访问,学校领导何友声、翁史烈等接待。9 月 2 日上午,中共中央总书记江泽民、中央书记处书记丁关根在中南海接见了访问团全体成员。

9—12 月 根据中共中央组织部关于“要按照从严治党的方针,认真进行做合格共产党员的教育,在部分单位进行一次党员重新登记”的要求和上海市委、教卫党委部署,学校开展党员重新登记工作。

11 月 5 日 在闵行校区举行交大学农农场开场仪式。

11 月 23 日 经中共国家教委党组、中共上海市委研究决定:徐凤云、蒋秀明任上海交大党委副书记;李润培任副校长;免去朱雅轩的副校长职务。

12 月 经批准,学校增设“动力工程及工程热物理”博士后科研流动站。

12 月 “潜艇噪声振动控制研究设计及 33 潜艇改装应用”科研成果获国家科技进步一等奖。

1991 年

1 月 22 日 中共上海市教育卫生工作委员会通知,同意增补谢绳武、叶敦平为上海交大党委委员、常委。

1 月 学校制订《坚持方向,深化改革——上海交通大学“八五”期间教育改革方案》。

3 月 学校党委制订《社会主义精神文明建设的“八五”规划》。

4 月 1 日—5 月 8 日 上海市审计局对上海交大国家重点建设扩建工程项目进行审计检查。

4 月 2 日—5 月 17 日 学校召开二届三次教职工代表大会,讨论并通过《上海交通大学一九九一至一九九五年发展计划》,提出 10 年战略目标是“坚持社会主义办学方向,全面贯彻党的教育方针,狠抓水平确保质量,努力把交大建设成一所具有理、工、管理、社会科学、文学艺术等多门类的,传统学科与新兴学科并举的第一流大学”。

4 月 27 日 举行中共上海交通大学委员会党校成立大会,党委书记何友声兼任党校校长。

5月7日　经中共国家教委党组、中共上海市委研究决定:谢绳武任上海交大副校长。

7—8月　学校以“受教育,长才干,作贡献”为主旨,组织近万名大学生(占全校学生总数的84.4%)参加多形式、多内容、多层次的各类社会实践活动。10月,学校获上海市大学生社会实践活动优秀组织奖,2项考察活动获上海市大学生社会实践优秀活动奖。

10月21日　“胜利二号极浅海步行座底式钻井平台”科研成果获第二届中国专利金奖。

11月4日　在浙江大学举行的第二届“挑战杯”全国大学生课外科技学术作品竞赛活动中,上海交大获团体第一名,荣获“挑战杯”奖杯和6项个人奖。

11月22日—12月13日　根据中共中央组织部《关于建立民主评议党员制度的意见》和上海市教卫党委的部署,学校党委开展民主评议党员工作。

本年　徐僖当选为中国科学院学部委员。

本年　在第二届全国优秀教材评选中,上海交大有2本教材被评为全国优秀教材,有12本教材被评为部级优秀教材,另有1本与兄弟院校合编的教材被评为部级优秀教材。

附录二
主要规章制度(1978—1991)

《上海交通大学授予学位工作细则》
(1981 年 11 月制定,1983 年 6 月修订)

第一章　总则

第一条　为了贯彻执行《中华人民共和国学位条例》,根据《中华人民共和国学位条例暂行实施办法》,结合我校情况,特制订本细则。

第二条　学位分学士、硕士、博士三级。各级学位按文学、理学、工学三个学科门类授予。授予学位的专业、级别、学科门类由各系提出,经学校报请教育部和国务院学位委员会批准后公布。

第三条　凡是拥护中国共产党的领导,拥护社会主义制度,愿为人民服务,并具有各级学位所要求的学术水平者,均可按本细则规定申请相应的学位。

申请人不得同时向两个学位授予单位提出申请。

第二章　学位评定委员会

第四条　学校成立学位评定委员会,各系成立学位评定分委员会。系学位评定分委员会协助校学位评定委员会工作。

校学位评定委员会下设学位办公室,负责处理本校授予学位的日常工作。

系学位评定分委员会配专职或兼职秘书一名,协助系学位评定分委员会处理本系各学科授予学位的日常工作。

第五条　根据国务院批准的授予学位的权限,校学位评定委员会履行以下职责:

1. 通过学士获得者的名单,作出授予硕士、博士学位的决定;

2. 通过授予名誉博士学位人员的名单;

3. 作出撤销错授学位的决定;

4. 研究和处理授予学位的争议和其他事项。

系学位评定分委员会对以上职责范围内的工作应负责向校学位评定委员会提出初步意见。此外,尚需履行以下职责:

1. 审查并通过接受学位申请人名单;

2. 审定硕士学位的考试科目以及博士学位课程考试的范围和考试委员会名单;

3. 审批免除部分或全部课程考试的学位申请人名单;

4. 审批论文评阅人和论文答辩委员会成员名单。

第六条　校学位评定委员会由校长,主管教学、科研或研究生工作的副校长,各系学位评定分委员会主席、我校科学院学部委员、国务院学科评议组成员十八至二十五人组成。其中教授应占半数以上。学位评定委员会成员名单报国家教育部审批。

校学位评定委员会主席由校长或主管教学、科研、研究生工作的副校长担任。

系学位评定分委员会由七至十五人组成,成员应包括系主要负责人和教学、科研人员。参加系学位评定分委员会的教学、研究人员主要应从学术水平较高、对本学科(专业)的建设和发展有一定贡献、正在从事科研工作并有成果、能为研究生开课并正在指导研究生课题研究工作的教授和副教授或相当职称的专家中遴选。只授予学士学位的系学位评定分委员会的成员,可从讲师以上的教师中遴选。

系学位评定分委员会成员,由有学位授予权的各学科(专业)讲师以上全体教师分别民主选举后报校领导审批,任期二至三年。各学科(专业)名额的分配可协商确定。

系学位评定分委员会主席由系主任或分管教学、科研、研究生工作的副主任兼任。

系学位评定分委员会也可和系学术委员会合并成立一个机构。

第三章　各级学位的要求

第七条　学士学位的要求

本科学生完成教学计划的各项要求,经审核其课程学习和毕业论文(毕业设计或其他毕业实践环节)的成绩,表明确已较好地掌握了本学科的基础理论、专门知识和基本技能,并且有从事科学研究工作或担负专门技术工作的初步能力者,可授予学士学位。

第八条 硕士学位的要求

学位申请人通过硕士学位课程考试和论文答辩,达到下述要求者,可授予硕士学位:

1. 掌握马克思主义的基础理论;

2. 在本门学科上掌握坚实的基础理论和系统的专门知识;

3. 具有从事科学研究工作或独立担负专门技术工作的能力;

4. 比较熟练地运用一种外国语阅读本专业外文资料、写作论文摘要。

第九条 博士学位的要求

学位申请人通过学位课程考试和论文答辩,达到下述水平者,可授予博士学位:

1. 较好地掌握马克思主义的基本原理;

2. 在本门学科上掌握坚实宽广的基础理论和系统深入的专门知识;

3. 具有独立从事科学研究工作的能力;

4. 在科学和专门技术上做出创造性的成果;

5. 第一外国语能熟练地阅读本专业的外文资料,写作专业论文;第二外国语有阅读本专业外文资料的初步能力。

第四章 申请授予学位的程序

第十条 批准授予学士学位的专业应当逐个审核本专业本科毕业生的政治表现、学业成绩和毕业鉴定等材料,对符合本细则第三章第七条及有关规定者,向系学位评定分委员会推荐。系学位评定分委员会审核后,向校学位评定委员会提名。

第十一条 申请授予博士、硕士学位者按下列程序进行:

1. 申请者应在规定期限内向系学位评定分委员会提交学位申请表,学位论文(硕士7份、博士10份)和中、英文摘要(硕士9份、博士15份)。申请者在科学或专门技术上有重要著作、发明、发现或发展者,应同时提交有关出版著作,科研成果的鉴定书或证明书。

同等学力人员申请时,应有所在单位的推荐书。申请硕士学位者应有两位副教授以上或相当职称专家的推荐。申请博士学位者应有两位教授或相当职称专家的推荐。推荐人员应负责介绍申请者的理论基础、专业知识、研究能力和学术作风,并对论文做出详细评语。学位申请表由申请者所在单位直接邮寄本校学位办公室。

对于非授予单位的研究生和同等学力者,学校在同意其申请前可根据申请者的具体情况采取适当方式考核其某些大学课程或硕士课程。

2. 系学位评定分委员会对申请者逐个进行资格审查，符合以下三项基本要求才能参加学位课程考试和论文答辩：

① 政治表现好；

② 学完培养计划中规定的学位课程，并修满规定的最低学分。非授予单位的研究生和同等学力者必须通过必要的课程考试；

③ 提交答辩的学位论文有理论意义或有实际价值和相应的学术水平。

审查结果应在申请日期截止后的两个月内将是否同意申请通知申请人及其所在单位。

3. 通过学位课程考试。

4. 通过学位论文答辩。

5. 系学位评定分委员会全面审查通过后，提交校学位评定委员会复查，通过者由学位办公室授予相应学位。

第五章　博士、硕士学位的课程考试

第十二条　硕士学位课程考试科目：

1. 马克思主义理论课（自然辩证法或政治经济学）；

2. 基础理论课、专业基础课和专业课，一般为三至四门（总计课内学时数不低于 180，折合学分数不少于 10 学分）。

3. 第一外国语。

上述课程考试应符合本细则第三章第八条的要求。

基础理论课、专业基础课和专业课的学位考试课程名称，课程范围和深度由专业提出，系学位评定分委员会审定，报校学位评定委员会备案，并铅印公布。

本校研究生的学位课程考试，可结合培养计划进行。同等学力申请者的考试，专业课及专业基础课由系学位评定分委员会按专业聘请三位专家组成考试委员会负责实施；政治理论课、外国语和跨系基础课由校学位办公室聘请开课教研室的教师命题及阅卷。非授予学位单位的研究生，可提交同类课程的考卷，经系学位评定分委员会审查符合要求的，可以免考本门课程。课程考试成绩合格，方可参加硕士学位论文答辩。

学位课程考试如有一门不及格，可在半年内申请补考一次；补考不及格的，取消申请资格。

第十三条　博士学位课程考试科目：

1. 马克思主义理论课;

2. 基础理论课、专业基础和专业课。考试课程和范围由专业提出,校、系两级学位评定分委员会审定。考试由系学位评定分委员会聘请三位专家组成的考试委员会主持;

3. 两门外国语。

上述课程考试应符合本细则第三章第九条的要求。

本校研究生的学位课程考试可结合培养计划进行。其他申请人的学位课程考试另行组织。经两位教授或相当职称的专家推荐,系学位评定分委员会审定,可以免除部分或全部课程考试。

课程考试合格,方可参加博士学位论文答辩。

第六章 博士、硕士学位论文的基本要求

第十四条 学位论文一般应包括目录、中英文摘要、前言、理论分析、计算方法程序、实验方法和数据、总结结论、参考文献等。

在前言中应说明选题的指导思想、课题的理论意义和实际价值,国内外学术动态及自己新的见解或论点。

论文中如引用别人的论点或数据资料,必须注明出处;引用合作者的观点或研究成果时,必须加注说明。

论文要求文句精炼通顺、条理分明,文字图表整齐、清晰。

硕士论文一般不超过三万字,论文摘要五百字左右,附外文摘要;博士论文一般不超过四万字,论文详细摘要不超过一万字。

硕士论文的基本要求是对于所研究的课题,在基本论点、理论分析、计算方法、实验技术等某一方面有新的见解,或用已有的理论方法解决新的问题;论文在学术上有一定的理论意义,对国民经济或国防建设有一定的实际价值,表明作者已具有本细则第三章第八条要求的学术水平。

博士论文的基本要求是对于所研究的课题有创造性的见解和成果,在学术上有较大的理论意义,要对国民经济或国防建设有重要的实际价值,表明作者已具有本细则第三章第九条要求的学术水平。

第七章 博士、硕士学位论文的评阅

第十五条 本校研究生的学位论文应在正式申请学位前,由指导教师审阅并写出评语,

填入学位申请表。

系学位评定分委员会在同意接受申请的同时,应即指定论文评阅人。硕士学位论文评阅人一般为两人;博士学位论文评阅人一般为三人。其中应有外单位的专家。博士学位论文详细摘要打印数十份,在答辩前分发有关单位,广泛听取同行专家的评议;同时,应争取在有关学术刊物上发表(保密专业除外)。

第十六条　论文评阅人应对论文作出详细的学术评语,填写"学位论文评阅意见书",供答辩委员会参考。评阅人在审查论文时,可参考以下几个方面:

1. 研究成果的理论意义和实用价值;

2. 理论分析是否严密正确,计算和实验是否可靠无误;

3. 掌握基础理论、专门知识、研究方法和技能的水平,有无创见。

评阅人尚应对论文是否定达到申请学位相应的学术水平和是否可提交答辩提出意见。评阅意见最迟在答辩前一周送达答辩委员会。

第八章　博士、硕士学位论文的答辩

第十七条　学位论文答辩委员会名单由专业教研室提出,系学位评定分委员会审定。

硕士学位论文答辩委员会一般由三至五人组成,成员中一般应有外单位的专家、教授、副教授或相当职称的专家应占半数以上。

博士学位论文答辩委员会一般由五至七人组成,成员中必须包括二至三位外单位的专家、教授或相当职称的专家应占半数以上。

答辩委员会主席由系学位评定分委员会指定学术地位较高的答辩委员担任;答辩委员会设秘书一人。

第十八条　答辩工作应在系学位评定分委员会同意申请后三个月内进行完毕。如有一名评阅人不同意答辩,则应将此意见复印发给全体答辩委员征求意见。如有三分之二以上委员认为可以答辩,仍应如期举行。如遇一名答辩委员因故缺席时,可将缺席者的书面意见在委员中宣读,答辩会不必改期举行,其意见应作为有效票计算。

第十九条　答辩委员应本着"坚持标准、严格要求、保证质量、公正合理"的方针进行论文答辩工作。答辩要发扬学术民主,以公开方式进行(保密专业除外)。对于是否授予学位应以不记名投票表决,三分之二以上同意,才算通过。

第二十条　论文答辩的程序是:

1. 主席宣布开会;

2. 学位申请人报告论文的主要内容(一般半小时左右,博士论文不超过一小时);

3. 与会者提问,学位申请人答辩;

4. 休会,答辩委员举行会议,宣读导师和评阅人的学术评语,对论文交流意见,作出评语;对是否授予学位投票表决,并作出书面决议填入"学位论文答辩决议书";

决议书经主席签字,报系学位评定分委员会。

5. 复会,主席宣布对论文的评语和决议(票数不公布)。

答辩会要有详细记录,也可用磁带录音后誊写。博士论文答辩必须进行录音,记录和录音磁带存系学位评定分委员会。硕士论文答辩记录保留一年,博士论文答辩记录和磁带保留两年。

第二十一条 答辩不合格者,经答辩委员会同意,硕士学位论文可在一年内修改(博士学位论文可在两年内修改)后,重新答辩一次。

如硕士学位论文答辩委员会多数成员认为申请人的论文已相当于博士学位的学术水平,除作出授予硕士学位的决议外,可向授予博士学位的单位提出建议,由博士学位授予单位按《中华人民共和国学位条例暂行实施办法》的有关规定办理。

如博士学位论文答辩委员会认为申请者的论文虽未达到博士学位的学术水平,但已达到硕士学位的学术水平,而且申请人又尚未获得该学科硕士学位者,可作出授予硕士学位的决议,报学位评定委员会审批。

第二十二条 答辩结束后,由答辩委员会秘书将学位申请表,中、英文摘要和论文,论文评阅意见书,论文答辩决议书,专家和单位推荐书等有关材料整理立卷,送校技术档案室存档。其中论文摘要、论文评阅意见书、论文答辩决议书应收入学位申请人档案,系办公室及校学位办公室各留存一份。

第二十三条 学位获得者的论文应送系资料室和校图书馆各一份。博士学位获得者的论文应争取在一年内公开发表(已发表过或保密专业除外),并由校学位办公室送北京图书馆一份。

第九章 名誉博士学位

第二十四条 对于国内外卓越的学者或著名的社会活动家,经校学位评定委员会讨论通过,报国务院学位委员会批准后,可授予名誉博士学位。

第十章　其他规定

第二十五条　在我国学习的外国留学生和从事研究工作的外国学者申请学位者,参照本细则办理。

第二十六条　各级学位获得者的学位证书的生效日期,从学位评定委员会作出决定之日开始。

第二十七条　系学位评定分委员会如确认学位错授,或发现有舞弊等严重违纪行为时,应予复议,并报请校学位评定委员会审核后作出撤销学位的决议。

第二十八条　外单位申请学位者,其费用由申请人所在单位或本人支付。

第二十九条　在职人员申请学位者,经校学位评定委员会同意接受申请后,可由校学位办公室通知申请人所在单位给予不超过两个月的假期,以准备参加考试和答辩。

《上海交通大学科学技术发展基金暂行条例》
(1984年11月20日)

第一章　总则

第一条　为了进一步改革科研管理,重视和鼓励开创性的研究工作,加强基础性研究工作,加速多出成果、多出人才,促进我校科学研究水平的提高和各学科的发展,特设立上海交通大学科学技术发展基金。

第二条　校科学技术发展基金由如下来源资金组成:(a)教育事业费5%的基础研究费用;(b)校发展基金的15%;(c)科研实行有偿合同制等改革措施所节省的事业费部分;(d)科研处行政管理费节余部分。

第三条　校科学技术发展基金主要用于资助全校自然科学方面的基础研究和应用基础研究(即应用研究中的基础性研究工作)。凡属应用研究、发展研究方面的研究课题,分别采用无偿资助、部分有偿资助、全部有偿的办法,一般由有关院、系审查批准,所需经费由院、系发展基金资助,具体办法由院、系制订。

第四条　校科学技术发展基金重点支持科学意义重大、学术思想新颖、独创,在短期内(一般二、三年,最多不超过五年)可以得到预期结果的课题;支持重要空白学科的填补、新兴学科的加强、边缘学科的成长,优先支持属于上述范围的跨系、跨学科的研究课题。

第五条　校科学技术发展基金资助的课题,实行同行评议、择优支持、专项管理、签订合同的原则,分别采用无偿资助、部分有偿资助的办法。偿还资金,从课题组自有资金中支付,在课题完成之日起三年内付清。偿还金额的2.4%,由学校拨给课题组作为集体福利和奖励基金。

第二章 课题的申请

第六条 凡是我校的教师和工程技术人员,均可申请校科学技术发展基金资助的基础研究、应用基础研究课题。申请的课题必须具备以下条件:具有重要的科学价值和实际意义;学术思想新颖,立论根据充足,研究技术路线可行;研究内容、研究方法及拟采取的研究技术路线,同国内其他单位、校内其他人员的研究工作不重复,或有独创之处;研究工作已有一定基础、具备深入开展研究的实力;研究目标明确、工作步骤可靠,三、五年内可取得成果。

第七条 申请校科学技术发展基金资助的课题,必须填报《上海交通大学科学技术发展基金课题申请书》。同一课题,允许并提倡校内不同研究人员同时提出申请。

第八条 申请书必须由主持研究工作的课题组负责人填写。由所在室、系(所)负责人就其内容的真实性、研究目标实现的可能性、研究实力的稳定性,签署意见并加盖公章。

第九条 申请者申请资助的课题,连同已承担的其他重要研究课题,一般不得超过两项。申请书中应如实注明申请者及合作者已承担的其他研究任务。

第三章 课题的核定

第十条 校科学技术发展基金资助课题的申请书,由科研处统一受理,同一课题的申请书密封分送给三位高级科技人员(正、副教授或正、副研究员),分别进行同行评议,就其科学意义、实际效益估价、研究目标技术上实现的可能性、研究实力审度,提出书面评议报告。同行评议者,姓名予以保密,工作酌致酬金。特殊情况下,有些课题申请书,也可请有关领域内确有水平、了解情况、有实际经验的其他科技人员进行评议。同一课题,有两个以上研究人员同时提出申请的,则择其投资少、周期短、指标先进、工作基础好者,提交同行评议。属于校指令性计划课题,可不进行同行评议。

第十一条 聘请技术经济管理人员、相应研究领域内确有实际经验的科技人员三至四人,组成可行性审查小组,在同行评议报告的基础上,经深入调查研究,对申请书中的阶段计划及目标、最终预期结果、提交成果的形式、已有工作基础、目前科研能力(人力、设备及其他)、所需条件(设备、物资、经费总概算及分年度预算等),提出可行性审查报告。可行性审查小组成员名单予以保密,不受行政干预和外来影响,实事求是地独立开展工作,提交可行性审查报告后酌致酬金。

第十二条 凡参加同行评议和可行性审查者,必须对被评议、被审查的课题申请书内容予以保密,泄密者定要追究责任,同行评议和可行性审查者,不得以类似题目向学校申请同一研究内容的课题。

第十三条 科研处根据同行评议报告、可行性审查报告的结论和校科学技术发展基金的可能性,确定基金资助的课题。并就课题的最终预期成果及提交成果的形式、起止日期、分年度计划及指标、所需条件及经费总概算、偿还金额及其偿还计划等,同申请者进行充分、平等的协商,取得一致意见,进而征得申请者所在系(所)认可。

第四章 合同的签订和执行

第十四条 课题一经核定,即由科研处作为委托方(甲方)、申请者作为承接方(乙方)、所在系(所)作为保证方(丙方),签订课题研究合同。

第十五条 乙方应每年两次(年中、年终)向甲方、丙方报告资助合同项目研究计划执行情况。在合同执行过程中,确属不可抗拒的因素致使乙方未能按期履行合同规定的进度、指标要求时,经丙方核实、甲方同意后,方可撤销或修改合同。撤销合同项目所余经费,已购物资的处理权归甲方。对于经甲方同意修改合同、延期完成的项目,原则上不再增拨经费。

第十六条 资助项目的研究成果,经甲方(或甲方委托丙方)按合同规定的要求组织鉴定或验收后,方可认为乙方完成了合同。经鉴定或验收的研究成果,要立即进行"四奖一专利"的申报工作。对于确有重大突破的成果,学校将另行予以重奖。

第十七条 主要从事学校资助合同项目研究工作的人员,凡完成年度研究计划的,即可认为年度科研工作考核合格。系、所应保证其科研收益分配数不低于系、所的人均数。对于阶段研究工作中取得突破性进展的,学校将另行予以奖励。

第五章 附则

第十八条 一经签订合同的校资助项目,如甲方创造条件纳入了上级科研主管部门的研究计划,则原订合同中止。甲、乙、丙另行签订合作,所需经费改由上级科研主管部门的科研合同款支付。

第十九条 本暂行条例的解释权归校科研处。

第二十条 本暂行条例自 1985 年 1 月 1 日起执行,在试行中总结经验,两年后修订。

《上海交通大学实行教师职务聘任原则和试行办法》
(1985 年 8 月 30 日)

国家教育委员会《关于改革高等学校教师职称评定实行教师职务聘任制的意见》指出:

教师职称制度改革的主要内容是实行教师职务聘任制。为了认真贯彻文件精神，统一政策，做好工作，现对教师职务聘任原则和办法，规定如下：

一、实行教师职务聘任制是为了调动广大教师的积极性，加强学科建设，提高教学、科研水平，促进人员流动。教师职务设：助教、讲师、副教授、教授。对尚未评审教师职务资格者，作为教师聘任。

二、各级教师职务定额的合理结构，全校为 1∶3∶4∶2，即教授占教师总数的 10%，副教授占 30%，讲师占 40%，助教占 20%。各院、系和校属科研单位，根据教学、科研任务需要和师资条件，确定本单位教师职务的合理结构，制定达到合理结构的具体措施，并把教师职务结构落实到学科组、研究室、课题组、教研组。

学校按各院、系、校属科研单位教学、科研编制人数和师资条件，下达各级教师职务定额指标。各院、系、直属科研单位负责把本单位的各级教师职务定额分配到学科组、研究室、重点课题组、教研组等基层单位。这些单位教师职务定额结构应符合下列原则：有高级职务的教师，重点学科应有正教授职务的教师，各级教师职务结构合理，高级职务教师人数不得超过 40%，各级职务教师人数不得少于 6 人。聘任教师数超过编制人数和职务定额，需经校长办公会议审批。

三、各系教学编制，按教师与学生之比 1∶7.5 下达。学生人数按 1985 年下半年在校人数为基础。凡国内外脱产进修一年以上，长病假一年以上不计算编制，支援外校工作，按实际人数计算编制。

科研编制，按科研任务量和重要性，由学校与各系商定。

四、聘任教师职务定额人数，与工资总额、福利待遇挂钩。学校对各单位的教学、科研编制人数统盘计算，凡聘任教师职务人数，不到教学定编人数，学校按缺员人数以每人每年 1 000 元的平均工资发给缺员工资。凡超过教学编制人数，都作为科研编制人数，科研编制每人每年向学校上缴 1 500 元。各系在安排教师工作时，教学、科研编制可统一使用。

五、教师职务聘任期限，一般二年。根据工作需要和教师业务情况，可延长或缩短任期，最长不得超过三年，最短不少于一年。聘任到期后，可以续聘。

六、聘任教师职务，不能高于原职或职务资格。但因工作需要，本人同意，可以聘任比资格低的职务。

七、聘任办法

教师职务聘任，实行逐级向上推荐、校长聘任的办法。由学科组长、研究室主任、重大课题组组长、教研组组长向院长、系主任、所长推荐，院长、系主任、所长对推荐名单进行审核后,提出聘任人选,校长在听取各方面的意见后聘任。

八、聘任范围

原则上各单位可在校内聘任各级教师职务。聘用公共课、基础课、基础技术课和重点课题组的教师,需经主管校领导同意;向校外聘用教师,需经人事处批准。

九、聘任对象

聘任各级职务的教师,应具备相应的职务资格,应与教师履行职类相一致;不能履行相应职类的人员,不能任教师职务。

1983年9月之前确定职称的教师,目前仍在教学、科研第一线工作一般按原职称聘任。但近二年来,教授工作量不足1/2,副教授工作量不足2/3,讲师、助教工作量不足者,除学部委员、博士生导师、全国人大代表、民主党派省市级正副主任以上干部外,聘任与否经校长办公会议讨论决定。

国内外脱产进修三个月以上,脱产期间,保留职称或职务资格,不聘任职务。

长期病假教师,在病假期间,保留学衔,不聘任职务。

1983年9月之前确定职称的教师,脱离教学科研第一线已经三年或三年以上,承认其有相应的职称,按现职聘任职务。准备流动,退、离休者,不聘任职务。最近二、三年内支援外校者,暂由外校聘任相应职务。

十、教师受聘后,要接受聘用部门安排的各项工作,并努力做好,聘用部门也要为教师的工作创造条件。在聘任期内,一般不能辞职或解聘,因各种原因确需变动的,提前六个月提出报告,经上一级行政负责人审批同意后,才能更改聘任期限。

十一、没有被聘用的教师,应区别情况,分别对待,尽量安排合适的工作,发挥其作用。对病残人员,一律在原单位工作,不计编制。其他人员由人事处妥善处理。

《上海交通大学关于完善学生工作体制,加强学生工作的决定》(1986年2月6日)

高等学校的根本任务是培养和造就出一大批有理想、有道德、有文化、有纪律的全面发展的人才。因此,学生工作是学校的重要工作,尤其是学生思想政治工作在保证和把握人才培养的方向上,更具有举足轻重的地位。随着党的工作重心转移,在改革和开放的形势下,人们的思想观念和社会的政治、经济、文化生活发生了一系列的变化,这对做好学生工作在队伍、体制、内容、途经、方法等方面提出了更新、更高的要求。

近几年来,我校在进行管理改革,恢复老交大办学传统,提高教学质量的同时,不断探索着学生工作的改革,特别是学生思想政治工作的改革,调整、充实政工干部,改革学生工作体制。越来越多的教师、干部、职工在教书育人、管理育人、服务育人的思想指导下,关心学生的全面成长,关心思想政治工作,使学生思想政治工作与教育、管理等环节逐步较好地衔接起来;学生自我管理、自我教育逐步成为学生思想政治工作中的一个重要方面。这些,都使我校学生思想政治工作得到了加强和改善,从而保证了学校工作的顺利开展。

但是,我们也应该看到,按照培养"四有"人才的要求,我校学生思想政治工作在体制、队伍、内容和方法上都还存在着不适应的地方,急需得到进一步改善。前一时期,学校通过回顾总结思想政治工作中取得的经验和存在的不足,逐步认识到,在学生工作中,必须进一步理顺关系,改革思想政治工作体制,真正在思想上和工作中解决"两张皮"问题;要强调统一领导指挥下各职能部门的分工负责制与配合协调;要依靠广大教师以业务工作为抓手,关心学生的全面成长,做好学生思想政治工作;要加强学生中党的建设,做好新党员的党性教育,倡导在加强引导和教育、立足自理前提下的学生自我管理、自我教育;要建设一支少量专职、大量兼职的精干、高效的学生思想政治工作队伍。

通过多层次、多渠道听取各方面意见,提出了我校学生思想政治工作在改革体制、理顺关系、加强队伍建设等方面的设想,经书记、校长会议讨论,常委会确认后作如下几点决定,试行半年后再总结完善。

一、学校成立学生工作指导委员会(简称学指委)。其工作职责是:指导全校学生工作,协调各职能部门围绕培养"四有"人才的目标开展学生工作,并负责对各部门的学生工作进行检查、督促和考核,决定有关引导全校学生朝着"四有"方向全面发展的重大决策,制订全校学生工作的计划等。

二、学指委设主任、副主任,委员由学校有关学生工作部门的负责人担任。为了有效地贯彻实施学指委的决定,学指委还设常务副主任和秘书长各一名,他们的工作职责是:具体实施学指委的决定;处理由学指委负责的日常事务工作;协调各部门开展学生工作;协助书记、校长开展工作;收集情况,草拟决定,提供学指委讨论决策等。

三、为加强思想政治教育的研究工作,逐步实现思想政治工作的科学化、规范化,学校成立思想政治教育研究室。其工作职责是:调查研究,沟通情况,进行对学生思想、政治、文化、心理品质诸方面变化的预测性研究;针对当前大学生思想、政治、文化、心理品质诸方面的状况,进行教育内容、方法、途经的应用型研究;为学指委开展学生思想政治教育提供理论依据和具体实施方案,负责学生共产主义品德课的教学工作。

四、工作体制

（一）校级

1. 党委由一位副书记、行政由一位副校长分管学生工作，党委一位常委主管学生工作。

2. 校学生工作指导委员会全面指导、组织、协调全校研究生、大学生及各类专修班的学生工作。

3. 校学生工作指导委员会常务副主任负责学校日常学生工作，处理学指委的日常工作，学指委秘书长协助常务副主任开展工作。

4. 学指委下设思想政治教育研究室，挂靠社科系。

5. 在学指委的指导下，学生工作分思想政治教育、教学管理和生活后勤三大系统贯彻执行。

6. 学校各部门面对学生的各项工作由学指委明确分工，各部门确定分管学生工作负责人，对交叉的工作明确主办、协办关系。

（二）系级

1. 各系成立学生工作领导小组，其职能是：根据校学指委及学校各部门对学生工作的要求，组织和调动系里各部门及有关人员切实做好学生工作，特别要抓好各学生小班的思想教育、管理及生活后勤等工作的落实与实施。

2. 各系学生工作领导小组要充分发挥集体领导作用。同时，要明确领导小组主要负责人，人选可由党总支副书记兼系副主任或党总支副书记兼系主任助理，或党总支副书记、副系主任各一名，明确正副组长协助系主任、党总支具体分管学生工作。

3. 系学生工作领导小组负责人对系分团委、学生会、学生党支部、系党政的学生工作助理或干事有领导权，对系行政办公室、教务办公室有调配权，系办及党总支组织干事应密切配合、协助、支持学生工作。

4. 班主任、政治辅导员应接受系学生工作领导小组直接领导。

（三）班级

1. 为避免职责上的重复和多头领导，学校对学生班级实行班主任负责制，班主任全面负责本班学生德、智、体的全面成长。为了加强学生形势政策教育和党、团建设，在学生班级或年级中适当配备学生政治辅导员。政治辅导员一般由品学兼优的研究生或高年级学生兼职，也可由少数教职工担任。班主任与政治辅导员应互通信息，密切配合。

2. 班主任的工作要以建立一个良好的班集体为主要目标，点上的工作要做好个别同学的思想政治工作，以选拔、培养学生骨干，立足学生自理、加强指导作为工作方针。班主任工作与政治辅导员工作分别参照《班主任工作条例》和《政治辅导员工作条例》执行。

3. 研究生实行导师负责制,导师全面负责指导学生的德、智、体全面成长。所有研究生以届设班,班的党团工作及思想政治工作以研究生党支部为主组织开展,团支部、班委会密切配合。各系党总支必须确定负责研究生思想政治教育的政工干部。

(四) 干部配备

1. 近年来,由于部分同志因各种原因调离了学生工作岗位,目前全校各系在第一线从事学生工作的同志仅廿余名。为保证学生工作队伍的基本力量,决定在1984、1985、1986级研究生中选拔一些品学兼优的同志作为在职研究生,从事学生思想政治工作。首先加强各系分团委领导工作,边工作边学习,适当延长学制。有关政策规定见沪交何字(85)第122号文。

2. 学生人数在300名以下的系设一名专职政工干部,300名至600名的系增设一名系分团委书记(一般由在职研究生担任),600名以上的系可再增设一名专职学生工作干部(专职干部指:负责学生工作的总支副书记、系副主任、系主任助理、总支学生干事等)。

3. 全校本科生班级每班必须配一名班主任,班主任来源一般有:具有助教或助工以上职称的教师和工程技术人员,具有副科级以上级别的校、系机关干部,部分品学兼优的研究生和高年级本科生。

4. 兼职的政工干部的范围是:政治辅导员、学生工作助理或干事。兼职政工干部的配备各系按学指委规定的人数自行决定,原则上一、二年级每班配一名,高年级少量选配或不配,兼职政工干部全校约160名。

5. 对兼职政工干部实行岗位津贴制,班主任实行岗位津贴制同时计算工作量。二者岗位津贴平均15元,另有3元上下浮动,由系集中掌握。

《关于加强我校学生思想政治工作队伍建设的规定》
(1987年3月14日)

高等学校的中心任务是为社会主义现代化建设事业培养德才兼备、又红又专的人才,在改革、开放时期亟须加强对学生进行坚持四项基本原则的教育,加强学生思想政治工作,使他们成为社会主义事业可靠接班人。为进一步加强学生思想政治工作队伍建设,特作如下规定:

1. 全校学生思想政治工作由党委统一领导。

2. 从事学生思想政治工作的人员是教师队伍的一个重要组成部分,他们的编制属教师编制。

3. 全校学生思想政治工作队伍由少数专职和大部分兼职两部分人员组成。从事学生思想政治工作并担任共产主义品德课、党课、团课和形势任务教育等思想政治方面课程的教学工作或从事学生思想政治教育研究工作的为专职学生思想政治工作人员;有 1/2～2/3 的工作量从事学生思想政治工作,其余工作量从事业务课教学或科研工作的为兼职学生思想政治工作人员。学校还聘任部分优秀学生党员兼任学生思想政治工作。

4. 对思想政治工作人员的政治素质和知识水平的要求:

① 坚持四项基本原则,思想上、政治上与党中央保持一致,具有改革和开创精神。

② 有一定的马列主义、毛泽东思想的理论修养和政策水平,知识面较广,学习成绩优良。

③ 热爱教育事业和思想政治工作,有从事思想政治工作所必需的组织、演讲、管理能力,工作积极、作风正派、联系群众。

5. 学生思想政治工作人员的配备:

各系学生思想政治工作人员按学生数(含研究生)配备,300 名学生以下的系配 2 名,300～600 名学生的系配 3 名,600 名学生以上的系配 4 名。

6. 研究生的思想政治工作,各级领导、导师必须充分重视。为加强研究生思想政治工作,学校配备 2 名专门从事全校研究生思想政治工作的干部,他们日常办公室在研究生院并参加校学指委工作。各系要有 1 位副系主任(或系主任)主管研究生工作,并配备专职或兼职思想政治工作人员分管研究生思想政治工作,参加系总支委员会或系学生工作领导小组。研究生人数已达 80 名以上的系要配备 1 位专门负责研究生思想政治工作人员。

7. 学校成立思想政治教育学科评议组,按国家教委统一规定的升职比例评审专职学生思想政治工作人员教师职务的任职资格,兼任学生思想政治工作的教师职务评议及聘任在原学科评议组进行。学校承认担任思想政治教育有关的工作量及学术成果。

8. 学生思想政治工作人员无论是专职还是兼职,任期一般为 3～4 年,任期满后各单位应安排 1～2 学期进修,提高业务水平。

《上海交通大学关于加强本科教育的决定》
(1987 年 12 月 7 日)

一、本科教育是高等教育中的一个基本的、主要的、独立的教育层次和教学阶段,又是高等教育的基础和重点,培养大批合格的本科生是高校最基本、最重要的任务,本科教育的质量在一定程度上代表了一个国家高等教育的质量,提高教学质量应当成为学校全部工作的中心。

每学期定期安排校长办公会议,专题研究本科教育工作。提高本科教育质量,研究教育和教学改革,应该作为学校各项改革的重点。各院、系也要定期研究、讨论本科教育工作,总结经验,表彰先进,发现问题,及时解决,把加强本科教育的工作切实落到实处。

二、加强学校思想政治工作,努力探索新时期学校思想政治教育工作的特点和规律,广泛开展教书育人、服务育人、管理育人活动。改革政治理论课教学,把社会主义初级阶段的理论和党的基本路线作为政治学习的重要内容,加强社会实践,让学生接触社会,了解国情、民情,确立正确的成长道路。

1. 政治理论课教学要体现理论教育和实践相结合的原则,课堂教学应与接触社会、了解国情民情相结合。

2. 学生在校期间,除了进行系统的理论教育外,还应组织他们到工厂、农村进行参观考察、开展科技咨询、参加技术革新、举办科普讲座、培训中小学教师等实践和社会调查活动。时间上不少于15天,集中的安排宜放在假期中进行,使学生在四年中通过社会实践、调查访问等活动,一方面达到接触社会、了解实际、向工农学习、向实践学习的目的,在力所能及的范围内,运用自己所学的知识为社会服务,自觉走与工农相结合的道路;另一方面在参加社会实践的过程中加强对党的十一届三中全会以来路线的理解,更多地了解国情,了解人民群众的思想感情,树立为建设社会主义祖国而献身的信念,培养实事求是、艰苦奋斗、脚踏实地的精神,提高实际工作能力。

对于参加社会实践的学生,经过必要的审批手续,其实践内容经过考核,确认已达到生产实习的要求者,可以获得“生产实习”的相应学分。对积极参加社会实践活动并取得成绩的学生应予表彰和奖励,并可作为评定奖学金和“优秀学生”的依据。

3. 生产实习是学生参加社会实践的重要组成部分,是培养高级技术人才不可缺少的重要环节。虽然目前生产实习中困难很多,收费高、联系难、动手少、不受欢迎的状态严重存在,但加强实践环节的方向应该坚定不移。出路在于改革,应在生产实习与社会实践的结合中探索生产实习的新路子。

4. 逐步建立社会实践基地,以保证实践活动经常化、制度化。学校鼓励院、系在有条件的情况下,努力建立教育、生产、科研的联合体,以有利于教师、学生开展各类教学实习和社会实践活动。

三、制定政策,稳定教师队伍,加强和确保本科教学师资的水平。

1. 学校继续采取有力措施,按第一优先级尽快补充、培养缺编严重的公共课、基础课、技术基础课的教师。

2. 迅速改变现职中年教师职责不符的局面,职称低、任务重,严重挫伤了他们的教学积极性。基础课(含技术基础课)教师和专业课教师在职称晋升上的考核标准应体现"差别",对他们应重点考核教学效果、教书育人、教学研究等成果,不宜过分强调科研论文。使他们与同届的专业教师有均等的晋升机会,以逐步改变公共课、基础课、技术基础课高级职称比例偏低的状况。

3. 完善教师职务评审委员会。选派学术水平高、教学水平高、教书育人成绩卓著的各类专家和主要职能部门负责人组成的职务评审委员会。

4. 随着中、青年教师晋职问题的逐步解决,全校各专业应确保有35～40%的教授、副教授从事本科的教学工作;数学、物理、外语等基础课和理论力学、材料力学、机械原理、机械零件、电工学、电子技术、机械制图等技术基础课应确保有50%左右比例的高级职务教师从事本科教学工作。

5. 对不积极承担教学任务(含实验教学)或教学工作不认真、治学不严谨的教师(包括基础课辅导教师),不得选派到国内外进修学习;对教学工作不负责任或教学效果很差,学生反映强烈,屡经指出又无明显改进者,教务处将在每学期期中教学检查结束后提出"黄牌警告",并停发该学期的提成奖。继续无明显改进者,各系应予改聘或缓聘。

6. 新教师在留校工作的前三年(含一年参加讲师团、学生的思想政治工作等社会实践)应先过教学关;青年教师新开课(含实验课)必须经教研室(或学科组、课程组)试讲通过,教学系主任批准,并配备副教授以上职务的教师把关指导,以保证教学质量;青年教师出国进修应严格按照国家教委有关规定执行。

四、加强教学基本建设,努力改善本科教学的基本办学条件,增加、更新本科教学实验设备;加强图书资料建设;加强教材建设等。

1. 重视本科生实践能力的培养和训练,努力加强实验教学的建设。学校每年按本科生(含大专生)数的比例拨给教学经费、教学设备费和教学实验维持费。

2. 继续加强课程建设,建立课程建设基金。学校确保每年拨专款50万元,设立教学基金以资助基础课、技术基础课和部分专业课的课程建设。

3. 设立"杰出课程奖"和增设"教学优秀奖"特等奖,重点奖励在教书育人和课程建设、课程讲授中作出杰出贡献的教师。获奖教师将在培养、晋级、课程投资中予以重点保证。

4. 建立科学的教学评估制度和指标体系。"教学优秀奖""实验教学优秀奖""杰出课程奖"等都要经过评估、群众评议、专家评审来确定。

五、在现有教学定编的基础上,适当增加基础课教师的教学编制。这部分编制由人事处拨给教务处统一调剂分配。

六、改善和完善招生制度,努力提高学生入学起点。在继续试行招收一部分德智体全面优秀的保送生入学的同时,吸收一定比例有实践经验(如三年以上工龄)的优秀青年工人、青年干部入学,探索改善学生队伍的总体结构。

推荐优秀的青年工人和青年干部入学,逐步扩大学生中有实践经验的学生成分,改善学生队伍的政治素质和实践能力,使得学生队伍中始终有一批对工农有深厚感情、重视实践、积极参加劳动、从事过基层工作的骨干,对改善学生队伍的道德素养、坚定政治方向、解决为谁服务的问题有深远的意义。

七、从严治校,严肃校纪、校规,严格课堂管理,加强平时考核。基础课、技术基础课每学期应举行若干次不定期的课堂练习,每次约10分钟,记入平时考核成绩,对无故缺考1/3~1/2者,取消其参加本门考试的资格,并按旷课性质处理。经批准"自由听课"免予考勤的学生,可不在此限。

八、每学期初,由人事处会同教务处检查教授、副教授的任课情况,对无故未履行职务的教师应进行改聘。

附录三

党政部门负责人名录(1978—1991)

上海交通大学党政部门负责人名录[①]

(1978—1991年)

单位(职务)	历任负责人	备注
政治部(主任)	刘克(兼)	1979年2月上报撤销政治部
校长助理	陈楚、龚民煜、毛杏云、袁济、陈海涛	
教务长	朱雅轩	
总务长	范祖德、王守仁	
党委办公室(主任)	陆中庸、朱荣林、卢积才	
校长办公室(主任)	傅赤先、王宏禄、冯正进、朱立三	
纪委(书记)	夏平(兼)、陆中庸(兼)、刘克(兼)、陆中庸(兼)、杜年玲	1979年9月成立
复查办公室(主任)	刘玉春、陈蕴、侯文华(兼)	1990年3月工作结束撤销
经打办(主任)	杜年玲(兼)、朱传宾	1985年11月成立;1988年11月撤销
监察处(处长)	杜年玲(兼)	1988年11月成立,1989年1月与校纪委合署办公

① 资料来源:上海交通大学人事任免档案;中共上海交通大学委员会办公室、中共上海交通大学委员会组织部、中共上海交通大学委员会党史研究室编:《中国共产党上海交通大学组织史资料(1949.5—1995.12)》,1996年10月。

(续表)

单位(职务)	历任负责人	备注
审计处(处长)	汤一兵	1985 年 12 月由审计室改为审计处
组织部(部长)	孙礼芙、岳清林、陆中庸(兼)、杨秉哲、俞荣华	
老干部处(处长)	朱天俊(副处长)、李毓良(副处长)	1987 年 2 月成立
党校(校长)	何友声(兼)、杨秉哲(副校长)	1991 年 4 月成立
宣传部(部长)	赵灵芝、施福升、曹子真、尹继佐、姜斯宪	
统战部(部长)	马惠民、卢积才、李绪桂	
保卫部(部长)	刘玉春、王欣芝、毕厚富	1986 年 11 月成立保卫处,1988 年 9 月成立公安处,与党委保卫部三块牌子、一套班子
武装部(部长)	陈宗武、王永弟	
学指委(秘书长)	许建文、潘永华	1986 年 2 月成立
工会(主席)	周志诚、陆中庸(兼)、王宏禄(常务副主席)、王守仁、季学玉(常务副主席)	
团委(书记)	季学玉、施福升、张天蔚(代)、高国富、姜斯宪、王伊宁、马二鸣、蒋宏	
妇委会(主任)	孙礼芙、程鹤年(常务副主任)、王宗光(兼)、舒培丽(专职副主任)	1979 年 2 月成立
教务处(处长)	奚心雄(兼)、曹仲贤、陈全福	
科研处(处长)	朱雅轩、张炳钰	
研究生部(部长)	范绪箕(兼)、秦士元(副部长)、陈林(副部长)	1982 年 5 月成立,1984 年 11 月改建为研究生院
研究生院(院长)	盛振邦(兼)、陈林(副院长)、张重超(副院长)、张志竟(副院长)、俞长高(副院长)、汪祥迪(副院长)	
人事处(处长)	岳清林(兼)、陈海涛、吴彤深	
师资培养办公室(主任)	朱雅轩(兼)、张泉宝(副主任)	1981 年 4 月撤销,1983 年 3 月再成立,1983 年 12 月又撤销
财务处(处长)	刘桂祥(副处长)、周天宝	1981 年 3 月成立
国际交流处(处长)	张光曜、赵可斌	1978 年成立对外科学技术联络处,1989 年改称国际交流处

(续表)

单位(职务)	历任负责人	备注
基建处(处长)	孟树模(兼)、范祖德、翁双洲、陈廷莱、陈恒足	1978年9月称基建办公室，1985年9月改称基建处
技术物资服务处(处长)	钱君浩、俞宗琦、丁寿元、韩惠宝	1983年12月由物资生产处改称为技术物资服务处
实验室处(处长)	袁济、夏有为	1984年成立
校务处(处长)	俞宗琦、李东裕	1986年7月更名为总务处
总务处(处长)	姜焕中	
保卫处(处长) 公安处(处长)	毕厚富	1986年11月成立保卫处，1988年9月成立公安处，与党委保卫部三块牌子、一套班子
技术服务部(主任)	俞宗琦(兼)、陈忠法(副主任)	1981年11月成立；1983年南洋公司成立后，大部分业务划归南洋公司，该部归科研处领导
开发办公室(主任)	袁济(兼)	1989年成立
海外开发办公室(主任)	陈海涛(兼)	1989年成立；1991年撤销，原职能划归开发办公室
夜校部(主任)	樊应观	1987年撤销
成人教育处(处长)	岑崴畲(副处长)、朱传宾	1987年3月成立
图书馆(馆长)	夏安世、戴宗信、吴善勤、盛振邦(兼)、张志竟	
出版社(社长)	贺崇寅(兼)、朱雅轩、施福升	1983年成立
档案馆(馆长)	曾勋良	1986年5月成立
一年级教学部(主任)	张煦(兼)、何永棣	1981年7月成立，1987年撤销
法华路分部(主任)	李东裕	1987年成立
上中路分部(主任)	周天宝、徐子瑗、翁双洲	1983年1月成立
闵行二部(主任)	范祖德	1986年成立，1989年撤销
二部办公室(主任)	李征	1986年成立，1989年撤销
二部学指委(主任)	何永棣(兼)	1986年成立二部学生辅导中心，1987年改为二部学指委，1989年撤销
教务二处(处长)	朱立三	1986年成立，1989年撤销
第一教学部(主任)	于宝海	1986年成立，1992年撤销
第二教学部(主任)	林润汤	1986年成立，1989年撤销

(续表)

单位(职务)	历任负责人	备注
第三教学部(主任)	秦树艺	1987年成立,1989年撤销
实验室二处(处长)	夏有为	1986年成立,1989年撤销
基建二处(处长)	陈廷莱	1986年成立,1988年3月合并到基建处
总务二处(处长)	杨念祖、王永弟(兼)	1986年成立,1994年撤销
保卫二处(处长)	毕厚富(兼)	1988年成立,1989年撤销
附属工厂(厂长)	杨念祖、姜焕中、陆镇毅、吴良宝、陈育才	
生产处(处长)	姜焕中	1985年成立,1988年撤销

上海交通大学党政部门分党委、总支、直属支部负责人名录①
(1978—1991年)

单位	历任书记	备注
第一机关总支	赵灵芝(兼)、孙礼芙、吴志天	
第二机关总支	陈广文、刘延康、陈宗武	
机关总支	孙礼芙、刘玉春、侯文华、陈宗武、吴志天	1982年4月,一、二机关总支合并;1990年2月,又分为一、二机关总支,即以党务、人事、保卫、工会、团委等部门组成第一机关总支,以校办、教务、科研、物资等部门组成第二机关总支;1991年2月,再次合并
物资生产处总支	刘秉瑛(副书记)	1982年3月成立,1990年2月并入第二机关总支
团委机关直属支部	姜斯宪(兼)、徐岳莹	1985年6月成立,1990年2月并入第一机关总支
总务处总支	王德惠、赵月章、李东裕(兼)、杨念祖、林泽冰、程龙根	1978年称校务处总支;1981年改称第三机关总支;1988年改称总务处总支
附属工厂总支	金学仁、戴懋荪、李新坤、汤一兵、陈育才	
图书馆总支	贾一魁(兼)、张惠、陆旭辉、王樟明、朱传宾、张志竟(兼)	1984年由直属支部组建为总支

① 资料来源:上海交通大学人事任免档案;《中国共产党上海交通大学组织史资料(1949.5—1995.12)》,1996年10月。

（续表）

单位	历任书记	备注
出版社总支	张泉宝	1985年成立
离休干部总支	江凤记、陈忠梅	1985年成立
基建处直属支部	刘延康、周本兴	1985年成立
一年级教学部总支	刘洪福、侯文华、陈永如	1981年12月成立，1987年撤销
法华路校区直属支部	李东裕	1992年6月撤销，党员组织关系归总务处总支
上中路校区直属支部	徐子瑗、翁双洲	1984年7月成立直属支部；1985年12月成立总支；1991年12月撤销总支，成立直属支部
闵行二部总支	孔庆鸿(代)	1985年成立，1987年9月撤销
闵行二部分党委	卢积才	1987年9月成立，1989年8月撤销，所属部门相继撤销
二部机关总支	胡钢	1989年撤销
第一教学部直属支部	吴新佳	1992年撤销
第二教学部直属支部	贾学堂	1989年撤销
第三教学部直属支部	蔡钦友	1989年撤销
基建二处直属支部	周本兴	1988年3月与基建处直属支部合并
总务二处总支	陈永如、李振珪	1994年撤销
南洋教育基金集团直属支部	林泽冰、丁寿元	1985年成立，1988年撤销
公司企业直属支部	陈忠法	1988年成立
开发办总支	金文龙	1991年成立
海外开发办总支	杨秀春	1991年成立，1992年1月与开发办总支合并

后　记

在学校党政的领导下，在校史编纂委员会和校史编写团队十多年的精心编研、反复打磨下，《上海交通大学史》八卷本，在校庆120周年来临之际，正式推出了。其中1—4卷，于2011年校庆115周年时问世，并荣获中国高等教育学会“第八次优秀高等教育科学研究成果”著作类一等奖。

《上海交通大学史》是由十余位老中青结合的研究人员参与编著而成的学术著作，是集体智慧的结晶。编纂的指导思想、体例原则、结构框架、重大问题的把握等都经过集体讨论研究，比较全面地记录了上海交通大学从1896年到2006年110年的办学历程和发展轨迹。在编纂中，努力将110年的交大发展历史置于中国近现代社会经济、政治、文化的巨大背景中进行研究。全书采用纵横交叉、点面结合、宏观与微观统一的方法，紧扣学校发展的主要内涵，全方位、多角度、有侧重地展示学校不同时期的发展历程。从浩瀚的文书档案等第一手资料和召开有关专题座谈会、组织个别访谈交流中，深入挖掘和研究校长办学理念、教师敬业教学、学生勤奋学习、校友爱校情结等生动事例与精神品格；同时，也不忘长年在基层守护交大一草一木的普通员工，多角度展现交大历史长河中的个人魅力与人生智慧，尽可能做到见物、见人、见情。全书图文并茂，力求既具学术性，又有可读性。

《上海交通大学史》第七卷由孙萍执笔。在编著过程中，王宗光、范祖德、叶敦平、毛杏云、盛懿等同志对大纲的确定、初稿讨论、书稿审阅全程付出了艰辛的劳动。最后送审学校党政领导。

我们特邀请了上海市教卫党委老领导刘克同志进行审阅并提出宝贵意见;还先后请翁史烈、何友声、谢绳武、马德秀、盛焕烨、白同朔、蒋秀明、陶爱珠、朱章玉等同志对书稿进行了审阅并提出修改意见。本校何永棣、钱道中、俞长高、张炳钰、陈海涛、张光曜、秦慰祖等同志对部分章节进行审阅并提出修改意见。朱积川同志提供了照片。上海交通大学党史校史研究室、档案馆、出版社鼎立支持。谨在此一并表示诚挚的谢意!

十多年来,广大校友对编写工作十分关心。学长刘共庭、冯莺夫妇曾经两次解囊相助,增益校史基金,资助校史研究顺利开展。在此表示衷心感谢。

由于学校历史悠久,文献史料丰富,编纂任务艰巨,编纂水平和时间有限,书中难免有疏漏和失当之处,敬请广大读者、同行、专家、校友批评指正。

《上海交通大学史》编写组

2016 年 1 月